BERNARD CHARLOT

EDUCAÇÃO OU BARBÁRIE?

UMA ESCOLHA PARA A SOCIEDADE CONTEMPORÂNEA

Tradução: Sandra Pina

Revisão técnica: Bernard Charlot

1ª edição

2ª reimpressão

CORTEZ EDITORA

© 2020 by Bernard Charlot
Do original francês *Éducation ou barbarie –*
Pour une anthropo-pédagogie contemporaine,
de Bernard Charlot. Publicado em Paris,
em 2020, por Éditions Economica.

© Direitos para esta publicação exclusiva
CORTEZ EDITORA
Rua Monte Alegre, 1074 – Perdizes
05014-001 – São Paulo – SP
Tel.: (11) 3864-0111 Fax: (11) 3864-4290
cortez@cortezeditora.com.br
www.cortezeditora.com.br

Direção
José Xavier Cortez

Editor
Amir Piedade

Preparação
Alessandra Biral

Revisão
Alexandre Ricardo da Cunha
Gabriel Maretti
Rodrigo da Silva Lima

Edição de Arte
Mauricio Rindeika Seolin

Obra em conformidade ao
Novo Acordo Ortográfico da Língua Portuguesa

Dados Internacionais de Catalogação na Publicação (CIP)
(Câmara Brasileira do Livro, SP, Brasil)

Charlot, Bernard
  Educação ou Barbárie? Uma escolha para a sociedade contemporânea / Bernard Charlot; tradução Sandra Pina; [revisão técnica do autor]. – 1. ed. – São Paulo: Cortez, 2020.

  Título original: Éducation ou barbarie
  ISBN 978-65-5555-024-5

  1. Antropologia 2. Cibercultura 3. Educação 4. Educação – Finalidades e objetivos 5. Neuroeducação 6. Pesquisa educacional 7. Sociologia educacional I. Título.

20-44657   CDD-370.1934

Índices para catálogo sistemático:

1. Sociologia educacional: Educação 370.1934

Maria Alice Ferreira – Bibliotecária – CRB-8/7964

Impresso no Brasil – abril de 2023

Para o arco-íris dos meus filhos e netos franceses, brasileiros, japoneses, suecos:
Frédéric
Emmanuel
Anne-Lise
Yan Wagner
Ygor Gabriel
Adrianna Carolina
e
Manon
Mila
Enzo
Yuji
Elliot
Arthur
Emma

SUMÁRIO

Prólogo 9

Introdução – Por que colocar a questão
antropológica em educação 13

Primeira Parte – O Desejo e a Norma: a questão
antropológica no discurso pedagógico 21

Capítulo 1. O discurso pedagógico tradicional: a educação
contra a corrupção natural do homem 23

Capítulo 2. As novas pedagogias: a natureza como guia da educação ... 34

Capítulo 3. Por que não há "pedagogia contemporânea":
o silêncio antropológico 49

3.1. Da economia ao crédito e à publicidade:
repressão e legitimação do desejo ... 51

3.2. Pedagogias "tradicional" e "nova"
na dinâmica da sociedade capitalista ... 53

3.3. Uma lógica do desempenho e da concorrência ... 60

3.4. A questão antropológica na lógica do desempenho
e da concorrência: por que não há "pedagogia contemporânea" ... 64

Segunda Parte – Os discursos contemporâneos sobre educação:
qualidade da educação, neuroeducação,
cibercultura, transhumanismo ... 71

Capítulo 4. "Qualidade da educação":
a fantasia da transparência e do controle ... 73

Capítulo 5. O homem e seus neurônios:
pesquisa científica e neuroeducação ... 81

5.1. A pesquisa neurocientífica: uma componente
legítima das ciências da educação ... 82

5.2. Os discursos sobre a neuroeducação:
intimidação neurológica e redução neuroantropológica ... 93

Capítulo 6. Tecnologias digitais e cibercultura: um mundo novo? ... 106

6.1. As tecnologias digitais de informação e comunicação:
uma promessa pedagógica pendente ... 108

6.2. A cibercultura: "uma grande mutação da própria essência da cultura"? ... 110

6.3. *Code is Law* e *Law is Code* ... 118

Capítulo 7. Fim do caminho para a espécie humana?
O discurso transhumanista ... 126

7.1. O que é o transhumanismo? Transhumanos e pós-humanos ... 128

7.2. Juventude, saúde e imortalidade: os argumentos do transhumanismo ... 135

7.3. Como são os transhumanos e os pós-humanos?
Em que mundo eles vivem? ... 141

7.4. Para que serve uma pedagogia contemporânea se os robôs "são também nossas crianças" e é mais simples fabricar um robô do que educar uma criança? ... 149

Terceira Parte – Pensar a humanidade do Homem ... 163

Capítulo 8. A questão da condição humana na filosofia contemporânea ... 166

8.1. A questão da especificidade do homem é legítima? Antropologia histórica ou filosófica? ... 168

8.2. Darwin *e* Deus, evolução das espécies *e* criação da alma: uma dupla especificidade humana ... 173

8.3. Natureza ou cultura? O homem, uma espécie biológica dotada de uma cultura específica ... 178

8.3.1. Philippe Descola, além da natureza e da cultura ... 179

8.3.2. Jean-Marie Schaeffer e o fim da exceção humana ... 182

8.4. Relação com o mundo, condição humana e técnica: debates filosóficos contemporâneos ... 189

8.4.1. Arnold Gehlen e a antropologia filosófica alemã ... 189

8.4.2. Heidegger, o homem como "ser no mundo" e a questão da técnica ... 193

8.4.3. Hannah Arendt, Jan Patočka e a condição humana ... 199

8.4.4. Peter Sloterdijk, a educação e a domesticação do ser ... 208

8.5. A grande ausente da antropologia filosófica: a criança ... 216

Capítulo 9. Uma aventura improvável: *Homo sapiens* ... 223

9.1. O que a paleoantropologia nos ensina sobre *as* espécies humanas ... 224

9.1.1. O homem não descende do macaco, mas eles têm um ancestral em comum ... 225

9.1.2. Nossos ancestrais muito distantes: "uma humanidade com diversos rostos" ... 229

9.1.3. Neandertal e Sapiens, dois primos próximos ... 234

9.2. Como aconteceu a atual espécie humana — 243

9.2.1. Continuidade evolutiva e saltos qualitativos — 244

9.2.2. Catástrofes planetárias, mudanças climáticas, extinções, mutações, desvios genéticos: as rupturas como motores da evolução — 246

9.2.3. A ruptura antropológica: uma espécie que cria mundos novos — 250

9.3. Bipedismo, ferramentas, linguagem etc.: a questão do "próprio do homem" — 254

9.4. Um genoma, um mundo humano: duas formas da especificidade antropológica articuladas pela educação — 266

Conclusão – A educação de um ponto de vista antropológico — 279

1. O lugar do homem na reflexão pedagógica: o caminho do livro — 282

2. A educação como condição antropológica — 290

3. Uma antropopedagogia contemporânea — 296

Referências — 305

PRÓLOGO

Fui formado por uma pedagogia totalmente tradicional nos anos 1950, em Paris. Com carteiras escolares de madeira, professores de jaleco cinza, mapas na parede e decorando "vovô viu a uva", "porque, por quê, porquê" e outras regras gramaticais. Faço parte da última geração de alunos que aprendeu a escrever com caneta e tinteiro. Eu sobrevivi. Eu aprendi.

Porém, também pertenço à "geração de 1968". Tinha 24 anos, e estava terminando meus estudos de Filosofia, quando surgiram as barricadas no Quartier Latin. Participei do movimento, é claro, mas com certa prudência político-ideológica. Eu era marxista, evidentemente, como (quase) todos os estudantes das classes populares daquela época, mas não podia aderir nem ao Partido Comunista, que já nem era um sonho, nem a um grupo de extrema esquerda que, no melhor dos casos, cometia o erro de ser o único a ter razão. Nunca me filiei a qualquer partido político porque seria expulso ou teria que sair por indisciplina ideológica – versão política do gosto pela pesquisa. Mas sempre fui, e ainda sou, um "homem de esquerda". O problema está em saber o que isso implica em matéria de educação, e que não é mais tão claro quanto antes.

Em 1968, o projeto era mudar a vida, a sociedade, a família e, é claro, a escola. Ao longo da minha vida, encontrei muitas pedagogias novas, iluminadas por estrelas acadêmicas de diferentes épocas, desde Vitruve, na Paris dos anos 1970, até a escola portuguesa da Ponte, que, por vezes, se faz sonhar no Brasil de hoje, onde vivo. Sinto uma solidariedade emocional espontânea por esses generosos militantes que se entregam tanto para mudar a escola. Porém, se queremos realmente transformar a escola, não será em algumas ilhas de sobrevivência, e com uma minoria de pessoas admiráveis que o faremos, mas com os professores "normais", presos nas múltiplas contradições da sociedade contemporânea.

Portanto, é a educação nesta sociedade contemporânea que deve ser pensada. No entanto, a questão é colocada hoje de forma muito diferente da dos anos 1970. Na realidade, ela não é mais verdadeiramente colocada, aliás, como atesta o fato de que as grandes livrarias não expõem mais uma sessão de "Educação", como acontecia nos anos 1970, mas reúnem os livros sobre educação em um pequeno canto discreto, ou os distribuem em outras categorias: na melhor das hipóteses, em "Psicologia", ou na pior, "Como ajudar seu filho" ou algo semelhante. Não há mais importantes debates sobre educação na sociedade contemporânea, se fala de outras coisas: do desempenho em *rankings* internacionais como o Programa Internacional de Avaliação de Estudantes (Pisa), de neuroeducação, de técnicas digitais de comunicação e de cibercultura, às vezes até de chips implantados no cérebro e que em breve permitirão ao pós-humano escapar da tediosa obrigação de precisar aprender.

Os anos 1970 colocaram a questão sobre o tipo de homem a educar, para que tipo de sociedade, a partir de temas do desejo, da instituição e da desigualdade diante da escola. Hoje, o questionamento é outro: trata-se, fundamentalmente, de pensar a eficácia das aprendizagens dentro de uma lógica de *performance* e de concorrência, que mobiliza técnicas e gestão mais do que a pedagogia, e que frequentemente se acomoda a certa dose de realismo cínico e resignado.

A ambição deste livro é compreender essa nova configuração da questão da educação dentro da sociedade contemporânea. O que aconteceu com os grandes debates clássicos entre pedagogias "tradicionais" e "novas" que, ideológicas como eram (Charlot, 2013a), pelo menos tratavam da educação? Por que não existe hoje a "pedagogia contemporânea", nem mesmo o debate sobre esse tema, além dos "faça você mesmo" de sobrevivência produzidos, dia após dia, por pais e professores? O que os novos discursos, centrados na eficácia da aprendizagem, dizem-nos explícita ou implicitamente, sobre a sociedade contemporânea e sobre a forma como o homem pensa hoje?

Depois de refletir bastante, cheguei à conclusão de que, para não surfar nessas questões e tratá-las com profundidade, eu teria de abordar a questão antropológica, no sentido filosófico do termo. Não se trata de dissertar sobre a natureza do homem, como fizeram as pedagogias tradicionais ou novas. Trata-se de compreender por que o homem, na condição de espécie, precisa ser educado de uma forma sem equivalência nas outras espécies animais.

O ser humano não é uma essência misteriosamente alojada em um corpo, é o membro de uma espécie, *Homo sapiens*, que emergiu ao longo da evolução e que, em pontos fundamentais, tornou-se diferente de outras espécies animais. É por causa dessa diferença antropológica que o ser humano precisa ser educado e, reciprocamente, é porque ele pode e deve ser educado, que o *Sapiens* divergiu a ponto de se tornar uma espécie cuja relação com o mundo é diferente de outras espécies.

Este livro foi conduzido por uma intuição que, durante sua preparação e redação ao longo de quatro anos, se tornou uma convicção: é necessário explicitar e assumir nossa diferença antropológica para redefinir nossa relação com o planeta, com as outras espécies animais, conosco mesmos e com nossos filhos e, em particular, para pensar uma pedagogia contemporânea.

Se não formos capazes de ir além do atual "estudar para ter um bom emprego mais tarde" e educar nossos filhos como membros de uma espécie humana responsável pelo estado atual e futuro do mundo, será muito difícil escapar desses surtos de barbárie que já estamos vendo e cujas novas formas nos são anunciadas com orgulho pelo pós-humanismo. Daí o título deste livro: *Educação ou Barbárie? Uma escolha para a sociedade contemporânea.*

INTRODUÇÃO

Por que colocar a questão antropológica em educação

A ideia de basear a educação em uma antropologia pode parecer estranha e obsoleta. É necessário, ou mesmo simplesmente útil, "basear" a educação, e mais ainda, baseá-la em uma concepção do "homem"? Hoje em dia preocupa-se com a eficácia das aprendizagens, do desempenho, das redes, e as considerações filosóficas sobre "o homem" parecem ultrapassadas, relegadas à curiosidade histórica. Mas isso é relevante? Pode-se educar, e mesmo instruir, sem qualquer referência, implícita ou explícita, a uma ideia, pelo menos esboçada, do que é o ser humano e de sua diferença do animal? A ideia de que "não se pode fazer isso com um ser humano", que não é um animal, pode ser realmente expulsa das práticas e das representações pedagógicas – mesmo que, sem dúvida, a definição de "isso" que não podemos fazer varie de acordo com culturas, classes sociais e posições religiosas?

Sem que seja necessário invocar casos extremos, discriminações antropológicas implícitas estruturam situações aparentemente banais e normais: as práticas escolares se apoiam em uma mesma representação de ser humano, de suas possibilidades e direitos, em uma escola da cidade, que instrui crianças de classe média, ou em uma escola de uma periferia "imigrante" de Paris ou de uma favela do Rio de Janeiro?

A questão de saber quem é verdadeira e plenamente um ser humano, com os direitos inalienáveis que isso confere, não é nova, mas se coloca hoje em novos termos que não podem deixar indiferente quem se interessa pela educação.

A questão não é nova. "Bar, bar", diziam os gregos, zombando da forma de falar dos persas. O bárbaro nem mesmo sabe falar corretamente, é grosseiro, selvagem, mais ou menos cruel, sempre pronto a nos invadir. Mas a ideia de barbárie é ainda mais radical: existe barbárie em qualquer situação, encontro, relação entre humanos na qual um nega a humanidade do outro. O bárbaro, aos olhos do "civilizado", é radicalmente outro; ele tem aparência humana, mas se pode duvidar que seja verdadeiramente um homem e, portanto, pode ser tratado como um objeto, eliminado se for incômodo e, com certeza, ser maltratado e reduzido à escravidão. De modo que, por inversão da situação, o "civilizado" trata aquele que considera "bárbaro" com métodos cruéis, sanguinários, indignos de um ser humano e que podem, por sua vez, ser qualificados de bárbaros. Ao considerarmos o outro como um bárbaro, acabamos sempre nos comportando de forma bárbara – torturando, acendendo fogueiras, cortando cabeças, colocando ou lançando bombas, reduzindo à escravidão etc. Aquele que nega a humanidade do outro, rompe o vínculo de pertencimento a um mundo comum e, ao mesmo tempo, coloca a si próprio fora da humanidade: a barbárie é contagiosa.

Entre os múltiplos momentos em que, na História, "a cultura" questiona-se sobre "a barbárie", a Controvérsia de Valladolid (1550) representa bem aquele em que dois mundos radicalmente diferentes se encontram (Gomes, 2010). Os seres estranhos descobertos no Novo Mundo no fim do século XV são homens? Em 1537, o papa Paulo III publicou a *Encíclica Sublimi Deus*, proclamando que "[...] os índios são verdadeiramente homens e que eles não só são capazes de compreender a fé católica", como também muito desejosos de recebê-la.[1] Isso

---

1. Versão integral do texto em português disponível em: https://pt.wikipedia.org/wiki/Sublimis_Deus. Acesso em: 28 mar. 2020.

também resultou na proibição de escravizá-los, o que incomodou os colonos. Em 1550-1551, o imperador Carlos V reuniu catorze teólogos em Valladolid, na Espanha, para definir a exata condição dos índios. Que era preciso evangelizá-los, todos concordaram, mas era necessário fazê-lo com convicção, tratando-os como irmãos, filhos de Deus, ou poderiam ser obrigados ao trabalho forçado e à escravidão? Contra Bartolomé de Las Casas, que destacava a organização social e a cultura dos índios, Juan Sepúlveda invocou a teoria aristotélica de escravo por natureza: os seres que praticam sacrifícios humanos e canibalismo são bárbaros, devem se submeter à autoridade dos espanhóis, que são racional e moralmente superiores a eles. Os catorze teólogos prometeram uma resposta por escrito, que nunca veio. Mas, em 1573, uma lei proibiu a escravidão dos indígenas e o uso de violência contra eles, na condição de que aceitassem a colonização e o Evangelho... As tentativas dos jesuítas e dos dominicanos para proteger os índios encorajaram os colonizadores a importar os negros da África que, obviamente, pareciam poder ser tratados como escravos.

O processo de civilização consistiu em universalizar a definição de ser humano e os direitos fundamentais que ela permite defender e, desse modo, fazer recuar a barbárie. Na verdade, esta nunca desapareceu completamente, como evidenciam as duas guerras mundiais do século XX, o nazismo, a bomba de Hiroshima, os genocídios etc. No entanto, agora a escravidão é condenada universalmente, as mulheres e os homossexuais conquistaram novos direitos, crianças, bebês, pessoas que sofrem problemas psiquiátricos ou "deficiências" são consideradas seres humanos, com direito ao respeito de sua dignidade. Certo é que, por vezes, o princípio está longe da realidade, mas, a partir dos anos 60 do século XX (em momentos que variam um pouco de acordo com o lugar do mundo), acreditava-se que a barbárie recuava no mundo – graças, sobretudo, à educação.

Mas hoje a questão da definição de ser humano está renascendo.

De um lado, multiplicam-se os índices do que podemos considerar como um retorno à barbárie: terrorismo, bombardeios a civis, obstáculos ao salvamento de imigrantes em risco de afogamento, confisco de filhos de imigrantes clandestinos, criação de grupos criminosos que impõem sua lei às instituições e territórios, mortes impunes pela polícia ou de policiais, uso de tortura, linchamentos, assassinatos de jornalistas e de candidatos a eleições, feminicídios, retorno de um racismo ou de um antissemitismo assumidos etc.

Enquanto os discursos que dominam o cenário da educação estão focados na eficácia e no desempenho, outros, mais ou menos fanáticos, inspirados por convicções religiosas, nacionalistas, racistas, procuram impor uma hierarquia do ser humano – a partir de critérios tradicionais de dominação, ou como uma contra-hierarquia produzida por aqueles que foram vítimas de discriminação. Desde que haja graus de humanos, aparecerão, implícita ou explicitamente, os sub-humanos, que podem ser declarados não cidadãos de um país onde, no entanto, nasceram, ou são indignos de ali viver porque não honram o verdadeiro Deus, ou podem ser bombardeados como danos colaterais, ou serem estupradas porque não deveriam estar ali naquele momento etc. Sempre com esta consequência: quem não é verdadeiramente humano ou é de um grau inferior pode, e eventualmente deve, ser eliminado – por conversão, decapitação, apedrejamento, por *kalashnikov* ('metralhadora'), por ter resistido à polícia, ou por *fake news*. Sejam presidentes de países ricos, sejam doutrinados de países pobres, esses novos bárbaros, senhores da definição de quem merece viver, têm um profundo ódio pela educação. Sempre. Fora, é claro, a inculcação de seus princípios de dominação, ódio e desprezo que, dificilmente, podem ser designados como educação.

Por outro lado, hoje estamos testemunhando tentativas de estender a noção de direito, até então reservada aos assuntos humanos, a novas categorias: aos animais, aos androides e a eventuais extraterrestres. Em 2011, durante uma viagem pela floresta indonésia, o fotógrafo David Slater, por um momento, deixou sua câmera sem vigilância e um macaco, curioso, intrigado por seu reflexo na lente, e todo sorridente, tirou diversas *selfies*. Esses autorretratos, alguns muito bem-sucedidos, fizeram bastante sucesso e renderam dinheiro a Slater. Porém, em 2015, uma organização de defesa dos animais entrou na Justiça pedindo que os direitos autorais fossem pagos ao verdadeiro autor das fotos: Naruto, o macaco. Seguiu-se um longo processo: em acordo amigável, Slater aceitou pagar 25% dos futuros direitos a instituições de caridade que protegiam os macacos e, por fim, a Justiça negou o pedido da instituição, alegando que direitos autorais eram reservados aos seres humanos. Mas a questão estava colocada, considerada legalmente admissível, e muitas organizações militam hoje, às vezes com sucesso, para que sejam reconhecidos os direitos dos animais.

Em 2016, a ONG argentina Asociación de Funcionarios y Abogados por los Derechos de los Animales obteve um *habeas corpus* em favor de Cecília, uma chimpanzé fêmea de vinte anos, prisioneira do zoológico de Mendoza, e deprimida depois da morte de seus dois companheiros. A Justiça reconheceu o direito de Cecília de viver em condições correspondentes à sua espécie, e ela foi transferida para o santuário de animais GAP (Great Ape Project), em Sorocaba, no Brasil. Outras ações na justiça em favor de chimpanzés ou orangotangos foram iniciadas na Argentina, no Brasil, nos Estados Unidos, em tentativas de que sejam reconhecidos juridicamente como "pessoas não humanas", dotadas de direitos assim como *pessoas*, e que devem, portanto, ser protegidos contra prisões sem julgamentos e maus-tratos.[2] Os grandes símios são os primeiros beneficiários dessas lutas jurídicas, mas outros animais não humanos, sem dúvida, virão a seguir, como, por exemplo, os golfinhos. Na França, a Lei n. 2015-177, de 16 de fevereiro de 2015, art. 2, integrada ao Código Civil (art. 515-14) reconhece que "os animais são seres vivos dotados de sensibilidade", embora: "nos termos das leis que os protegem, os animais estão sujeitos ao regime de propriedade." Em outras palavras, os animais não são coisas, devem ser protegidos, mas permanecem como "propriedade", não ascenderam à condição de pessoas, dotadas de direitos.

Se a questão do direito dos animais é exposta, por que não abrir também um debate sobre os androides? Eles entendem o que dizemos e, às vezes, até nossa entonação, são capazes de imitar emoções simples como alegria ou tristeza, podem ser companheiros de vida e até parceiros sexuais: podemos atacá-los, provocá-los, maltratá-los, ou eles têm direito à proteção e a certa forma de respeito?

Em 2016, a Comissão de Assuntos Jurídicos do Parlamento Europeu respondeu à pergunta: ela recomendou a criação de uma personalidade jurídica para robôs, o que, afinal, não é realmente surpreendente, já que tal condição existe para empresas, mas ela também reconheceu robôs "inteligentes" ou "autônomos" como "pessoas eletrônicas", dotadas de direitos e deveres (Testart; Rousseaux, 2018, p. 162).[3] Um pastor da Flórida declarou-se pronto a batizar as máquinas, se elas pedissem. E quanto aos possíveis extraterrestres? O Observatório Astronômico do Vaticano já colocou a questão: se os descobrirmos, deveremos

---

2. Informações sobre essas ações podem ser encontradas nos endereços a seguir, consultados em https://www.vix.com/pt/ciencia/544267/como-a-chimpanze-cecilia-ganhou-habeas-corpus-para-viver-em-santuario-de-sorocaba e https://jus.com.br/artigos/38568/os-macacos-e-o-cabimento-do-habeas-corpus. Acesso em: 25 ago. 2018.

3. Quando a referência do livro aparece em português no fim do livro, nas "Referências", a tradução da citação usa o texto que foi publicado nesta edição em português, com a paginação correspondente. Quando a referência do livro aparece em outro idioma, nas "Referências", traduzimos o texto em francês da citação, como ele aparece na versão francesa de *Educação ou Barbárie?* mantendo a paginação indicada nessa versão. A escolha por uma ou outra opção dependeu das possibilidades de acesso aos livros em período de pandemia e bibliotecas fechadas (N.T.).

considerar que eles têm também uma alma cujos pecados foram redimidos por Jesus? O que, de certa forma, nos leva de volta ao encontro de dois mundos radicalmente diferentes, à controvérsia de Valladolid, e à questão fundamental: o que é humano e quais são seus limites?

De um lado, os fortes índices de negação de direitos humanos e de surtos de barbárie; do outro, as tentativas de estender para além do *Homo sapiens* a própria ideia de direitos. Os dois processos são opostos, um expressando fechamento e coração árido, o outro exprimindo abertura e generosidade, mas eles têm um ponto em comum: a crescente indeterminação quanto à definição de ser humano.

Este livro é motivado pela ideia de que, neste momento da história, é necessário voltar a trabalhar a questão do fundamento antropológico da educação. Mas, como fazê-lo sem retomar os discursos filosóficos *a priori* sobre "o homem", que eu mesmo demonstrei em *A mistificação pedagógica* (2013a), que mascaram a realidade social da desigualdade? Contra o cinismo atual, que gostaria de admitir como legítimo o que consegue impor o mais forte, pelo terrorismo, manobra jurídica ou manipulação midiática, parece ser cada vez mais urgente invocar um princípio de humanidade. Mas como definir esse princípio para que não seja, de fato como já foi, o disfarce ideológico de uma relação de força?

O livro vai-se focar, primeiro, nas representações da "natureza humana" que veiculam algumas grandes correntes pedagógicas clássicas ("tradicionais", em um primeiro momento, depois "novas") e a forma de relação com o mundo que essas representações expressam. Ele analisará em seguida a configuração pedagógica contemporânea, sua lógica de desempenho e concorrência, seu silêncio quanto à questão antropológica na educação.

Em uma segunda parte, questionará o significado dos novos discursos sobre a qualidade da educação, a neuroeducação, a cibercultura e o transhumanismo.[4]

Em seguida, em sua terceira parte, abordará o tema da especificidade humana e do "próprio do homem" a partir dos debates filosóficos contemporâneos

---

4. De acordo com o *Vocabulário Ortográfico da Língua Portuguesa*, "emprega-se o hífen nas formações em que o segundo elemento começa por h". No entanto, neste livro, mantivemos a opção do autor na grafia das palavras cujo prefixo é trans e o segundo elemento inicia-se com h (N. E.). Fonte: https://www.academia.org.br/sites/default/files/conteudo/o_acordo_ortogr_fico_da_lngua_portuguesa_anexoi_e_ii.pdf.

e das pesquisas da paleoantropologia e de suas primas científicas (primatologia, genética molecular etc.). Com base nessas pesquisas, porém de forma crítica, defenderei a ideia de que o "próprio do homem" não é uma especificidade individual, mas a própria existência de um *mundo humano,* que só é possível pelo acúmulo, de geração em geração, que permite a educação. Assim, ela deve ser considerada como um fato antropológico essencial, condição de existência de uma espécie humana.

Para encerrar esta apresentação, alguns esclarecimentos terminológicos serão úteis.

Primeiro, as palavras "antropologia" e "antropológico" neste texto[5], de modo geral, remetem a uma reflexão sobre a espécie humana. Historicamente, essa reflexão, baseada em determinada ideia da natureza humana, tem sido essencialista: nas pedagogias clássicas, sejam elas "tradicionais" ou "novas", a natureza humana é entendida como uma essência do homem, inerente a cada indivíduo. Mas uma reflexão pode ser antropológica sem ser essencialista; as palavras "antropologia" e "antropológico", portanto, podem igualmente se referir a investigações científicas, não essencialistas. Assim, a paleoantropologia encontra a questão da "origem do homem" e de sua especificidade a partir de pesquisas científicas em fósseis humanos e os diversos vestígios de atividade humana e pré-humana que chegaram até nós.

A ambição deste livro é compreender o que os homens têm em comum e que pode basear uma reflexão pedagógica. Nesse sentido, a antropologia "cultural", que se interessa principalmente pelas diferenças entre as culturas, não é o campo de referência deste texto; no entanto, as diferenças entre humanos e entre grupos humanos devem, evidentemente, ser levadas em conta na reflexão sobre o que os homens têm em comum.

Quando o texto fala do "homem", portanto, não se refere a nenhuma essência atemporal[6], a uma natureza externa da história, a uma ideia filosófica, mas à existência da espécie humana – mais precisamente ainda, ao gênero humano (*homo*), às diversas espécies e subespécies consideradas humanas e que foram

---

5. Não pretendo, de modo algum, dizer aqui o que a antropologia deve ser, mas apenas explicitar em que sentido uso as palavras "antropologia" e "antropológico".

6. Exceto, obviamente, quando o texto analisa a representação do homem em uma ou outra teoria essencialista.

extintas, e ao *Homo sapiens*, a única espécie humana que sobreviveu até os nossos dias. Obviamente, "homem" não se refere neste texto ao gênero masculino, mas ao ser humano em qualquer gênero sexual (masculino, feminino ou qualquer outro gênero). Essa generalização do masculino para todos os membros da espécie é lamentável, mas, na forma atual da língua portuguesa, quase não há solução para o problema, exceto duplicar o gênero gramatical em cada frase, o que produz um texto pesado e feio – e, no plano ideológico, supõe que existem apenas dois "gêneros", o que é igualmente contestável.

Convém igualmente definir o uso das palavras "pedagogia" e "pedagógico".

O adjetivo "pedagógico" refere-se simplesmente à ideia de educação, e poderia ser substituído por "educacional" – mas esse último termo é raro e pode, portanto, criar algum estranhamento ao leitor. Nesse sentido, pode-se falar de "prática pedagógica", no sentido de prática implementada em uma atividade de educação, instrução ou de formação, sem nenhuma outra intenção, a não ser a de definir o campo dessa prática.

O substantivo "pedagogia" revela mais. Por exemplo, evocar a pedagogia dos pais, não é simplesmente se referir ao fato de que eles educam seus filhos, mas também supor que, conscientemente ou não, eles escolhem entre diversas formas de educação. O termo "pedagogia" remete ao sentido, valores e propósitos, implícitos ou declarados, que dão coerência a um conjunto de práticas de educação. A adição de uma determinante especifica a pedagogia em questão: pedagogia tradicional, pedagogia dos jesuítas, pedagogia Freinet etc. A *pedagogia* é definida em referência à *educação*, e não apenas à *aprendizagem*, que remete à *didática*; mesmo que, de fato, não exista opção didática sem escolha pedagógica, convém manter uma diferença entre as duas: a didática visa a *eficácia* de aprendizagem, enquanto a pedagogia atende à questão dos *valores* em educação. Quando o adjetivo "pedagógico" remete de modo específico a esse sentido preciso da palavra "pedagogia", e não somente à ideia geral de educação, ele assume essa referência aos valores; é então "pedagógica" uma prática guiada por determinados valores.

Não é surpresa, portanto, que, historicamente, as pedagogias tenham se inspirado, na maior parte das vezes, em uma antropologia. Para dizer como educar uma criança, elas precisaram definir o que é e deve ser um ser humano, e o fizeram, na maioria das vezes, em referência a uma natureza humana. Este livro considera que, quando se recusa esse essencialismo, uma pedagogia permanece possível, com sua dimensão antropológica.

PRIMEIRA PARTE

O desejo e a norma:
a questão antropológica
no discurso pedagógico

O objetivo principal desta primeira parte é entender por que a questão pedagógica não é colocada na sociedade contemporânea. Ela se interessa muito pela aprendizagem, em abordagens didáticas, neurológicas, digitais; aumentar a produtividade das técnicas de aprendizagem é mesmo uma de suas maiores preocupações. Porém, não ouvimos mais os grandes debates pedagógicos como aqueles que se desenvolveram ao longo da história pelos Jesuítas, pelos republicanos ou por Dewey, Freinet, Montessori e outros grandes teóricos e praticantes da "nova pedagogia". Esses discursos baseados, explícita ou implicitamente, em determinadas representações, além de diferentes e muitas vezes opostas, do destino do Homem, como espécie e como indivíduo. Por que os atuais discursos sobre educação não estão mais interessados na questão de onde vem o homem e para onde está indo? Por que esse silêncio antropológico?

Não analisarei uma essência atemporal da pedagogia para dizer o que ela "deve" ser e do que ela "deve" falar. Partirei do que, de fato, ela tem sido historicamente, e do que falou. Quais são as funções culturais, ideológicas e sociais preenchidas pelos discursos pedagógicos ao longo da história? Elas variam de acordo com a corrente, ou existem constantes? Começaremos nos debruçando, no primeiro capítulo, sobre as pedagogias "tradicionais", depois, no segundo capítulo, sobre as pedagogias "novas". Assim tendo explicitado as funções da pedagogia ao longo da história, tentaremos, no terceiro capítulo, compreender o silêncio antropopedagógico da sociedade contemporânea.

CAPÍTULO 1

O discurso pedagógico tradicional: a educação contra a corrupção natural do homem

A educação tem por objetivo extirpar do homem o que o atrai para a animalidade e atualizar nele o que define sua mais alta vocação: essa é a ideia que, sob as diversas formas históricas, estruturou o discurso sobre a educação durante séculos, pelos menos no mundo ocidental. A educação é assim concebida como atualização da essência humana, universal e atemporal, luta contra tudo o que degrada o homem em animal, contra todas as formas de corrupção de seu Espírito, de sua Alma e de sua Razão (Charlot, 2013a).

Essa ideia foi desenvolvida sob diversas formas, que hoje podemos considerar como tradicionais: filosófica, religiosa, racionalista-republicana.

A filosofia de Platão organiza o Cosmos de acordo com um eixo sensível-inteligível: abaixo, o mundo da matéria indeterminada; acima, o céu das Ideias, em que o Bem, Ideia suprema, fundamenta ao mesmo tempo o Verdadeiro, o Bom e o Belo. A educação, em sua forma ideal, tem por função conduzir a mente do sensível para o inteligível: a ginástica e a música introduzem harmonia no corpo e na alma; a matemática e a astronomia voltam os olhos da alma para a realidade inteligível; a dialética permite que a mente compreenda as Ideias e torne-se filósofa, forma mais completa de ser humano. Mas nem todos os homens estão aptos a receber essa educação. Existem na cidade três classes de homens, definidas pelo eixo sensível-inteligível que estrutura o conjunto do Cosmos: os artesãos, cuja alma é dominada pelo desejo; os guardiães da cidade, em quem predomina a coragem; os filósofos, em quem a mente domina. Os artesãos são muito mais numerosos do que os guardiães, e feliz é a cidade que tem, pelo menos, um filósofo; os escravos, que não são verdadeiramente humanos, não fazem parte da cidade – não mais que os animais domésticos. Apenas o filósofo é capaz de percorrer todo o caminho da educação, consegue contemplar a ideia de bom e pode, portanto, governar a cidade e a si mesmo de acordo com a ordem do mundo. Segundo Platão (2011), duas outras classes de cidadãos receberão educação, mais limitada, que corresponde a seu tipo de alma.

Tal filosofia da educação se baseia em uma concepção pluralista da natureza humana, cujas diversas formas são hierarquizadas em referência à ordem do mundo. Essa ordem é estruturada por um eixo no qual o polo negativo é o sensível, a matéria, o desejo, e o polo positivo, a inteligência, a mente, a razão. Essa hierarquia referenciada de direito à ordem do cosmos remete, de fato, às desigualdades sociais e sexuais.

Assim como Platão distingue três tipos de almas sob um eixo desejo-pensamento, as do artesão, do guardião da cidade e do filósofo, Aristóteles considera que o escravo e a mulher devem, por natureza, obedecer ao homem livre, pois não dispõem de plena razão, ao contrário do homem livre.

> Fica claro, então, que alguns homens são por natureza feitos para ser livres e outros para ser escravos, e que para estes últimos a escravidão é tanto útil quanto justa (1255a-2011, p. 62).
> O macho tem sobre a mulher uma superioridade natural, e um é destinado por natureza ao comando, e o outro a ser comandado (1254b-2011, p. 61). Quase todas as coisas comandam e são comandadas conforme a natureza. Entretanto, os tipos de comando diferem: o homem livre comanda seu escravo de uma maneira diferente que o macho comanda a fêmea, ou que

> o pai o faz com seu filho. Ainda que as partes da alma estejam presentes em todos eles, elas estão presentes em diferentes graus. Pois o escravo é inteiramente desprovido da faculdade de deliberar; a mulher a possui, mas débil e ineficaz; e a criança também a possui, mas nela esta faculdade ainda é imperfeita, não está completamente desenvolvida (Aristóteles, 1260a-2011, p. 75).

O processo é sempre o mesmo: as diferenças sociais são colocadas como legítimas uma vez que traduzem a ordem natural do mundo. A educação tem, portanto, como função construir os comportamentos que correspondem à natureza de cada um, dentro de um mundo caracterizado por uma tensão permanente entre o polo do desejo e o do pensamento. A pedra angular do processo ideológico é a ideia de que natureza e antropologia funcionam como um sistema de legitimação das desigualdades sociais e sexuais, transmutadas em diferenças naturais.

De forma um pouco diferente, é o mesmo processo básico que opera no pensamento religioso dos séculos XVI e XVII. A natureza humana foi corrompida pelo pecado original e a criança, que nasce do ato sexual, assimilada ao pecado, é a mais corrupta de todos os seres (Snyders, 1975; Charlot, 2013a).

> "A quem essa criança recém-nascida enganou, qual é o seu crime", pergunta Bossuet? E ele responde: "Ele é filho de Adão, eis seu crime. É isso que o faz nascer na ignorância e na fraqueza, o que colocou em seu coração a fonte de toda sorte de maus desejos" (*apud* Snyders, 1975, p. 192).

Portanto, não é de surpreender que Bérulle considere a infância como o estado "mais vil e mais abjeto da natureza humana, depois do da morte" (*apud* Snyders, p. 194) e que Rollin ali observe uma "inclinação natural para o mal" (*apud* Charlot, 2013a, p. 177). Mesmo São Francisco de Sales, conhecido por sua gentileza, em especial no diálogo com os protestantes, e que considera que as "crianças são agradáveis por sua inocência" (*apud* Snyders, 1975, p. 196) prega que "nascemos no mundo na maior desgraça que se pode imaginar, uma vez que, não apenas em nosso nascimento, mas também durante nossa infância, somos como animais privados de razão, de fala e de julgamento" (*apud* Snyders, p.194-195). O que é, aliás, fácil de constatar, como já o fez Platão, que se deixarmos uma criança sem supervisão, ela fará bobagens.

No entanto, o pecado original não é a palavra final da natureza humana, uma vez que Jesus veio para permitir a redenção – e pediu que as crianças fossem até ele; além disso, o Menino Jesus é objeto de adoração. A antropologia religiosa divide assim a natureza do homem, que, ao mesmo tempo, nasce originalmente corrompida pelo pecado e pode imitar Jesus, o Filho de Deus. Por causa de sua idade, a criança está mais próxima da corrupção original, mas é também quem obedece, uma vez que a corrupção ainda não teve tempo de se apossar definitivamente de sua alma. A infância é, por excelência, a época da luta entre as duas naturezas contraditórias do homem; o resultado dessa luta depende da educação.

Para ajudar a extirpar o pecado e salvar a alma, a educação deve ensinar a resistir ao desejo, portanto, a desconfiar do corpo, e a imitar os grandes modelos, o dos santos, mas também os da Antiguidade, que sobreviveram à passagem do tempo. Sobre essas bases antropológicas e religiosas, os jesuítas definiram uma pedagogia que, posteriormente, será qualificada de "tradicional" (Snyders, 1975). Essa pedagogia foi implementada nos colégios que recebiam crianças das camadas sociais dominantes e abastadas.

Essa ideia de uma natureza corrompida da criança é então tão evidente, que a encontramos com força em textos não diretamente inspirados pela religião; por exemplo, em um livro de Raymond de Varennes, publicado em 1790, e que, como indica seu título, participa da corrente em favor de uma "educação nacional" que se desenvolve na França após a expulsão dos jesuítas, em 1792: *Idées patriotiques sur la Méthode et l'Importance d'une Éducation Nationale, pour assurer la Régénération de la France* [Ideias patrióticas sobre o Método e a Importância de uma Educação Nacional para garantir a Regeneração da França]. Esse livro não é uma grande obra, muitos outros defendem as mesmas ideias na mesma época, mas ali elas são apresentadas de uma forma particularmente clara.

Segundo Varennes, a educação do homem "teve por objetivo submeter seu caráter selvagem às leis frequentemente severas dos locais e dos tempos nos quais ele nasceu" (*apud* Charlot, 2013a, p. 210). De fato, a criança é "um leão em luta com a sensibilidade", "sua tendência para a malícia seria inconcebível se a imperfeição de seus autores não perpetuasse sua causa". A educação deve, portanto, combater o "germe vicioso", "a combinação perversa", a "razão degenerada", que a criança recebeu ao nascer por causa de sua "natureza corrompida" (p. 210-211). Mas a criança se afasta dos bons princípios que queremos lhe incutir, "como o corcel que escapa ao freio que o vai domá-lo" (p. 211). "Ele se desencaminha, perde-se, se apenas for dócil à sua fraqueza. É preciso, pois, contrariá-lo, atormentá-lo, para torná-lo melhor" (p. 210). Os termos empregados por esse livro podem chocar uma consciência contemporânea sensível ao encanto da "criança inocente", mas, de fato, essa interpretação da natureza infantil está muito próxima da que as "escolas normais", um século mais tarde, e com o apoio da sociologia emergente de Durkheim, divulgarão aos futuros professores da escola da República.

Na verdade, o pensamento racionalista e republicano contestará os conteúdos veiculados por essa concepção religiosa da educação, e defenderá a ideia de uma instrução básica para todos, gratuita e obrigatória, mas seu projeto laico também se baseia em uma antropologia dualista, opondo a Razão, polo positivo, ao desejo, à emoção e ao corpo, que continuam ocupando o polo negativo. Nessa versão, construída a partir da Filosofia Iluminista, a função da educação é, ao mesmo tempo, cultural e sociopolítica. Trata-se de, a partir da instrução, possibilitar aos jovens o acesso à Razão e aos saberes racionais para libertá-los do domínio obscurantista da Igreja, e possibilitar o sufrágio universal e, portanto, a República.

Mas só alcança a Razão quem se liberta de sua selvageria natural. Portanto, a palavra-chave dessa antropologia é "disciplina", como imposição de normas ao que é da ordem, ou, mais precisamente, da desordem, da natureza. Assim, para Kant (1999, p. 12), "a disciplina transforma a animalidade em humanidade".

> A selvageria consiste na independência de qualquer lei. A disciplina submete o homem às leis da humanidade e começa a fazê-lo sentir a força das próprias leis. Mas isso deve acontecer bem cedo. Assim, as crianças são mandadas cedo à escola, não para que aí aprendam alguma coisa, mas para que aí se acostumem a ficar sentadas tranquilamente e a obedecer pontualmente àquilo que lhes é mandado, a fim de que no futuro elas não sigam de fato e imediatamente cada um de seus caprichos (Kant, 1999 p. 13).

A educação deve combinar disciplina e instrução para dar à natureza humana "aquela forma, a qual em verdade convém à humanidade" (Kant, 1999, p. 17). Não é por acaso que a palavra "disciplina" tem um duplo significado de comportamento correspondente às normas, e de matéria ensinada: ensinamos as disciplinas para disciplinar a criança. E algumas dessas disciplinas recebem, de novo, logicamente, o nome de Humanidades: seu projeto é dar a mais alta forma humana às crianças nascidas em um estado selvagem – pelo menos, na verdade, às das classes sociais dominantes.

Durkheim constrói uma versão sociológica dessa antropologia kantiana: é a sociedade que, pela educação, instaura a disciplina e liberta o homem de sua selvageria.

> Já vimos que a educação tem por objeto superpor, ao ser que somos ao nascer, individual e associal – um ser inteiramente novo. Ela deve conduzir-nos a ultrapassar a natureza individual: só sob essa condição, a criança tornar-se-á um homem (p. 54).
>
> É a sociedade que nos lança fora de nós mesmos, que nos obriga a considerar outros interesses que não os nossos, que nos ensina a dominar as paixões, os instintos, e dar-lhes lei, ensinando-nos o sacrifício, a privação, a subordinação dos nossos fins individuais a outros mais elevados. Todo o sistema de representação que mantém em nós a ideia e o sentimento da lei, da disciplina interna ou externa, é instituído pela sociedade (Durkheim, 1963, p. 45).

Sem sociedade, não há disciplina. Sem disciplina, não há humanidade; "se se retirasse (do homem) tudo quanto a sociedade lhe empresta: retornaria à condição de animal" (p. 47). O objetivo não é mais a salvação da alma, como com os jesuítas, é a Razão que pode ocorrer no homem e, portanto, na continuidade de Condorcet, que possibilita a República, baseada na razão e na instrução.

Em Platão, a Razão é a ordem do Cosmos; nos jesuítas, ela é a expressão de Deus; na Filosofia Iluminista, que se inspira em Kant, Durkheim e na escola republicana, ela é a vocação e conquista do Homem. Mas trata-se sempre de libertar o homem de uma "natureza inicial" que o atrai para a animalidade. Também a educação republicana herda as formas pedagógicas tradicionais: imposição de regras e inculcação de modelos. Assim, a norma invade todo o processo pedagógico, que se refere aos conteúdos, métodos de comportamento e relações, estruturas espaciais e temporais, arquitetura ou formação de professores nas escolas *normais*. A chave do sistema é a avaliação, que impõe o padrão a todos os níveis.

Essa ideia de uma natureza inicial selvagem é expressa com uma força bem particular no pensamento pedagógico clássico (Charlot, 2013a), mas não é o único campo em que é encontrada. Marshall Sahlins demonstrou como ela impregna o pensamento ocidental, em particular no campo político, de Tucídides aos pais fundadores americanos, ou a Durkheim, passando por Santo Agostinho, Maquiavel, Hobbes, Adam Smith e muitos outros.

> Por mais de dois milênios, os povos que chamamos de "ocidentais" têm sido assombrados pelo espectro dos próprios seres interiores: uma ideia de natureza humana tão mesquinha e destrutiva que, a não ser que seja de algum modo governada, vai reduzir a sociedade à anarquia (Sahlins, 2009, p. 7).

Tucídides, no século V a.C., já falava da "natureza humana, sempre se rebelando contra a lei" (*apud* Sahlins, 2009, p. 13), e Smith, em 1767, escreveu que "desde a queda de Adão, até os dias de hoje, a humanidade, no geral, tem falhado, se prostrou na ilusão, cedeu às afeições mais vis, à cobiça e aos apetites brutais" (*apud* Sahlins, 2009, p. 11).

Definir normas e disciplinar é também a ambição das academias, que nasceram no século XVII, ou seja, quando se constrói também a "forma escolar" tradicional, em particular, nos colégios dos jesuítas. A Academia Francesa foi fundada em 1635; a Academia de Ciências, em 1666; as Academias Reais de Pintura e Escultura, em 1648; a de Dança, em 166; a de Música, em 1669; e de Arquitetura, em 1671; na Inglaterra, a Royal Society foi criada em 1660. A definição de normas estéticas visando disciplinar as práticas artísticas é particularmente interessante no caso da dança, uma vez que envolve o corpo, foco do desejo e fonte da "selvageria".

Os primeiros textos sobre a dança foram produzidos na Itália, no século XV, em especial por Guglielmo Ebreo, cujo tratado de 1463 teve grande difusão na Itália. Não é um acaso ele ser judeu, como seu nome indica (e que mudou após sua conversão): a partir do século XII, a Igreja baniu as cerimônias de dança, com cheiro de diabo, e foi nos bairros judeus que as formas mais ou menos reguladas de dança sobreviveram. Ebreo é coreógrafo de Laurent de Médicis (Lourenço de Médici), cuja bisneta Catherine levará consigo a dança para a Corte da França. Em 1661, Luís XIV, ele mesmo descendente dos Médici por parte de sua avó Marie, fundou a Academia Real de Dança, onde um dos diretores, Pierre Beauchamp criou um sistema de classificação da dança e definiu as cinco posições clássicas dos pés no balé, e as primeiras *ports de bras* ('posições de braços'). No balé, o corpo lança-se em direção ao céu, em especial, graças às pontas e aos movimentos dos braços, nos movimentos codificados e contra a gravidade natural (Garaudy, 1980). Isso só é possível graças a um longo treinamento que é, ao mesmo tempo, sofrimento e fonte de prazer. O corpo natural sofre para que se liberte beleza e harmonia. Não é de estranhar que Beauchamp, que codificou o balé clássico, tenha trabalhado muitas vezes para os colégios jesuítas: é a mesma relação com o mundo que exige o controle do corpo enquanto aluno do colégio jesuíta do século XVII (ou da escola republicana no século XIX), e quando se aprende as bases do balé clássico (Charlot, 2011; 2013c).

Essa antropologia permeia todas as práticas sociais tradicionais em que se fala, de forma explícita ou implícita, de disciplina e de norma, quer se trate das relações entre pais e filhos, alunos e professores, mas também entre mulheres e homens, trabalhadores e patrões, indígenas e colonizadores e, de maneira geral, entre dominados e dominantes.

Como explica Aristóteles, na natureza, tudo controla ou é controlado; o homem livre controla seu escravo, o homem, a mulher, o pai, os filhos. Os tipos de controle diferem, mas seja qual for a forma, ser controlado é sempre útil a quem é controlado, incapaz, por natureza, de determinar-se a si mesmo. Ao longo da história, encontramos assim discursos que explicam que a obediência da criança, a docilidade da mulher, a submissão do povo lhes são impostas para o seu bem. Essa interpretação e legitimação da dominação social investem em duas figuras de referência: uma figura pedagógica, a criança, e uma figura antropológica, o "selvagem". A mulher, o povo, o indígena são considerados, basicamente, como filhos crescidos que precisam ser protegidos. E a criança, a mulher, o povo são variantes de uma mesma figura, a do "selvagem"; enquanto a humanidade idealizada recebe diversas qualificações (santo, herói, nobre, cidadão, erudito...), a não humanidade tem apenas um nome: selvagem. Essas duas figuras, logicamente, podem ser superpostas: a criança é um pequeno selvagem, o selvagem é uma criança grande. Portanto, não surpreende que Jules Ferry, que organiza a escola pública, gratuita, obrigatória e laica, seja também um dos principais responsáveis pela expansão colonial francesa, na Tunísia, em Madagáscar, na África e, sobretudo, na Indochina, ao ponto de receber o sobrenome de "Tonkinois" (Tonquinês): educador de crianças e civilizador de selvagens.

Em 28 de julho de 1885, enquanto era presidente do Conselho, ou seja, primeiro-ministro, ele proferiu, perante a Câmara dos Deputados, um discurso sobre a questão colonial, que ficou famoso:

> Há um segundo ponto que devo abordar...: é o lado humanitário e civilizador da questão... As raças superiores têm um direito sobre as raças

inferiores. Digo que há um direito para elas, porque há um dever para elas. Elas têm o dever de civilizar as raças inferiores.[7]

Que se trata de vigiar, punir, controlar, dominar, impor os minipoderes ao mais íntimo da vida cotidiana, sob a ótica foucaultiana, não há qualquer dúvida. No entanto, não devemos ignorar a ambivalência dessa antropologia e reduzi-la às suas funções repressivas e mistificantes, ou interpretar a definição de padrões como puro autoritarismo sociopedagógico. A questão é mais complexa.

Em primeiro lugar, o domínio do corpo, a disciplina e a norma não são apenas impostas aos dominados pelos dominantes, elas são igualmente inculcadas aos próprios dominantes, em particular a seus filhos, jovens nobres e burgueses a quem são propostos os ideais alternativos ao prazer, outra forma de humanidade que possa ser objeto de outro tipo de desejo (cavalheirismo ou sucesso social acompanhado de uma plenitude familiar). Assim, analisando o espírito do capitalismo nascente, Max Weber mostrou que austeridade e ascetismo não são apenas uma moral para uso dos pobres, mas também o efeito de uma representação puritana do mundo que governa o comportamento do próprio capitalismo (Weber, 2004).

O controle do corpo e a disciplina também são princípios de regulação do comportamento dos próprios dominados, embora sob formas específicas e mais ambíguas. Para o agricultor ou trabalhador, o corpo é o lugar, ao mesmo tempo, de prazer e de dor; ele deve ser forte e deve saber aproveitar todas as sensações que pode proporcionar, mas é necessário também respeitar seus limites pois, se é a morada da vida, é também instrumento de sobrevivência e, como tal, deve ser cuidado. Aquém de suas elaborações pedagógicas, políticas, religiosas, artísticas etc., a questão da dominação do desejo e da normatização se enraíza em uma relação mais fundamental com o mundo, que é também relação com os outros e consigo mesmo.

Tal relação com o mundo estrutura as formas culturais e as práticas cotidianas nas sociedades pobres e, de modo mais geral, naquelas onde reina a austeridade.

---

7. Discurso disponível (em francês), por exemplo, em http://www.xn--lecanardrépublicain-jwb.net/spip.php?article31. Acesso em: 27 out. 2018. Em 30 de julho de 1885, Clémenceau respondeu: "Raças superiores, raças inferiores, é logo dito! Pela parte que me toca, rebato de forma singular desde que vi cientistas alemães demonstrarem cientificamente que a França devia ser derrotada na guerra franco-alemã porque a francesa é de uma raça inferior à alemã" (Tradução livre).

Estas não são ricas o suficiente para satisfazer a todos os desejos, e muitas vezes, nem sequer podem garantir um mínimo de bem-estar coletivo. Nessas condições, elas celebram o domínio do desejo, o controle do corpo, a disciplina do comportamento. É uma questão de limitar o desejo, de justificar/consolar e, às vezes, até mesmo glorificar ou santificar a pobreza e a austeridade por meio de diversas formas de inculcação (educação, religião, arte, filosofia, tradições, costumes...).

Entretanto, não se deve esquecer de que essas mesmas sociedades que celebram as virtudes da austeridade, apresentam também figuras ideais, cujo conteúdo varia de acordo com a época e o destinatário: "sábio", "santo", "herói", "cidadão da República", "patriota", "bom trabalhador, bom pai, bom marido", "mulher virtuosa" etc. A definição de ideal varia, mas é sempre uma questão de vislumbrar, em compensação ao desejo ao qual se deve renunciar, outra figura de humanidade (ou de super-humanidade), também desejável, embora de outra forma.

A antropologia oferece, assim, uma versão positiva de uma natureza humana dupla: se a educação tem por função disciplinar no homem sua natureza inicial, selvagem, corrompida, dominada pela paixão e pelo capricho, é para que ele possa ascender à forma superior de humanidade, a do espírito, da razão, da alma liberta do pecado ou do cidadão republicano. A disciplina é a vertente repressiva daquilo que, em sua vertente "realização", dá acesso ao ápice da humanidade (a Razão e a República, ou, na versão religiosa, a salvação).

Se a criança precisa de um *mestre* que, segundo o duplo significado da palavra, dispõe do castigo e encarna a sabedoria, é porque, ao mesmo tempo ela é ainda muito jovem para entender claramente o apelo da Verdade e deverá se *elevar*[8] até ela. As práticas pedagógicas são parecidas na escola dos Jesuítas e na da República, embora sua definição de verdade seja diferente, porque é sempre uma questão, fundamentalmente, de tratar as crianças de acordo com os modelos que as transformarão em homens.[9]

A antropologia dualista, que opõe uma humanidade modelada e controlada a uma natureza primitiva selvagem, não pode, entretanto, ser reduzida a uma simples ideologia de dominação. É certo, é claro, que ela serve de instrumento de classificação e hierarquização de diversas formas e momentos da humanidade

---

8. Em francês, aluno é *élève*, o que gera o duplo sentido com *élever*, verbo que significa 'elevar' (N.T).

9. Ou, às vezes, em mulheres, mas essa é uma questão pouco tratada pelo discurso pedagógico clássico, que a considera secundária.

entre dois polos, o da selvageria e o da civilização. Mas, em suas várias formas, essa antropologia levanta uma questão fundamental: a do encontro do desejo e da norma. Segundo Aristóteles (1276b-2011), o desejo é mal definido, pois é da natureza do desejo não ter limites. A norma, ao contrário, é definida e amplamente falada, como sabedoria, santidade, nobreza, Razão, cidadania etc. Essas antropologias sempre evocam uma natureza humana colocando em cena o encontro, e oposição, entre desejo e norma. Podemos ver nessas antropologias da natureza humana dividida uma mistificação ideológica que mascara as funções sociais da educação por trás da narração de uma luta metafísica (Charlot, 2013a). Podemos também considerá-las como "um grande erro", "a maior ilusão que já se tenha conhecido em antropologia" (Sahlins, 2009, p. 55 e 111). Mas, se essa mistificação ou ilusão pode ter sido eficaz ao longo dos séculos, é porque exploram uma questão que assombra o pensamento ocidental, a do desejo e da norma.

Esses discursos sobre a disciplina não são meros instrumentos de dominação social e política, eles fazem parte de pensamentos mais amplos, filosóficos, éticos, religiosos e até mesmo estéticos, que oferecem uma resposta à questão do desejo e da norma da qual os seres humanos não conseguem se desprender – questão universal e fundamental, como bem explicitou a psicanálise. Essas configurações antropológicas definem figuras da humanidade que, por mais diferentes que sejam (o sábio, o santo, o cidadão, o patriota etc.), são aceitas como legítimas porque, fundadas na natureza, são compatíveis com as estruturas sociais, cujas contradições superam, e propõem ao sujeito meios de identificação. Elas permitem articular as práticas efetivas de educação do sujeito singular em uma definição universalista de humanidade desejável, mantendo aberto um espaço de justificação das desigualdades sociais. Não é de surpreender, portanto, que essa antropologia da natureza humana seja tão resistente e que reapareça sempre, para além de todas as críticas que lhe possam ter sido feitas (Charlot, 2013a; Descola, 2005; Sahlins, 2009). No entanto, veremos, no próximo capítulo, que outra versão da configuração antropopedagógica é possível, colocando a natureza como norma, e não mais como fonte de corrupção.

CAPÍTULO **2**

As novas pedagogias: a natureza como guia da educação

No final do século XIX e no século XX, vemos emergir uma pedagogia chamada "nova", "ativa", que se opõe à uma pedagogia "tradicional" baseada em uma ideia negativa da natureza humana. Entretanto, o que é rejeitado não é o fato de construir uma pedagogia sobre a ideia da natureza humana, é a interpretação negativa dessa natureza. Podemos, de fato, promover uma crítica antropológica da pedagogia tradicional sob dois pontos de vista. Ou rejeitando a própria ideia de natureza humana; rejeição que aparece em diversos momentos do pensamento ocidental, em particular no mito de Prometeu ou na *VI^a Tese sobre sobre Feuerbach*. Ou então lhe opondo uma interpretação positiva sobre a natureza humana, considerando que a criança, por natureza, é inocente, pura, espontânea, criativa. Historicamente, a "nova" pedagogia, pelo menos em suas correntes amplamente dominantes[10], baseia-se nessa interpretação positiva da natureza humana, muitas vezes referida a Rousseau.[11]

A infância "não é mais período maldito e oco, marca da natureza humana corrupta, mas período preparatório, funcional, marca da natureza humana perfectível" (Charlot, 2013a, p. 182). Não é a criança que é corrompida, é a sociedade que a corrompe. E, quanto mais se afasta de sua infância, mais o indivíduo perde essa plasticidade que faz o valor de ser humano. "A idade adulta é a cristalização, a petrificação", escreveu Claparède (1964, p. 166). Quanto mais nova é a criança, mais próxima ela está da verdadeira humanidade; portanto, educar é respeitar as necessidades e interesses "naturais" e tentar preservar no adulto o que há nele da infância. Enquanto na pedagogia tradicional a disciplina deve impor normas à natureza, na nova pedagogia, é a própria Natureza que é a Norma.

A nova pedagogia mantém a configuração antropopedagógica: como na pedagogia tradicional, as práticas de educação do sujeito singular são articuladas sobre uma definição universalista de humanidade desejável, mas essa definição em si é como invertida: uma interpretação positiva da natureza humana substitui a interpretação negativa. Ou, de outra forma: a infância permanece a idade da selvageria, mas o selvagem não é um bárbaro vítima de suas paixões, é um "bom selvagem" preservado da influência corrupta da sociedade.

---

10. As correntes mais recentes da nova pedagogia estão se distanciando muito desse essencialismo antropológico. É o caso do Grupo Francês de Nova Educação (GFEN), cujas preocupações sociais desde o nascimento após a Primeira Guerra Mundial (1922), e a influência de Henri Wallon da década de 1930, protegem da ingenuidade naturalista. É também o caso da pedagogia institucional (PI), que, ao reler Freinet à luz da psicanálise e se desenvolver em um ambiente urbano, confronta a questão da relação entre desejo e norma. Além disso, educadores que desenvolveram ação ou instituição específica que mais ou menos se disseminou, como Anton Makarenko, Paulo Freire, Fernand Deligny, entre outros (Houssaye, 1995; 1996), pelo menos em parte, escapam a esse essencialismo. Não pretendo, neste livro, "encontrar uma caixa" para cada pedagogo, mas analisar duas grandes correntes essencialistas idealistas típicas que estruturaram o pensamento pedagógico e, mais além, várias formas de relação com o mundo.

11. De fato, a questão da natureza é mais complexa para Rousseau. Se encontramos em alguns de seus textos uma tendência incontestável ao romantismo da natureza, ele também defende a ideia de que a natureza em si não é boa nem ruim, a noção moral de "bom" supondo que passamos do estado da natureza para o estado da sociedade. Para Rousseau, o homem da guerra de todos contra todos de Hobbes e o "bom selvagem", descrito pela antropologia de seu tempo (na qual está interessado), não vivem em um estado de natureza, mas já em formas sociais.

Para alguns autores, o essencialismo antropológico é patente. Assim, Adolphe Ferrière, que fundou a "Liga Internacional para a Nova Educação" em 1921, escreveu em 1922 que a criança, em muitos aspectos, "é um primitivo, não evoluído, o equivalente do selvagem com, além disso, todo um mundo de virtualidades ainda enterrado no fundo de seu organismo físico e psíquico e que, a seu tempo, surgirá na superfície" (Ferrière, 1969, p. 15). Consequentemente, "o processo que será utilizado pela ciência para coletar os materiais que transmitirá em seguida à pedagogia" é "observar as crianças em sua espontaneidade" (Ferrière, 1950, p. 13). Logicamente, médicos como Ovide Decroly e Maria Montessori são particularmente sensíveis à ideia de uma pedagogia inspirada na natureza. Decroly, que inventou o método dos centros de interesse, pensa que o meio natural é o mais adequado para estimular o interesse da criança (Hamaïde, 1966). Montessori, que inspirou a pedagogia das creches, definiu a educação como "um processo natural que se desenvolve espontaneamente no ser humano" (1959, p. 11), na qual existe "uma essência humana criativa" (p. 48), de modo que:

> Apenas a natureza que estabeleceu suas leis e que determinou determinadas necessidades do homem em vias de desenvolvimento pode ditar o método de educação determinado pelo objetivo: satisfazer as necessidades e às leis da vida. Essas leis e essas necessidades é a própria criança que as indica por suas manifestações espontâneas e por seu progresso [...] (Montessori, 1959, p. 63).

Mesmo autores que desenvolveram uma pedagogia de ambição política, como John Dewey, bardo da democracia liberal norte-americana, ou Célestin Freinet, arquiteto de uma escola do povo de inspiração marxista, sublinham sua confiança na natureza humana.

Dewey declara sua "fé nas potencialidades da natureza humana", sua "crença na conexão íntima e vital da democracia e da natureza humana", e lamenta a "falta de uma teoria adequada da natureza humana em suas relações com a democracia" (Dewey, 1955, p. 136).

Freinet defende o "método natural" no aprendizado da leitura e escrita (Freinet, 1968), sublinha "a semelhança de preocupações do jardineiro, do produtor e do educador" (1967a, p. 119) e, no mesmo livro onde escreveu que "a educação encontrará seu motor essencial no trabalho" (1967b, p. 114), ele a considera como "a necessidade orgânica de utilizar o potencial de vida para uma atividade ao mesmo tempo individual e social" (p. 126). De modo que ele pode escrever igualmente, sem que seja contraditório com sua insistência sobre o trabalho no meio coletivo e social:

> Será necessário fazer da natureza uma confiança nova e, em seu seio, recuperar as linhas de vida fora das quais ninguém poderia construir utilmente. Será necessário retornar, primeiro, às práticas condicionadas pelo dinamismo que cada ser carrega em si para assegurar seu crescimento, sua defesa e sua elevação (Freinet, 1967b, p. 32-33).

As novas pedagogias não são puras teorias, elas se apoiam igualmente em práticas, muitas vezes interessantes; além disso, se não fosse esse o caso, não seriam pedagogias, seriam apenas teorias filosóficas. Essas práticas e sua teorização pedagógica, social e antropológica baseiam-se em uma relação com a criança fundamentalmente diferente daquela que expressam as pedagogias tradicionais, dos jesuítas e da República. Essa nova relação com a criança é, sem dúvida, o que as novas pedagogias têm em comum, apesar de suas diferenças. O que caracteriza a "nova educação", escreveu Cousinet, é "uma nova atitude perante a criança", atitude feita de compreensão, de amor, de respeito, de expectativa, de paciência, "atitude de aceitação da infância como tal, reconhecendo o valor da infância como um período necessário no desenvolvimento do homem" (Cousinet, 1968, p. 22). Essa nova relação com a infância, entretanto, pode induzir formas muito diferentes de pensá-la.

Pode inspirar um projeto científico de conhecimento, como o da pedagogia experimental de Claparède, o da psicologia genética de Piaget, ou a ideia montessoriana de que há, no desenvolvimento da criança, "períodos sensíveis" que devem ser respeitados e dos quais se deve saber tirar proveito. A definição de infância como um período necessário e funcional do desenvolvimento torna possível um estudo científico, pois fornece um objeto: as características específicas dos períodos sucessivos desse desenvolvimento, e o método genético deduzido a partir disso. A nova relação com a infância e a natureza cria a possibilidade de uma psicologia científica, e não o contrário (Cousinet, 1968; Charlot, 2013a).

Entretanto, a infância também pode igualmente ser pensada de uma forma um pouco romântica, que inspirou o movimento escotismo, criado em 1907, por Baden-Powell. A tarefa será então definir as "necessidades naturais" da criança, consideradas como suas "verdadeiras necessidades", e isso é, de fato, resolvido a partir do que se sabe da vida dos "selvagens". Assim, três de "quatro necessidades primordiais" definidas por Decroly, se referem diretamente à sobrevivência em um ambiente "natural".

> 1º a necessidade de se alimentar;
> 2º a necessidade de lutar contra as intempéries;
> 3º a necessidade de se defender contra os perigos e inimigos diversos;
> 4º a necessidade de agir, trabalhar solidariamente, de se recrear, de se elevar (Hamaïde, 1966, p. 23-24).

Essa relação romântica com a infância e a natureza pode desvalorizar o ambiente urbano, moderno e técnico no qual a criança efetivamente vive:

> E porque esse mundo compreende o rádio, o cinema, a informação e a atualidade, acreditou-se legítimo concluir que o rádio, o cinema, a atualidade e a imprensa deviam penetrar na escola e aí adquirir direito de cidade pedagógica. Mas nenhum desses elementos corresponde às necessidades reais da criança. A criança não tem nenhuma necessidade do rádio, nem do cinema, nem dessas informações sucessivas e desconcertantes que fornece a imprensa (Cousinet, 1968, p. 155-156).[12]

Essa atitude de Cousinet é paradoxal na medida em que todas as formas da nova pedagogia, incluindo a defendida por ele, têm como princípio que é o meio que educa e não a palavra do adulto. Assim, Maria Montessori escreveu que "a criança pequena, ao absorver o que a rodeia, em seu ambiente, molda a si mesma o homem que será" (Montessori, 1959, p. 18). De maneira mais geral, ela escreveu:

> Descobrimos assim que a educação não é o que traz o mestre: é um processo natural que se desenvolve espontaneamente no ser humano, que não se

---

12. Em uma nota, Cousinet matiza, entretanto, sua proposta em relação ao cinema: as pesquisas nos farão saber "em um futuro bem distante, se o cinema pode ser introduzido no mundo da criança, e sob que forma higiênica" (p. 156). A primeira edição do livro é de 1950, data na qual podemos considerar que o cinema já era uma forma de comunicação bem estabelecida socialmente.

adquire escutando palavras, mas pela virtude das experiências realizadas no ambiente. O dever do mestre não é falar, mas reunir e disponibilizar uma série de motivos de atividades culturais em um ambiente preparado para esse fim (Montessori, 1959, p. 11).

Afirmar como um princípio fundamental da nova pedagogia que é o meio que educa, mas recusar o surgimento da modernidade na classe, como faz Cousinet: o paradoxo é apenas aparente (como todo paradoxo...). O próprio autor explica:

> Ora, o rádio, o cinema, a informação são o próprio tipo dessas necessidades de fantasia que as crianças devem a seus pais e que, por essa razão, como os doces, são, não necessidades, mas hábitos (p. 156).
> Um hábito pode impedir a satisfação de uma verdadeira necessidade e, com o passar do tempo, abafá-la (p. 157).
> E é bem verdade também que o rádio, o cinema e a informação não passam de manifestações presentes de um mal mais geral e antigo, o que consiste em, no lugar de organizar o ambiente da criança, colocá-la no do adulto (Cousinet, 1968, p. 157).

Segundo essa forma de pensar, as verdadeiras necessidades da criança, suas necessidades primordiais, são naturais. Mas o adulto as substitui por necessidades de fantasia, hábitos de adultos, que sufocam sua natureza. A criança é, assim, "abandonada sem direção ao instinto de tirania que existe no fundo de cada coração adulto" (Montessori, 1968, p. 8). O adulto "nega que exerce tirania", "convencendo a criança que essa tirania é exercida para o seu bem", escreveu Montessori (1968, p. 90) – e o leitor lembra aqui o que Kant e Durkheim escreveram sobre disciplina. Mas, ela responde, "e houve algum tirano que confessou sacrificar seus súditos?" (p. 90). A professora montessoriana, renunciando à tirania, "torna-se a guardiã e protetora do meio" (Montessori, 1959, p. 225).

Em outras palavras, o meio invocado pela nova pedagogia não é o meio social no qual a criança efetivamente vive, é o meio educacional, construído, guardado, protegido pelo professor, que conhece as reais necessidades da criança. Eis o verdadeiro paradoxo: o mestre mantém-se aparentemente afastado; ele não é mais o tirano falador que impõe às crianças sua disciplina e seu discurso, porém, de fato, indiretamente, por meio da organização do ambiente, ele continua a controlar o ato educativo, talvez ainda mais próximo do que na pedagogia tradicional.

O que acontece em *Emílio*, de Rousseau, a partir de seu ambiente de vida, é o que seu preceptor pensava, queria, tentava organizar, esperava. Entretanto, esse educador não pode ser acusado de tirania, uma vez que seus critérios para construir um ambiente educativo são as "necessidades primordiais" (Decroly), as "verdadeiras necessidades da criança" (Cousinet), "o processo natural que se desenvolve espontaneamente no ser humano" (Montessori). "O professor da nova educação é o homem da natureza vivendo com a criança da natureza" (Cousinet, 1968, p. 114).

Assim, seja qual for a configuração pedagógico-antropológica, "tradicional" ou "nova", o educador incorpora sempre o Princípio Supremo que justifica sua pedagogia: a Salvação da Alma, a Razão e a República, a Natureza. Ele tem uma vantagem certa: seu poder é legítimo, pois é o de Deus, da Razão e da Natureza, por trás do qual ele se apaga. Mas também carrega pesos: como educador, não pode invocar suas singularidades pessoais, deve encarnar a perfeição que representa e que almeja sua pedagogia. Ele é o Homem que a criança deve ser tornar – mesmo que saibamos que, infelizmente, ele sem dúvida se tornará um simples adulto, vítima e culpado do pecado, da superstição, de necessidades fantasiosas.

As "novas" pedagogias desenvolveram práticas indubitavelmente diferentes das práticas tradicionais, mas elas também professam uma definição antropológica da natureza humana. Algumas o fazem em um discurso que tende para o épico e o teológico, como quando Maria Montessori evoca "uma essência humana criativa" (1959, p. 48) e "a disciplina universal que governa o mundo" segundo os Salmos (1968, p. 110). Outras, mais políticas e que aceitam, e por vezes reivindicam, a modernidade, não deixam de considerar que o objetivo da democracia é "garantir e manter um livre exercício sempre crescente dos poderes da natureza humana" (Dewey, 1955, p. 191) e que é necessário "sempre agir no sentido da natureza" (Freinet, 1968, p. 43).

A antropologia que funda ou sustenta essas pedagogias é como inversa em relação àquela que desenvolvem as pedagogias tradicionais. Nestas, a natureza humana é corrompida e a educação deve submeter a criança à ação da disciplina. Naquelas, como escreveu Montessori, somente "a natureza pode ditar o método da educação" (1959, p. 63) e "nossa vida social é muitas vezes o obscurecimento progressivo e a morte da vida natura que existe em nós" (1958, p. 251). O educador cristão ou republicano luta contra a corrupção natural da criança, enquanto o professor da nova educação protege suas potencialidades naturais:

a concepção de natureza humana é invertida, mas a referência antropológica e essencialista a uma natureza do homem permanece fundamental.

Vimos, no capítulo anterior, que a relação com a criança é a forma pedagógica de uma relação com o mundo que estrutura outros campos sociais, em especial o da arte. Portanto, não é surpreendente que o fim do século XIX e início do século XX (período em que emergem novas pedagogias conquistadoras) sejam também o auge de vanguardas artísticas em ruidosa ruptura com qualquer forma acadêmica: a relação com a arte muda no mesmo sentido em que a relação com a criança.

Na pintura, o impressionismo, o cubismo, o fauvismo, o expressionismo, o surrealismo e diversos outros "ismos" libertam o olhar, a forma e a cor da norma acadêmica. A pintura recusa a tirania do "belo" e mais ainda, a do "real", pinta o que percebe, sente, analisa, sonha e traz um novo interesse às estampas japonesas, às máscaras e esculturas africanas e uma natureza "primitiva" que Gauguin tenta encontrar no outro lado do mundo (Charlot, 2013c). Isadora Duncan dança sua vida, segundo sua bela expressão e, com os pés descalços para manter o contato com a vida e com a terra, pretende reencontrar os ritmos da natureza e devolver à dança sua espontaneidade e liberdade.

> Minha arte é precisamente um esforço para expressar em gestos e em movimentos a verdade de meu ser […]. Diante do público que vinha em multidões às minhas apresentações, jamais hesitei. Dei a ele os impulsos mais secretos de minha alma. Desde o início, não fiz mais do que dançar minha vida (Duncan, 1992, p. 10).

Depois dela, os pioneiros da dança moderna (Ruth Saint-Denis, Ted Shawn, Martha Graham, Doris Humphrey) exprimem, por meio de sua arte, os sentimentos profundos, as suas lutas, paixões e esperanças universais ou contemporâneas do homem e da mulher (Garaudy, 1980; Charlot, 2011). Sob nomes diversos (dança criativa, expressiva etc.), aparecem práticas de dança educativa que valorizam a educação integral, a livre expressão, a espontaneidade, o movimento natural (Marques, 2003). Algumas dessas novas práticas artísticas, em pintura, dança, teatro, música, também entram nas novas pedagogias (desenho livre, expressão corporal, jogos teatrais etc.)

O tema fundamental dessas novas formas pedagógicas e artísticas é o da liberdade, oposta a todos os tipos de padrões acadêmicos, que se entenda por "academia" as instituições de ensino ou de arte oficiais. A referência permanente à natureza humana permite invocar uma liberdade primária, mais profunda, mais fundamental que as normas sociais "tirânicas" escolares e artísticas. No entanto, a argumentação antiacadêmica não está necessariamente vinculada a um projeto sociopolítico emancipador; se o argumento naturalista pode inspirar Dewey, Freinet ou as escolas anarquistas alemãs, cujo projeto é inegavelmente progressista, ele também nutriu as novas escolas elitistas, como a Escola des Roches, fundada por Edmond Desmolins, em 1899. A configuração antropopedagógica da nova pedagogia, como a da pedagogia tradicional, invoca um argumento universalista de humanidade desejável, mas mantem aberto um espaço de justificação das desigualdades sociais.

Assim, Adolphe Ferrière considera que a "livre comunidade escolar" não convém à "grande massa".

> Escola modelo e laboratório de ensaio, digo, mas não "escola do futuro", se a entendemos como a escola que será um dia a da grande massa. A grande massa é feita de mediocridades e um regime escolar que supõe naturezas da elite, seja pelo lado dos alunos-cidadãos, seja pelo lado dos professores, não é feito para ela. Esse regime permanecerá forçosamente o de uma minoria, pois os inovadores ousados e prontos a sacrificar seus interesses pessoais pelo bem da humanidade nunca serão mais do que uma elite (Ferrière, 1950, p. 76).

Da mesma forma, Ferrière realiza a façanha intelectual que consiste em desvalorizar o "selvagem existente" enquanto valoriza a criança como selvagem. De uma parte, a criança é "um equivalente do selvagem" e Ferrière cita Stanley Hall: "Para se tornar um bom civilizado, é preciso ter sido anteriormente, como criança, um bom selvagem" (Ferrière, 1969, p. 15). Mas a criança tem, "além disso, todo um mundo de virtualidades ainda enterradas", que o selvagem não tem (p. 15); "comparamos a criança ao selvagem existente. Mas o selvagem é muito provavelmente, se não um degenerado, pelo menos o fruto de um galho descendente da árvore da vida sobre o globo terrestre" (p. 45).

Não se trata de derrapagens reacionárias sem relação com as ideias pedagógicas de Ferrière, mas de uma aplicação dessa "lei biogenética" da correspondência entre evoluções da humanidade e do indivíduo (p. 47), que funda sua antropologia político-pedagógica. O autor expõe sua tese sob a forma de um surpreendente gráfico piramidal, estabelecendo uma correspondência entre "tipos psicológicos" e "idades da Infância e da Humanidade".

Na base dessa escala biogenética, encontramos, é claro, o selvagem: o "Tipo Sensorial Vegetativo e Tátil (Selvagens)" corresponde à criança de "zero a dois anos: sensorialidade tátil, Vida vegetativa" e, na evolução da humanidade, aos "caçadores primitivos isolados". No topo, evidentemente, aparece o sábio, quer dizer o próprio Ferrière, de acordo com a tendência que conduz os autores de uma hierarquia, seja ela qual for, a definir critérios de classificação que os situem no topo dessa hierarquia: o "Tipo Racional (Sábios)" corresponde ao jovem de "20 a 22 anos: pura razão" e, na evolução da humanidade, ao "(Solidarismo) Liberdade pensada" (Ferrière, 1969, p. 66; Charlot, 2013a, p. 51). Os trabalhadores não qualificados são, assim, os "caçadores momentaneamente associados", semelhantes a crianças de dois a quatro anos, enquanto os educadores são os "construtores dos tempos modernos", como os adolescentes de catorze a dezesseis anos. Certamente, Ferrière introduz uma nuança: "cada categoria social pode apresentar tipos muito diversos" (p. 66), mas essas considerações ao longo do livro não deixam nenhuma dúvida quanto ao uso socioideológico dessa lei biogenética.

> As coisas parecem acontecer como se os tipos adultos correspondessem a paradas de desenvolvimento de tal ou qual função psíquica fundamental durante o crescimento (p. 59). Não é de se admirar, portanto, que o operário, socialmente especializado demais, perde suas qualidades de homem: sua mente permanece simplista (p. 44).

A educação pode mudar o destino natural? Não, ela só atua na margem.

> Eu me inclino a acreditar que o tipo de cada criança é dado hereditariamente, com sua nota dominante, mas que, sem que se dê conta, a criança utiliza seu entorno familiar ou escolar para reforçar o próprio tipo (p. 62). O tipo de cada criança é dado de uma vez por todas. O educador não pode modificá-lo e deve levá-lo em conta. O que o educador pode obter, no entanto, é que cada faculdade seja cultivada, ou seja, diferenciada e concentrada pela prática da vida, a fim de que nenhuma permaneça no estado infantil e simplista (p. 63).

Portanto, a palavra de ordem de respeitar a natureza permite delegar à escola uma função de seleção social – função e seleção que são então consideradas como legítimas, pois são naturais.

> Se a escola conseguir facilitar o pleno desenvolvimento das faculdades sadias de cada criança, terá permitido, entre outras coisas, a seleção natural das capacidades, terá preparado a elite pela qual caminhará o mundo de amanhã. Discernir os líderes naturais, os condutores, os precursores, armar os indivíduos que se revelam trabalhadores com mente precisa e enérgica, a fim de fazer deles homens competentes, eis o papel da escola por excelência (p. 140).

Ferrière é um caso extremo de utilização reacionária do argumento antropológico. No entanto, ele não é uma pessoa marginal: é o fundador da Liga Internacional pela Nova Educação, e podemos lhe atribuir certa representatividade. Além disso, encontramos em Claparède, defensor da "pedagogia experimental", um caso similar de discriminação, embora suas vítimas, dessa vez, sejam as mulheres. Depois de explicar que as espécies que atingem maior grau de desenvolvimento têm um período de infância mais longo, Claparède aplica essa lei na comparação entre homens e mulheres. "Assim, as meninas que, como vimos, chegam mais rapidamente à idade da maturidade que os meninos, pagam por essa precocidade um menor grau de desenvolvimento intelectual" (1964, p. 167). Em outras palavras: quanto mais longa é a infância, mais inteligente é a espécie; como as meninas entram na puberdade mais cedo que os meninos, elas têm uma infância mais curta; o que explica porque elas são menos inteligentes. Como cientista, Claparède deveria perceber que aceita um preconceito como se fosse um fato evidente (a inferioridade intelectual das mulheres) e que comete um erro metodológico ao aplicar uma lei de comparação entre espécies a uma diferença interna da espécie (o sexo). Mas como se livrar de preconceitos quando eles são confirmados, provados e legitimados pela "lei de ferro da natureza que regula os destinos da espécie" (p. 167)?

> É necessário, com efeito, pelo interesse da espécie, que a mulher seja mais passiva, mais conservadora, que tenha um menor grau de gosto pela pesquisa e pelas empresas que a afastarão do lar e dos filhos, à sorte dos quais deve estar ligada. Parece que essa abreviação relativa desse período da infância foi o meio que utilizou a natureza para colocar um freio na evolução intelectual da mulher. Ela, por outro lado, tem uma vida afetiva mais desenvolvida que seu companheiro masculino e aí há razão para consolá-la

amplamente de sua inferioridade no domínio da abstração e do poder de novas aquisições (Claparède, 1964, p. 167).[13]

As novas pedagogias historicamente foram, e ainda são, pedagogias inspiradas pelo sentimento de liberdade e têm mérito inegável em voltar a atenção para as necessidades biológicas da criança, seu ritmo de crescimento, seus interesses específicos. Nesse sentido, no debate entre desejo e norma, elas argumentam em nome do desejo, contestam as normas e tendem a reconhecer legitimidade apenas à norma natural, ou à norma coletiva construída com e pelas próprias crianças – enquanto as pedagogias tradicionais argumentam em nome da norma e tendem a desconfiar de qualquer forma de desejo, a não ser aquele que conduz para a sabedoria, santidade ou cidadania. Mas essas novas pedagogias são compatíveis com modelos políticos muito diversos: o liberalismo de Dewey, o marxismo bem autogerenciado de Freinet (expulso da escola pública republicana e do Partido Comunista Francês), as escolas anarquistas alemãs. Além disso, a derrapagem sexista de Claparède, e os delírios biogenéticos de Ferrière mostram que o argumento da natureza é sempre recuperável e, de fato, recuperado, pelas ideias discriminatórias e reacionárias, quer a natureza seja celebrada ou vilipendiada.

Seja em Aristóteles, seja em Ferrière, na pedagogia ou em outros lugares, a naturalização do ser humano é um argumento disponível para legitimar as hierarquias sociais. Comandar ou obedecer: essa distinção faz parte de uma lei universal da natureza, já dizia Aristóteles (1254a-2011). É "a lei de ferro da natureza que regula os destinos da espécie" que travou o desenvolvimento intelectual das mulheres, escreveu Claparède (1964, p. 167). E o que podemos fazer diante da natureza? Por que querer mudar, aliás, uma vez que quem é assim dominado, seja escravo (em Aristóteles), seja mulher (em Aristóteles e em Claparède), sente-se muito bem?

Em pedagogia, como em qualquer lugar, a naturalização do ser humano é o argumento da discriminação, da impotência e da renúncia – com consciência tranquila. O que podemos fazer se, por natureza, o aluno é estúpido, preguiçoso, não ama a matemática ou é mais "manual" do que intelectual? O deixemos como é, com o próprio interesse, já que não podemos fazer nada e ele será mais feliz se não forçarmos sua natureza.

---

13. Primeira publicação em 1905.

Há pedagogias mais simpáticas do que outras – e a utopia da criança espontânea e criativa certamente é mais simpática do que as diatribes sobre sua natureza corrompida. Mas o essencialismo antropológico, seja qual for o discurso que o mobilize, é um impasse teórico e prático, e um risco permanente de discriminação social. Podemos esperar que a noção de natureza humana funcione como princípio de definição de seres humanos e induza a ideia de que são iguais por natureza, para o melhor ou para o pior. É em parte o caso: todos são filhos de Adão e Eva, e marcados pelo pecado original, ou, em outra versão, todos são portadores de uma essência humana criativa, segundo a expressão de Maria Montessori. Mas a bela unidade dessa ideia de natureza se desintegra quando a teoria pedagógica a divide e quando o discurso social discriminador distingue diversos graus.

No nível teórico, a antropologia pedagógica essencialista não pode se contentar em postular uma natureza humana, seja corrupta, seja impulso vital. Ela deve, igualmente, supor que essa natureza é transformável, para o bem ou para o mal, senão a própria ideia de educação, que implica um processo, não faz sentido. A educação deve corrigir uma natureza humana corrompida (versão "tradicional"), ou (versão "nova") salvaguardar uma natureza que o adulto tirânico ou as necessidades fantasiosas tendem a corromper.

Quando a teorização pedagógica mobiliza a ideia de natureza humana, o fato de que a educação, por definição, produz uma mudança ou preserva de uma degradação induz, no mínimo, uma duplicação dessa ideia de natureza humana, por distinção entre uma natureza corrompida e uma forma ideal de humanidade a alcançar (versão "tradicional") ou por referência a uma natureza primária ameaçada, a salvaguardar e promover na sociedade dos homens (versão "nova").

A consequência prática dessa duplicação é a inevitável irrupção do desejo nas pedagogias da norma, e da norma nas pedagogias do desejo. As pedagogias tradicionais argumentam em termos de corrupção natural e de disciplina, situando-se assim do lado da norma, mas elas devem introduzir um princípio de desejabilidade para legitimar e possibilitar a educação pela norma. Na verdade, o que justifica a disciplina, aos olhos do educador que a aplica e da criança que a aceita, é o desejo da sabedoria, da santidade, da cidadania ou do conhecimento aos quais a disciplina deve dar acesso.

Situando-se ao lado do desejo, as novas pedagogias defendem o respeito pela liberdade natural e espontaneidade da criança, mas elas devem introduzir uma forma de normatividade. De uma parte, sem limites, o sujeito não pode se construir, ele explode, enlouquece. De outra, quando as crianças vivem juntas, os desejos se chocam, competem entre si. As novas pedagogias, portanto, são levadas a reconhecer a legitimidade de dois tipos de normas: aquelas que a própria natureza dita a cada idade, e aquelas que o coletivo de crianças, auxiliado e guiado pelo educador, constrói e gerencia – segundo o projeto rousseauísta de liberdade natural promovida a liberdade civil. Quer a norma demande o desejo, em um caso, quer o desejo busque a norma, no outro, as pedagogias baseadas em uma antropologia da natureza humana são trabalhadas em nível interno, teoricamente e na prática, pela tensão e, às vezes, pela contradição que mantém a dialética do desejo e da norma. Se quisermos pensar no "homem" (o ser humano), devemos pensar nele como desejo *e* norma, em uma forma dialética que exclui encerrá-lo em uma definição essencialista.

No debate social, a noção de natureza humana pode ser mobilizada como argumento para defender a liberdade e igualdade em uma sociedade democrática, como em Dewey, ou mesmo em um projeto do tipo socialista autogerenciado, como em Freinet, mas constatamos ao longo da história que ela tem servido mais para discriminar e hierarquizar os seres humanos do que para argumentar a sua natureza em comum.

A projeção ideológica de diferenças sociais e sexuais sobre a noção de natureza humana produz mais do que uma duplicação dessa noção: seu desdobramento em graus, em formas hierarquizadas. Na base da escala, um pouco acima da animalidade, encontramos a figura do "selvagem", estado "o mais vil e mais abjeto da natureza humana" (Bérulle, versão "tradicional") ou o "tipo sensorial vegetativo e tátil" (Ferrière, versão "nova"). De quem se trata, socialmente? Fundamentalmente, de quem trabalha a matéria: o artesão em Platão; o escravo, apto a ser coisa de outro e obedecer passivamente a seus comandos, em Aristóteles; trabalhador qualificado, que perde suas qualidades de homem e cuja mente permanece simplista, em Ferrière. No topo da escala, encontramos, é claro, a figura pouco disfarçada de quem escreve o texto, filósofo ou erudito, seja Platão, seja Aristóteles, seja Ferrière. A discriminação sexual pode igualmente ser projetada na ideia de natureza humana, com mulher que sofre de fraqueza na parte deliberativa da alma (Aristóteles) ou no domínio da abstração (Claparède), o que é compensado por uma vida afetiva mais desenvolvida.

Em resumo, segundo essa teorização antropológica da diferença social e sexual, somos mais ou menos humanos, o grau máximo de humanidade sendo o do intelectual macho – expressão que é quase um pleonasmo, já que a mulher não tem capacidade natural para ser uma verdadeira intelectual. O grau de humanidade de cada um é *revelado* pela posição social e sexual, não é seu *produto*. É a natureza interna de cada um, sua essência, que define seu grau de humanidade, mas é necessário que cada um ocupe na sociedade uma posição social e sexual que corresponda a essa natureza, de maneira que possamos conhecê-la pela observação dessa posição. A educação tem por função permitir a cada perceber sua essência – de alcançar o pleno desenvolvimento das faculdades saudáveis de cada criança, como escreve Ferrière, ficando bem entendido que essas faculdades não são as mesmas em todos. Aos graus da natureza humana devem corresponder as diferentes formas de educação, sabendo-se que a grande massa é feita de mediocridades e que somente uma elite pode beneficiar-se de uma educação ideal, como diz igualmente Ferrière.

Se nos recusamos a projetar as diferenças sociais e sexuais sobre um suporte antropológico e a hierarquizá-las *a priori*, qual poderá ser sua condição em uma teoria de educação? Podemos e devemos aceitar e levar em conta, na educação, formas diferentes de ser um ser humano? Social, sexual e individualmente diferentes. Teremos que retomar essa questão a partir de abordagens filosóficas e científicas que nos permitam pensar em uma condição humana que não seja em termos de "natureza" ou de "essência".

Antes, precisamos refletir sobre o discurso pedagógico na sociedade contemporânea. Ainda existe, nessa sociedade, uma abordagem antropológica de educação?

CAPÍTULO 3

Por que não há "pedagogia contemporânea": o silêncio antropológico

A análise de duas grandes correntes ideais típicas, que são a pedagogia tradicional e a nova pedagogia, permite precisar o que tem sido, historicamente e sob diversas formas, a pedagogia: uma configuração teórico-prática que define a especificidade da infância e os valores e finalidades da educação a partir de determinada concepção da natureza humana, e, portanto, de uma antropologia.

Essa antropologia trata, fundamentalmente, da questão do desejo e da norma. As pedagogias tradicionais, como vimos, defendem a disciplina e a norma, mas introduzem um princípio de desejabilidade: o que justifica a disciplina é o desejo pela sabedoria, santidade, cidadania ou conhecimento, aos quais a disciplina deve dar acesso. A adesão à norma requer uma forma de desejo. As pedagogias novas contestam as normas em nome do desejo, mas precisam de determinadas formas de normatividade, sem as quais o desejo é incontrolável. A Natureza dita a norma de cada idade; o coletivo constrói e gerencia as normas do grupo; o projeto só é realizável se respeitamos determinadas normas racionais, relacionais, organizacionais. A estruturação do desejo demanda a norma.

A educação não pode nem ignorar o desejo, nem recusar qualquer forma de norma. A vida é um processo permanente de equilíbrio, desequilíbrio, reequilíbrio entre um organismo e seu ambiente, de modo que o vivente alterne momentos de busca e de repouso. No ser humano, esse processo toma a forma do desejo e, apesar dos momentos de satisfação e de "felicidade", a de uma busca sem fim, pois o ser humano carrega em si, de modo constitutivo, uma falha, uma falta, uma fissura (Lacan, 1966), ele nasce inacabado e jamais poderá se encerrar em si mesmo (Charlot, 2000).

O homem é desejo, de modo que qualquer pedagogia, qualquer que seja sua desconfiança ou hostilidade com relação ao desejo, deve definir um princípio de desejabilidade. Mas, inversamente, não se pode viver sob o domínio do princípio do prazer, para usar os termos da psicanálise, e o princípio de realidade exige que cada um negocie seus desejos com os desejos concorrentes ou antagonistas dos outros (Freud, 1981). A estruturação do sujeito, como a vida em sociedade, exige normas e qualquer pedagogia, seja qual for sua aversão às normas, é levada a definir as formas legítimas de normatividade. Quando dois conceitos, ao mesmo tempo, são contraditórios e que não se pode pensar em um sem que o outro ocorra, há entre eles uma relação dialética, no sentido de Hegel – e no sentido de Marx, quando essa relação une e confronta duas forças, classes ou entidades sociais. Há, portanto, uma relação dialética entre Desejo e Norma, uma relação que tentam pensar, de forma não dialética, as pedagogias tradicionais e novas.

É, fundamentalmente, sobre essa questão do desejo e da norma que a pedagogia mobiliza a antropologia; a referência antropológica a uma natureza humana permite explicitar, justificar e legitimar as práticas e discursos pedagógicos sobre essa questão. É igualmente essa questão do desejo e da norma que permite articular a pedagogia (e sua antropologia) com as lógicas econômicas e políticas dominantes. Na verdade, a questão do desejo remete diretamente à do consumo, portanto, à economia, e a questão da norma, à do poder de definir e impor normas, portanto, à política.

Para analisar a situação pedagógica na sociedade contemporânea, que nos interessa aqui, é, portanto, dessa questão do desejo e da norma que partiremos. Não que tal questão seja a base da construção social. As pedagogias não flutuam em um espaço atemporal (Durkheim, 1963), as sociedades se constroem a partir da atividade coletiva de homens e mulheres para produzir sua condição de sobrevivência, e os conceitos antropológicos e a própria forma como os homens vivem sua condição humana dependem de relações sociais. Mas é essa questão do desejo e da norma que permite compreender por que e como uma sociedade produz certo tipo de pedagogia e antropologia que a funda culturalmente.

3.1. Da economia ao crédito e à publicidade: repressão e legitimação do desejo

As pedagogias tradicionais, como vimos, são pedagogias antinatureza, antidesejo. São elaboradas e aplicadas nas sociedades pobres demais para satisfazer todos os desejos, mesmo simples e modestos – quer dizer, historicamente, em quase todas as sociedades humanas conhecidas, pelo menos até recentemente.

Essas sociedades devem controlar, reprimir, sublimar os desejos. Elas o fazem apresentando argumentos pedagógicos, religiosos, filosóficos e, em última análise, antropológicos. Na versão religiosa, trata-se de salvar a alma e preparar a criança para uma vida austera, uma vez que é apenas após sua morte que poderá, talvez, desfrutar da abundância do paraíso. Na versão racionalista, trata-se de assegurar o triunfo da Razão sobre as paixões e emoções, e de participar assim do Progresso, que é a promessa de bem-estar. Em todos os casos, a criança deve compreender e aceitar os limites e sacrifícios pelos quais será recompensada posteriormente sob diversas formas: salvação, cidadania, progresso, paraíso etc. Esses argumentos baseiam antropologicamente as pedagogias necessárias às sociedades em situação econômica de austeridade.

Muitas vezes, nos discursos, é o tema da poupança que articula as dimensões econômicas e pedagógicas porque, necessária à acumulação de riqueza, ela é igualmente sinônimo de controle de si e de seus desejos. Somente os ricos podem, e devem, gastar magnífica e ostentosamente; os outros devem estocar os grãos ou suas magras economias, antecipando tempos difíceis que certamente chegarão. Mas ainda é preciso ensiná-lo às crianças, cuja disposição primária é a diversão e o excesso (antropologicamente, a corrupção e a selvageria).

Segundo declaração do prefeito de Rouen, em 1862, inaugurando a nova propriedade da Caixa de Poupança, a poupança

> aparecerá sempre cercada do mais belo cortejo, do trabalho corajoso, da paciência constante, da frugalidade severa e da ordem inteligente. A economia é o adversário mais forte e sábio de todo excesso e de todo desregramento, pois todos os impulsos que levam ao mal são incompatíveis com a poupança (Charlot; Figeat, 1985, p. 168-169).

Tal declaração fez eco, em 1885, na seguinte fala do professor Vessiot:

> Nossa tarefa, de todos os professores, é a de criar hábitos que preservem o futuro trabalhador de despesas inúteis e de excessos prejudiciais. [...] O gosto pela economia, o hábito da poupança, ao criar cedo recursos indispensáveis, são eficazes preservativos contra os excessos funestos aos indivíduos, funestos à sociedade (Charlot; Figeat, 1985, p. 169).

A poupança, que exige não satisfazer imediatamente seus desejos quando se tem meio para fazê-lo, é a virtude das sociedades austeras, com pedagogia "tradicional". Ora, as sociedades contemporâneas não são sociedades de poupança, mas do crédito que permite satisfazer seus desejos antes mesmo de ter os meios para fazê-lo, e da publicidade, que faz nascer sem cessar novos desejos. São sociedades que valorizam uma economia de consumo e não mais uma economia de austeridade, e que, em muitos de seus discursos e práticas, legitimam o desejo. Consequentemente, uma pedagogia "tradicional", antidesejo, torna-se dificilmente praticável cada vez mais na sociedade contemporânea. Mas essa legitimação do desejo não colocou em posição dominante uma "nova" pedagogia – mesmo se, como veremos, as relações contemporâneas com as crianças estejam impregnadas de "novos" valores.

A sociedade contemporânea[14] não passou de uma antropologia pedagógica tradicional para uma nova; ela saiu de uma problemática pedagógica antropológica em favor de uma lógica social de desempenho e de concorrência que não é compatível nem com a pedagogia "tradicional", nem com a "nova" pedagogia. Ela também não gerou, até agora, uma pedagogia "contemporânea" que seria o equivalente ao que foram as pedagogias "tradicional" e "nova".

Neste capítulo, nossa tarefa principal é compreender como surgiu essa situação pedagógica na sociedade contemporânea, e quais contradições pedagógicas (ou antipedagógicas) ela gerou.

3.2. Pedagogias "tradicional" e "nova" na dinâmica da sociedade capitalista

A valorização do desejo, atestada e estimulada pela importância do crédito e da publicidade na nossa sociedade, não é uma conversão moral e pedagógica – erro ou conquista, de acordo com o ponto de vista. É o efeito de uma evolução socioeconômica da qual nasceu a sociedade contemporânea. Mas essa mesma evolução requer igualmente a manutenção de hierarquias, de poderes e de normas. Seja qual for a sociedade, a tensão dialética entre desejo e norma está no coração das práticas e teorias pedagógicas, mas as formas que assume e as soluções que induz diferem de acordo com os tipos de sociedades e os momentos sócio-históricos.

---

14. Sociologicamente, deveríamos de fato falar *das* sociedades contemporâneas, no plural, e levar em conta suas diferenças históricas, econômicas e suas relações com a tradição. Faço uma transição aqui para o limite ideal típico (no sentido de Weber), como fiz analisando as correntes pedagógicas (e como o próprio Marx faz quando fala do proletariado ou da burguesia). Levo em consideração na análise o que me parecem ser características essenciais e estruturais da sociedade contemporânea, como ela é (e não como eu gostaria que fosse): mercado, lógica de lucro, competição, novas tecnologias, desigualdades sociais significativas, rupturas culturais profundas, aumento do nível de educação básica da população – características (não exaustivas) de sociedades tão diferentes em outros assuntos como os Estados Unidos, a China ou minhas duas sociedades de pertencimento, que são a França e o Brasil.

A sociedade capitalista (e, provavelmente, toda sociedade que, ao mesmo tempo, visa crescimento indefinido e conhece profundas desigualdades[15]) deve enfrentar, ao longo de sua história, uma contradição estrutural. De um lado, o capitalismo necessita do consumo, pois o capital só gera o lucro se a produção que ele financia encontra os consumidores; igualmente, há uma necessidade vital de inovação, ligada à dinâmica do próprio capital. Portanto, diante das hierarquias aristocráticas tradicionais e dos princípios de vida austeros impostos pelos poderes religiosos, a burguesia afirma que os homens nascem iguais em direitos e que podem, legitimamente, aspirar à felicidade e ao progresso na vida aqui embaixo. Mas, por outro lado, o lucro, a acumulação de riquezas, a apropriação de poderes, que são os motores do capitalismo, geram, mantêm e tendem a reproduzir, geração após geração, as desigualdades sociais estruturais e a pobreza de uma parte da população que precisa ser convencida a aceitar seu destino. Inovação econômica e técnica e reprodução social, igualdade política de direitos e desigualdade social de fato, direito à riqueza, mas a pobreza como destino para alguns: ao longo de toda a sua história, a burguesia gerou essa contradição estrutural. Mais ainda do que nas sociedades onde a austeridade e a desigualdade são impostas como fatos naturais, no regime capitalista a questão do desejo e da norma não é apenas uma questão pedagógica, é também uma questão socioeconômica e sociopolítica fundamental.

Em um primeiro momento, o pêndulo dialético pende para o polo da austeridade e da norma. Max Weber mostrou muito bem, em *A ética protestante e o "espírito" do capitalismo* (2004), como os primeiros capitalistas visavam o lucro e, ao mesmo tempo, mantinham uma vida pessoal austera. Eles visavam o lucro pelo fato de serem capitalistas. Mas muitas vezes eram calvinistas, e até puritanos, e por isso condenavam o prazer: o lucro não é para consumo, mas para investir e produzir as obras que proclamam a grandeza de Deus e dão sinais de que o capitalista recebeu a graça divina e será salvo (Weber, 2004). As sociedades nas quais o capitalismo emerge e se desenvolve proclamam o valor moral

---

15. A sociedade contemporânea é uma sociedade capitalista, sob diversas formas, e é, portanto, como capitalista que a analiso aqui. Mas falo, de maneira mais geral, de uma lógica de desempenho e concorrência porque penso que qualquer sociedade governada por essa lógica dominante, inclusive se não fosse mais capitalista (assumindo que tal hipótese tem um significado, o que não é óbvio) renunciaria, como a sociedade capitalista contemporânea, a uma pedagogia antropológica.

do lucro, mas ainda são sociedades de pobreza, ou, pelo menos, de austeridade, virtude específica dos próprios primeiros capitalistas.

Assim a sociedade burguesa do século XIX pôde, ao mesmo tempo, com Locke e Adam Smith, adotar o princípio de liberdade política e liberalismo econômico e, com Kant e Durkheim, retomar, de uma forma secularizada e em nome da Razão e do Progresso, o programa e as estruturas de uma pedagogia de austeridade e de disciplina herdada da tradição. As escolas onde são formados os professores são chamadas de escolas *normais* e efetivamente são instituições dedicadas a ensinar, promover e transmitir a Norma sob suas diversas formas: regra, esforço, poupança, higiene, casamento, moderação social e política.

O Estado cumpre, então, as funções de um Estado Educador; ele administra uma aliança de classe em torno da Razão, da Ciência, do Progresso e a instrução gratuita, obrigatória e laica deve integrar as classes populares na República (Charlot, 1994). Uma pedagogia do tipo tradicional, que inculca a norma, ao mesmo tempo que promete a todos um mínimo de bem-estar, progresso e dignidade do cidadão, é adequada a essa escola.

No entanto, no final do século XIX e mais ainda, no início do século XX, vozes dissonantes se levantam aspirando a uma nova educação: já com a *Belle Époque*, depois com o aumento das reivindicações sociais e mesmo socialistas, uma pedagogia pensada sob o signo da austeridade começa a ser questionada. Ela sobrevive em um equilíbrio ainda mais precário quando a sociedade burguesa passa da era de austeridade para a do desenvolvimento. A partir dos anos 60 do século XX, a maioria das sociedades, em especial a França, estabeleceu para si como objetivo explícito o desenvolvimento econômico e social, quer dizer, de fato, o crescimento. No entanto, isso requer consumo, incentivado pelo crédito, e o próprio consumo supõe o desejo, cultivado, suscitado e legitimado pela publicidade.

O desejo não é a base do desenvolvimento econômico, que permanece na busca pelo lucro e investimento: as empresas não investem para satisfazer o consumidor, mas para ganhar dinheiro. Porém, elas só conseguem isso se seu produto ou serviço encontrar consumidores, de modo que a multiplicação de desejos é uma condição para possibilitar o crescimento. Não se trata de uma valorização filosófica do desejo, mas de sua mobilização como recurso de economia: o desejo é muitas vezes padronizado, massificado, para fazer de um produto de consumo, fonte de lucro no mercado. De modo que a abertura de um mercado livre ao desejo, incluindo aí um mercado sexual e um mercado religioso, não é sinônimo de emancipação do sujeito, e pode mesmo conduzi-lo, às vezes, a uma perda de si próprio como sujeito do desejo: a busca por objetos de desejo socialmente pré-designados e tarifados, além disso, em uma sociedade cuja lógica é o desempenho e a concorrência generalizada, dificulta o acesso do sujeito aos desejos que sejam "seus", no sentido em que expressariam e problematizariam sua história singular.

Seja qual for a forma do desejo, incluindo quando é predefinido e massificado, uma pedagogia antidesejo é cada vez mais difícil, como prática e como discurso, em uma sociedade que precisa do desejo como motor da economia. Maio de 1968, considerado um intenso momento de denúncia da "sociedade de consumo", foi igualmente contraditório e, paradoxalmente, um gatilho e acelerador dessa nova lógica de legitimação do desejo. O princípio geral então se torna "é proibido proibir". Mais particularmente, a "liberação sexual" legitima o desejo mais demonizado pela moral tradicional e pelas *religiões do Livro*[16], esse desejo sexual ao qual se imputa o pecado original, fonte de corrupção. As possibilidades técnicas de controle da natalidade, a abertura do mercado de trabalho e do espaço público para as mulheres, as lutas feministas e LGBTQI+, o surgimento de novas formas de família e da subjetividade constroem uma cultura de legitimação do desejo. Todos agora têm "direito à felicidade", segundo uma estranha expressão, e todos podem "escolher" sua sexualidade. Chega até a países de profunda tradição católica, como os da América do Sul, o direito de escolher sua religião, indo desde o catolicismo a esse ou aquele grupo evangélico ou espiritualista, como se houvesse um mercado da crença religiosa no qual cada um buscaria a que lhe conviesse melhor.

Essa valorização do desejo tende a desestabilizar a pedagogia tradicional, que não consegue mais se impor como referência legítima. Às vezes, não é a vontade que falta, seja nos pais seja nos professores, mas eles não conseguem mais fazer reconhecer a disciplina como objetivo pedagógico fundamental, nem uma autoridade absoluta de uma Norma incorporada a seu discurso.

Nos anos 50 do século XX, ainda, quando a criança pretendia entrar em uma discussão um pouco acalorada com seus pais, eles, usando seu direito e um pouco indignados, exigiam: "não me responda!" Responder aos pais era violar uma regra básica da vida familiar. Na mesma época, no Ensino Secundário

---

16. Expressão francesa que se refere às religiões monoteístas fundamentadas em um Livro Sagrado. Incluem-se aqui o judaísmo, o cristianismo e o islamismo (N.T.).

francês, o "Superintendente de Disciplina" (que ainda não havia sido rebatizado de "Conselheiro de Educação") podia exigir que um aluno cortasse os cabelos que estivessem um pouco longos. Essas práticas não desapareceram totalmente, mas não são mais dominantes e não desfrutam mais uma legitimidade social forte e consensual: bater em público em seu filho que "responde" atrai olhares de desaprovação, e a administração escolar que pretenda regular a altura das saias das alunas provoca, quase automaticamente, reações indignadas nas redes sociais de comunicação. Nesse sentido, o equilíbrio dialético pende para o polo do desejo e a relação contemporânea com a infância é mais "nova" do que "tradicional".

A sociedade contemporânea mostra a preocupação em respeitar a criança, em proteger seu desenvolvimento e deixá-la afirmar sua personalidade, ao invés de discipliná-la e, de forma geral, valoriza a juventude, a modernidade, a inovação muito mais do que a tradição. Às vezes o discurso é ainda mais radical, como é o caso da Educação Infantil, que continua marcada pelo sopro montessoriano. A infância é então celebrada como espontaneidade, criatividade, inocência, pureza e até sua sexualidade polimórfica, destacada pela psicanálise, não afeta mais sua imagem, pois é um momento natural do desenvolvimento da criança; sobrevive então um discurso herdado do final do século XIX.

Na maioria das vezes, porém, o discurso é menos radical e a representação da infância como disponibilidade e promessa é mais uma vaga intuição que exprime uma relação com a própria infância, esperanças quanto a seus filhos e valorização contemporânea do novo e da inovação, do que uma posição filosófica explícita e fundada em uma antropologia da natureza humana.

Embora a relação com a infância seja mais "nova" do que "tradicional", a passagem de uma sociedade de austeridade para uma sociedade de desenvolvimento não produziu uma substituição da pedagogia tradicional pela nova pedagogia, mesmo que, nos anos 70 do século XX, tenhamos visto muitos debates e algumas tentativas nesse sentido.

A nova pedagogia não é a pedagogia da sociedade contemporânea no sentido em que a pedagogia tradicional foi da sociedade religiosa dos séculos XVI e XVII, ou da sociedade republicana do século XIX. Em nenhum momento ou lugar, ela se constituiu como pedagogia socialmente dominante. É uma pedagogia de combate, recusa e reivindicação – como, pensando bem, sempre foi. No domínio escolar, continua a ser o discurso de referência daqueles que criticam as práticas atuais, rebelam-se e, às vezes, tentam práticas alternativas. Mas estas jamais são generalizadas, diferentemente das práticas "tradicionais" dos jesuítas, ou das disseminadas pelas Escolas Normais laicas. Os militantes podem se dedicar ao ponto de serem, por vezes, heroicos, mostrar resultados, exibir sucessos locais, mas isso não transforma as práticas dominantes, senão à margem.

De modo que não existe, hoje, uma "pedagogia contemporânea", que desempenhe as funções de fundamento, explicação, legitimação, consistência de princípios e práticas que, historicamente e sob diversas formas, desempenharam as pedagogias "tradicionais" e que aspiraram desempenhar as "novas" pedagogias.

A pedagogia tradicional funciona mal, porque colide com a valorização contemporânea do desejo e da inovação. As novas pedagogias, que defendem uma representação da infância mais afinada com a sociedade contemporânea, funcionam apenas em ilhas ou redes militantes e evocam princípios pedagógicos que têm, às vezes, mais de um século. Certamente, há alguns discursos novos (sobre qualidade, neuroeducação, cibercultura), que analisaremos, mas veremos que eles não constituem uma "pedagogia contemporânea" que poderia ser para a sociedade atual o que as pedagogias "tradicionais" foram para as sociedades anteriores, ou, ao menos, uma versão contemporânea desse questionamento crítico e alternativo que constituíram as "novas" pedagogias.

Entretanto, é preciso continuar a educar e instruir as crianças e os alunos e, portanto, implementar práticas e até mesmo ter um mínimo de discurso, *pedagógicos* no sentido geral da palavra, quer dizer que tratam de educação. Referindo-se às categorias "tradicional" *versus* "nova", esses discursos e práticas aparecem, muitas vezes, como híbridos.

Em um polo, os discursos, lugares e redes militantes da nova educação – que devem, no entanto, dar provas de certo "realismo", quanto mais próxima a criança ou o aluno estiver de entrar no ensino superior, ou seja, do que decidirá de sua vida profissional e de sua posição social. No outro polo, há um discurso tradicionalista, às vezes reacionário. Em sua versão republicana, é conduzido por um pequeno grupo de antipedagogos nostálgicos, cujos valores podem ser respeitados, mas dos quais não podemos deixar de lamentar a profunda ignorância do que é a juventude contemporânea, uma escola suburbana, ou, simplesmente, e paradoxalmente entre esses intelectuais que não param de invocar o saber, do que a pesquisa em educação estabeleceu há cinquenta anos.

Em sua versão religiosa, o discurso tradicional tende a se confundir hoje com o de fundamentalistas de diferentes religiões (católica, evangélica, judaica, muçulmana etc.): em um único e mesmo movimento, é a favor da autoridade, disciplina e pedagogia de antigamente e contra a "ideologia de gênero", o casamento entre homossexuais e o aborto. Nesses dois polos, as referências antropológicas clássicas de uma natureza humana continuam a ser evocadas.

Entre esses dois polos, pais e professores utilizam vestígios fragmentados de pedagogias tradicionais ou novas, reunidos em conjuntos híbridos, instáveis e de pouca coerência, e que perderam seus fundamentos antropológicos. Hoje há famílias e professores mais "tradicionais", apegados a valores mais conservadores, em particular à autoridade, e outras famílias ou professores mais "modernos", "abertos", sensíveis a uma forma de liberdade e de autonomia das crianças, e a levar em conta as diferenças individuais. Quando justificam sua posição, essas famílias e esses professores invocam valores mais tradicionais ou mais modernos, mas sua argumentação remete a certa relação com a existência, mais do que a um discurso antropológico elaborado, e suas práticas devem negociar, pelo menos implicitamente, com as referências culturais da juventude, de um lado, e as normas e exigências de uma sociedade desigual, por outro lado. A maioria dos pais e dos professores tenta lidar com o cotidiano, com práticas híbridas, que dependem mais de uma bricolagem pedagógica, da sobrevivência e da tática, no sentido de Michel de Certeau (1990), do que de uma estratégia pedagógico-antropológica.

Na escola, em particular, as normas relacionais mudaram muito depois de maio de 1968, mas as práticas escolares permaneceram, no fundo, tradicionais: uma sucessão de aulas, deveres de casa, livros didáticos mais coloridos que antes e mais interativos, mas que continuam a ser livros didáticos etc. A "forma escolar" posta em prática nos séculos XVI e XVII, em particular pelos jesuítas, continua a estruturar o universo escolar: tempos fragmentados, espaços segmentados, múltiplos momentos de avaliação individual. As práticas básicas permanecem tradicionais porque a escola, pela própria organização, induz e, às vezes, impõe tais práticas.

Mas essas práticas não são mais apoiadas por essa antropologia que as inspirou com os jesuítas, Kant ou Durkheim, o que enfraquece sua legitimidade. Além disso, colidem-se com os valores modernos de criatividade, de direito à felicidade e de inovação. Também os professores abrem parênteses "novos" dentro das práticas "tradicionais": importação de algumas práticas alternativas (o "texto livre", por exemplo), trabalho em grupo, momentos de pesquisa, utilização da internet e de tecnologias modernas. Porém levantam-se assim problemas de coerência e mesmo, simplesmente, de viabilidade: como organizar um trabalho coletivo de pesquisa pela internet com tempo limitado em um espaço que não prevê esse tipo de atividade e, além disso, com a obrigação de, ao final do processo, proceder a uma avaliação individual?

Ao final dessa análise, podemos questionar como é sociologicamente possível que uma sociedade aceite assim práticas de educação variáveis, híbridas, mal definidas. Se admitirmos, como Durkheim, que "cada sociedade, considerada em momento determinado de seu desenvolvimento, possui um sistema de educação que se impõe aos indivíduos de modo geralmente irresistível" (Durkheim, 1963, p. 36), as práticas de educação da sociedade contemporânea não podem ser indefinidas, nem mesmo incoerentes, elas devem responder a uma determinada lógica, ao menos implícita. Mas, como veremos, essa lógica não é uma teoria que visa legitimar as práticas e os discursos em referência a valores universalizáveis – não é uma "pedagogia contemporânea", no sentido das pedagogias "tradicionais" e "novas". É uma lógica do desempenho e da concorrência.

3.3. Uma lógica do desempenho e da concorrência

A partir dos anos 60 do século XX, as sociedades que aspiram ao desenvolvimento constroem um verdadeiro *sistema* escolar. Até então, os estabelecimentos escolares primários e secundários eram pouco articulados: muitos alunos do primário, pertencentes a famílias de trabalhadores, não entravam no secundário, e determinados alunos do secundário, nascidos em famílias socialmente favorecidas, já frequentavam a escola primária em um estabelecimento secundário. Mas as sociedades que visam um desenvolvimento econômico acelerado necessitam de uma população com melhor formação. Portanto, elas prolongam a duração do ensino obrigatório, que passa a nove anos: na França, cinco anos de Escola Primária, seguidos de quatro anos de Colégio (Ensino Secundário de Primeiro Nível); em outros países, nove anos de Ensino "Fundamental". Em seguida, para uma parte crescente da população, um ensino do tipo "liceu" em três anos (Secundário de Segundo Nível, ou "Ensino Médio") ou, algumas vezes, Ensino Profissionalizante. Esses diferentes níveis de ensino são articulados em um sistema: cada um é pensado para dar acesso ao seguinte. Em princípio todas as crianças, portanto, frequentam a escola durante nove anos, e uma parte crescente, que, a partir dos anos 1980, atinge mais de três-quartos nos países mais ricos, frequentam a escola por doze anos, aos quais se acrescenta, com frequência, a Educação Infantil (três anos) e, às vezes o estudo superior (dois ou três anos, ou mesmo mais, quando leva a um mestrado ou doutorado).

Essa sistematização transforma os processos de seleção social e escolar. Antes era binária: entrar ou não no Ensino Médio (ou, nos países menos desenvolvidos, no Ensino Fundamental). A partir de então, a seleção ocorre por meio da gestão do fluxo: todos entram, mas não em estabelecimentos com a mesma qualidade, ou nos mesmos cursos, ou com as mesmas formas de ensino, ou de tempo. Há um grande mercado escolar, declarado ou oculto, em que todos consomem (de forma tendencial, nos países desenvolvidos, entre três e dezoito anos), mas não os mesmos produtos. Esse consumo escolar tende a ser requerido, de fato, além do tempo da escolaridade institucionalmente obrigatória: a formação diplomada torna-se indispensável à inserção na grande maioria dos setores profissionais, exceto em algumas zonas relativamente protegidas, aquelas que, precisamente, fazem sonhar os jovens: futebol, música, espetáculo.

A partir de então, a escola, antes celebrada como oportunidade e emancipação, se torna uma obrigação e mesmo, para aqueles que não a suportam ou que nela fracassam, uma maldição: o fracasso na escola não é mais apenas um fato pedagógico, é uma ameaça de marginalização e de pobreza sociais. É preciso agora ir à escola para passar para a turma seguinte, andar por um *bom* caminho, ter um *bom* diploma para *conseguir* um *bom* emprego – e mesmo, cada vez mais, para ascender à "elite" é preciso ter uma formação paralela, não declarada, mas conhecida dos beneficiários: domínio do inglês, estágios no exterior.

O fato de estudos permitirem ascender a determinadas posições sociais não é novo em si, mas nunca a exigência de um diploma teve tanto peso sobre a vida de tantos indivíduos. Além disso, a ligação entre formação e posição social, que antes era legitimada por um discurso pedagógico sobre a natureza do indivíduo (sua inteligência, seu mérito etc.), é hoje apresentada com "realismo" e, na verdade, certo cinismo, como vantagem de fato de quem sabe utilizar o mercado educacional e valorizar seus trunfos familiares e sociais. Estudar para ter uma boa profissão mais tarde e não ser um *éboueur*, *dustman* ou gari[17]: o argumento hoje parece ser suficiente por si só.

---

17. A palavra varia de acordo com o idioma (aqui, francês, inglês, português), mas quem se ocupa dos descartes de nossa sociedade tende a ser o símbolo do que não deve se tornar – embora essa sociedade produza cada vez mais descartes...

Essa gestão de fluxos escolares em um sistema aberto que desemboca em formação, diplomas e posições profissionais e sociais hierarquizadas obedece a uma lógica do desempenho e da concorrência: há lugares melhores que outros e o acesso a esses lugares depende dos resultados escolares. Essa lógica pede dois tipos de observação.

Em primeiro lugar, esse mercado escolar apresenta a dupla característica do mercado em um sistema capitalista: é ao mesmo tempo aberto e estruturalmente marcado por inúmeras desigualdades. A lógica explícita do sistema é a de abertura: na escola, todos têm uma oportunidade, seja qual for o sexo, a família, o grupo social, o tom da pele etc. Isso não é uma mentira: por lei, todo aluno que ingressa na escola maternal pode esperar ascender aos mais altos níveis universitários e, de fato, a cada ano, alguns filhos de trabalhadores franceses ou de pais analfabetos brasileiros conseguem ingressar em escolas de medicina, por exemplo. Sob esse ponto de vista, funciona efetivamente uma lógica meritocrática do desempenho. O problema é que a concorrência é distorcida por inúmeras desigualdades ligadas à classe social, ao sexo, ao grupo cultural, ao tipo de ensino (público ou privado), até ao tom da pele. De modo que essa lógica do desempenho e da concorrência não é uma mentira, mas uma ideologia, no sentido marxista do termo: um discurso que, ao mesmo tempo, exprime a realidade social e mascara as desigualdades que a estruturam (Charlot, 2013a).

Em segundo lugar, mesmo que essa lógica do desempenho e da concorrência não fosse distorcida pelas desigualdades estruturais, ela representaria um problema fundamental em uma sociedade que é igualmente baseada em um princípio de legitimação do desejo. Na sociedade contemporânea, os jovens vivem em uma atmosfera de concorrência escolar intensa, às vezes precoce, tanto mais forte que os espaços não escolares são, cada vez mais, inacessíveis aos jovens[18] e que os empregos são mais raros, mais dependentes de um diploma e mais hierarquizados. O desempenho dos alunos é constantemente avaliado por testes que decidirão seu destino na gestão do fluxo, e que mantém uma pressão quase permanente sobre as escolas – sobre os alunos, mas também sobre seus pais e professores. Desse ponto de vista, a avaliação, a classificação e a hierarquização que elas

---

18. Exceto o espaço cibernético que, cada vez mais, é o único que permite aos jovens escaparem por um momento da família e da escola. Não é por menos o fascínio que ele exerce sobre a juventude atual.

induzem são os instrumentos contemporâneos para submeter a juventude à disciplina e à norma. Essa lógica do desempenho e da concorrência entra em tensão com o princípio de legitimação do desejo: o "direito à felicidade" aguenta mal os professores entediados e as noites e fins de semana desperdiçados pela interminável ladainha dos deveres de casa.

Há, portanto, na sociedade contemporânea, uma tensão fundamental entre o princípio de legitimação *a priori* do desejo e a lógica do desempenho e da concorrência. Todos dois são econômica, social e ideologicamente necessários: o desejo, em uma sociedade que necessita do consumo para seu crescimento; a concorrência, em uma sociedade muito hierarquizada, que tende a se reproduzir uma geração após a outra. A pedagogia do tipo "tradicional" acomoda bem os princípios de desempenho e concorrência, na condição de não perturbarem muito as referências culturais estabelecidas, mas ela é concebida como uma pedagogia antidesejo. A nova pedagogia valoriza o desejo e atende à lógica social atual com relação a questões como criatividade, inovação, trabalho em equipe, mas ela entra rapidamente em tensão com as exigências generalizadas de desempenho e concorrência.

Assim, a escola contemporânea não é sustentada nem por um princípio forte de autoridade dos pais e professores (princípio da pedagogia "tradicional"), nem por uma real e frequente desejabilidade dos alunos pelo conteúdo ensinado pela escola (princípio da "nova" pedagogia). Uma escola construída e organizada em referência a uma pedagogia da tradição e da disciplina deve agora funcionar em uma sociedade que, ao mesmo tempo, legitima a inovação e o desejo (em contradição com essa pedagogia) e vive em uma lógica do mercado, do desempenho e da concorrência (que também não se acomoda bem com a tradição cultural e a norma rígida).

Em tal situação, a escola deve enfrentar diversas contradições. De um lado, o discurso sobre inovação, criatividade, espírito de equipe. Do outro, conservadorismo social, individualismo egoísta, concorrência como princípio de vida em todos os domínios, inclusive de formas às vezes implacáveis. A escola deve ensinar a verdade aos jovens que, nas redes sociais, constatam a eficácia e às vezes descobrem o prazer de fingir, mentir e até caluniar. A instituição escolar deve ensinar princípios fundamentais aos jovens que entenderam que um jogador de futebol tem o direito, às vezes o dever, de deter de modo desleal um adversário que pode marcar um gol. Também deve formar para a cidadania os alunos que são submetidos a um regulamento interno prolixo sobre seus deveres, mas muito discreto sobre seus direitos, tal como, aliás, sobre os deveres dos professores. Por fim, deve formar os jovens em uma sociedade que, ao mesmo tempo, valoriza a juventude e não ama os jovens: todo mundo deve ser jovem, moderno, dinâmico e saudável, mas, de fato, os jovens são as primeiras vítimas da violência, do desemprego, das drogas, dos acidentes e de diversos males da sociedade contemporânea.

Portanto, não surpreende que os professores, além de sua missão específica de transmissão de saber e de formação de jovens, sejam, nessa sociedade, trabalhadores da contradição – desses trabalhadores que, como muitos outros no trabalho social, na saúde e, às vezes, na polícia e na religião, evitam que as sociedades contemporâneas vivam em um estado permanente de guerra aberta (Charlot, 2013b; 2019a).

3.4. A questão antropológica na lógica do desempenho e da concorrência: por que não há "pedagogia contemporânea"

Qual é a situação, na sociedade contemporânea, da dialética entre desejo e norma e de seus fundamentos antropológicos clássicos?

O jogo de norma e desejo não é mais expresso por uma dessas figuras antropológicas identificáveis que, simultaneamente, eram norma e poderiam ser objeto de desejo: o sábio, o santo, o cidadão, o homem do Progresso, da Razão, ou, ao contrário, aquele que vive o mais próximo das leis da Natureza. Além disso, a norma é incarnada cada vez menos no adulto como modelo do que a criança será mais tarde. Até os anos 50 e 60 do século XX, uma criança podia, com alguma probabilidade, considerar que os comportamentos de seu pai, sua mãe, eventualmente de seus avós, seriam uma prévia do que ela se tornaria. Fosse positiva, fosse negativa, essa imagem dava forma humana à dialética do desejo e da norma. Hoje, a aceleração muito rápida do tempo tecnológico e social torna cada vez menos provável tal efeito espelho entre as gerações.

Nessas condições, a estruturação do sujeito é pouco sustentada por uma representação antropológica, ideal ou incarnada. Nunca os indivíduos foram tão livres quanto na sociedade contemporânea, que legitimou o desejo, mas nunca, provavelmente, os sujeitos estiveram tão abandonados, por falta de referências estruturantes.

A norma não é mais expressa por valores (santidade, sabedoria, cidadania, progresso, inocência, autenticidade...), ela é definida pelo desempenho sobre um mercado competitivo, avaliada por notas, classificações, diferenças, pontuações obtidas nas avaliações como o Pisa ou a classificação de Xangai.[19] Na mesma lógica, os modelos propostos aos jovens (e aos adultos...) não são mais as figuras ideais defendendo processos de sublimação do desejo, são pessoas de "sucesso" do mundo do entretenimento, do esporte e da moda. A dialética entre desejo e norma, que funda a educação e esse discurso sobre a educação que chamamos de pedagogia, agora faz parte de uma lógica de desempenho e concorrência. Nessa lógica, estar entre os melhores (os mais belos, mais ricos, mais célebres) tende a definir ao mesmo tempo o desejo e a norma. O problema é que estar entre os melhores é um projeto de vida que, por definição, não pode ser realizado por todos.

Na pedagogia clássica, seja tradicional, seja nova, o desejo é definido: salvar a alma, desenvolver a inteligência, contribuir para o progresso, ser autêntico e criativo etc. Na lógica da sociedade contemporânea, a natureza do desejo permanece indefinida, aberta; os indivíduos estão livres de seu desejo, o que é agradável, mas o sujeito é antropologicamente vazio, abandonado a si mesmo, o que é fonte de angústia e de depressão. A única coisa que podemos dizer de todos é que cada um é livre para buscar seu desejo – dentro das normas aceitas, e mesmo contestando essas normas. E todo mundo descobre rapidamente que o dinheiro, abstrato universal reconhecido por todos, facilita essa busca, seja qual for a natureza do desejo. A norma não é mais definida antropologicamente: é, fundamentalmente, a lei da oferta e da procura que vai ditar o que "vale" cada desempenho.

Talvez, em seu domínio, um pesquisador é tão bom quanto Messi ou Lady Gaga, mas ele "vale" menos que eles, pois é menos procurado: a lei da oferta e da procura produz o valor no mercado. E, evidentemente, por meio do efeito de *feedback*, o que é assim produzido, é também desejo: há mais jovens que querem ser astros de futebol ou da música, que jovens que sonham ser pesquisadores universitários. Uma sociedade na qual domina uma lógica da concorrência e do desempenho tende a definir o desejo, a norma e sua dialética nos mesmos termos dessa lógica, que substitui o discurso pedagógico. "Estude para não ser gari

---

19. A classificação de Xangai hierarquiza as universidades. O Pisa avalia, por meio de notas, o que os adolescentes de quinze anos sabem ou são capazes de fazer na língua materna, em matemática e em ciências.

mais tarde." E por que não se deve ser gari (*éboueur, dustman...*)? A evidência da hierarquia social e de seus elos com as hierarquias escolares dispensa a resposta. A sociedade contemporânea tende a produzir o silêncio pedagógico.

No entanto, de certa forma, poderíamos dizer que nessa sociedade funciona um princípio antropológico invasivo, o do *Homo economicus,* instituído como princípio explicativo e normativo de toda atividade humana, inclusive no campo da educação. O ser humano busca o próprio interesse (Hobbes, 2000; Locke, 1999; Smith, 1990): para o liberalismo, essa é a primeira e última palavra da condição humana, seja ela filosófica ou da vida cotidiana. Esse princípio permanece geralmente implícito, no máximo descritivo, como se fosse um pouco inconfessável, ou mesmo vergonhoso: "o mundo é assim, querendo ou não", "não há nada que possamos fazer", se desculpam com seus filhos ou seus alunos. Quando não se quer assumir de forma cínica a afirmação egoísta, podemos invocar a forma inversa do princípio: a busca do interesse individual, sustenta o liberalismo, é a fonte da riqueza coletiva – como se fosse produzido um fluxo de riqueza que transbordasse sobre aqueles que são supostos de estar embaixo (os inferiores).

Há uma diferença fundamental entre essa antropologia que é, simultaneamente, invasiva e mínima, e aquelas que desenvolvem as pedagogias clássicas, sejam tradicionais, sejam novas. Nestas, o desejo e a norma têm um valor universal. O princípio de universalização pode ser Deus, a Razão, a Natureza, mas, em todos os casos, há, em cada ser humano, alguma coisa em comum com os demais e que o define como *humano* – assim como a fonte do mal é comum, quer se trate do pecado original ou da perda, pelo adulto, de sua plasticidade original. Sejam tradicionais, sejam novas, as pedagogias clássicas, como vimos, propõem aos jovens formas de humanidade desejáveis, que tornam possíveis a dialética entre desejo e norma e a articulação entre um discurso antropológico e as práticas efetivas de educação do sujeito – mantendo aberto um espaço de justificação das desigualdades sociais.

Na antropologia minimalista que supõe a lógica da concorrência e do desempenho, o que os homens têm em comum? O fato de que todos buscam seu interesse pessoal. Em outras palavras, o que os homens têm em comum é o que, mais frequentemente, os separa e os opõe. O princípio do "cada um por si em concorrência com os outros" pode ser colocado pela posição liberal como fato antropológico, não pode ser sustentado como valor – o que explica que, de modo geral, seja ignorado. Poderia ele constituir um princípio pedagógico para educar uma criança, gerar uma norma educacional? Pode funcionar como uma referência realista para educar o próprio filho – em uma tensão permanente na qual o princípio está sempre prestes a se voltar contra o próprio educador, ou explodir psicologicamente o educado. Pode ser *generalizado* em uma lógica social de desempenho e concorrência. Porém, pela própria natureza, que é conflituosa, não pode ser *universalizado* como valor que funda uma "pedagogia contemporânea". Não pode tampouco ser mobilizado como uma bandeira por um Estado educador que, na lógica da concorrência, desaparece em favor do mercado.

Quando a lógica dominante é a do desempenho e concorrência, não é mais questão de finalidade maior, nem de figura humana desejável, mas o uso eficaz de si mesmo para não ser um perdedor (*loser*) e para estar entre os mais ricos, mais famosos, mais poderosos, e mesmo os mais belos, em uma situação de comparação e hierarquização permanentes e generalizadas.

De modo que as práticas e discursos pedagógicos funcionam hoje sem referência antropológica. Por que estudar? Para salvar sua alma; pelo progresso da Razão; pela República; porque compreender é uma lei natural e um prazer na vida: essas são respostas pedagógicas clássicas, "tradicionais" ou "novas". Para "ter uma boa profissão mais tarde", "uma boa situação": essa é a resposta contemporânea. E por que é preciso ter uma boa situação, quer dizer, de fato, uma posição social melhor que a dos outros? Silêncio antropológico. Não há hoje uma teoria da educação que legitima, ou mesmo busca legitimar, as práticas e discursos dominantes em referência a valores universalizáveis, como o fizeram as pedagogias "tradicionais" e "novas". Nesse sentido, não existe "pedagogia contemporânea". Mas, como é preciso, apesar de tudo, continuar a educar e instruir crianças, negociar o desejo e a norma, cada qual, pai ou professor, mexe da melhor maneira possível com alguns pontos de apoio híbridos – um pouco de tradicional e um pouco de nova, em proporções variáveis de acordo com os tempos, espaços e instituições, em misturas instáveis e, apesar de tudo, sempre buscando preservar as chances de seu filho de ter um bom estudo e uma boa situação mais tarde.

Se entendemos por "pedagogia" um conjunto de valores e finalidades que dão coerência às práticas de educação, não existe uma "pedagogia contemporânea". Porém, é claro, podemos sempre qualificar de pedagógicas as práticas educacionais e de contemporâneas as da época atual. Nesse sentido, profundamente diferente do sentido clássico da palavra "pedagogia", diríamos que a pedagogia contemporânea é uma pedagogia da sobrevivência e da concorrência.

Em tal configuração sociocultural, a "crise de sentido", quer dizer, a ausência de representações antropológicas funcionando como suportes de identificação, e a pressão permanente pelo desempenho e sucesso tendem a gerar estresse, angústia, depressão e às vezes cinismo e violência. Essa crise de sentido induz igualmente efeitos de ruptura. Às vezes, são abandonos na vida pessoal e profissional: larga-se tudo para viver outra vida, que tenha sentido. Pode ser também o investimento de uma raiva surda em uma atividade violenta de *torcida de futebol* ou, ao contrário, tentativas de voltar a uma era de ouro ecológica ou comunitária, na maioria das vezes imaginária. Mas esses efeitos reativos podem também ser reacionários, e são particularmente perigosos quando se articulam sobre fundamentalismos religiosos: o terrorismo representa tanto a recusa da modernidade por aqueles que foram relegados às posições de perdedores, quanto uma negação radical da figura humana – uma forma contemporânea de barbárie.

Quando não há mais norma legítima, notadamente quando a politização da Justiça significa que não resta ninguém para ditar legitimamente a norma, isso dá lugar à luta selvagem de cada um contra todos para impor seus desejos e interesses. Quando não há mais espaço suficiente para o desejo, pela miséria ou esmagamento de todas as subjetividades, tudo é permitido para sobreviver, física e psicologicamente.

Para terminar essa análise da configuração contemporânea, é interessante notar que, mais uma vez, como vimos a propósito da pedagogia tradicional, e depois da nova pedagogia, a relação com o mundo que se expressa no campo da educação estrutura outros campos sociais, em especial o da arte.

"A arte contemporânea", sendo designada por essa expressão não uma atualidade cronológica, mas uma forma de arte assim identificada, recusa a transcendência, "a beleza", a unidade, a harmonia e qualquer sentido externo ao próprio ato pelo qual surge, ato que, além disso, não se qualifica como artístico, pois se recusa igualmente a separar a arte e a vida. Enquanto o balé clássico busca a beleza e o corpo liberto das forças da gravidade e Isadora Duncan, pioneira da dança moderna, considera sua arte como "um esforço para expressar em gestos e movimentos a verdade de (seu) ser" (Duncan, 1932, p. 10), Merce Cunningham, um dos expoentes da dança contemporânea, afirma que a dança não tem outra finalidade além dela mesma. Assim como Ionesco e Beckett, na mesma época, expulsam a narração do teatro, em favor de uma estética da fragmentação, da descontinuidade e do *nonsense*, e Pollock produz quadros com a técnica do *dripping*, que joga gotas de tinta sobre a tela posta no chão, de forma aleatória (Charlot, 2011, 2013c; Roubine, 2004; Ryngaert, 1993).

Com certeza, há outras formas de arte, incluindo na mesma época, que não renunciam a relatar o mundo, mas é significativo que o que emerge como ruptura contemporânea radical seja a dança pela dança, o teatro pelo teatro, a pintura pela pintura, assim como se instala a educação pela educação – porém, sempre, com um preço de mercado. Nessas condições, não há mais grandes controvérsias artísticas, como a *Querela do Cid*, de 1637; a *Batalha de Hernani*, de 1830, ou o *Salon des Refusés* (Salão dos Recusados), de 1863. Como observa Jean-Jacques Roubine, na conclusão de seu livro sobre as grandes teorias do teatro, hoje cada um teoriza por si mesmo como julga adequado, ao lado dos outros, sem polêmica, em uma tolerância cujo efeito perverso é certa indiferença teórica (Roubine, 2004). O que decidirá, pelo menos no curto prazo, o que é uma obra de arte de valor, é o mercado.

Da mesma forma, uma prática pedagógica não é mais avaliada em relação a certa concepção de ser humano, mas a partir de uma posição nas classificações internacionais cujos critérios, de fato, não são colocados em debate: são critérios evidentes (ou aparentemente evidentes...) de eficácia e de produtividade dentro de uma economia liberal globalizada e competitiva.

SEGUNDA PARTE

Os discursos contemporâneos sobre educação: qualidade da educação, neuroeducação, cibercultura, transhumanismo

Não há mais, hoje, grandes debates pedagógicos sobre educação, como os que animaram os anos 70 do século XX. Porém o fato de não haver grandes debates pedagógicos, e menos ainda uma "pedagogia contemporânea", não quer dizer que não há novos discursos sobre educação. O espaço deixado vazio é ocupado por discursos sobre a qualidade da educação, a "neuroeducação", as tecnologias de informação e comunicação digital. De fato, esses discursos são baseados implicitamente em uma concepção empobrecida, às vezes simplista, do homem. Mas eles não levantam a questão antropológica; eles visam, acima de tudo, melhorar a produtividade da aprendizagem – o que é lógico em um mundo dominado pela preocupação com o desempenho e a concorrência.

No entanto, nas fronteiras do campo pedagógico, são produzidos discursos que têm uma dimensão antropológica: o discurso sobre a cibercultura propõe outra configuração da espécie humana e o encontro das imaginações neurológica, biológica e comunicacional produz discursos transhumanistas, ou pós-humanistas, que anunciam a superação da espécie humana e, talvez, sua substituição por uma "espécie" ciborgue ou robótica – o que, evidentemente, transformaria radicalmente a problemática da educação.

CAPÍTULO 4

"Qualidade da educação": a fantasia da transparência e do controle

Quando um sistema é regido por uma lógica de desempenho e de concorrência, a principal preocupação dos que o gerenciam é o aumento da produtividade. Assim, não é de surpreender que tenha surgido, nos anos 80 do século XX, um discurso que insiste cada vez mais sobre a "qualidade da educação". Esse discurso, produzido primeiro por políticos e especialistas da Organização para a Cooperação e Desenvolvimento Econômico[20] e transmitido pelo Banco Mundial, está gradualmente se tornando dominante, enquanto a questão da escolarização

---

20. A OCDE reúne 37 países com Produto Interno Bruto (PIB) elevado, aos quais se associam, de acordo com o tema, cinquenta outros países, observadores ou com pedido de adesão. Ela funciona como uma fábrica de ideias (*think tank*) neoliberais.

ou do fracasso escolar das populações abandonadas (classe trabalhadora, pobres, negros, indígenas e, em determinados países, mulheres) ocupavam o lugar principal nos anos 1970.

Os temas dos anos 1970 não desapareceram completamente, a OCDE às vezes associa a questão da equidade à da qualidade, mas o objetivo da equidade, na verdade, aparece como um subproduto da preocupação com a qualidade. Embora se tratasse, nessa década, de debates sociopolíticos sobre igualdade e justiça, agora se trata de uma questão econômica e administrativa: a não exploração de recursos do sistema (não escolarização) ou a produção de resíduos por esse sistema (fracasso) diminuem sua produtividade e contrariam a formação de capital humano. Assim, Andreas Schleicher, que propôs à Organização para a Cooperação e Desenvolvimento Econômico (OCDE) a avaliação internacional Pisa, escreveu:

> Conquistar maior igualdade na educação não é apenas um imperativo de justiça social, é também um modo de usar recursos de forma mais eficiente e de garantir que todos possam contribuir para a sociedade em que vivem. No final, o modo como educamos as crianças mais vulneráveis reflete quem somos como sociedade (Schleicher, 2018, p. 44).

Dentro dessa lógica, melhorar a produtividade do serviço público supõe novas formas de administração inspiradas no setor privado competitivo. Os responsáveis políticos e administrativos reduzem os custos de funcionamento do sistema escolar lutando contra a repetição por meio de medidas regulatórias, muito mais que por meio de soluções pedagógicas. Eles tentam introduzir a concorrência entre estabelecimentos escolares de diversas maneiras, incluindo avaliações comparativas. Treinam os diretores dos estabelecimentos em gerenciamento. Também gravitam, sem ousar implantar, em torno da ideia de salário por mérito dos professores, ou o equivalente a um bônus de produtividade.

Quanto aos professores, eles são convidados e incentivados a se tornarem "profissionais", enquanto antes eram considerados funcionários. Um funcionário é um trabalhador pago para cumprir funções definidas por sua hierarquia, e sua atividade é controlada e inspecionada com base em critérios que correspondem a essas funções. Sua autonomia é limitada, mas ele é protegido: se sua atividade produz resultados medíocres ou falhos, não é sua culpa, uma vez que exerceu suas funções de forma regimental. Um profissional é alguém que é capaz de encontrar soluções e resolver problemas graças à sua formação e experiência profissionais. Dispõe de muito mais autonomia, mas sua responsabilidade é mais comprometida com seus resultados do que a do funcionário. "Faça como quiser, mas resolva esses problemas": essa é, em essência, a injunção dirigida ao profissional.

Uma política de qualidade, um melhor gerenciamento e injunção de profissionalismo induzem a uma avaliação rigorosa e frequente da produtividade do sistema. A partir dos anos 1980, o tema da avalição tornou-se um *slogan* dos discursos públicos sobre educação. Não é de surpreender em uma configuração regida pela lógica do desempenho e da concorrência, que implica uma avaliação permanente. Mas a referência à avaliação no discurso e nas políticas públicas é tão insistente, constante, generalizada, que pode ser interpretada como expressão de uma fantasia de transparência total e de controle absoluto. Tudo acontece como se políticos e gestores acreditassem que, se soubessem tudo sobre o sistema, seus resultados e seus atores, poderiam resolver todos os problemas e otimizar o funcionamento do sistema.

Essa miragem burocrática de avaliação como chave universal da produtividade dos sistemas de educação leva a avaliar escolas, universidades, sistemas educacionais a partir de operações que utilizam critérios que não foram objeto de debate e cuja pertinência é, por vezes, contestável. Assim, a avaliação de nível dos alunos de quinze anos pelo Pisa (Programme for International Student Assessment), cujos resultados são considerados com muita atenção pelos políticos, ao ponto de promover reformas, apenas diz respeito à língua materna, matemática e ciências; as outras disciplinas, aparentemente, não têm importância suficiente para merecer serem avaliadas.

Assim também, a classificação das universidades pelo *ranking* de Xangai mantém, entre seus vários critérios, o de ter um ex-aluno ou professor agraciado com um Prêmio Nobel, ou uma Medalha Fields – sem considerar o caso, nada imaginário, que um professor não teria tempo de preocupar-se com seus alunos porque está intensamente concentrado em suas pesquisas. Sejam quais forem os níveis de confiabilidade e de falhas, tais avaliações produzem efeitos, de acordo com o Teorema de Thomas.[21] Externamente, escolas e universidades bem avaliadas

---

21. William I. Thomas (1863-1947), sociólogo americano, foi um dos principais fundadores do que hoje é chamado de Escola de Chicago. Em 1923, afirmou que uma representação social, mesmo falsa ou ilusória, produz efeitos reais. Assim, se todo mundo pensa que o preço de uma ação na Bolsa cairá, essa ação será massivamente vendida e, portanto, seu preço cairá, mesmo que a opinião inicial não tenha fundamento. A ideia é formalizada em um livro de 1928, e mais tarde foi batizada de Teorema de Thomas: "If men define situations as real, they are real in their consequences" ('Se definirmos as situações como reais, elas terão consequências reais') (Thomas; Thomas, 1928, p. 571-572).

tendem a atrair os melhores alunos, subsídios etc., e, assim, obter os melhores resultados nas avaliações. Internamente, os critérios de avaliação acabam por definir a própria atividade que será avaliada: o professor ensina o que é mais provável de ser avaliado; o pesquisador publica o mesmo artigo diversas vezes, de formas pouco disfarçadas, para ganhar pontos nas avaliações que valorizam o número de publicações etc.

Tal política se depara com resistências que são, elas próprias, complexas. Os professores se sentem agredidos pelo discurso sobre qualidade afirmando implicitamente que seu ensino é falho, assediados pela multiplicação de dispositivos ou de intensões de avaliação, irritados pela defasagem entre os discursos e as estruturas ou dispositivos que não permitem alcançar os objetivos propostos por esses discursos, perplexos quando demandados a resolver com profissionalismo problemas que lhes parecem estar fora de seu campo de ação, em particular, os problemas sociais. Porém, a essas resistências, juntam-se, às vezes, formas de conservadorismo pedagógico e cultural, mais ou menos camuflados nos discursos de tom progressista contra o neoliberalismo e a globalização. É também interessante notar que o próprio nome do inimigo foi adaptado a essas novas lógicas: "neoliberalismo" e "globalização", enquanto nos anos 1970, nos debates sociopolíticos sobre educação, o inimigo se chamava "reprodução", "escola capitalista" e "castração".

O tema da qualidade da educação tem uma grande força em um debate: como poderíamos recusar a exigência de uma educação de qualidade? Os pais têm o direito de demandar uma escola de qualidade, assim como esperam do hospital uma medicina de qualidade. Sobre o princípio, todos estão de acordo. Mas o problema é saber o que abrange aqui a palavra "qualidade".

Os textos da OCDE tentam às vezes identificar, de forma séria, as características do "bom" ensino, do estabelecimento "de qualidade", do ambiente "favorável" (OCDE, 1994), mas é grande o risco do círculo vicioso: o ensinamento de qualidade é definido como o que é proporcionado pelos estabelecimentos de alta qualidade. Como são escolhidos? Com base em seu desempenho, considerado de melhor qualidade.

Ainda assim, é preciso saudar essa tentativa de definição do que falamos quando evocamos a qualidade da educação, o que é raro. A maior parte do tempo, invocamos essa qualidade sem defini-la. Contudo, podemos julgar que uma educação, um sistema de ensino, uma escola são ou não de qualidade a partir de critérios, implícitos ou explícitos, muito diferentes. Um ensino é bom porque a elite que forma é de alto nível, ou porque não abandona ninguém no caminho, ou porque atende às expectativas dos empregadores, ou porque prepara cidadãos que recusam qualquer forma de discriminação etc.? A qualidade invocada refere-se aos conhecimentos adquiridos, à consciência crítica e à autonomia do aluno, à empregabilidade no mercado de trabalho, a uma qualidade social, a uma consciência cívica ou religiosa etc.? Se não definirmos do que se trata a qualidade, como na maioria dos casos, corremos o risco de ter um consenso vazio. De fato, é bem possível que o aparente consenso sobre uma necessária educação de qualidade cubra diferentes formas de conceber essa qualidade; e talvez até formas contraditórias, de modo que se aproximar da qualidade desejada por um, fará se afastar da desejada por outro, o consenso ficando então vazio de conteúdo para além de uma exigência de princípio.

Se não definirmos a qualidade da qual falamos, existe igualmente um risco de manipulação retórica: criticamos o ensino atual, colocamos o princípio geral de uma educação de qualidade e introduzimos, sem debates, políticas, estruturas e práticas que atendem aos próprios interesses econômicos, sociais ou ideológicos, como se fossem formas evidentes de operacionalização da exigência de qualidade.

Por fim, se não definirmos a qualidade da qual falamos, é provável que ela seja concebida, na maior parte dos casos, pela lógica dominante, a do desempenho e da concorrência. Quando os pais reclamam uma escola de qualidade, não pensam apenas no que a criança aprenderá, mas também, e às vezes unicamente, em seu sucesso escolar; eles esperam que ela não repita de ano, que passe no vestibular, que entre na universidade, que tenha uma boa profissão. Sob essa ótica, a escola é realmente de qualidade quando permite que meu filho esteja entre os melhores; o problema é que, por definição, essa qualidade não é generalizável, pois é logicamente impossível que todos estejam entre os melhores.

Nos debates políticos sobre os sistemas de educação, funciona a mesma lógica de desempenho e concorrência: considera-se que os bons sistemas são aqueles que obtêm os melhores resultados na avaliação internacional Pisa, coordenada pela OCDE.

O Pisa, criado em 2000, avalia os conhecimentos e competência escolares de jovens de quinze anos em mais de setenta países (79 em 2018). É uma operação muito sólida, muito controlada, que afere de forma séria o que avalia, mesmo que não esteja isenta de críticas. Mas ele avalia o que avalia, e não "a qualidade da educação". Contudo, apesar de aconselhar os políticos a empregarem prudência e adaptação no uso dos resultados, Schleicher, um dos elaboradores do Pisa, não duvida que os países melhores classificados possam ser modelos:

> Os formuladores de políticas na área da educação podem se beneficiar das comparações internacionais, do mesmo modo que os líderes comerciais aprendem a administrar suas empresas para que tenham sucesso: inspiram-se em outros e adaptam as lições aprendidas para outras situações (Schleicher, 2018, p. 68).

De fato, como já observamos, são avaliados apenas conhecimentos e competências em questões linguística e textual, matemática e ciências (Reading Literacy, Mathematics and Science); aprendizado em história, geografia, literatura, filosofia, educação física, artes, que não podemos negar que sejam também importantes para avaliar a qualidade de um sistema de ensino, não entram no escopo de avalição Pisa.

Esse não é um fenômeno isolado: no Brasil, o Ministério da Educação (MEC) avalia os alunos do Ensino Fundamental com base apenas no desempenho de português e matemática. É preciso, além disso, ter consciência da diferença entre aprendizagem e educação. A hierarquia entre países avaliados seria a mesma se levássemos em conta também a taxa de suicídio entre crianças, por exemplo? Países onde há forte pressão escolar e bons resultados na avaliação Pisa, como a Coreia do Sul e o Japão, apresentam uma taxa de suicídio mais elevada que a média mundial. A hierarquia Pisa seria a mesma se avaliássemos a consciência ecológica e a rejeição ao racismo, ao sexismo, à homofobia, que podemos considerar como elementos importantes de uma educação "de qualidade", nos mesmos termos, pelo menos, que o que o Pisa avalia?

Reduzir a questão da qualidade da educação à eficácia das aprendizagens e avaliar isso a partir apenas de desempenho em língua materna, matemática e ciências, é aceitar implicitamente e promover uma concepção empobrecida da educação, da cultura e da espécie humana. Não é surpreendente, portanto, que não se estranhe que países tão diferentes cultural e educacionalmente como a Finlândia e a Coreia do Sul façam parte, regularmente, do grupo dos melhores resultados do Pisa; a especificidade cultural foi eliminada de imediato na própria definição do que seria avaliado.

Melhorar a qualidade da educação supõe que avaliemos seus resultados. A avaliação é um momento diagnóstico e regulador e, portanto, legítimo, e mesmo necessário, de todo processo pedagógico bem concebido. Porém é sempre preciso se questionar quem avalia quem e o que, quando, onde, como, por que (por quais razões) e para que (com que objetivos). Os critérios nunca são evidentes e é preciso não esquecer que a avaliação é sempre um exercício de um poder raramente ingênuo e inocente. Se definimos o que entendemos por "qualidade da educação", o que permite decidir os critérios legítimos de avaliação, não poderemos ignorar as questões de valores e a questão antropológica: educar que criança para se tornar que homem, que mulher, viver que vida, em que sociedade? Quando não definimos o que entendemos por "qualidade de educação" e quando utilizamos critérios não postos em debate, eles funcionam dentro da lógica dominante – que hoje é a do desempenho e da concorrência. Nessa lógica, a qualidade é o que permite ser o melhor. Por definição, ser o melhor não é uma característica universalizável e esse discurso sobre a qualidade da educação não pode, portanto, cumprir as funções que cumpriam as pedagogias tradicional e nova.

Como a lógica do desempenho e da concorrência, o discurso sobre "a qualidade da educação" não levanta explicitamente a questão antropológica, mas repousa sobre uma antropologia implícita: o homem é um produto dos sistemas de aprendizagem – de modo que essa produção, como a de todos os bens ou serviços, deve ser confiada aos profissionais e pode ser racionalizada, otimizada pelo *marketing* e avaliada em termos de fluxos quantitativos. Aliás, não é falso que determinadas formas de profissionalização, racionalização, gestão e avaliação podem, efetivamente, melhorar a qualidade dos sistemas de ensino – com a condição, como insistimos, que seja definido claramente o que significa então "melhorar". Mas reduzir as políticas de educação aos dispositivos de gestão e engenharia modernista é pensar a educação como um produto simples e direto do processo de ensino, enquanto ela é o efeito complexo de um processo de autoprodução assistida (Charlot, 2013b).

O professor não produz o saber dentro do cérebro do aluno. Algumas vezes, adoraria poder fazê-lo: ele explica, reexplica e, se o aluno não entende, o professor pensa que seria muito mais fácil e rápido se pudesse entrar dentro do cérebro do aluno e fazer o trabalho ali. Mas isso não é possível, ninguém pode aprender no lugar do outro. Há aqui uma experiência metafísica interessante, a da radical semelhança e da irredutível singularidade dos seres humanos: o aluno é dotado de razão, como o professor, portanto, este tem dificuldade de aceitar que o outro não compreenda algo tão simples; mas ninguém pode ocupar o lugar mental do aluno, ele precisa fazer o trabalho por si, mobilizar sua atividade intelectual, fazer uso de si como um recurso para o aprendizado. Nesse sentido, aprender e, de forma mais ampla, educar-se, é uma produção de si mesmo. Mas essa produção de si mesmo deve ser assistida: ela não se produz se o outro não ensina, educa ou oferece algo a ser aprendido. Sem pais, professores, adultos que, de uma forma ou de outra, lhe proponham alguma coisa, a criança não é livre, está abandonada. Porém, se eles propõem e a criança não quer de jeito algum, o adulto fica impotente. Há aqui uma chave para interpretar a famosa, irônica e séria afirmação de Freud, segundo a qual há três missões impossíveis: educar, governar e analisar (no sentido da psicanálise) (Cifali, 1987). Nos três casos, aquele que dispõe aparentemente do poder, só pode cumprir suas funções se o outro, não apenas aceitar, mas, de certa maneira, fizer a maior parte do trabalho – de modo que o dominante vive uma situação de contradependência. A criança ou o aluno, o cidadão, o paciente do psicanalista, fazem a parte essencial do trabalho intelectual, social ou psíquico, mas só podem fazê-lo porque o pai ou professor, o governante, o psicanalista ajudam-nos.

Nesse sentido, o homem não é o produto direto da ação do educador, mas o produto complexo de um processo de autoprodução assistida. É igualmente equivocado considerar que o educador e o sistema de ensino *determinam* os resultados de sua ação, e pensar que eles não têm efeito. Eles produzem seus efeitos por meio de um conjunto de mediações, cuja síntese final se opera na personalidade e atividade do educado. Afinal de contas, os efeitos de uma decisão política estrutural em educação dependem do que tal decisão vai mudar na atividade dos professores e, em última instância, na atividade dos próprios alunos. Todo o restante faz parte do contexto útil, favorável, necessário ou nefasto para que se produza essa mobilização e transformação de si mesmo, que são o aprendizado e a educação. O que, longe das fantasias e miragens da transparência absoluta e da avaliação gerenciável da "qualidade da educação", nos remete a questões fundamentais: a do desejo de aprender, a do que devemos ensinar aos jovens e, portanto, ao fim da reflexão, a do homem que queremos educar e da sociedade e mundo nos quais ele (e ela) viverá. Perguntas que são hoje abafadas e que deveriam ser colocadas para pensar uma pedagogia contemporânea de qualidade.

CAPÍTULO 5

O homem e seus neurônios: pesquisa científica e neuroeducação

Nos últimos anos os discursos sobre o cérebro ocupam um lugar crescente nos debates sobre educação, sob diversas formas. Alguns se apoiam nas pesquisas científicas para fundamentar propostas pedagógicas que, de qualquer modo, merecem atenção. Outros são discursos que colocam uma roupagem neurológica em posições pedagógicas ou ideológicas anteriores a qualquer pesquisa sobre o cérebro – ou constituem apenas uma recuperação comercial do tema neurológico da moda.

Apesar do risco de algumas repetições, as duas formas de discurso demandam análises distintas a fim de evitar uma dupla armadilha: rejeitar os resultados científicos porque colidem com convicções anteriores ou, inversamente, aceitar sem nenhuma outra forma de análise, qualquer afirmação que se recomende de um "neuro alguma coisa" para se impor como verdadeira. Essas formas de discurso nos interessam na medida em que transmitem determinadas representações, implícitas ou explícitas, do que é um ser humano.

5.1. A pesquisa neurocientífica: uma componente legítima das ciências da educação

Quando associadas às questões de psicologia cognitiva e, em sua extensão, às preocupações pedagógicas, as pesquisas sobre o cérebro alimentam uma nova disciplina, ou interdisciplina, ou multidisciplina, evocada como "neurociência", no singular, "neurociências", no plural, ou ainda "neurociências cognitivas". As neurociências estudam os mecanismos cerebrais aplicados "nos diferentes domínios da cognição (percepção, linguagem, memória, raciocínio, aprendizagens, emoções, funções executivas, motricidade etc.)" (Berthier; Borst; Desnos; Guilleray, 2018, p. 28).[22] Elas associam, sempre, a pesquisa neurológica e a psicologia cognitiva experimental, mas para alguns autores, seu campo de inclusão é mais amplo. Assim, para Pierre-Marie Lledo, diretor do Departamento de Neurociências do Instituto Pasteur, "a neurociência […] compreende as ciências cognitivas, etologia, neurobiologia, engenharia, matemática, química e física" (Lledo, 2017, p.15).[23]

A parte das neurociências que se dedica mais especificamente aos mecanismos cerebrais subjacentes ao aprendizado é frequentemente chamada de "neuroeducação".

> A neuroeducação (ou neurociências cognitivas da educação) é uma subdisciplina das neurociências cognitivas com estreitos laços com a psicologia da educação, das aprendizagens e do desenvolvimento. A neuroeducação visa compreender e descrever os processos psicológicos e os mecanismos cerebrais subjacentes às aprendizagens escolares fundamentais (ler,

---

22. As referências bibliográficas e de paginação referem-se à edição francesa do livro, uma vez que ainda não há uma versão em português (N.T.).

23. As referências bibliográficas e de paginação referem-se à edição francesa do livro, uma vez que não há ainda versão em português (N.T.).

escrever, fazer cálculos, raciocinar, respeitar os outros etc.) de milhões de alunos que vão todos os dias à escola, comparando, antes e depois do aprendizado, as modificações cerebrais e comportamentais provocadas por diferentes tipos de aprendizados ou de pedagogias (Berthier; Borst; Desnos; Guilleray, 2017, p. 28).

Conhecer o funcionamento do cérebro é uma ambição antiga que se firmou de uma forma bruta e ingênua com a frenologia e sua tentativa de determinar sobre o crânio as protuberâncias que refletem as capacidades de inteligência ou características da personalidade – tentativas que não produziram praticamente nenhum dado além da evocação popular de uma "*bosse des maths*" (expressão francesa que pode ser traduzida como 'gênio da matemática'). Essa ambição entrou no campo da ciência quando, a partir de problemas provocados por lesões, foram localizadas áreas ainda consideradas atualmente como bases cerebrais de determinadas funções, como a área de Broca, relacionada à produção da linguagem, ou a de Wernicke, relacionada à compreensão.

Nos dias atuais, a imagem cerebral permite representar as áreas que o cérebro ativa de forma mais intensa quando realizamos tal ou qual atividade, por exemplo, quando lemos um texto. Essas técnicas modernas de eletroencefalografia (EEG), magnetoencefalografia (MEG) e ressonância magnética (IRM) não nos dão fotografias do cérebro, ao contrário do que a expressão "imagem cerebral" leva a pensar, elas constroem representações gráficas, por meio da coleta por eletrodos e processamento de dados, de variações de sinais elétricos, de campos magnéticos e de fluxo sanguíneo que se produzem em partes do cérebro quando estamos em determinadas atividades. Mas essas técnicas de coleta de dados da atividade cerebral são controladas, seguras e produzem resultados científicos que não podem ser descartados quando se pretende compreender o processo de aprendizagem.

Essas pesquisas são legítimas, úteis e, quando lhes é dado o justo lugar, podem ser consideradas, da mesma forma que a psicologia, sociologia, história da educação, didática etc., como contribuições a esse campo vasto e aberto que designamos "ciências da educação". A pertinência e a legitimidade das pesquisas neurológicas são evidentes quando enfrentamos e tentamos resolver dificuldades pedagógicas ligadas a lesões, deficiências ou perturbações cerebrais – dislexia, por exemplo.

Mas esses estudos são igualmente legítimos e pertinentes quando tentam esclarecer o funcionamento do cérebro em situação "normal" – quer dizer, sem distúrbios específicos. Somente aprende quem se mobiliza em uma atividade intelectual, essa atividade requer um suporte cerebral e, portanto, é interessante conhecer o funcionamento desse suporte e saber em que situações e condições uma otimização da atividade cerebral permite esperar uma melhor aprendizagem.

Não tenho a ambição de apresentar aqui o campo das pesquisas neurocientíficas sobre aprendizagem, mas a de continuar a refletir sobre as representações do homem, explícitas ou implícitas, no discurso contemporâneo sobre educação. Focarei, portanto, essa primeira análise sobre as pesquisas em neurociência sobre a leitura, em particular a de Stanislas Dehaene (Dehaene, 2007), pois essa questão está hoje no centro de um animado debate e o próprio Dehaene é interpelado na sequência de sua designação, pelo Ministro da Educação (francês), como presidente de um Conselho Científico de Educação Nacional.

Para evitar qualquer polêmica inútil, é bom fazer referência ao texto de Dehaene e a dois momentos de seu raciocínio. Em um primeiro momento, ele afirma o princípio fonológico. "O caminho fonológico é, portanto, o único utilizável quando aprendemos a ler novas palavras [...] quando somos confrontados com novas cadeias de caracteres, não temos outra solução a não ser decodificar o som" (Dehaene, 2007, p. 54).[24] Mesmo um leitor informado "não pode evitar converter inconscientemente as letras em sons, em algumas dezenas de milissegundos" (p. 57). No entanto, o autor introduz rapidamente objeções, nuanças, dúvidas que o conduzem, em um segundo momento, a admitir a possibilidade e, às vezes, até a necessidade de um acesso direto ao significado. Como, de fato, distinguir palavras homófonas ("sem", "cem"; "senso", "censo"; "acento", "assento"),[25] a não ser por seu significado (p. 57)? Como lidar com grafemas (signos gráficos) idênticos que remetem a fonemas (sons) diferentes, como "gelo" e "galo", "cinto" e "canto" (p. 59)? Às vezes, até a passagem das letras para o som é "impossível sem a ajuda de informações suplementares" que fornecem o significado: é o caso, por exemplo, da palavra "papel" (p. 58). Se a ligação entre som e sentido é transparente em uma língua como o italiano, é frequentemente mais irregular e ambíguo em francês ou em inglês. O que lança "uma séria dúvida

---

24. A referência relaciona-se à edição francesa. O livro foi traduzido para o português: Dehaene, Stanislas. *Os neurônios da leitura*. Porto Alegre: Penso, 2012 (tradução livre).

25. Adaptamos os exemplos de Dehaene ao caso do português (N.T.).

sobre a possibilidade de uma leitura que passaria apenas pelo som. Para as palavras mais irregulares, a recuperação do som, longe de estar na origem da leitura, muitas vezes é o resultado" (p. 59).

Segundo o próprio Dehaene, os resultados da pesquisa são muito mais refinados e complexos do que se poderia pensar quando são evocados, de maneira frequentemente resumida, em um debate pedagógico carregado de ideologia entre métodos global e silábico.

Por um lado, aprender a ler é uma "conversão grafema-fonema", quer dizer, a aprendizagem de relações entre signos escritos e sons; portanto, um método que ensina essas relações de forma explícita e sistemática será mais eficaz e mais fácil para o aluno do que um método que lhe deixa o cuidado e a tarefa de descobrir por si mesmo essas relações. Esse resultado de pesquisa e essa conclusão não são específicos para Stanislas Dehaene. Assim, a neurocientista espanhola Anna Carballo, que também trabalhou na aprendizagem da leitura, e que refuta qualquer conclusão automática das neurociências à pedagogia, afirma muito claramente que nosso cérebro decodifica as palavras fonema a fonema, e que a melhor maneira de ensinar a ler é facilitar a correspondência entre grafema e fonema, e não pela memória visual de palavras inteiras – enfatizando a importância da atividade sobre os fonemas e a riqueza linguística do ambiente em que vivem (Carballo, 2017; 2018).

Mas, por outro lado, se a necessidade de um ensino sistemático da correspondência entre grafema e fonema é cientificamente estabelecida, o método para assegurar esse ensino permanece em debate; o método sintático, geralmente chamado de "silábico" na França, é um dos métodos possíveis, mas existem outros, porque outros requisitos devem ser levados em consideração (Bosse; Boggio; Pobel-Burtin, 2019).

O próprio Dehaene enfatiza o fato de haver uma segunda maneira de aprendizagem, que não pode substituir a via fonética, mas que será um apoio necessário nas línguas com muitas irregularidades como o francês e o inglês – para ler palavras como "papel" e decidir entre palavras homófonas, como "sem" e "cem" ou "senso" e "censo".

> Entram finalmente em cena duas grandes vias paralelas de processamento: a via fonológica e a via lexical. A primeira permite converter a cadeia de letras em sons da linguagem (os fonemas), a outra acender a um dicionário mental onde estão estocados seus significados (Dehaene, 2007, p. 33).

Como articular, também no tempo, um ensino explícito e sistemático da correspondência entre grafemas e fonemas, e um ensino que valorize a compreensão do significado da palavra escrita? Os dois caminhos são necessários. O primeiro, porque ler é ouvir como sons (mesmo que em milissegundos) os signos gráficos que vemos. O segundo, não apenas para lidar com as irregularidades e homofonias, como explica Dehaene, mas também porque se a criança não confere nenhum significado ao que decifra, desistirá rapidamente dessa atividade cansativa, sem sentido e, portanto, enfadonha que é, então, decifrar.

Ler é, ao mesmo tempo, decifrar e compreender o significado de um texto. Ao final do processo, o leitor pode decifrar sem mesmo ter consciência do que está fazendo e é capaz de operar sobre o conteúdo do próprio texto (resumir, avaliar, criticar etc.). Saber como articular as duas exigências de decodificação e de significado é um amplo problema pedagógico que apenas a pesquisa neurológica, por mais útil que seja, não saberá resolver.

Os resultados da pesquisa neurológica não podem ser transpostos imediatamente e sob forma de instruções pedagógicas, por uma razão fundamental: são produzidos em situação experimental, portanto, artificial – legitimamente artificial, porque é a condição do caráter científico desses resultados, mas, ao mesmo tempo, diferente das situações nas quais aprendemos na escola ou na família.

Em entrevista para *El País,* Carballo (2018) afirmou:

> Os estudos neurocientíficos sobre aprendizagem são realizados em laboratórios que nada têm a ver com uma sala de aula onde trinta alunos aprendem ao mesmo tempo, de forma espontânea e natural.

Em situação experimental, uma criança ou um adulto, equipado com um capacete ou eletrodos, permitindo registrar suas atividades cerebrais, reage a pedidos para ler palavras sem significado, ou palavras simples, irregulares, homônimas etc. Por que ele aceita fazer uma coisa tão estranha? Dinheiro, curiosidade, gentileza...? Provavelmente o pesquisador sabe, mas nós não saberemos.

Na escola, uma criança que, mais ou menos, quer saber ler ou atender às expectativas de seus pais, obedece, mais ou menos durante muitas semanas ou meses, às solicitações de seu professor, ao mesmo tempo que outras trinta crianças. As situações são totalmente diferentes. Isso não quer dizer que os neurocientistas estejam errados quando sustentam, a partir de suas pesquisas, que o ensino da leitura deve facilitar a construção de correspondências entre grafemas e fonemas. Isso, sem dúvida, é verdadeiro tanto na situação da classe como em situação experimental, mas a situação da classe é muito mais complexa.

O dispositivo experimental tenta isolar, tanto quanto possível, a atividade cerebral provocada pela única leitura do material proposto. É uma tentativa epistemologicamente legítima, assim como é a pretensão de formular uma lei da queda dos corpos ignorando o efeito do atrito do ar. Mas isso quer dizer que a cientificidade é conquistada ao preço de uma modelização, uma idealização e simplificação do funcionamento do cérebro quando a criança aprende a ler. A produção de representações em uma tela, que nos mostra de uma maneira aparentemente muito *concreta* o funcionamento do cérebro em tempo real, oculta o fato que, por causa da própria natureza da situação experimental, as pesquisas neurológicas produzem resultados *abstratos*: o que aconteceria se estivesse em jogo apenas a leitura do material proposto. Mas em situação de aprendizagem em uma sala de aula, o cérebro faz sempre mais do que ler o material gráfico.

Na própria situação experimental, os pesquisadores devem isolar, interpretar e abstrair o que lhes interessa. Vontade de colaborar, tédio, um pouco de apreensão, uma fominha no momento, a perna que de repente coça, o prazer de antecipar o que vai ser contado aos amigos no dia seguinte: o cérebro sempre funciona mais e além do que é necessário para ler o material apresentado – inclusive porque o cérebro possui uma atividade própria, autogerada, que, enquanto estivermos vivos, não desliga nunca, mesmo durante o sono.

Há aqui um ponto essencial. A neurociência é frequentemente criticada por reduzir o homem a seu cérebro, mas, de fato, a dificuldade é mais sutil: em situação experimental, as neurociências são inevitavelmente levadas a reduzir a representação do "próprio cérebro".

Considerando que nosso cérebro é o organismo de um corpo "vivo", quer dizer, de um corpo que possui outros órgãos e que está relacionado com um ambiente dentro do qual e no qual há uma atividade, e tudo isso ao mesmo tempo, em um espaço saturado de símbolos e interações permanentes com outros seres também dotados de cérebro, o que interessa à pesquisa neurológica, em determinado momento, é apenas o que se passa dentro do cérebro quando lhe é apresentado determinado estímulo – por exemplo, um material a ser lido.

É a atividade específica de resposta a esse estímulo que visa a pesquisa, tentando ignorar a atividade própria e permanente do cérebro, as informações que ele recebe de outros órgãos internos e do ambiente externo etc. Ainda mais precisamente, o neurocientista busca identificar as áreas cerebrais assim mobilizadas por esse estímulo e suas relações; no caso da leitura, a região occipitotemporal esquerda é, seja qual for o sistema de escrita, a região do cérebro do reconhecimento das palavras escritas e mantém relações privilegiadas com as zonas cerebrais encarregadas do som e do significado (Dehaene, 2012, p. 104).

O neurocientista, é claro, sabe que o cérebro não é um mosaico de zonas e que seu funcionamento implica a intercomunicação entre módulos constituídos de milhões de neurônios, além de uma dinâmica complexa de fluxos elétricos e reações químicas. Além disso, ele mesmo sublinha o papel perturbador das "interferências" que "podem se manifestar após a aprendizagem inicial (durante a fase de consolidação) ou no momento da recuperação dos conhecimentos" (Berthier; Borst; Desnos; Guilleray, 2018, p. 173). Mas, para produzir resultados experimentalmente válidos, deve ignorar essas interferências, assim como o físico ignora as do ar para estabelecer a queda dos corpos.

O cérebro do qual nos falam as neurociências é um cérebro cientificamente estudado, portando modelado, portanto, metodologicamente simplificado. É um cérebro cujas funções vitais foram reduzidas à recepção, transmissão e processamento de informações, colocando entre parênteses o significado dessas informações para aquele, ou aquela, de quem esse cérebro é o cérebro. Tal simplificação é cientificamente legítima, como condição da pesquisa, mas ela cria uma situação radicalmente diferente da do funcionamento do cérebro em situação pedagógica.

Na verdade, "quem" lê? Não é a região occipitotemporal esquerda quem lê, nem mesmo um conjunto de zonas cerebrais. Devemos dizer que é o cérebro que lê, ou que é a criança? A questão está mal formulada. É claro que é a criança quem lê, mas que sentido existe em distinguir a criança e seu cérebro? Quando digo que é a criança quem lê, suponho que há alguém (a criança, uma consciência, um espírito...) distinto do cérebro e que utiliza o cérebro para ler? Mas, se eu rejeito a ideia de que há dentro da cabeça da criança um misterioso personagem que utiliza o cérebro para ler, me deparo com a difícil questão de compreender a relação entre "sujeito" e "cérebro". Em determinado sentido, assim como a fenomenologia nos ensinou que eu "não tenho" um corpo, mas que eu *sou* meu corpo, eu *sou* meu cérebro, um cérebro que funciona dentro de um corpo ativo em um ambiente, e que produz uma consciência de identidade e histórica. O problema é então compreender quem é esse *Eu* que acabou de escrever isso. Eu sou meu cérebro, mas eu o sou enquanto meu cérebro produz um Eu, e não como um simples mosaico de regiões cerebrais. É a criança quem lê, é seu cérebro quem lê: é de fato a mesma afirmação, já que não reduzimos o cérebro a um simples órgão material e que o consideramos como órgão psicológico de um corpo vivo (Robion, 2016).

O cérebro é "um intérprete ativo e apaixonado de nosso mundo" (Lledo, 2017, p. 144); "talvez seja na troca com o outro que se revelam a própria natureza e essência de nosso cérebro (p. 147). O que está em jogo nas discussões sobre as pesquisas neurocientíficas é, de uma nova forma, a definição do homem.

Não é relevante traduzir diretamente os resultados da pesquisa sobre o cérebro em prescrições que normalizem situações escolares ou familiares muito mais amplas e complexas que aquela estudada na abordagem experimental. Consequentemente, as neurociências não podem fundamentar uma pedagogia, embora produzam conhecimentos pedagogicamente interessantes. É um erro, uma manipulação ou um mito crer, fazer crer ou deixar crer que as neurociências nos oferecem uma definição científica de humano que poderia fundamentar uma determinação também científica de métodos pedagógicos.

Significa, como acabamos de ver, confundir uma redução metodológica do objeto (reduzido às zonas cerebrais que aparecem ativas na tela) com o próprio objeto (o cérebro em sua integralidade, a criança). É muito interessante saber quais zonas cerebrais são ativadas particularmente quando a criança lê as palavras escritas – e isso pode (e deve) fazer pensar o pedagogo. Mas permanece essencial compreender também, para tal ou qual criança, qual o sentido de ler e como o ato de ler se inscreve em sua rede de comunicações com um professor, colegas, pais, irmãos e irmãs, amigos e, mais amplamente, em determinada relação com o saber, o mundo, os outros e consigo mesmo (Charlot, 2000) – o que as neurociências não nos ensinam.

Os próprios neurocientistas têm consciência desses problemas e sua posição oficial é de prudência.

> Vejo uma intrusão brutal (*intrusismo bestial*) dos neurocientistas. A neurociência pode oferecer uma base teórica quanto ao processo de aprendizagem, mas não deve, em nada, interferir no campo da didática porque não somos pedagogos, não podemos decidir o que se deve fazer dentro da sala de aula [...] a neurociência não tem a receita para os problemas da educação (Carballo, 2018).

> Também na sala de aula o professor permanece o único mestre a bordo. Cabe a ele inventar os exercícios, as estratégias e os jogos que permitirão despertar as crianças para a leitura. Ele encontra dificuldades particulares que demandam uma perícia pedagógica que eu respeito profundamente. Acredito simplesmente que nem o psicólogo nem o professor podem se permitir ignorar os conhecimentos científicos que explicam por que o cérebro da criança é mais ou menos receptivo a tal ou qual método de leitura (Dehaene, 2007, p. 422-423).
>
> São os professores que estão na linha de frente. A crítica que afirma que os pesquisadores não conhecem a sala de aula é muito justa. Por outro lado, conhecemos os princípios. Mas esses princípios não fazem um método. Cabe aos professores conceber os métodos de aprendizagem, e eles podem ser variados (Dehaene, 2018).

No entanto, no detalhe, o neurocientista nem sempre é tão prudente quanto em suas declarações de princípio. Assim, Dehaene intitula seu livro (ou deixa seu editor intitular) *Os neurônios da leitura,* mesmo que essa obra mostre que não se pode compreender a leitura como um simples efeito da ativação de neurônios. Há determinados neurônios, numerosos e sincronizados, cuja função específica é a de nos permitir ler as letras e as palavras, mas eles não foram selecionados para essa finalidade ao longo do processo evolutivo. Eles são o efeito do que os cientistas chamam de uma exaptação, quer dizer, uma recuperação para outros fins de um mecanismo biológico que não foi feito para isso ao longo da evolução.

Em outras palavras, não há, originalmente, um neurônio da leitura, mas se produziu uma "reciclagem neuronal" "das redes neurais que, em outros primatas, servem à visão" (Dehaene, 2007, p. 170). "As mesmas regiões cerebrais estão em ação quando lemos e quando reconhecemos um objeto – determinados territórios simplesmente se especializaram na forma particular das letras e das palavras" (p. 170).

Essa reciclagem neuronal é o efeito da "interface entre objetos de cultura e redes de neurônios", é uma "invasão", "por um novo objeto cultural, de territórios corticais inicialmente dedicados a uma função diferente" (p. 200). Ainda assim, mesmo o simples reconhecimento de letras e palavras não pode ser entendido apenas pela ativação neuronal orgânica, ele supõe uma cultura e, portanto, uma aprendizagem. Simetricamente, a compreensão do significado de uma palavra implica, evidentemente, pertencer à cultura na qual essa palavra tem um significado, mas ela requer igualmente mobilizações cerebrais complexas: "seria ingênuo pensar que o significado é limitado a um pequeno número de regiões cerebrais. Ao contrário, a semântica requer uma vasta população de neurônios distribuídos em todas as regiões do córtex" (p. 156). Aprender a ler requer uma aprendizagem reciclável e especializada de determinados neurônios, uma dinâmica de diversos módulos cerebrais e uma cultura onde ler e escrever faz sentido e vale a pena. Dehaene sabe disso, é claro, mas intitular seu livro *Os neurônios da leitura* autoriza, até induz, interpretações redutoras do cérebro e do leitor. Como se o homem fosse um mosaico neural.

Ainda Dehaene, em seu livro, é geralmente prudente e próximo de suas pesquisas, de modo que, ao lê-lo, permanecemos em um mundo científico onde os conceitos são definidos e os resultados são claramente estabelecidos. Não é sempre o caso de livros que tratam do cérebro.

Assim, determinadas passagens da obra de Lledo *Le cerveau, la machine et l'humain* [O cérebro, a máquina e o humano], de 2017, deixam os leitores perplexos. Ele é um neurocientista muito sério, diretor de pesquisa no Centre National de la Recherche Scientifique (CNRS) e diretor do Departamento de Neurociências do Instituto Pasteur. Em uma obra interessante para compreender o desenvolvimento do cérebro, o próprio autor critica "a expansão tentacular da neurociência", a "neuromania" e os "especialistas em neuromitologia", que "buscam reduzir a complexidade do humano a processos mentais, químicos ou elétricos" (Lledo, 2017, p. 77). É ainda mais surpreendente encontrar em seguida no livro fórmulas e afirmações que são, no mínimo, arriscadas do ponto de vista científico. Haveria em bebês humanos "um senso moral preestabelecido", "uma disposição inata e universal, própria dos recém-nascidos humanos, e sobre a qual repousa a noção de justiça e de equidade, tão essencial para manter a coesão do grupo e das sociedades" (Liedo, 2017, p. 166).

> Na Universidade Yale, os psicólogos Paul Bloom e sua esposa, Karen Wynn, provaram que os bebês podem distinguir as noções de "bem" ou de "mal": os bebês demonstraram um sentido moral preferindo as pelúcias que se comportam bem à outras que se comportam mal, depois de assistir a um pequeno filme que apresenta as diferentes pelúcias (Lledo, 2017, p. 166).

Sem dúvida, valeria a pena analisar mais meticulosamente o material e as condições dessas experiências para verificar se elas não aplicam, sem ter consciência disso, as marcas de empatia ou rejeição já transmitidas culturalmente à criança, às vezes até antes do nascimento (tons de voz, posturas corporais, movimentos do olhar). Sabemos, em sociologia, que, se apresentarmos aos indígenas da América ou aos africanos um filme do tipo *western* ou de aventuras, eles assistirão à película colocando-se espontaneamente a favor dos heróis brancos, contra os índios maus ou os negros; isso ocorre não apenas porque tudo é feito para provocar a identificação com o herói, mas porque o próprio fato de assistir a um filme situa espontaneamente o espectador a favor dos heróis e contra os vilões. Seria necessário verificar se a experiência das pelúcias evocada por Lledo não se fundamenta em preconceitos metodológicos do mesmo tipo.

Mas, aceitemos a experiência, admitamos que há bases neurobiológicas de empatia, como sustentam diversos neurobiólogos a partir de seus experimentos. Podemos interpretar essa empatia como *senso moral* preconcebido, distinção entre *bem* e *mal*, disposição para a *justiça* e a *equidade*? Trata-se, em todo caso, de uma interpretação abusiva ou, no melhor dos casos, ingênua, na qual a competência em neurobiologia ou psicologia experimental autorizaria a conclusão sobre questões de ética, filosofia, direito, sociologia e história a partir de um senso comum e sem ter competência dentro desses domínios.

Quando o neurocientista começa uma frase escrevendo: "Para as ciências do cérebro, não há mais dúvida possível, a empatia repousa em bases neurobiológicas..." (Lledo, 2017, p. 167), podemos seguir em nome de sua competência. Mas quando continua a frase, escrevendo "… que explicam determinados comportamentos no trabalho, na família, na escola ou nas tribunas de um estádio de futebol", ele fala de coisas que não conhece, pelo menos como neurocientista, e descarta, sem sequer mencioná-las, milhares de páginas de pesquisa sociológica. Não, os dados neurobiológicos não *explicam* as confusões nos estádios de futebol, nem dizem quais são as *causas* dessas brigas. Eles permitem compreender o que se passa no cérebro quando alguém se identifica com um time de futebol, qual é o *agente cerebral* dessa identificação – o que é interessante, mas "não explica".

Reduzir as simpatias no trabalho, os amores em família, as amizades na escola ou as brigas no estádio de futebol à neurobiologia da empatia não é apenas reduzir o humano ao cerebral, mas também, como dissemos, reduzir o próprio cérebro a um de seus componentes. É igualmente perigoso do ponto de vista ético: devemos considerar que, se um bebê não se liga à boa pelúcia, é um bebê mal concebido, desprovido de uma empatia em princípio inata e universal; em suma, um indivíduo potencialmente perigoso que não é digno de confiança, pois é capaz de jogar a mamadeira em sua cabeça?

5.2. Os discursos sobre a neuroeducação: intimidação neurológica e redução neuroantropológica

Quando constatamos que, mesmo neurocientistas sérios podem ser vítimas de certa ingenuidade epistemológica e derrapar em reduções mais ou menos graves, é menos surpreendente encontrar nos meios de comunicação e edições impressas tantos neuromitos, que funcionam como instrumentos de poder intelectual, ou até como argumentos comerciais.

> Há estudos sobre o poder sedutor da neurociência que demonstram que quando uma informação é acompanhada da imagem de um cérebro, ou da palavra neuro, ela tem mais credibilidade, é mais sexy. É preciso ficar atento pois há muitos neuromitos. Por exemplo, determinados alunos acreditam que fazendo *Sudokus* eles se divertem e ficam mais inteligentes. Eu digo a eles que o único resultado que obterão será o de ficar craques em *Sudokus*, nada mais (Carballo, 2018).

Comecemos pela mídia. Quando a doutora Catherine Gueguen, pediatra francesa, declarou em uma entrevista que "muitos adultos não receberam amor e trocas de carinho suficientes durante a infância e levam tempo para compreender que sua atitude tem um papel fundamental no desenvolvimento afetivo de seu filho", seguimos sem dificuldades. Mas ficamos perplexos quando, para justificar o que, na verdade, é uma afirmação trivial, ela evoca "a ocitocina, ou molécula do amor, que acalma, relaxa e leva à empatia" e escreve que "se os pais são amorosos, o COF (córtex orbitofrontal) de seus filhos se desenvolve normalmente". Amem seus filhos para que desenvolvam bem o córtex orbitofrontal e produzam essa molécula do amor que beneficiará igualmente seus netos! O que seria provado pela ciência, como indica claramente o título da entrevista: "Quando a neurociência valida a educação amorosa".[26] Não é um caso isolado.

Alain Chevarin, em um texto de janeiro de 2018, cita outros exemplos:

---

26. Entrevista de Catherine Gueguen a Agnès Perrot. «Quand les neurosciences valident l'éducation bienveillante». *In*: Fondation catholique Apprentis d'Auteuil, Accompagnement des parents, 21 jan. 2015. Disponível em: http://www.apprentis-auteuil.org/actualites/accompagnement-des-parents/quand-les-neurosciences-valident-leducation-bienveillante.html. Acesso em: 12 ago. 2018.

Um *site*, Mélimélune, de "*recursos e ideias para a escola*", se propõe a nos explicar "Como ajudar seu filho a integrar seu cérebro de cima?", outro *site*, Anti-déprime.com, propõe, sob o título: "O cérebro de seu filho: 12 lições de educação positiva para os pais de hoje", nada menos que uma "*otimização do cérebro*". Em todos os casos, trata-se de pessoas à procura do "*bem-estar*", da "*satisfação*", ou até de "*felicidade*", do que de uma educação ideal, "*benevolente*" ou "*positiva*", de qualquer forma, diferente da escola pública, forçosamente maliciosa e negativa (Chevarin, 2018, p. 2. Grifos originais).

Explicar o que ocorre no cérebro quando uma pessoa se sente bem e é bem tratada por quem a rodeia é difundir, legitimamente, uma informação interessante. Falar de molécula do amor ou do cérebro de cima, ou alegar que a neurociência *valida* uma forma de educação, é instrumentalizar as pesquisas em neurologia de forma abusiva.

Podemos, com toda certeza, provocar em um indivíduo sensações ou emoções administrando nele determinadas substâncias que produzem em seu cérebro efeitos biológicos – assim como ele próprio pode provocar ao usar álcool, *canabis* ou cocaína. Mas as sensações e as emoções que essa pessoa percebe em suas relações cotidianas com objetos, palavras, outros seres vivos, outros humanos abrangem outro tipo de explicação, embora tais sensações e emoções exijam também processos biológicos.

Para além dos meios de comunicação, frequentemente tentados a uma redação sensacionalista, eu me interessei também por livros que objetivam difundir, entre pais e professores, as consequências pedagógicas da pesquisa neurocientífica. Que representações do ser humano, de sua educação e da questão pedagógica essas obras veiculam? Elegi três títulos recentes, escritos por autores competentes no campo, de qualidade inquestionável (para evitar um material de análise que predetermine as conclusões dessa análise). Para fugir também das polêmicas provocadas na França pela obra de Céline Alvarez (2016)[27], e

---

27. Não abordarei aqui a análise desse livro que, apesar de seu título (*Les lois naturelles de l'enfant* [As leis naturais da criança]), não é inspirado diretamente pela neurociência. Evidentemente, Céline Alvarez solicitou a avaliação de seus alunos pela equipe de Dehaene, na falta de obter a do Ministério. Igualmente, leva em conta os ensinamentos de Dehaene quando concebe e define as atividades de entrada na leitura. Mas sua inspiração fundamental não é neurobiológica; ela é pedagógica; deriva-se de Maria Montessori, cuja ideia de "espírito absorvente da criança" é totalmente compatível com as posições de Dehaene (Montessori, 1959; Alvarez, 2016).

pela designação ministerial de Stanislas Dehaene, escolhi um livro francês e dois livros brasileiros. A obra francesa, escrita por Jean-Luc Berthier, Grégoire Borst, Mickaël Desnos e Frédéric Guilleray, intitula-se *Les neurosciences cognitives dans la classe: guide pour experimenter e adapter ses pratiques pédagogiques* [A neurociência cognitiva em sala de aula: *g*uia para experimentar e adaptar suas práticas pedagógicas]. É um calhamaço, constituído em sua metade por fichas pedagógicas estabelecidas em interação com centenas de professores e que se referem a laboratórios de pesquisas universitárias – em suma, um livro sólido.

No outro polo, *Neuropsicologia em ação: entendendo a prática*, com textos de Clarice Peres, doutora em Psicologia, e de Rachel Schlindwein-Zanini, doutora em Neurociências, parece-me ser um bom exemplo do que evitar publicar.

Entre os dois, *Guia prático de Neuroeducação: neuropsicopedagogia, neuropsicologia e neurociência*, organizado e coordenado pelo jornalista Waldir Pedro, propõe textos de valor irregular, de autores formados e diplomados em Ciências da Educação, Pedagogia, Psicologia, Fonoaudiologia etc. No total, esses três livros são bem representativos do que se publica atualmente sobre o cérebro e a neuroeducação, em edições para o "público em geral".

Primeira conclusão de análise dessas obras: encontramos nelas, às vezes, informações neurocientíficas pedagogicamente interessantes.

Assim, o livro de Berthier, Borst, Desnos e Guilleray (2018) explica que não existe uma única memória, mas três tipos, que demandam tratamentos pedagógicos diferentes. A memória do trabalho, limitada, permite manipular algumas informações durante algumas dezenas de segundos; evidentemente, é essencial para a resolução de problemas; requer atenção e concentração. A memória semântica declarativa "contém o conjunto de fatos e de conhecimentos que adquirimos ao longo da vida. Sua capacidade é quase ilimitada, e as informações podem ser mantidas ali durante muitos anos" (p. 170), porém, para se lembrar das informações assim armazenadas, "o aluno deve ser capaz de estudar o mesmo conceito diversas vezes" (p. 177). Em contrapartida, as aprendizagens de procedimentos altamente automatizados (memória processual) "devem ser intensivos e repetidos em intervalos de tempo curtos" (p. 178). Tais conhecimentos são pedagogicamente pertinentes e úteis. Certamente, os professores adquirem-nos frequentemente pela experiência, individual e coletiva, mas conferir-lhes um *status* científico é uma contribuição muito apreciável.

Da mesma forma, é interessante saber que a maturação das regiões cerebrais envolvidas com as emoções é mais rápida do que a das áreas que intervêm em sua regulação.

> A adolescência se caracteriza pela dificuldade de regular suas emoções em razão dessa defasagem de maturação entre as redes emocionais e as da regulação emocional no cérebro. Essas dificuldades de regulação explicam, em parte, o aumento de comportamento de risco na adolescência, em especial, na presença de seus pares (*Ibid*, p. 133).

Clarice Peres (de quem citarei diversos textos de forma crítica), no entanto, às vezes escreve coisas interessantes sobre o cérebro. Por exemplo: "nosso cérebro é um sistema extremamente complexo que se ativa em bilhões de conexões neurais, estabelecendo uma rede genuína a cada comando de necessidade de utilização para vivermos" (Peres *apud* Peres; Schlindwein-Zanini, 2016, p. 23).

Da mesma forma, o livro organizado por Waldir Pedro inclui alguns capítulos com informações úteis para quem não conhece as pesquisas sobre o cérebro.

Em uma primeira conclusão, portanto, os referidos autores são competentes em matéria de neurociência, eles entenderam como funciona o cérebro e determinadas informações que transmitem são, indubitavelmente, úteis e importantes quando nos interessamos pela aprendizagem. O problema então não é científico, é outro: é o de um discurso invasivo, que atua como se o argumento neurológico fosse o único legítimo – o que induz a utilização de procedimentos desagradáveis de intimidação e, por vezes, de propaganda abusiva.

A intimidação científica ocorre quando se tenta impor ao leitor determinados resultados como verdadeiros sem, no entanto, oferecer-lhe os meios de compreender esses resultados ou, ainda pior, dando a entender que o leitor não é capaz de compreendê-los e que, para ele, é suficiente confiar na competência do autor.

O primeiro procedimento de intimidação neurológica[28] aqui identificada é a acumulação, da qual encontramos muitos exemplos dos quais pouparei o leitor em razão, precisamente, de sua extensão. Consiste em impor a ele longas listas enumerativas, mais ou menos técnicas, sob o peso das quais ele se sente profundamente ignorante: por exemplo, três funções conativas, oito funções cognitivas e, "de forma sucinta", diz a autora, dez funções executivas (Acampora *apud* Pedro, 2017, p. 48-52).

---

28. Esse adjetivo não significa que tal intimidação seja uma característica da própria neurologia; a intimidação é "neurológica" porque ela utiliza palavras e noções oriundas da neurologia, e é "intimidação" porque, de fato, apresenta muito poucas explicações e, ainda menos, esclarecimentos neurológicos sobre processos educacionais.

O problema não é a extensão dessas listas, mas o fato de que se trata geralmente da acumulação de nomes técnicos, dos quais não se tira praticamente nada para entender a educação – os mesmos autores também falam sobre intersecção e integração sem jamais mostrar como é feita e como funciona, de modo que essas acumulações difundem, de fato, uma representação do cérebro como um conjunto de zonas ou de funções justapostas.

O tecnicismo abusivo constitui o segundo procedimento de intimidação: dizer de forma complicada coisas que poderiam ser ditas de maneira simples e, além disso, que muitas vezes já se sabia antes de qualquer pesquisa neurológica. Assim, para entender por que para aprender precisamos passar por um processo de repetições, tentativas e erros, Clarice Peres precisa de considerações técnicas sobre o "fenômeno de potenciação a longo prazo (do hipocampo), que consiste na repetição de um estímulo elétrico que logra produzir transformações moleculares duradouras nas sinapses de seus neurônios", sabendo que "os neurotransmissores glutamato e o íon cálcio são fundamentais para este processo" de "lembrança neural" (Peres *apud* Peres; Schlindwein-Zanini, 2016, p. 60).

O fato de a potencialização a longo prazo ser um processo cerebral importante é um resultado da pesquisa neurológica, mas essas considerações técnicas, apresentadas aqui integralmente e na forma como estão no livro, não acrescentam praticamente nada a quem quer compreender o processo de aprendizagem. O leitor somente entenderá que a questão é complexa, que nada conhece dela e que precisa confiar na autora, que é uma cientista. Assim começa um processo de intimidação neurológica que será concluído quando a autora afirma utilizar sua ciência assim atestada para dizer como se deve ensinar. Isso acontece na mesma página, quando Clarice Peres escreve que, "por esta razão, considerar o erro como eventos intrínsecos ao próprio processo de aprendizagem e memória é uma medida, no mínimo, inteligente". Que o erro seja um momento do processo de aprendizagem é uma ideia que compartilho, mas ela é muito mais clara quando Bachelard, algumas décadas antes, e a partir da história das ciências, põe em evidência "esta perspectiva de erros retificados que caracteriza, a nosso ver, o pensamento científico" (Bachelard, 1996, p. 14). E o que podemos entender quando, na mesma página, a autora escreve o seguinte parágrafo sem o menor comentário?

> A ativação de sistemas noradrenérgicos é indispensável para a regulação da atividade dopamínica para tarefas de atenção sustentada, com uma referência a um texto de Rosselli de 2010 (Peres *apud* Peres; Schlindwein-Zanini, 2016, p. 60).

Para quem, apesar de tudo, gostaria de entender alguma coisa desse parágrafo, destaco que a noradrenalina e a dopamina são neurotransmissores, quer dizer, moléculas que permitem a comunicação entre os neurônios. Se a produção ou circulação delas for malfeita, a comunicação entre os neurônios é alterada e, por conseguinte[29], a atenção não é mais mantida. Na prática, do ponto de vista pedagógico, essa informação não tem grande utilidade, mas é interessante para entender o que se passa dentro do cérebro – e para ajudar o professor a adotar uma atitude de apoio e não de condenação moral. Mas se, como no parágrafo citado, nada é explicado, o texto não produz nada além de um efeito de intimidação neurológica.

Eis um último exemplo, o da explicação "neurológica" do que é chamado de problema do déficit de atenção e hiperatividade (TDAH): "Existe uma falha no controle inibitório motor e uma ativação mental permanente em circuitos que não necessitariam ser ativados" (*Ibid.*, p. 82). Essa frase é tautológica, ela apenas diz de forma complicada, e sem explicar nada, que a criança é hiperativa: não se controla (sofre de uma lacuna no controle motor inibitório) e... ela é hiperativa (ela apresenta uma ativação mental permanente em circuitos que não precisam ser ativados). É realmente necessário escrever tais coisas para "entender a prática", graças à "neuropsicologia em ação", como promete o título do livro?

Quando admite que não conhece nada sobre essas questões neurológicas complicadas, o leitor está psicologicamente pronto a aceitar as orientações pedagógicas que lhe são apresentadas. Essa é, sem dúvida, a constatação mais surpreendente que podemos fazer quando analisamos esse tipo de livro: não apenas o autor tira conclusões que, muitas vezes, não se percebe bem qual a sua relação com as considerações neurológicas que acabaram de ser apresentadas, mas, muito frequentemente, nem sequer se propõe um argumento neurológico – de modo que não se compreende o que esses parágrafos, às vezes capítulos, estão fazendo em um livro supostamente sobre neuroeducação.

É bem impressionante encontrar, em livros dedicados à questão da educação de uma perspectiva neurocientífica, listas de conselhos e às vezes até páginas inteiras de considerações pedagógicas que não têm qualquer ligação aparente com uma problemática neurológica; como se, de repente, o autor do texto esquecesse o objetivo do livro para expor orientações pedagógicas que são suas

---

29. Esse "por conseguinte" exige, aliás, outras explicações...

e que, de fato, não são, em nada, fundamentadas nos resultados de pesquisas neurológicas. Assim, sob o título "Estratégia para uma aula: treinamento seletivo", Clarice Peres apresenta quinze "estratégias" que, de fato, não têm nada especificamente neurológico.[30]

> 1. Começar a aula com algo provocador.
> 2. Apresentar um problema cotidiano – despertar no aluno no princípio das aulas.
> 3. Criar uma atmosfera para o diálogo, alunos relaxados e satisfeitos [...].
> 11. A curiosidade favorece o êxito da aprendizagem.
> 12. Quem quer aprender deve aprender a escolher (Peres, 2016, p. 55).

Da mesma forma, no livro organizado por Waldir Pedro, Ana Maria Antunes de Campos publica um capítulo sobre educação matemática em que não há uma única explicação neurológica. Nem uma única! Mas encontramos ali afirmações como "Os estudos demonstram que..." e "Deste modo, com os estudos de Neuropsicopedagogia, entendemos que é fundamental para o aprendizado e o desenvolvimento do raciocínio lógico possuir: Maturação, Experiências passadas e Motivação" (*apud* Pedro, 2017, p. 222). Quando se lê "No Brasil, ainda estamos começando, mas já sabemos que essas pesquisas estão contribuindo de forma extraordinária para o processo ensino-aprendizagem" (*Ibid.*, p. 224), é difícil não concluir um processo de publicidade abusiva.

Essa é também uma das características desses livros que pretendem resolver os problemas pedagógicos pela via neurológica: desenvolver um discurso de valorização da neurologia (um dos efeitos é a valorização comercial do próprio livro). Esse discurso é geralmente discreto, mas se transforma às vezes em um verdadeiro discurso de propaganda, prometendo verdadeiros milagres, sem que seja explicado o *modus operandi*:

> Com a intervenção do trabalho neuropsicopedagógico, o sujeito será beneficiado com excelente desempenho, alta capacidade de absorver conhe-

---

30. Pessoalmente, concordo com muitas dessas estratégias. Mas a questão não é essa, é outra: é epistemologicamente pertinente e eticamente correto utilizar o contexto neurocientífico de um livro para estabelecer estratégias pedagógicas das quais não se mostra (nem sequer se tenta mostrar) a ligação com o resultado de pesquisas neurocientíficas?

cimentos, criatividade, autonomia em suas estratégias de aprendizagem, apropriando-se da utilização dos conceitos aprendidos em qualquer situação, além de obter um desejo constante em aprender (Acampora *apud* Pedro, 2017, p. 33).

De modo ainda mais miraculoso, a "neuropsicopedagogia", segundo a autora, resolverá problemas sociais e políticos.

Essa tentação permanente de autopropaganda, com frequência um pouco arrogante, repousa sobre uma redução neuroantropológica: o homem é, fundamentalmente, um dispositivo neurocerebral complexo, portanto, tudo o que é humano deve ser compreendido a partir desse dispositivo, portanto, a neurociência é, no fundo, a ciência da educação e até a ciência humana. Por essa razão, a humildade exibida é apenas aparente. "Humildade perante a tarefa imponente a seguir, que ainda é balbuciante. Não se trata de prometer um milagre, nem explosão de resultados, mas de um passo adiante", escrevem os autores (Berthier; Borst; Desnos; Guilleray, 2018, p. 25), mas é preciso entender o que significa essa humildade: a tarefa a seguir é "imponente" (explicar tudo do humano...) e é ainda "balbuciante". Ou ainda, como escreve Houdé em seu prefácio, no mesmo livro: "Não se trata de reinventar ou revolucionar, mas de completar o edifício histórico das ciências da educação, no sentido mais sólido do termo, quer dizer, hoje neurocientífico" (*Ibid*, p. 15). O que é sólido em ciências da educação é o que é neurocientífico: tudo é dito e entendemos que, perante essa arrogância, sociólogos, historiadores, pedagogos, entre outros, que produzem resultados científicos há décadas, às vezes possuem uma reação de rejeição dessa neurociência – tanto mais que a arrogância científica é acompanhada, evidentemente, de demandas de créditos de pesquisa e de cargos acadêmicos. Nas lógicas sociais de desempenho e concorrência, essa nunca é puramente epistemológica.

A questão científica e epistemológica central, nesses livros como nas pesquisas em neurociências, é, portanto, a da redução neuroantropológica. Essa redução aparece exatamente na forma de colocar a questão da educação. Em primeiro lugar, a questão da educação é reduzida à da aprendizagem. Certamente, uma ciência dispõe da liberdade fundamental de definir e, portanto, reduzir seu objeto. Mas uma neurociência cognitiva *da aprendizagem* só pode se apresentar legitimamente como "neuro*educação*" (Berthier; Borst; Desnos; Guilleray, 2018, p. 28), "neurociências cognitivas *da educação*"

(p. 28), "neurociências *da educação*" (p. 34),[31] se ela reduzir a educação à *aprendizagem*. Assim, são deixadas fora da problemática inicial questões como a diversidade social e cultural dos alunos, a adesão aos valores, opções educativas de dimensões éticas e sociopolíticas.

Em segundo lugar, a própria questão da aprendizagem é reduzida à ativação o mais eficaz possível de módulos neurais e zonas cerebrais especializadas nas funções de atenção e memorização. Assim, em um segundo momento, é considerada secundária, ou pelo menos segunda, a questão do desejo de aprender, que é, no entanto, o principal problema que deve resolver qualquer professor.

Isso significa que as neurociências ignoram a dimensão social da educação, como frequentemente são criticadas? Na verdade, a questão é mais complexa. Os livros que analisamos não ignoram a questão social. Assim, segundo Acampora, as funções dos neuropsicopedagogos não se limitam àquelas que estão diretamente ligadas à atenção, à memória e, de forma geral, aos processos neurocognitivos, elas visam também

> adquirir uma clareza política e pedagógica sobre as questões educacionais" e a analisar as questões de inclusão não apenas dos alunos com dificuldades de aprendizagem, mas também dos "sujeitos em risco social (Acampora, *apud* Pedro, 2017, p. 35).

De fato, a neuroeducação não ignora o social, ela pretende resolver *também* a questão social. Berthier, Borst, Desnos e Guilleray (2018, p. 19) questionam:

> O que nos trazem as neurociências cognitivas, que nos permitiria melhorar o desempenho da aprendizagem dos alunos e estudantes e, por conseguinte, sua motivação e sucesso? Prioritariamente entre os que mais estão em dificuldade.

Em outras palavras, melhorando o desempenho da aprendizagem (quer dizer, atenção e memorização), será resolvida também a questão do desejo de aprender (a da "motivação"), portanto a do sucesso dos alunos em dificuldade – portanto, a dos "sujeitos em risco social", segundo Acampora.

---

31. Destaque meu.

Como é possível pensar que a otimização da atenção e da memória permitirá resolver a questão social da educação?

Em primeiro lugar, a neuroeducação insiste em seu princípio de base: o funcionamento neurocerebral é a questão fundamental. "O sucesso acadêmico dos alunos está ligado, em uma medida maior, às capacidades executivas mais do que ao nível intelectual ou ao meio socioeconômico de onde provêm" (Berthier; Borst; Desnos; Guilleray, 2018, p. 151). São as funções executivas de base (memória de trabalho, inibição de respostas automáticas inadequadas, flexibilidade no processamento de informações) que determinam a eficácia da aprendizagem.

Em segundo lugar, a neuroeducação considera que o meio social tem efeitos sobre as competências da aprendizagem.

> Todavia, determinados fatores – como o meio socioeconômico de onde provém a criança – tem consequências muito precoces no desenvolvimento cerebral e aquisição de determinadas competências fundamentais para o resto da escolaridade (*Ibid.*, p. 122).

Essas competências fundamentais são, é claro, as funções executivas e todas as que regulam a atenção e a memória. Mas são também competências sociais: "capacidade de atribuir estados mentais a outros e de entender que eles podem diferir dos nossos (teoria da mente)", "capacidade de se controlar", interações professor-aluno e interações entre pares (p. 134-135).

Assim, a argumentação da neuroeducação é fácil: se agirmos na construção das competências fundamentais, não apenas compensaremos os efeitos do meio socioeconômico, mas, além disso, desenvolveremos essas competências sociais que permitem "o sucesso acadêmico e o desenvolvimento do indivíduo na escola, no trabalho e na sociedade" (*Ibid.*, p. 135).

Essa argumentação se fundamenta em uma premissa exata: o sucesso ou fracasso acadêmico dos alunos não é efeito direto e um tanto mágico de sua posição em uma hierarquia socioeconômica, mas efeito de sua atividade. Quer nomeemos isso "estudar" ou "funções executivas de base", um aluno só tem sucesso na escola se ele se mobiliza intelectualmente.

O objetivo fundamental é, portanto, que o aluno estude, inclusive quando pertence a um meio social precário. Mas por que os alunos estudam ou se recusam a fazer esse esforço, objetivamente cansativo? A resposta da neuroeducação é que esta é "uma das consequências do modo de transmissão generalizado do sistema francês" (*Ibid.*, p. 135). Tal resposta não explica por que esse modo possui muito mais efeitos negativos sobre os filhos dos pobres do que sobre os das classes médias. Ela supõe igualmente que existe na criança um desejo natural de aprender: se o "modo transmissivo generalizado" atual for substituído por um ensino que respeite as leis neurocerebrais fundamentais, o aluno aprenderá. Em outras palavras, tal resposta ignora que o desejo de aprender, o sentido da situação de aprendizagem e o próprio prazer que pode ser encontrado são construídos em uma história ao mesmo tempo social e singular (Charlot, 2000; 2009; 2013b).

Por fim, a neuroeducação ignora completamente os efeitos sociais estruturais. As competências sociais que ela invoca são competências individuais que têm efeitos relacionais: atribuir estados mentais aos outros, controlar-se, ser eficaz em suas relações com pares e professores. Mas e os efeitos da pobreza, da falta de ajuda escolar na família, das férias na portaria do prédio ou em Miami, dos modelos disponíveis no ambiente etc.? Esses efeitos podem ser academicamente positivos ou negativos, incluindo o da pobreza, que pode também ser fonte de uma mobilização acadêmica para "dela sair", eles não são nunca redutíveis a processos neurocerebrais.

A neuroeducação não ignora a questão social; ela a individualiza, reduzindo-a às competências relacionais e, assim, alega anexá-la às próprias neurociências. Então é grande o risco de convocá-las de forma abusiva, além de seu campo de validação, para conferir um aparente valor científico a afirmações pedagógicas que envolvam escolhas éticas e sociopolíticas. Podemos até chegar a falar de neuroética, de neurofilosofia e de neuroteologia, como aponta, de modo crítico, Lledo (2017).

No entanto, é preciso ser prudente na interpretação sociopolítica da neuroeducação: o argumento da natureza, hoje modernizado como argumento neurocientífico, foi historicamente invocado tanto pela nova pedagogia, com vocação reformadora, quanto pela pedagogia tradicional, com vocação disciplinar.

Pode-se interpretar a neuroeducação em uma versão tradicionalista e liberal. A redução neuroantropológica permite, de fato, descartar as interpelações sociológicas e as pedagogias críticas: o cérebro funciona assim, é a pedagogia dos neurônios, e quem vai se opor aos neurônios, que são politicamente neutros? Tal postura neuropedagógica se encaixa muito bem na lógica do desempenho e da concorrência que rege nossa sociedade: melhorar, graças à ciência, a atenção, a memorização e a reprodução de informações permite esperar uma otimização das aprendizagens.

Mas a referência neurocientífica também pode nutrir uma proclamação de tonalidade universalista: seja qual for sua posição social, toda criança tem um cérebro pronto a aprender, uma "mente absorvente" capaz de aprender por sua constituição natural. A plasticidade e a disponibilidade do cérebro são, então, argumentos para recusar um determinismo sociológico que postula o fracasso provável, até quase inevitável, de alunos de meios pobres, e para defender métodos pedagógicos que respeitem a natureza da criança.[32]

Nesse caso, a postura neuroantropológica visa uma espécie de liberação do neural no humano. Que levar em consideração as leis fundamentais da aprendizagem seja, então, um dos fatores de sucesso, é bem provável. Mas há também o que poderia se chamar de efeito placebo pedagógico: a vontade que todos os alunos aprendam, manifestada com insistência pelo professor, seus esforços pessoais e contínuos para alcançar esse objetivo, sua convicção de que todos os seus alunos são capazes de aprender, a atenção que ele dispensa a cada um, constituem, em si, uma situação pedagógica favorável às aprendizagens.

Seja qual for a versão da neuroeducação, o discurso sobre educação que pretende se basear no funcionamento do cérebro supõe resolvido o problema no qual, como vimos, a pedagogia trabalha há séculos: o das relações entre desejo e norma. No discurso neurocientífico, a norma é claramente neurológica: o método pedagógico adequado é definido pelo próprio funcionamento do cérebro. Quanto ao desejo, ou a questão não é colocada, como em Dehaene, cujo livro sobre os neurônios da leitura não levanta a questão do desejo da criança de aprender a ler (Dehaene, 2007); ou a questão é resolvida rapidamente, como em Alvarez, em que a organização da aula e a atitude do professor são consideradas suficientes para liberar o desejo natural da criança de aprender (Alvarez, 2016).

A Dehaene, pode-se dizer que as relações entre grafemas e fonemas jamais serão construídas se a criança não tiver vontade de aprender a ler, uma vontade forte o suficiente para resistir às tediosas atividades iniciais de decifração. Como se constrói e se mantém essa vontade? Esse não é um problema puramente neurológico.

Em Alvarez, é possível observar que ela não libera um desejo "natural" de aprender, cuja própria existência permanece problemática, mas que ela constrói esse desejo, por sua atitude e a de quem a auxilia, pela própria vida do grupo e

---

32. Essa recusa do determinismo sociológico, a partir de uma aliança entre Montessori e Dehaene, dá ao livro de Céline Alvarez sua força e seu interesse (Alvarez, 2016).

pela organização do material e das atividades dentro da classe. Não se aprende sem neurônio, mas não é o neurônio que aprende, é a criança – um cérebro, dentro de um corpo, em um ambiente humano, em uma história coletiva e singular.

Certamente, não há educação sem aprendizagem e não há aprendizagem sem atividade cerebral, mas educar-se não é apenas aprender, é construir um conjunto de relações com o mundo, com os outros e consigo mesmo, e aprender não pode ser reduzido à atividade cerebral, que é o *suporte orgânico*, mas não a *causa*. Pensar o homem como uma reunião de regiões cerebrais é uma concepção extremamente *abstrata* do homem.

"Concretamente", o que é um homem? Não é (somente) uma imagem cerebral em uma tela, um mosaico de zonas locais justapostas, um conjunto de ativações eletroquímicas. É um corpo com um cérebro cuja dinâmica implica a conexão de módulos colocando em ação milhões de neurônios, um cérebro que permite uma consciência de si como indivíduo singular; é um corpo, um cérebro, uma consciência que funcionam em um ambiente humano, portanto social e cultural, construído progressivamente ao longo de milhões de anos de evolução. Os discursos científicos atuais sobre o cérebro, por serem científicos, são discursos parciais, *abstratos*, construídos a partir de determinado ponto de vista e não podem, portanto, basear uma pedagogia contemporânea – e menos ainda o podem os discursos ingênuos, às vezes abusivos, que tendem hoje em dia a invadir o campo da pedagogia.

As pesquisas neurocientíficas produzem novos conhecimentos sobre o processo de aprendizagem e, nessa função, ocupam um lugar legítimo no campo das ciências da educação. Mas se trata de uma função instrumental, e a questão pedagógica do tipo de homem a educar permanece aberta, assim como as questões complexas sobre o homem e seus desejos, a sociedade e suas normas. As neurociências não podem nem resolver, nem mesmo pretender tratar dessas questões e, no sentido estrito, até mesmo o uso do termo "neuroeducação" é abusivo: educação requer finalidades, implícitas ou explícitas, e a pesquisa neurocientífica, como pesquisa, não pode definir as finalidades educacionais, ela pode apenas analisar processos. Isso já é bom e não devemos fazê-la dizer mais do que o que ela pode falar – a não ser que se tente impor sorrateiramente como científicas finalidades que não foram postas em debate ou que se caia no que eu chamaria, com alguma ironia, um neurocharlatanismo.

CAPÍTULO 6

Tecnologias digitais e cibercultura: um mundo novo?

Em 1984, em seu livro de ficção científica *Neuromancer*, rebatizado depois de *Neurocomancien*, William Gibson inventou a palavra "ciberespaço" para designar um mundo futurista em que as multinacionais capitalistas estão envolvidas em selvagens lutas digitais. Em 1997[33], Pierre Lévy publicou, sob o título *Cibercultura*, um relatório histórico para o Conselho da Europa sobre o assunto. Nos mesmos anos 1990, a internet expandiu-se para o público em geral. Nas primeiras décadas do século XXI, a integração no campo da educação de tecnologias de informação e de comunicação antes qualificadas como "novas" e hoje designadas como "digitais", é um importante tema de discussão pedagógica.

---

33. No Brasil, o livro foi lançado em 1999; portanto, as referências dizem respeito à edição brasileira (N.T.).

A aparição e o desenvolvimento extremamente rápido das mídias digitais constituem, sem dúvida alguma, um evento tão importante na história cultural quanto a prensa de Gutenberg, em meados do século XV. Assim como fez a impressão, a *web*, a internet, o computador, o *smartphone* e tudo o que é associado a eles modificaram radicalmente as condições de produção, difusão, transmissão, recepção e aprendizagem de informações. Por conseguinte, são susceptíveis de produzir sensíveis transformações, talvez rupturas, em situações pedagógicas que, ainda hoje, são estruturadas pela transmissão oral e os textos impressos.

Tal afirmação pode ser o objeto de um consenso bem amplo. Mas o desenvolvimento dessas tecnologias é acompanhado de discursos épicos sobre a cibercultura que, além de pôr à disposição novos e poderosos meios de acesso à informação, defendem a ideia de que "a cibercultura expressa uma mutação fundamental da própria essência da cultura" (Lévy, 1999, p. 254) e uma "invenção progressiva da essência do homem, em andamento neste momento" (*Ibid.*, p. 238).

Além da própria internet, novos programas de gestão, previsão, regulação e dispositivos como os *blockchains* anunciariam o advento próximo de empresas ao mesmo tempo eficientes e descentralizadas, cuja racionalidade horizontal permitiria por fim escapar à maldição dos poderes centrais.

Esses discursos apresentam uma inegável dimensão antropológica e tratam de informação e cultura: portanto, eles nos interessam. Mas é preciso distinguir dois níveis de análise. Há novas ferramentas, que já têm, continuarão a ter e não podem deixar de ter consequências sobre os processos de aprendizagem e as situações pedagógicas: é um primeiro nível de análise. Talvez até que um mundo "novo" esteja sendo esboçado, mas ainda será preciso explicar um pouco melhor em que ele é novo e, sobretudo, em um segundo nível de análise, é rapidamente chegar às conclusões quando se afirma que a cibercultura está construindo uma humanidade melhorada, "mais humana" (*Ibid.*, p. 238). Como se, depois de Gutenberg, tivéssemos sustentado que, a partir de então, todos iriam ler Aristóteles, já que os livros estariam acessíveis e, assim, surgiria uma humanidade plena de sabedoria filosófica e uma nova sociedade.

Quando, entre todas as possibilidades de uma nova mídia, retemos apenas uma, descontextualizada e transformada em essência dessa mídia, os discursos futuristas tornam-se inevitavelmente épicos. O que, na cibercultura, é antropologicamente novo, suscetível a produzir rupturas?

6.1. As tecnologias digitais de informação e comunicação: uma promessa pedagógica pendente

Comecemos pelo primeiro nível de análise, o das tecnologias digitais de informação e comunicação (TDIC). Que essas tecnologias sejam úteis e que facilitem e redefinam nosso acesso à informação e nossa comunicação pessoal e profissional, ninguém duvida. Se alguém duvidasse, bastaria observar o lugar que a internet e os *smartphones* ocupam na vida cotidiana contemporânea. Certamente, essa abundância eletrônica é igualmente uma invasão e coloca numerosos problemas, mas é inegável que se trata de uma dimensão fundamental e irreversível da contemporaneidade.

Entretanto, essas TDIC, de fato, produzem efeitos culturais e pedagógicos em parte contraditórios.

De um lado, os professores dispõem de novos instrumentos ou possibilidades de ensino: *smartphones*, computadores, placas eletrônicas, pesquisa no Google, trabalho em grupo a distância, ampliação da conexão escolar, maior possibilidade de uma aula inversa (os alunos estudam o conteúdo em casa e o tempo de aula é dedicado a explicações do professor e atividades que ele pode acompanhar) etc.

Por outro lado, entretanto, aprender não é a principal atividade dos jovens quando usam seu computador ou seu *smartphone*: eles trocam mensagens e imagens, mostram-se e mantêm-se informados sobre as redes, baixam músicas e vídeos, mais do que estudam. Às vezes, exploram um universo que lhes interessa, porém é mais frequente procurarem do que se aprofundarem e, sobretudo, seu principal uso acadêmico das TDIC é "copiar-colar". No entanto, esse método, que permite que se livrem mais facilmente das tarefas escolares em casa, constitui o grau quase zero de atividade de aprendizagem, em um universo, contudo, celebrado pelo discurso épico como o da criatividade.

De um lado, as TDCI abrem possibilidades fascinantes de ensino a distância (EAD) e podem contribuir à expansão e democratização do ensino superior. Mas, por outro lado, em um país de dimensões continentais como o Brasil, onde um projeto a distância parece, *a priori*, particularmente apropriado, o EAD sofre impressionantes taxas de insucesso, é fonte de ganhos de empresas privadas mais do que de democratização e uma pesquisa recente mostra fenômenos que, novamente, contradizem os discursos épicos: estudantes que não acessam a plataforma de ensino a distância há um mês, que pedem textos impressos durante visitas locais e, até mesmo, que trapaceiam ao copiar de outras fontes os trabalhos que enviam (Santos, 2018).

De um lado, as TDCI rendem possíveis novas formas de expressão bastante interessantes, com os hipertextos (textos diferentes, com ligações entre eles por meio de *links*) e hipermídias (documentos textuais e/ou audiovisuais conectados entre eles). Permitem também formas de comunicação rápida, do tipo pingue-pongue, nas quais quem envia uma mensagem recebe uma resposta quase imediata; o que induz formas abreviadas de expressão.

Essas inovações técnicas que aceleram, intensificam e complicam os processos de expressão e comunicação fazem especial sentido em um mundo que aceita a lógica do desejo, portanto valoriza o imediatismo. Porém, por outro lado, essas formas, ritmos e processos novos estão em profunda discrepância com a lógica acadêmica clássica: a escola aposta em longo prazo e na maturação progressiva, enquanto os jovens vivem uma comunicação pingue-pongue; ela valoriza o texto impresso, cuja lógica é também progressiva, enquanto os alunos leem na tela e se exprimem cada vez mais por meio de imagens.

O principal desafio pedagógico, no entanto, é, sem dúvida, a necessária conversão do professor de informações em professor de saber. O professor de informações é aquele que enumera longas listas, mais ou menos técnicas, que o aluno deve memorizar, pelo menos até o momento da avaliação: tipos de animais, de relevos ou nebulosidades, múltiplas fórmulas, datas e eventos minuciosamente detalhados, formas de atividades econômicas etc. Esse profissional está historicamente morto, embora seu fantasma continue a assombrar os estabelecimentos escolares: nenhum professor pode, hoje em dia, rivalizar com o Google na coleta de documentos, gráficos, imagens, fotografias, vídeos etc. Mas ainda é necessário entrar com as palavras corretas no mecanismo de pesquisa, ser capaz de escolher entre os múltiplos *links* propostos e saber avaliar as informações que são apresentadas – em especial porque, em uma *web* cada vez mais interativa, o Google também dá acesso a respostas propostas por quem não tem qualquer competência sobre o assunto.

Além disso, o saber é mais do que informação: é um conjunto de informações articuladas, hierarquizadas, ordenadas, às vezes sistematizadas e que permitem responder a uma questão, resolver um problema, entrar em um universo de significado e sentido. Em um mundo cada vez mais saturado de informações, é do professor do saber que vamos precisar, capaz de gerir a informação de forma eficaz, de construir e transmitir o sentido, de incentivar e apoiar nos jovens uma mobilização para aprender que se estenda além da simples coleta de informações.

Que as técnicas digitais de informação e de comunicação produzem poderosos efeitos culturais e sociais, é inegável, essa é uma questão de constatação. Que elas permitem novas formas de ensino-aprendizagem, isso é certo. Que essas novas formas estejam destinadas a generalizar-se e a transformar a escola, tal fato já é bastante duvidoso; atualmente, pelo menos, elas representam mais uma promessa pendente do que um profundo movimento de renovação. Além disso, os defensores da "cibercultura" esperam dessas técnicas, ainda mais do que uma renovação nas formas e técnicas de ensino: "uma invenção progressiva da essência do homem" e uma humanidade "mais humana", segundo expressões de Pierre Lévy, já citadas.

Se isso fosse verdade, a cibercultura poderia ser considerada como a forma contemporânea da pedagogia. Resta, contudo, analisar essas afirmações antropológicas audaciosas.

6.2. A cibercultura: "uma grande mutação da própria essência da cultura"?

Pierre Lévy define o ciberespaço como "o espaço de comunicação aberto pela interconexão mundial dos computadores e das memórias dos computadores" (1999, p. 93).[34] É um espaço "animado por comunicações transversais, caótico, turbilhonante, fractal, movido por processos magmáticos de inteligência coletiva" (p. 119). Essas "novas formas de comunicação transversais, interativas e cooperativas" (p. 11) produzem uma cibercultura, definida pelo autor como "o conjunto de técnicas (materiais e intelectuais), de práticas, de atitudes, de modos de pensamento e de valores que se desenvolvem com o crescimento do ciberespaço" (p. 17). Elas permitem "a aprendizagem aberta a distância" (p. 171), "a conjugação eficaz de inteligências e de imaginações humanas" (p. 202), "uma situação de troca generalizada dos saberes, o ensino da sociedade por ela mesma, de reconhecimento autogerenciado, móvel e contextual das competências" (p. 174). "O melhor uso

---

34. As citações seguintes pertencem ao mesmo livro de Lévy, *Cibercultura* (1999).

que podemos fazer do ciberespaço é colocar em sinergia os saberes, as imaginações, as energias espirituais daqueles que estão conectados a ele" (p. 132). Isso é possível, por exemplo, a partir das "comunidades virtuais", que deveriam ser denominadas de comunidades atuais, pois elas "realizam de fato uma verdadeira atualização (no sentido da criação de um contato efetivo) de grupos humanos que eram apenas potenciais antes do surgimento do ciberespaço" (p. 131).

A cibercultura é "um movimento social muito amplo que anuncia e acarreta uma evolução profunda da civilização" (p. 233). Esse "projeto de inteligência coletiva", que é o dos primeiros criadores e defensores do ciberespaço, "prolonga e realiza os ideais da filosofia das luzes" (p. 240); ele constitui "uma espécie de materialização técnica dos ideais modernos" de liberdade, igualdade e fraternidade (p. 251) e mesmo "uma impressionante realização do objetivo marxista de apropriação dos meios de produção pelos próprios produtores" (p. 251-252).

Quando lemos essas linhas uns vinte anos após serem escritas e pensamos no presidente norte-americano Donald Trump enviando seus *tweets* raivosos sem saber que, pela perspectiva de Lévy, ele seria um herdeiro da Revolução Francesa e do pensamento de Marx, é difícil se defender da impressão de que esse discurso sobre a cibercultura é um pouco ingênuo. Mas, de fato, Lévy não é nem um pouco ingênuo e até percebe muito bem o que já começa a se produzir em sua época. Vemos emergir, diz ele, "formas novas de isolamento e de sobrecarga cognitiva", "de dependência", de "vício", "de dominação", "de exploração" "e mesmo de bobagem coletiva" (p. 28). O ciberespaço constitui também "um imenso campo de batalha para os industriais da comunicação e dos programas" (p. 202) e a cibercultura "um imenso campo de problemas e de conflitos" (p. 252) entre personagens e grupos "nem sempre bem intencionados" (p. 229) e que "organizem pela própria conta hierarquias, seleções, uma estrutura." (p. 251). Por que, se é assim tão lúcido, Lévy apresenta de forma tão entusiástica a ideia da cibercultura? Porque, para além das perversões possíveis e já perceptíveis quando escreveu, ele se refere à "aspiração mais profunda do movimento da cibercultura" (p. 212), que visa "uma mutação fundamental da própria essência da cultura" (p. 254). O projeto – ou o sonho, a utopia – é antropológico e é sobre esse ponto que particularmente nos interessa.

Segundo Lévy, "a cibercultura expressa o surgimento de um novo universal" (p. 14), o universal sendo definido como "a presença virtual da humanidade para si mesma" (p. 254). O "universal fundado pela escrita" (p. 114), o da religião, da filosofia ou da ciência, supõe um sentido predefinido e procede por uma totalização descontextualizante, enquanto "a cibercultura dá forma a um novo tipo de universal: o universal sem totalidade" (p. 120). Trata-se de um universal, uma vez que a própria ideia de cibercultura implica "de direito o conjunto dos seres humanos" (p. 121), portanto, uma presença virtual da humanidade para si mesma, mas um universal de tipo novo, porque não é instaurado por uma totalização do humano em torno de uma significação central. Suas "formas são, *a priori*, vazias, nenhuma finalidade externa, nenhum conteúdo particular vem fechar ou totalizar o programa da cibercultura, que se encontra por completo no processo inacabado de interconexão" (p. 134).

Ainda de acordo com o autor,

> O universal da cibercultura não possui nem centro nem linha diretriz. É vazio, sem conteúdo particular. Ou antes, ele os aceita todos, pois se contenta em colocar em contato um ponto qualquer com qualquer outro, seja qual for a carga semântica das entidades relacionadas (p. 111).

Esse universal aberto e indeterminado se experimenta por "imersão" (p. 121), "por contato" (p. 128), ele "acolhe e valoriza as singularidades" porque "oferece a muitos o acesso à expressão" (p. 239).

Com esse novo universal, ocorre "uma tomada de consciência global da humanidade e do planeta", nossa espécie "se torna ainda mais humana" (p. 238), tendo acesso a "novas potências do humano" (p. 239). Com certeza, isso não garante em nada a paz ou a felicidade, diz Lévy, pois "só o homem é inumano, na mesma medida de sua humanidade" (p. 238).[35] No entanto, isso não deve fazer esquecer "as potencialidades positivas da cibercultura" (p. 238). Os que condenam os novos meios de comunicação são "os guardiães do bom gosto, os avalistas da qualidade, os intermediários obrigatórios, os porta-vozes" (p. 235), todos os que "veem suas posições ameaçadas pelo estabelecimento de relações cada vez mais diretas entre produtores e usuários de informação" e que ecoam "um bom e velho desejo de ordem e de autoridade" (p. 235).

"*A cibercultura inventa outra forma de fazer advir a presença virtual do humano frente a si mesmo que não pela imposição da unidade de sentido. Essa é a*

---

35. Mudamos um pouco a tradução proposta no livro para restabelecer o sentido da frase no texto original de Lévy.

principal tese aqui defendida", escreve Lévy na conclusão de seu livro (p. 255, itálico no texto original em francês). Essa é, efetivamente, a ideia fundamental sobre a qual se baseia o livro e ela nos interessa diretamente aqui, uma vez que é uma tese antropológica: ao tornar possível um ciberespaço, as técnicas digitais de informação e comunicação produzem uma nova forma de presença para si mesma da humanidade, para retomar a bela fórmula de Lévy. Resta entender melhor, no entanto, o que significa exatamente essa ideia de presença para si mesmo do humano.

É fato que a humanidade, que era uma ideia, uma virtualidade, uma aspiração, está no processo de adquirir uma nova forma de realidade, uma espécie de presença visível, por causa da globalização, mas também graças a uma comunicação globalizada e às vezes transversal. Certamente, o fato de o que se passa em um lugar do mundo ter impactos sobre populações bem distantes desse lugar não é novo. Basta recordar os efeitos do capitalismo europeu sobre as populações ameríndias, africanas e asiáticas a partir do século XVI, ou mesmo do Império Romano. Atualmente, porém, não apenas a existência do outro longe produz efeitos rápidos a partir da globalização, mas também, o que é novo, ela é informada e comentada em tempo real no ciberespaço – ao ponto que McLuhan ter podido falar, em 1967, de "aldeia global". Por conseguinte, a humanidade faz-se presente em suas formas plurais e torna-se visível no cenário global do ciberespaço – e, ao mesmo tempo, impõe-se a ideia de que essas diversas formas compartilham um único e mesmo planeta. Nesse sentido, devemos concordar com Lévy sobre o fato, antropológica e pedagogicamente importante, que outra maneira de presença virtual para si mesmo do humano está acontecendo graças à cibercultura.

Mas qual é o significado dessa nova presença a si mesmo do humano? Podemos colocar essa questão do significado em dois níveis. Para Lévy, a característica da cibercultura é precisamente de não impor uma unidade de significado, como o faz a religião, a filosofia e a ciência; na cibercultura, todos os significados, por mais diversos e singulares que sejam, podem ser acolhidos, pelo menos de direito, senão sempre de fato. Mas, em um segundo nível, podemos nos perguntar qual é o significado dessa própria nova situação, dessa cibercultura aberta a todos os significados, dessa nova presença a si do humano. Ou ainda: qual é o significado de uma cibercultura que pode acolher todos os significados? Essa questão, Lévy não a coloca, ele a responde sem argumentação: é muito bom, muito positivo, é feito sem esses intermediários obrigados que são os guardiães do bom gosto, da qualidade e da ordem, e isso gera "uma mutação fundamental da própria essência da cultura" (p. 254) e uma "invenção progressiva da essência do homem, em andamento neste momento" (p. 238). O que permite afirmar, de pronto e sem nenhuma outra forma de análise, que esse universal "aberto", "indeterminado", "vazio, sem conteúdo particular", essa humanidade constituída pela simples imersão, por contato, por interconexão geral é "mais humana" (p. 238) do que a que nos propõem a religião, a filosofia ou a ciência? Essa questão é o ponto cego da teoria de Lévy – ou seja, o ponto a partir do qual um questionamento se desdobra, sem que ele possa ser, portanto, o próprio objeto desse questionamento.

Pode-se também sustentar, e com muito mais argumentos apoiados em fatos, que essa forma de humanidade ao mesmo tempo universal e vazia, disponível a qualquer conteúdo que, segundo Lévy, a cibercultura promove, é uma matriz para receber todas as expressões da vida humana, as de empatia e solidariedade, mas também as de ódio, rancor, vingança, maldade anônima. Podemos igualmente lembrar que a humanidade já dispõe de uma forma de comunicação universal e disponível a todos os conteúdos: o dinheiro – e que em uma sociedade cada vez mais desigual e organizada na lógica do lucro, seria surpreendente que o universal cibernético não seja invadido pelo universal monetário. Podemos, por fim, salientar que, ao mesmo tempo que uma ciberumanidade, emerge no cenário público contemporâneo, a partir da questão ecológica, uma humanidade-planeta que afirma mais sua angústia pela catástrofe final do que um sentimento de se sentir "mais humana". E, como veremos, quando se anuncia no ciberespaço o "mais humano", é para promover o transhumano, ou mesmo o pós-humano, ou seja, o desaparecimento ou a sujeição da humanidade tal como existe em sua forma atual.

Concentremo-nos no argumento principal de Lévy em favor do efeito antropológico da cibercultura: a possibilidade de expressar sua singularidade e diversidade em um espaço universal aberto. De fato, historicamente, quando grupos humanos diferentes se comunicam, não apenas se produzem trocas materiais e culturais, como também, mais profundamente, ocorre um encontro entre formas diferentes do humano. Mas qual é o significado desse encontro para os que o vivem ou precisam interpretar? Essa questão surgiu implicitamente, e talvez explicitamente, quando Sapiens e Neandertal se encontraram – e o segundo desapareceu – e foi um problema, sem dúvida, para os astecas e seus conquistadores espanhóis: os primeiros se submeteram aos segundos pensando que se tratavam de deuses, e os segundos tentaram, ao mesmo tempo, evangelizar os primeiros, enquanto seres humanos, e reduzi-los à escravidão, por não serem totalmente humanos. Quando um grupo humano, ao longo da história, foi confrontado com uma alteridade para ele radical, como reagiu? Na maioria das vezes, considerou o outro como "bárbaro", o reduziu à escravidão, o colonizou ou tentou aniquilá-lo. Algumas vezes, mais raramente, ficou perplexo, como os catorze especialistas da Controvérsia de Valladolid, e tratou o outro de formas contraditórias. Quando, ao longo da história, um grupo confrontado com a alteridade celebrou a diversidade como uma oportunidade de ser mais humano? Raramente – e ainda assim essa resposta é otimista. E, a julgar por filmes e séries televisivas sobre vampiros, zumbis e outros *aliens*, como nós preparamos nossos filhos para acolher, talvez, um dia, extraterrestres? A partir do medo e da violência. Nessas condições, considerar que a abertura infinita à alteridade que nos promete o ciberespaço é, em si, um progresso em direção a uma humanidade mais humana, é uma aposta bem ousada.

Na verdade, é uma aposta já perdida. Certamente internet, WhatsApp, Facebook, Twitter, Instagram e todos os seus congêneres permitem comunicar com seus entes queridos e descobrir companheiros com os quais trocar mensagens, fotografias, emoções, momentos de prazer etc., e isso, inegavelmente, é valioso. Mas também são os canais de mentiras, fraudes, manipulação, falsificação, ódio, como o atestam o *ciberbullying*, o assédio ou os resultados inesperados, e pelo menos suspeitos, de pleitos eleitorais na Grã-Bretanha (Brexit), nos Estados Unidos (eleição de Trump) ou no Brasil (eleição de Bolsonaro).

A Anistia Internacional, em um estudo que se baseia na análise de 288 mil *tweets* escritos em 2017, concluiu que o "Twitter é um espaço onde o racismo, a misoginia e a homofobia prosperam sem impedimentos".[36] Maggie Haberman, correspondente do *New York Times* na Casa Branca, decidiu, após 187 mil *tweets*, parar de usar o Twitter que, segundo ela, foi invadido pela "maldade", o "ódio tóxico partidário", "desonestidade intelectual", "sexismo" e se tornou um "*videogame* do ódio para muitos usuários", um "enorme e inútil desperdício de tempo e energia".[37] É um desvio de utilização de um lugar que deveria ser um espaço feliz de encontro da diversidade humana?

---

36. *Le Monde,* 18 dez. 2018.

37. *Op. cit.* BOUGON, François. *Le Monde,* 1 ago. 2018.

Na verdade, pode-se sustentar, com mais argumentos empíricos, que o ciberespaço é um lugar que, por natureza, tende a fechar as comunidades de gostos e opiniões em seu "mundinho particular", rapidamente hostil ao que é outro. O ciberespaço não é o lugar da verdade e da argumentação, mas o da convicção e de informações que confirmam as crenças já estabelecidas, explica a pesquisadora americana Danah Boyd: "Se você lhes apresentar os dados que os contradizem, eles recorrerão a suas crenças em vez de incorporar os novos conhecimentos em seu modo de compreensão"[38]. Nessas condições, todas as opiniões podem ser expressas na *web* ou pelo WhatsApp, por mais racistas, sexistas e extremistas que sejam, desde que encontrem ódios anteriores – incluindo a afirmação que a candidata norte-americana Hillary Clinton é uma satanista controlando uma rede de pedofilia em uma *pizzaria*. O ato de proibir a expressão de tais opiniões, difamatórias e absolutamente sem fundamento, é interpretado como um ato insuportável de censura. Como enfrentar e tentar impedir essas mentiras, essas manipulações, essas explosões de ódio? Introduzindo regras, normas, fechando contas, expulsando etc., o que os administradores do Facebook e de outros dispositivos congêneres precisam resolver fazer. Esses administradores são hoje convocados a policiar esse espaço de comunicações transversais e totalmente aberto, que deveria ser o ciberespaço. Os intermediários, denunciados como habitados pelo "bom e velho desejo de ordem e de autoridade", (Lévy, p. 235) são promovidos a salvadores da autêntica cibercultura, como ela foi sonhada (de uma forma simpática) por seus promotores. Chegamos a essa situação paradoxal em que Nick Clegg, diretor de assuntos globais do Facebook, e antigo dirigente do Partido Liberal britânico, declarou em uma entrevista em 2019: "O Facebook é hoje, no mundo, a maior entidade encarregada de examinar e selecionar conteúdos [...] Espero que os governos assumam suas responsabilidades e digam que regras desejam. Cabe a eles decidir."[39]

---

38. *Op. cit.* GUILLAUD, Hubert, em artigo De quelle éducation aux médias avons-nous besoin? [De que educação midiática precisamos?]. Disponível em: http://www.internetactu.net/2018/06/06/de-quelle-education-aux-medias-avons-nous-besoin/. Acesso em 8 nov. 2018 (*Site* em francês. Tradução livre).

39. *Le Monde*, 28 jan. 2019. Entrevista concedida a Damien Leloup e Alexandre Piquard. Disponível em: https://www.lemonde.fr/pixels/article/2019/01/28/nick-clegg-dans-son-rapport-aux-etats-facebook-est-en-train-de-changer-de-facon-assez-radicale_5415836_4408996.html. Acesso em: 28 jan. 2019 (*Site* em francês. Tradução livre).

É preciso entender que o que constatamos atualmente não constitui um desvio e uma perversão de uma cibercultura emancipatória por natureza, mas o efeito lógico de um projeto construído na total ignorância da questão antropológica do desejo e da norma.

O ciberespaço é um lugar de expressão, de circulação e de encontro de desejos. Antes de tudo, a vontade de comunicar, de dizer e se mostrar, de receber mensagens, de ser informado; essa é uma condição mínima para que alguém entre na *web*, abra uma conta no Facebook, baixe esse ou aquele aplicativo etc. Tal desejo pode significar coisas muito diferentes. Pode ser a utilização de um instrumento prático de informação e comunicação, ou o desejo de estar na moda, ser moderno ou de fazer "como os outros", ou uma forma de romper a solidão, ou o simples prazer de trocar com outros seres humanos – o postulado pela construção teórica de Lévy. Mas também pode ser a necessidade de dizer a estranhos o que não se diria a seus entes queridos ou, de igual modo, o anseio de passar seu ódio, sua raiva e suas frustrações desprezando, atacando, esmagando, pulverizando um inimigo real ou imaginário, ou ainda o desejo de extorquir dinheiro lançando às cegas "iscas" que serão mordidas por alguns ingênuos.

Nesses últimos casos, pela própria natureza, o ciberespaço é um lugar de expressão e de circulação de desejos transgressores – eróticos, agressivos, desonestos e qualquer forma do fora da norma. No ciberespaço, de fato, a comunicação é duplamente anônima, do lado do emissor e do receptor, e é simbólica, não vemos nem sangue nem lágrimas derramadas; assim, todas as condições estão reunidas para que circulem mensagens cruéis, emitidas por pessoas desresponsabilizadas. Temos de entender o que isso significa: é pela própria natureza, e não por acaso ou deturpação de função, que o ciberespaço é, ao mesmo tempo, o paraíso da comunicação aberta e transversal, a que celebra Lévy, e o inferno da "maldade", do "ódio tóxico partidário", da "desonestidade intelectual", para retomar as expressões já citadas de Maggie Haberman, às quais poderíamos acrescentar as palavras de crueldade e perversão. O ciberespaço é o espaço de circulação de desejos os mais generosos, mas também os mais tenebrosos. Espaço de utopia, como em Lévy, mas também da barbárie cibernética contemporânea. Espaço de comunicação aberto a todos, mas também de *chilling effect*, ou seja, espaço em que desistimos de nos expressar por medo das consequências (Charles, 2018, p. 130).

Esse espaço não é isento de conteúdo e vazio, para retomar a problemática de Lévy. Ele não tem um conteúdo predeterminado, mas a comunicação efetiva possui um conteúdo, as pessoas que se expressam e trocam dizem alguma coisa. Cada um pode-se comunicar com os outros a partir de sua singularidade, como destaca Lévy, mas essa singularidade é a de um sujeito que tem desejos, opiniões, experiências, amizades, amores e ódios nascidos, em grande parte, em sua vida fora do ciberespaço, em suas relações com outros e relações sociais que não são puramente virtuais.

Esses desejos encontram outros anseios no ciberespaço, para o bem ou para o mal. O problema é que esse espaço de circulação do desejo se pretende sem normas: qualquer norma é considerada como censura. Quando os desejos se encontram e se confrontam sem outra norma que não seja a técnica, portanto sem essa mediação pelo Outro, como diria Lacan, que constitui a cultura, sempre a barbárie ameaça, a saída da humanidade "civilizada".

Um espaço aberto a todos os desejos, anônimo e que recusa, com consciência tranquila e rapidamente indignada, qualquer norma que não seja a técnica, pode ser o lugar e a fonte de "uma mutação fundamental da própria essência da cultura" e uma nova essência do homem, "mais humana" e, consequentemente, de uma pedagogia que seria verdadeiramente um novo projeto, uma pedagogia contemporânea? Não, porque qualquer pedagogia exige que seja definida uma dialética do desejo e da norma, e essa definição é a própria essência da cultura. As TDIC são, sem dúvida, valiosas ferramentas de acesso à informação e de aprendizagem, mas seu valor pedagógico depende das configurações Desejo/Norma dentro das quais elas funcionam. Elas podem ser tanto oportunidades de abertura à diversidade do humano, quanto instrumentos de uma barbárie contemporânea.

6.3. *Code is Law* e *Law is Code*

A cibercultura não se refere apenas a novas formas de comunicação, ela também organiza, cada vez mais, nossa vida cotidiana, quer se trate de informação, quer de transporte, quer de administração, quer da entrada no museu etc. Compreender o mundo que já se esboça requer, portanto, que não nos limitemos apenas às possibilidades cibertécnicas, mas que levemos em conta também as lógicas nas quais essas possibilidades são postas em prática.

A lógica dominante é a do mercado, da concorrência, com todos os efeitos estruturais de desigualdade que a acompanham. A digitalização da sociedade está em andamento e tudo indica que ela está sendo e será implantada na lógica do mercado, para o bem (eficácia e rapidez) e para o mal (aumento e radicalização das desigualdades, declínio de proteções sociais e jurídicas). Nessa lógica, o código automatizado tende a substituir as funções da norma (*Code is Law*), e o ideal buscado parece ser a eliminação de todo fator humano de interpretação em nome da transparência.

Daqui a pouco, a internet das coisas poderá gerir nossa vida cotidiana, incluindo a geladeira da família encomendando apenas os produtos que ela precisa (sem pressão comercial?), e poderá nos avisar se houver alguma ameaça à nossa saúde (sem avisar nosso empregador e nossa seguradora?). As informações e produtos assim solicitados alimentam o *Big Data*, quer dizer, um conjunto de sistemas de megadados cada vez mais conectados entre eles, no qual o indivíduo, seus modos e condições de vida, suas preferências públicas e suas escolhas íntimas são definidas por uma compilação de informações consideradas "objetivas".

De igual modo, algoritmos de ajuda digital à decisão são desenvolvidos. "Um algoritmo é uma sucessão de ações sistemáticas visando, passo a passo, à resolução de um problema ou à obtenção de um resultado" (Charles, 2018, p. 22). Ele pode, portanto, se alimentado com dados, propor a solução aparentemente mais eficaz de um problema ou definir populações ou territórios a visar prioritariamente. Os algoritmos de ajuda à decisão e análise preditiva são atualmente utilizados em diversos campos, desde investimento na bolsa de valores, até serviços sociais e polícia. Decidem quem deve receber prioritariamente moradia, controlam as ajudas sociais, organizam as patrulhas policiais em função das áreas de risco etc.

> Os sistemas de elegibilidade automatizados, os algoritmos de classificação, os modelos de previsão de risco controlam os bairros que devem ser policiados, que famílias podem obter os auxílios, quem pode acessar um emprego, quem deve ser controlado por fraude. [...] Nosso mundo é analisado por sentinelas da informação [...]: agentes de segurança digital que coletam a informação sobre nós, que fazem inferências a partir de nossos comportamentos e controlam o acesso aos recursos (Eubanks *apud* Guillaud, 2018).[40]

---

40. Os textos de Guillaud aqui citados (2016 e 2018) são "postagens" publicadas na internet, sem indicação de páginas.

Com esses algoritmos, o descritivo se torna não apenas preditivo, como também, ao final do processo, prescritivo.

Os algoritmos, e de forma mais geral o *Big Data*, pressupõem que os dados sejam introduzidos e que sejam definidos os critérios de processamento desses dados. O que coloca um duplo problema.

Primeiramente, o problema dos dados que podem ser legitimamente coletados e armazenados. Quando a gestão dos problemas sociais é confiada a algoritmos, as populações mais marginalizadas e frágeis devem preencher questionários informatizados longos e indiscretos, enquanto é a elas, precisamente, que a informatização crescente de processos administrativos coloca mais problemas; quem não preenche ou preenche incorretamente o questionário perde o benefício social pretendido (e a culpa é sua...). Além disso, a digitalização invasiva atual conduz a que sejamos muitas vezes cadastrados em bancos de dados sem mesmo saber. Por exemplo, o Google sabe quais palavras digitamos no *site* de busca e que tipos de *sites* nos interessam mais. Da mesma forma, quando buscamos na internet informações sobre voos disponíveis para determinado destino, recebemos nos dias seguintes, de uma forma ou de outra, publicidade de companhias aéreas que operam voos para tal destino. Por sermos constantemente registrados em bases de dados, elas próprias, de certa forma conectadas, acabamos por ser socialmente definidos por um perfil digital de dados que não solicitamos e que é muito difícil controlar – para modificar ou apagar uma informação. Essa transparência "total" se torna "mortal", sustentam Olivennes e Chichportich: "a transparência combate a tirania ao interditar o arbitrário; mas o direito ao segredo combate o totalitarismo ao interditar o controle social" (2018, p. 12). Desse modo, o *Big Data* pode ser considerado como a forma contemporânea dos sistemas de vigilância e punição analisados por Foucault (Guillaud, 2018; Eubanks, 2018). Com essa nuança de que não se trata apenas de vigiar os pobres, mas de saber tudo, sobre todos.

A esse problema da transparência, adiciona-se a ilusão de neutralidade dos algoritmos. Para que possa saber quais são os dados relevantes para armazenar e processar, o sistema necessita de critérios que produzem categorias de populações ou situações. "Os dados nunca são neutros, eles já são, à sua maneira, um comentário sobre a realidade ao incorporar toda uma série de escolhas" (Charles, 2018, p. 17). Além disso, os critérios de escolha são às vezes absurdos (quem sai da prisão não é prioritário para obter moradia, porque não estava na rua em um passado recente!), as categorizações algorítmicas reproduzem inconscientemente os preconceitos sociais, raciais, religiosos, sexuais dos que organizam a coleta de dados (Eubanks, 2018).

Em outras palavras, hierarquias, normas e preconceitos sociais são transformados em códigos que gerenciam os sistemas automatizados; quando um benefício social é recusado, não é culpa de ninguém (exceto, eventualmente, do próprio pobre que preencheu incorretamente o formulário), é uma decisão do sistema, supostamente neutro e, portanto, justo. O rosto do homem está oculto, o de quem institui e faz o algoritmo funcionar, e o dos eventuais beneficiários, reduzidos a "casos" dotados de identificadores digitais. Além disso, o processamento de diversas variáveis é tão complexo que se torna difícil avaliar se o veredicto do algoritmo é justo, em termos de correção e justiça.

Que as novas tecnologias digitais têm virtudes, em particular eficiência e imediatismo, que elas são instrumentos valiosos de gestão do espaço e do tempo, não há dúvidas. A questão hoje levantada é outra: abandonada à sua dinâmica técnica, sem controle democrático, e funcionando assim, de fato, em uma lógica do mercado, do desempenho e da concorrência, inclusive entre os próprios pobres, a digitalização da sociedade tende a produzir um mundo ilegível e desumanizado, no sentido próprio da palavra. Paradoxalmente, nessa lógica, as tecnologias digitais de *informação* e de *comunicação* geram o *inexplicável* e a *solidão*.

É igualmente a lógica do mercado capitalista que se desenha na próxima grande promessa da cibercultura: a das *blockchains*.

> Um bloco é um conjunto de transações que são validadas pelos pares na rede. A *chain* (corrente) é formada por blocos, ligados uns aos outros, constituindo uma base de dados compartilhada, com data e hora e não violável, contendo o histórico do conjunto de transações. Cada transação no sistema contém a própria cópia do banco de dados (Guillaud, 2016).

Ou seja, um grande banco de dados, construído progressivamente pelos próprios usuários, recebe e garante transações contratuais, públicas e sem possibilidade de fraude por causa da datação. A plataforma mais famosa de *blockchain* é a que gera e gerencia a moeda virtual Bitcoin, mas há outras, em especial o Ethereum, uma plataforma com um protocolo ponto a ponto que "registra toda informação em um tipo de grande livro razão público e criptografado. O princípio consiste em construir uma base de dados exaustiva e não violável de todas as transações que ocorreram ali" (Guillaud, 2016). Joseph Lubin, cofundador do Ethereum, considera que o *blockchain* "incorpora um novo princípio de organização para a humanidade", um "substrato para construir sistemas econômicos, sociais e políticos globais que sejam transparentes, configuráveis de forma privada, profundamente seguros, não censuráveis, não violáveis, e nativamente interoperáveis" (Lubin *apud* Guillaud, 2016). O projeto não é apenas técnico, é cultural, político, antropológico: a *blockchain* permite uma organização horizontal e descentralizada, livre de todos os intermediários que armazenam dados ou poder central que controla os conteúdos. "O código é a lei", declara Lubin, incorporando uma famosa frase de Lessig; o código "(contorna) as construções políticas e legais, que se baseiam na subjetividade e podem conduzir à concentração do poder" (Lubin *apud* Guillaud, 2016).

Podem-se fazer muitas críticas ao princípio e ao funcionamento efetivo da *blockchain*: ainda é uma tecnologia frágil (muitos *bugs*), complexa e pouco acessível aos mortais comuns; de fato, ela confere muito poder aos desenvolvedores que não têm que responder a ninguém, desperdiça recursos ao reproduzir o conjunto da cadeia em cada um de seus nós, é lenta e, sem controle, se presta à fraude (Zaninotto, 2016). O que nos interessa, sobretudo aqui, é o próprio princípio segundo o qual "o código é a lei". É exatamente isso o que está em questão e esse é o profundo fundamento de todos os discursos com tom épico sobre a cibercultura, os algoritmos automatizados, o *blockchain* etc.: o código é a única norma, sobre uma plataforma que permite a expressão de todas as singularidades ou todas as transações ponto a ponto.

"Code is Law. On liberty in cyberspace": esse é o título de um famoso artigo de Lawrence Lessig, publicado em 2000, na *Harvard Magazine*. Cada época, ele explica, possui seu potencial regulador (*potential regulator*), que ameaça a liberdade e contra o qual ela se protege. Assim, os fundadores dos Estados Unidos, que temiam a força do poder federal, protegeram-se dele com a Constituição e, no século XX, as reformas progressistas limitaram o poder do mercado. "Nossa época é a do ciberespaço. Ela também possui um regulador. Esse regulador, também, ameaça a liberdade [...]. Esse regulador é o código – o *software* e o *hardware* que fazem do ciberespaço o que ele é" (Lessig, 2000).[41] Hoje, *Code is Law* "é o código que faz a lei". Mas essa regulação está mudando e, com ela, o código, observa Lessig, e é o próprio caráter do ciberespaço que, assim, vai também mudar.

---

41. Artigo digital, sem paginação. Tradução livre.

> O ciberespaço, que era um lugar que protegia o anonimato, a livre expressão e o controle individual, vai se tornar um lugar onde o anonimato é mais difícil, a palavra menos livre e o controle individual uma prerrogativa apenas de alguns especialistas (Lessig, 2000).

Perderemos então o controle de nossos valores tradicionais e constitucionais. O que aconteceu? A impossibilidade de regular externamente (*unregulability*) o protocolo TCP/IP, que é o código base da internet, é uma virtude que permite, notadamente, a livre expressão. Mas em outros contextos, o da propaganda nazista, da pornografia pedófila, por exemplo, mas também o do comércio na internet, essa regulação impossível se torna um vício. Portanto, Lessig apela a um controle coletivo do código, que permita uma regulação que respeita os valores tradicionais e constitucionais dos Estados Unidos.

> Nossa escolha não é entre "regulação" e "não regulação". O código regula. Ele implementa valores ou não. Ele permite ou dificulta liberdades. Protege a vida privada ou promove a vigilância. Alguém escolhe como o código faz essas coisas. Alguém escreve o código. Portanto, a escolha não consiste em determinar se alguém decidirá ou não como regular o ciberespaço. Alguém decidirá – os codificadores. A única escolha é saber se teremos coletivamente um papel em sua escolha – e, portanto, na determinação da forma de regulação dos valores – ou se, coletivamente, permitiremos aos codificadores selecionarem nossos valores por nós (Lessig, 2000).

Esse texto lançou um debate sobre a questão das relações entre o código e a lei. Merece atenção, em particular, um blogue de Calimaq que, de certa forma, completa o artigo de Lessig. "Como *Code Is Law* transformou-se em *Law Is Code*" (2014). *Code is Law* "explicava que, na internet, a regulação de comportamentos passava menos pelas normas jurídicas que pela arquitetura técnica das plataformas que utilizamos", lembra Calimaq. Mas o que acontece hoje com o direito autoral, não é mais o código técnico que se faz lei, é, ao contrário, a lei que toma forma de código algorítmico. "Os princípios do direito autoral podem, de fato, ser transcritos em linguagem digital e interpretados automaticamente pelos algoritmos": *Law is Code*.

Mas essa transcrição está longe de ser neutra e automática, ela é objeto de negociações entre as indústrias culturais e os grandes autores da internet, e constitui, de fato, uma "injeção robotizada de um direito negociado entre autores privados". "Originalmente feita para ser interpretada e aplicada por humanos, a lei hoje se mecaniza; ela pode entrar 'no código' e esse movimento provoca consequências suscetíveis de alterar profundamente o equilíbrio das liberdades *on-line*" (Calimaq, 2014).

De um lado, por meio de plataformas, de algoritmos, *Big Data* e todos os atuais avanços digitais, o código tende a se impor como princípio regulador do funcionamento social: o código fez-se lei. De outro lado, a própria lei e procedimentos administrativos oficiais automatizam-se, digitalizam: a lei faz-se código. As duas evoluções convergem em um formato de mundo onde esmorece a distinção entre o técnico (o código) e o político, jurídico, ético (lei, regulamento, norma).

Nessa condição, não apenas a lógica do desempenho, e com ela a da concorrência, desbota, apaga e substitui a questão do valor (*Code is Law*), mas o próprio valor acaba por adotar as formas do desempenho (*Law is Code*). Em tal mundo, a qualidade da educação é definida pela posição ocupada por um país na pesquisa Pisa ou no *ranking* de Xangai: *Code is Law* e *Law is Code*.

Nessa lógica, esse mundo não precisa de uma pedagogia contemporânea: o mercado e o ciberespaço, articulados, definem o lugar de encontro do desejo e da norma. Até agora, o problema a ser resolvido pela pedagogia, seja qual for, e o fundamento da própria cultura era regular as relações entre desejo e norma. O desejo sempre deveria encontrar uma forma de limite para que o sujeito não exploda em loucura. A norma sempre deveria ser desejável de uma forma ou de outra, para que o sujeito pudesse assumi-la. É essa própria dialética do desejo e da norma que a contemporaneidade não assume quando associa o mercado entregue apenas à concorrência e o ciberespaço como lugar sem norma além da técnica, ou lugar de uma regulação digital horizontal. Um ciberespaço fica aberto para a expressão do desejo como comércio, mas também como explosões emocionais, ódios, apelos à guerra santa e todas as formas imagináveis de extorsões financeiras e fraudes políticas. Diante dessa onda de desejo, nenhuma norma de autorregulação horizontal se estabelece, e não vemos como poderia se estabelecer. Consequentemente, os responsáveis pelo Facebook, pelo Twitter, pelo WhatsApp etc. são convocados a fazer a faxina e a polícia em suas plataformas para preservar o próprio espírito da cibercultura, sendo denunciados quando o fazem, em nome... do espírito da cibercultura.

Nesse ciberespaço celebrado como lugar de uma liberdade infinita, são os Grandes Mestres do Código que acabam por fazer a lei, enquanto os políticos, entre impotência e frenesi de controle, de transparência e de eficácia, negociam com eles a algoritmização da lei.

Enquanto isso, o indivíduo é livre, em um mercado e em um ciberespaço abertos ao desejo, e o sujeito está abandonado, sem outra norma que não a dos códigos digitais – aliás, eles próprios, cada vez mais ilegíveis. E, é claro, não há "pedagogia contemporânea", nem mesmo como projeto, uma vez que a questão da dialética entre desejo e norma não está mais na ordem do dia. Como é preciso, apesar de tudo, continuar a cuidar das crianças, e que a resposta "estudar para ter um bom emprego mais tarde" não pode resolver todos os problemas cotidianos da educação, pais e professores fazem um mosaico, como podem, de algumas referências e soluções pedagógicas de emergência. E, em algumas esferas locais, entusiastas, legais ou *hackers*, levados pelo desejo e criando, eles mesmos, normas de valor local que não se reduzem a códigos digitais, compartilham ciberculturas, no plural, que mobilizam as novas ferramentas disponíveis para construir miniuniversos de sentido e de colaboração. Espaços locais e contra-hegemônicos que participam de uma resistência da cultura, incluindo da cultura digital, conta a digitalização anônima e o que Besnier denomina de "a síndrome da tecla asterisco" (Besnier, 2012).

Que as tecnologias de informação, comunicação e de inteligência artificial produzam atualmente e sejam levadas a produzir em um futuro próximo transformações, às vezes profundas, de nossa vida cotidiana, é uma evidência. Que isso confronta os pais e professores com novas questões práticas em matéria de educação, em particular sobre as condições de uso do *smartphone* pelos jovens, ninguém mais duvida. Que uma cibercultura anuncia uma humanidade nova e melhorada é eminentemente questionável. O ciberespaço é atualmente um espaço sem lei, às vezes para o bem, frequentemente para o mal. Sem um debate democrático, no nível da própria sociedade, sobre normas éticas e políticas que o regulem, ele não pode ser o lugar da cibercultura de liberdade, igualdade, criatividade, encontro do outro e de sua diferença sonhada por Lévy e outros autores. Uma pedagogia contemporânea pensada a partir de tais normas é a condição, e não a consequência, dessa cibercultura.

CAPÍTULO 7

Fim do caminho para a espécie humana? O discurso transhumanista

Se as neurociências conseguem entender com precisão os processos cerebrais de memorização e aprendizagem e se as pesquisas de inteligência artificial conseguem reproduzir, acelerar e amplificar esses processos em um material não orgânico implantado no homem, podemos imaginar que logo será possível produzir seres humanos intelectualmente superiores ao que são hoje em dia. Poderemos, talvez, além disso, substituir parcialmente os seres humanos por criaturas cujo substrato material será mais resistente e confiável do que o corpo biológico. Tais suposições não são, *a priori*, absurdas, levando-se em consideração os atuais avanços da pesquisa.

Também não é surpreendente que os discursos sobre o homem neural e sobre a cibercultura tenham nutrido os discursos "transhumanistas", segundo os quais a engenharia biológica, a inteligência artificial e as tecnologias digitais permitirão em breve o aumento, de forma espetacular, das capacidades humanas, ao ponto de produzir homens "aumentados", "transhumanos" e talvez até uma nova espécie "pós-humana".

A ideia de produzir um ser excepcional, pela arte ou a ciência, não é verdadeiramente nova. No mito grego relatado por Ovídio no início da Era Cristã, Pigmaleão, horrorizado pelos vícios das mulheres reais, esculpiu uma mulher tão bela, Galateia, que ele se apaixonou e se casou com ela depois de conseguir que Afrodite, deusa do amor, lhe concedesse vida.[42] Esse mito inspirou diversas obras ao longo da história, poemas, pinturas, canções, balés etc., os mais conhecidos atualmente são a peça de teatro de George Bernard Shaw *Pygmalion* (1914) e o filme de George Cukor *My Fair Lady* (1964).

Galateia é a criatura do sonho, enquanto o personagem Frankenstein, do romance de Mary Shelley (publicado em 1818, em sua primeira versão, e em 1831, na versão final) é um monstro assassino que nem sequer tem nome – Victor Frankenstein é, de fato, o nome do aluno de ciências naturais que cria o monstro. Podemos também evocar Pinóquio, o boneco de madeira do carpinteiro Gepeto que se transforma em uma criança real, personagem bem simpático no filme de Walt Disney, de 1940, mas que, na versão original de Carlo Collodi, inicialmente publicada em folhetim entre 1881 e 1883, não apenas é um mentiroso inveterado, como também é autor de artimanhas maldosas. Aliás, a primeira publicação do folhetim, em quinze capítulos, termina com o enforcamento do boneco de madeira – por assassinos, é verdade. O folhetim é retomado sob pressão dos leitores e acaba tendo um final feliz, no capítulo XXXVI, com a transformação da marionete em um garoto.

Produzir o humano a partir de uma matéria inanimada, seja pela arte, seja pela ciência, é, portanto, uma fantasia que atravessa séculos, sempre com grande impacto, mas também com certa ambiguidade: a Galateia ideal lembra, em contrapartida, as fraquezas da mulher real, o monstro mata a jovem esposa de Frankenstein, mas chora a morte de seu criador, e o insuportável boneco Pinóquio só se torna uma criança adorável pela pressão dos leitores do folhetim, e do futuro jovem expectador do filme da Disney.

Os atuais discursos transhumanistas renovam a fantasia imemorial e sua ambiguidade com uma característica particular: apoiando-se na ciência e nas

---

42. Cf. Ovide. *Les métamorphoses*. Paris: Flammarion, 1993.

técnicas contemporâneas, eles anunciam o advento da trans- ou pós-humanidade como iminente. Não se trata mais de arte, de fantasia, mas do anúncio de um futuro que pessoas já nascidas conhecerão, e até de um futuro muito próximo, uma vez que são apresentadas datas como 2040 ou 2050. Constitui-se novidade é que dispomos agora, ou disporemos em breve, de conhecimentos e técnicas que permitem aos transhumanistas pensar, sonhar ou ter pesadelos de que possamos realmente criar Galateia, Frankenstein, Pinóquio ou, pelo menos, seus equivalentes contemporâneos.

As teorias trans- e pós-humanistas interessam-nos aqui por duas razões.

Por um lado, elas são o resultado lógico não apenas das novas possibilidades técnicas oferecidas pelas neurociências e pelas tecnologias digitais de informação e comunicação, mas também da visão de homem sobre a qual se baseiam a "neuroeducação" e o discurso sobre a cibercultura: quando reduzimos o homem a seus processos cerebrais e a um comunicador em rede que pode dizer o que quer porque, no fundo, não é importante, não é surpresa que se levantem vozes declarando que, nesse gênero, pode-se fazer muito melhor. Se não passa de um conjunto de circuitos neurais e cibernéticos, o ser humano não é muito interessante e é muito mais excitante imaginar esses ciborgues meio humanos meio artificiais, e esses robôs androides que poderiam sucedê-lo. Nesse sentido, o transhumanismo é a verdade, no sentido hegeliano do termo, do discurso sobre a "neuroeducação" e sobre a "cibercultura".

Por outro lado, as teorias trans- e pós-humanistas interessam-nos também porque, de certa forma, resolvem, por uma espécie de nocaute teórico, o problema exposto neste livro: se o problema não é mais *educar* os filhos dos homens, mas *fabricar* seus substitutos, a questão pedagógica e antropológica deixa de existir.

7.1. O que é o transhumanismo? Transhumanos e pós-humanos

A palavra "transhumanista" é utilizada desde 1939 pelo francês Coutrot.[43] Ela surge em inglês em 1957, sob a pena do biólogo Julian Huxley. Mas é em Los Angeles que nasce o movimento transhumanista, nos anos 1960, e na

---

43. Sobre a história do transhumanismo, pode-se consultar, em especial, a obra de Testart e Rousseaux (2018).

Califórnia que se desenvolve. Em 1992, Max Moreu funda o Extropy Institute e começa a definir o transhumanismo. Em 1998, Nick Bostrom e David Pearce, professores de Oxford, criam a World Transhumanist Association (WTA – Associação Transhumanista Mundial) que, em 2008, recebe o nome de Humanity+ e hoje conta com milhares de integrantes. Em 2008, na Califórnia, Ray Kurzweil e Peter Diamandis fundam, no Silicon Valley (Vale do Silício), a Singularity University (Universidade da Singularidade), um centro de formação, inovação e incubação de *startups* (Testart; Rousseaux, 2018). Posteriormente, associações nacionais, ligadas à Associação Mundial WTA, são criadas. Na França, o movimento começa em 2007 com uma lista de divulgação, depois o blogue Technoprog e um fórum e, em 2010, é fundada oficialmente a Association Française Transhumaniste Technoprog (AFT – Associação Francesa Transhumanista Technoprog).

Segundo o ponto de vista, pode-se considerar o transhumanismo como um movimento, seja múltiplo, seja bipolar, seja unificado em torno de algumas ideias básicas. Apoiado por filósofos (More; Bostrom), sociólogos (Hugues), cientistas da computação (Kurzweil), engenheiros (Diamandis), empresas do Vale do Silício, na linha de frente das quais, a Google, o movimento apresenta "cinquenta tons de transhumanismo" (Testart; Rousseaux, 2018, p. 126).

No entanto, dois polos são claramente identificáveis como distintos. Bostrom, Hugues, a WTA e a Associação Francesa Technoprog reivindicam um humanismo "democrático", "progressista", herdado da filosofia dos Iluministas e do Progresso para todos. More, Kurzweil e a Universidade da Singularidade se reconhecem em um movimento libertário que, nos Estados Unidos, sustenta posições ultraliberais e anti-institucionais que invocam a liberdade absoluta do indivíduo. A WTA ou a AFT querem oferecer o transhumanismo a todos, enquanto, segundo o libertário Bruce Benderson, Sapiens não discutiu essas questões com Neandertal (*apud* Testart; Rousseaux, 2018, p. 127).

Embora bem real, essa diferença entre ambos os polos deve, no entanto, ser atenuada. Assim, a AFT, embora insistindo em um transhumanismo racional, social e progressista, aceita, de fato, todas as inovações igualmente promovidas pelos tecnolibertários norte-americanos, incluindo "uma simulação digital completa de nosso cérebro na escala do neurônio" (Technoprog, 2018, p. 291), "alguns produtos ou algumas escolhas pré-natais" para melhorar a educação moral das crianças (Idem, p. 255), "a automatização, as terapias regenerativas para prolongar a juventude, o útero artificial ou a hibridação homem-máquina".[44] No fundo, podemos então falar de *um* discurso transhumanista, tendo um especial cuidado quando se trata de posições mais radicais, em especial quanto às suas consequências sociais.

"O que é o transhumanismo?". Em 2003, a WTA respondeu, em um texto assinado por Bostrom:

> O transhumanismo é uma forma de pensar o futuro que se baseia na premissa de que a espécie humana, em sua forma atual, não representa o fim de nosso desenvolvimento, mas antes, uma fase que surge relativamente cedo.

Ele visa "uma melhora fundamental da condição humana", superando "as limitações humanas fundamentais", em especial o envelhecimento, e aumentando "as capacidades intelectuais, físicas e psicológicas do ser humano" (Bostrom, 2003, p. 4). O *site* atual da Humanity+ usa a mesma definição e acrescenta:

> O transhumanismo é um conjunto de filosofias de vida que procuram a busca e aceleração da evolução da vida inteligente além de sua forma humana corrente e de suas limitações humanas, por meio da ciência e da tecnologia, guiadas pelos princípios e valores de promoção da vida (More, 1990).[45]

A definição proposta pela Associação Francesa Transhumanista Technoprog é coerente com a da Associação Mundial Humanity+, à qual, aliás, está ligada:

---

44. Editorial da *Lettre mensuelle* da AFT, jan. 2019.

45. Trata-se da terceira versão do FAQ da WTA, disponível em: https://humanityplus.org/philosophy/transhumanist-faq/. Acesso em: 21 jan. 2019. O texto da *Humanity+* adota a mesma definição de transhumanismo que o texto assinado por Bostrom em 2003, mas o atribui a Max More, que o teria proposto em um texto de 1990, do qual Humanity+ não indica a referência. Humanity+ afirma que a base da primeira versão do FAQ foi o Extropy Institute, organização criada por Max More. Ele destaca as contribuições de Bostrom à segunda versão, explicando que "centenas" de pessoas contribuíram. De sua parte, Nick Bostrom, em seu artigo de 2005, dedicado à história do pensamento transhumanista, atribui à More a primeira definição do transhumanismo (sem citá-la), reivindica a produção da segunda versão do FAQ (e a cita nas referências do artigo sob seu nome), mas destaca a participação de "mais de cinquenta pessoas" (incluindo Max More) (Bostrom, 2005). Essas interpretações diferentes são o efeito, ao mesmo tempo, de lutas pela paternidade simbólica e de diferenças de posicionamentos sociopolíticos.

> O transhumanismo é uma corrente de pensamento favorável à superação de nossos limites biológicos pela tecnologia: aumento da duração da vida, melhorias cognitivas, modificações genéticas… (p. 19).[46]
>
> Então, por que o transhumanismo? Porque em escala individual, ele nos permite desenvolver constantemente nossas "possibilidades de existir". E porque em escala coletiva, propõe uma direção à humanidade: a de uma evolução permanente, uma busca emocionante visando "tornar-se constantemente mais" (Technoprog, 2018, p. 82).

Tornar-se constantemente mais, ao ponto de superar a condição humana. Os pós-humanistas são os "futuros seres cujas capacidades básicas superam de forma tão radical as dos humanos atuais, que não é possível considerá-los, sem dúvida, como humanos segundo os padrões atuais" (Bostrom, 2003, p. 5). Isso não quer dizer que eles vêm depois dos humanos, nem que não há mais seres humanos. Podem ser as "inteligências artificiais completamente sintéticas" (p. 5) ou as inteligências baixadas por "transferência de um cérebro biológico para um computador" (p. 17), ou "o resultado de numerosos aumentos de um humano biológico mínimos, mas profundos e cumulativos" (p. 5). As possibilidades são tão numerosas que será pura especulação entrar em detalhes, escreve Bostrom. Mas uma coisa é certa: os pós-humanos, sejam quais forem suas formas, superam em muito as formas atuais de humanidade.

> Eles tendem a atingir níveis intelectuais que superam os de um gênio humano atual, assim como os humanos superam os primatas; a resistir à doença e a estarem fora do alcance do envelhecimento; a ter uma juventude e vigor ilimitados; a exercerem controle sobre os próprios desejos, humores e estados mentais; a poder evitar se sentirem fatigados, raivosos ou irritados por pequenas coisas; a ter uma capacidade adicional para o prazer, o amor, lazer artístico e a serenidade; a experimentar novos estados de consciência aos quais os cérebros humanos atuais não podem aceder. Parece provável que o simples fato de viver uma vida indefinidamente longa, saudável e ativa, conduziria alguém à pós-humanidade pela acumulação contínua de lembranças, competências e inteligência (Bostrom, 2003, p. 5).

---

46. O texto é escrito por "Alexandre", que permanece anônimo e assina com o nome da organização: Alexandre Technoprog. Ele é o porta-voz da AFT e afirma que seu texto foi lido pelos membros do comitê de leitura da associação. O texto citado é uma edição Kindle, o "p." não significa "página", mas "posição".

Enquanto o conceito de "pós-humano" supõe "modificações tecnológicas radicais de nosso cérebro e de nosso corpo", o termo transhumano "remete a uma forma intermediária entre o humano e o pós-humano" (*Ibid.*, p. 6). O transhumano permanece humano, mas um humano *aumentado*. Se esse aumento ocorre pela integração no próprio organismo biológico de um elemento externo, não orgânico, esse transhumano é um homem biônico, um ciborgue. O ciborgue é uma "associação do organismo vivo e do cibernético", um "ser híbrido que associa de maneira interna o organismo biológico e próteses eletrônicas" e, finalmente, um "acoplamento de seres humanos – eventualmente reduzidos apenas a seu cérebro – com máquinas de todas as espécies e dimensões – desde o chipe de silício até engrenagens as mais sofisticadas" (Besnier, 2010, p. 84).

Mais um passo e, no final do processo, aparece a "singularidade".

> O que é singularidade? Alguns pensadores assumem a hipótese de que haverá um ponto no futuro em que o desenvolvimento tecnológico se tornará tão rápido, que sua curva de progressão se tornará quase vertical. Em muito pouco tempo (meses, dias, talvez algumas horas), o mundo poderia ser transformado ao ponto de ser quase irreconhecível. Esse ponto hipotético é chamado de singularidade. A causa mais provável de uma singularidade seria a criação de uma forma de inteligência maior que a do homem e aumentada rapidamente pelo próprio movimento (Bostrom, 2003, p. 19).

Essa noção de singularidade não deve ser entendida em um contexto psicológico, em que se fala, por exemplo, da singularidade do sujeito, mas em um contexto matemático, físico e tecnológico. Em matemática e em física, a singularidade é o ponto crítico, o valor, o caso em que uma lei não se aplica mais sob a forma sob a qual ela foi definida, ou então onde se produz uma transformação fundamental e irreversível. Esse é um momento "singular" no sentido de não normativo, estranho. Por exemplo, o *Big Bang*, "momento" de criação do mundo, é uma singularidade.

A referência tecnológica da teoria transhumanista da singularidade é a Lei de Moore que, a partir de 1965, indica o tempo ao fim do qual o número de transistores por circuito vai dobrar e, portanto, expressa a ideia de crescimento exponencial do progresso técnico: segundo o movimento transhumanista, chegará um momento no qual esse progresso exponencial produzirá um tipo de explosão tecnológica gerando uma pós-humanidade.

A noção de singularidade, apresentada pelo grande matemático John von Neuman, desenvolvida em 1993 pelo autor de ficção científica (e matemático) Vernor Vinge e mencionada em 2003 no texto da World Transhumanist Association, assinado por Bostrom, foi popularizada por Ray Kurzweil.

Este é um dos principais fundadores, em 2008, da Singularity University. A singularidade é esse momento, irreversível e próximo, no qual uma forma de inteligência superior não precisará mais do homem para se reproduzir, e poderá substituí-lo como organizador do mundo. A Singularidade "banhará o universo com uma inteligência separada de suas origens biológicas e do cérebro humano" (Kurzweil *apud* Magnin, 2017, p. 69). Esse momento está próximo: em 1993, Vinge estima-o em uns trinta anos; mais tarde, outros, em especial Kurzweil, falarão de 2040-2050.[47]

O transhumanismo não é apenas "um movimento intelectual e cultural" (Bostrom, 2003), ele também possui implicações econômicas, políticas, até militares. Em 2012, Kurzweil tornou-se diretor de engenharia do Google, que apoia e financia o movimento transhumanista; da mesma forma, ele é membro do Army Science Advisory Board, que assessora as forças armadas americanas sobre questões científicas e técnicas.

Além disso, em 2014, Zoltan Istvan criou um Transhumanist Party e, em 2016 e 2018, ele fez campanha em seu Immortality Bus, como candidato às eleições para presidente dos Estados Unidos e governador da Califórnia. Além de renda básica para todos, seu programa promete a imortalidade, daqui a vinte anos. "Fomos condicionados durante toda nossa vida, pela religião e pela política, a aceitar a morte. Mas o transhumanismo vai mudar as coisas", declarou em uma entrevista a Laure Andrillon, do jornal *Libération* (Istvan, 2018). Segundo ele, os ricos serão os primeiros a ter acesso às tecnologias que permitem o acesso a uma forma pós-humana, mas o partido político permitirá avançar gradualmente em direção à imortalidade para todos. Contanto que queiram, é claro. "As pessoas que não quiserem ser aumentadas terão, é claro, a escolha, mas se tornarão deliberadamente uma espécie inferior". As futuras crianças se

---

47. A dificuldade é que a Lei de Moore, que serve de base a esses esforços de datação, incide sobre o poder de cálculo dos dispositivos eletrônicos. Utilizá-la para dizer quando se imporá uma inteligência que excede a simples capacidade de cálculo é, no mínimo, audacioso do ponto de vista do rigor científico… (Testart; Rousseaux, 2018).

beneficiarão dessas tecnologias: os drogados, os violentos e os sem-teto não serão autorizados a procriar e tecnologias permitirão a configuração das crianças. "A ideia de que desejamos dar o melhor aos filhos modificando-os, configurando-os, acho isso muito bonito". Quanto ao problema da educação, será fácil resolver: "Em vez de pagar a universidade, pagaremos por um chipe repleto de conhecimento. Em vez de estudar durante dez anos para tocar o *Piano Concerto n. 5*, de Mozart, saberemos tocá-lo de imediato".

Sobre a questão sociopolítica, no entanto, vale lembrar que há diferenças sensíveis entre os libertários, geralmente norte-americanos, e os ingleses ou os franceses, que se dizem de um transhumanismo "democrático" (Hughes; Humanity+), "technoprogressista" (AFT Technoprog). "Não se trata de impor um modelo de evolução único à humanidade: é essencial respeitar os que, por razões pessoais, não desejarem se beneficiar dessas evoluções" (Technoprog, 2018, p. 96).

Mas nada é dito sobre o que acontecerá a esses bioconservadores que recusam as mutações transhumanistas. Elas, segundo a AFT, não serão reservadas aos mais ricos. Certamente, em um primeiro momento, os artigos de alta tecnologia têm um custo muito elevado, mas, posteriormente, eles poderão "ser produzidos em massa a um custo unitário muito baixo" (Idem, p. 596). No entanto, o exemplo da ampla difusão do telefone celular, utilizada como argumento, não é convincente: podemos comparar os custos de produção em massa de um telefone celular com os de uma implantação generalizada de chipes no cérebro?

O discurso transhumanista é interessante para nós por diversos motivos. Em primeiro lugar, ele é antropológico. Radicalmente antropológico, por negação: ele anuncia o fim da espécie humana ou, pelo menos, o fim da dominação planetária da espécie humana. Em segundo lugar, resolve o problema da educação. Radicalmente, de novo: a preocupação não é mais educar o homem, mas configurá-lo. Concretamente, para retomar o exemplo utilizado por Istvan, o desafio hoje é descriptografar o "saber tocar Mozart", gravá-lo em um chipe eletrônico e implantá-lo no cérebro da criança. Em terceiro lugar, o aumento transhumano e o declínio, ou mesmo a extinção, dos homens em benefício de pós-humanos procede de manipulações biológicas e técnicas que convocam, muito em particular, as neurociências, a inteligência artificial e as tecnologias digitais, ou seja, as tecnociências emergentes no discurso contemporâneo sobre educação. São as mesmas ciências e técnicas que estão no cerne dos dois discursos, o do transhumanismo e o da modernidade educacional – e seria surpreendente que essa convergência fosse fruto do acaso. Em quarto lugar, por fim, o transhumanismo inscreve a questão antropológica na lógica do desempenho e da concorrência, que identificamos como sendo a lógica que rege os fenômenos de educação na sociedade contemporânea.

Essa inscrição, uma vez mais, é radical: o transhumano é um homem aumentado para melhorar seus desempenhos e o concorrente pós-humano reduzirá quem recuse esse aumento ao nível de "espécie inferior", para usar as palavras de Istvan. Seja sintoma de um desvio delirante, seja indício de visão profética, essa radicalização do proposto é sinal de alguma coisa que precisamos entender melhor.

7.2. Juventude, saúde e imortalidade: os argumentos do transhumanismo

Quais são os argumentos do transhumanismo? Ele apresenta um conjunto de fatos, mais exatamente de feitos técnicos, e afirma que esses fatos permitirão realizar os antigos sonhos da humanidade, como a imortalidade ou tornar-se sobre-humano, e escapar de seus pesadelos, como o sofrimento, a doença, a velhice e a morte. Esses feitos técnicos são os já alcançados ou que prometem para breve os NBIC, conjunto de tecnociências mais ou menos integradas, compreendendo as nanotecnologias (N), as biotecnologias (B), as tecnologias da informação (I), as ciências cognitivas, incluídas as neurociências (C) (Bostrom, 2003; Magnin, 2017; Besnier, 2010, 2012; Besnier; Bourgeois; Lecomte; Merker; Mijolla-Mellor; Le Vaou, 2016; Testart; Rousseaux, 2018)[48].

Existe o que já se sabe fazer há muito tempo ou mais recentemente: os óculos, o aparelho auditivo ou implante, o quadril artificial, a prótese de perna, o *stent* vascular que mantém a artéria coronariana dilatada depois de uma angioplastia etc. Trata-se então, basicamente, de reparar, de compensar uma insuficiência natural, inata ou adquirida. Mas podemos ir mais longe na ajuda a pessoas com dificuldades, pelo menos no nível experimental, em particular na implantação de *nanochipes*: orelha biônica associando tecidos biológicos e aparelhos eletrônicos; "olho artificial composto de uma câmera e de sensores de distância que transmitem as informações para um computador que as reenvia

---

48. O livro de Testart e Rousseaux oferece um panorama atualizado (em 2018) e bastante abrangente desses feitos técnicos.

ao cérebro por meio de eletrodos" (Magnin, 2017, p. 19-20); braço biônico comandado diretamente pelo cérebro; "dispositivos de emissão e recepção de ondas eletromagnéticas" permitindo ao tetraplégico "controlar remotamente a abertura de uma porta, o recebimento de uma mensagem telefônica, um televisor ou um *mouse* de computador" (Besnier, 2012, p. 48).

Mais um passo e cruzamos um limiar: não se trata mais de reparar, de compensar, de remediar, mas de *aumentar* as capacidades naturais, de realizar o que, em inglês, denomina-se de *enhancement* ('aumento ou melhoria de qualidade, de valor, de extensão'). Assim, Kevin Warwick é conhecido por ter realizado diversas experiências de *enhancement* em si mesmo (Warwick, 2014). Ele implantou em si um chipe eletrônico sob a pele em 1998, depois, em outra experiência, em 2002, um chipe foi conectado a um nervo de seu antebraço, que lhe permitia, a distância, controlar a máquina de café, manipular um ovo sem quebrá-lo, ou, com um capacete de ultrassom, andar com os olhos vendados em seu escritório.[49] Podemos utilizar assim, para *enhancement*, técnicas reconhecidas como legítimas quando se trata de terapia, pergunta-se Warwick? É uma questão de liberdade individual, ele responde. "Se as pessoas quiserem implantar um alfinete no nariz ou no dedo, é problema delas. Por que seria diferente se quisessem implantar cem pinos no cérebro, inclusive se isso as dotasse de competências adicionais?" (Warwick, 2014, p. 9 [*on-line*]). Sobre isso, a convergência entre várias nuanças do transhumanismo é total, em nome da liberdade, seja ela libertária, como em Warwick, ou tecnoprogressista, como em Technoprog. Ele escreve: "Um dos princípios reivindicados pelos transhumanistas é a liberdade de dispor do próprio corpo como bem entende, desde que não prejudique os outros" (Technoprog, 2018, p. 181).

Por que deveríamos ter direito a tatuagem, *piercing* e cirurgia estética, e recusarmos "aumentos sensoriais ou motores, órgãos artificiais, controle de objetos pela mente" (p. 184)?

Pode-se também, em vez de simplesmente aumentar as capacidades biológicas a partir de implantação de chipes eletrônicos, intervir diretamente no próprio material biológico. Mais uma vez, há graus de intervenção. A cirurgia de catarata já era praticada há milhares de anos, sob formas rudimentares, e o uso de plantas medicinais é, provavelmente, anterior ao *Homo sapiens*.

---

49. Cf: Warwick (2014) e entrevista com Cécile Lestienne, publicada em 13 de julho de 2014, no *Rue 89*. Disponível em: https://www.nouvelobs.com/rue89/rue89-le-grand-entretien/20140713.RUE4934/quand-nous-serons-tous-des-cyborgs-il-sera-trop-tard.html. Acesso em: 20 jan. 2019.

Sabemos igualmente transplantar órgãos, incluindo o coração. Mas hoje estamos muito mais ambiciosos. Os pesquisadores trabalham para criar embriões contendo células humanas e células de suínos com o objetivo de produzir biologicamente no animal órgãos compatíveis que possam ser transplantados no homem. Estão igualmente em curso pesquisas para produzir órgãos artificiais a partir de elementos mecânicos, biológicos e eletrônicos – por exemplo, bombas, membranas e sensores para produzir corações artificiais, já implantados umas vinte vezes. "Caminhamos para um homem de 'peças de reposição', onde cada órgão será substituído quando aparecerem os primeiros sinais de avaria?", perguntam-se Testart e Rousseaux (2018, p. 28).

Mais ambiciosa ainda é a biologia sintética, que tenciona fabricar cromossomos humanos e, por fim, um genoma humano integral. Também se pode intervir antes do nascimento por meio de diagnóstico pré-implantatório de embriões. Anuncia-se, igualmente como próxima, a medicina personalizada: terapias direcionadas levarão em conta as especificidades biológicas e genéticas do paciente e os nanomedicamentos permitirão, por exemplo, alcançar "as células de tumores cancerígenos, sem comprometer a integridade de órgãos e tecidos em seu entorno" (Magnin, 2017, p. 22). Além disso, a descriptografia do genoma humano, alcançada em 2003, abre novas possibilidades: dispomos, desde 2012, de uma tecnologia relativamente simples de edição de genes, denominada CRISPR-Cas9, que permite cortar o DNA, retirar dele uma sequência e substituí-la por outra.

Também aqui, os nanomedicamentos e as técnicas de engenharia genética que permitem reparar, portanto, curar, podem igualmente ser utilizados para outras finalidades: aumentar o homem (*enhancement*) e até transformar o genoma da espécie humana. Podemos fabricar moléculas que permitam "memorizar indefinidamente, não dormir, ver à noite…" (Besnier; Bourgeois; Lecomte; Merker; Mijolla-Mellor; Le Vaou, 2016, p. 48). Células-tronco pluripotentes induzidas a partir das células da pele podem substituir células doentes (Magnin, 2017); o que, é claro, leva à ideia de rejuvenescer as células velhas e, por que não?, de assim, vencer a morte – dando uma resposta genética à antiga busca por uma fonte da juventude.

Tecnicamente, sabemos também clonar o ser humano e, se ainda não foi feito, é por respeito a um tabu. Mas outro tabu já está sendo derrubado: atuar sobre as próprias células embrionárias. Tal intervenção sobre o genoma não modifica apenas um ser humano, mas também sua descendência, pois as modificações são transmitidas às gerações futuras. Isso leva, em última análise, a transformar a própria espécie humana, a fazer do homem "o criador da própria evolução" (Magnin, 2017, p. 104). É tanto mais tentador, que permitiria tratar de forma radical as doenças genéticas, como a fibrose cística e determinados cânceres. Mas também escolher a cor dos olhos do bebê.

A manipulação de células embrionárias é proibida pela Convenção Internacional de Oviedo, assinada em 1997, e ratificada pela França em 2011: terapias gênicas são autorizadas em células somáticas, mas é proibida qualquer modificação genética transmissível à descendência. No entanto, isso não impediu o biólogo He Jiankui, da Universidade de Shenzhen, na China, de cruzar a linha vermelha: em novembro de 2018, ele anunciou o nascimento de dois gêmeos cujo embrião tinha sido geneticamente modificado usando a técnica CRISPR-Cas9 para desativar o gene CCR5, que permite que o HIV infecte as células. Ele foi demitido da universidade, denunciado severamente pelas autoridades chinesas e pela comunidade científica, mas será difícil abafar a questão: pode-se modificar o genoma do embrião para proteger de doenças? Questão que pode servir também de álibi, incluindo, talvez, no caso de He Jiankui, as pesquisas sobre cérebros aprimorados – as quais interessam muito aos transhumanistas do Vale do Silício.

O alvo privilegiado das façanhas tecnobiológicas celebradas pelo transhumanismo é o próprio cérebro, "que se tornou o *playground* preferido dos que desejam o advento do homem aumentado" (Testart; Rousseaux, 2018, p. 51). O que não é surpreendente, pois é por sua inteligência que o homem parece superior às outras espécies e é, portanto, o cérebro, sede da inteligência, que deve ser conquistado, protegido, superado. "Assim, especialistas em inteligência artificial sonham em transferir nossa mente, baixando o cérebro em uma máquina ou um robô" (Magnin, 2017, p. 28). Isso não deixaria de suscitar algumas discussões que não seriam puramente técnicas, como observa Bostrom.

> Questões delicadas surgem, no entanto, se imaginarmos que sejam transferidas muitas cópias similares de sua mente. Qual, entre elas, é você? Todas são você, ou alguma não é? A quem pertence sua propriedade? Quem é casado com seu cônjuge? Os desafios filosóficos, jurídicos e éticos são numerosos. Talvez se tornem animadas discussões políticas ao final deste século (Bostrom, 2003, p. 18).

Pode-se sorrir ao ler tais questões, que são de fato, intelectualmente animadoras, mas elas são tão diferentes, *mutatis mutandis*, daquelas apresentadas pelos catorze teólogos, em Valladolid, em 1550-51, para saber se os índios eram ou não seres humanos? Será possível evitar tais dificuldades filosóficas e jurídicas procedendo de outra maneira: cortar a cabeça de um corpo defeituoso e a implantar em outro corpo, em bom estado?

Essa "anastomose cefalossomática" já foi realizada no macaco-rhesus, em 1970, com uma sobrevivência de 36 horas. Desde 2013, o neurocirurgião italiano Sergio Canavero mantém um projeto semelhante no homem: enxertar uma cabeça com intelecto intacto em um corpo em estado de morte cerebral. Em 2017, ele começou a implementar esse projeto na China, com uma equipe dirigida por Xiaoping Ren, o habilidoso cirurgião que realizou o primeiro enxerto de mão, em 1999. Doador e receptor (voluntários) morreram, as dificuldades técnicas ainda são consideráveis, em particular para reconectar o cérebro e a medula espinhal. Em caso de sucesso, terá de encarar, também, dificuldades filosóficas e jurídicas. Em tal operação de transplante, quem é o doador e quem é o receptor? É o corpo que recebe uma cabeça, ou a cabeça que recebe um corpo? A resposta vai determinar a identidade da nova criatura – portanto, de igual modo, quem, entre as crianças, vai abraçar seu pai, e quem vai ao cartório receber a herança…

A tendência, em nossa cultura, seria, antes, considerar que é a cabeça quem determina a identidade e que é, portanto, o receptor. Mas isso pode dar espaço a debates. Imaginemos o caso de um corpo coberto de tatuagens em homenagem às mulheres que já foram amadas, com uma cabeça que, antes de ser enxertada, havia acumulado uma grande fortuna que iria para os herdeiros se o proprietário dessa cabeça fosse declarado morto; os debates jurídicos poderiam ser acalorados.

Já que abrimos caminho para os sonhos (ou horrores?), vamos falar de outros dois.

Natasha Vita-More, presidente da Humanity+, apela a uma "reprodução em mosaico", forma transhumanista de homem, mulher ou bebê ideal:

> No futuro, algumas pessoas poderão querer talvez se reproduzir com apenas uma outra pessoa, enquanto outras poderão talvez querer se reproduzir com os elementos de diversas pessoas. Você poderia querer o humor de um indivíduo, a inteligência de outro, as capacidades físicas de um terceiro e o tipo de corpo de um último. Isso poderia ser um mosaico (*apud* Testart; Rousseaux, 2018, p. 95).

Outro projeto é frequentemente mencionado na argumentação transhumanista: o da viagem interplanetária:

> "Note-se, por fim, que a longo prazo, a vida na Terra está condenada pela morte do sol. Em paralelo a isso, o humano atual é muito pouco adaptado à viagem espacial e à vida em outros planetas" (Technoprog, 2018, p. 578). Nos digitalizar, ou ter descendentes puramente informatizados, apresentará muitas vantagens a uma viagem interplanetária: os viajantes seriam "muito mais leves (poderiam ocupar o espaço de um *drive* USB atual), consumindo muito menos energia (painéis solares poderiam ser suficientes), podendo se colocar 'em vigília' à vontade (fim dos problemas de tédio!) e desfrutar de um espaço de vida ilimitado nos universos virtuais embarcados" (p. 321). "Em termos de longo prazo, portanto, o transhumanismo é uma necessidade para perpetuar a vida consciente" (p. 580).

O caminho biológico e genético oferece ao transhumanismo espaços de sonho muitos amplos, mas outra via é igualmente possível, fora da biologia: fabricar tudo, criar a inteligência na matéria sólida. Podendo se tratar de máquinas de autoaprendizagem; suas capacidades de armazenamento e cálculo, que já lhes permitem vencer campeões mundiais de xadrez (*Deep Blue*, em 1997) ou de go (*AlphaGo*, em 2016), serão ainda consideravelmente aumentadas assim que as máquinas quânticas forem desenvolvidas.

Mais próximos do homem são os robôs androides (ou seja, com forma humana). Esses, desenvolvidos por Hiroshi Ishiguro, são capazes de "simular os movimentos dos olhos", da boca, do torso, entre outros. Eles são "sensíveis ao toque", "sabem reconhecer a voz humana" e suas entonações, "são capazes de expressar mais de 40 mil frases de modo fluido e natural, de identificar as emoções de seus interlocutores, e de imitar alguns deles" (Besnier, 2010, p. 119-120).

Ao robô de forma humana, podemos associar, complementar ou mais econômico, o humano robotizado. Hoje, nos contentamos frequentemente em impor ao próprio homem um funcionamento robótico para emparelhá-lo com as máquinas automáticas. Assim, o atendente eletrônico, "que faz desaparecer a relação humana e obriga quem está fazendo a solicitação a enlouquecer para ser servido" (Besnier, 2012, p. 194) é um bom exemplo dessa "síndrome da tecla asterisco" "destinada a erigir em valor absoluto a simplificação do humano pelas máquinas" (*Idem*, p. 195).

Quando o robô se torna android e o homem se robotiza, o transhumano que nos anunciam como *aumentado* esboça-se de fato, como *simplificado*.

7.3. Como são os transhumanos e os pós-humanos? Em que mundo eles vivem?

O que o transhumanismo anuncia é possível e desejável? Se considerarmos as inovações mencionadas isoladamente, algumas já existem, outras são prováveis e outras ainda, possíveis. Mas a forma como o discurso transhumanista trata os avanços técnicos e científicos é problemática. Constantemente, descontextualiza esses dados, argumenta sobre o indivíduo isolado e ultrapassa limites, inspirado pelos sonhos de imortalidade e de super-homem.

Comecemos pela questão do envelhecimento, a duração da vida e a morte, fundamentais no discurso transhumanista. Ela surge na própria definição do transhumanismo por Bostrom e a Associação Internacional de Transhumanismo (WTA), em 2003: a ambição de "eliminar o envelhecimento" e de "superar as limitações humanas fundamentais" (p. 4).

Technoprog é um pouco mais prudente em sua definição; em 2018, ele fala de prolongamento da duração da vida e não da eliminação do envelhecimento, mas é o primeiro tema que aborda: "O transhumanismo é uma corrente de pensamento favorável à duração da vida, melhorias cognitivas, modificações genéticas…" (p. 19). Por trás dessa prudência, na verdade, reaparece rapidamente o antigo sonho da imortalidade: "Trata-se justamente de lutar contra esse mecanismo de envelhecimento, tentando desacelerá-lo, detê-lo, e por que não, revertê-lo" (p. 114). É, então, lógico que a imortalidade constitui o cenário do discurso transhumanista: é preciso transcender os limites biológicos da humanidade, e o limite radical, irreversível e insuportável é a morte.

É possível vencer a morte? Que o imaginário médico, os nanomedicamentos, as próteses, os implantes, as células-tronco, a engenharia biológica e genética etc. possam fazer diminuir o sofrimento e prolongar a duração da vida, é provável e, do ponto de vista de quem se beneficia, é desejável, pelo menos se se tratar de uma vida "em plena forma, em plena saúde e em plena posse de seus meios", como o quer Alexandre Technoprog (2018, p. 111). Mas pensar que o homem possa escapar da morte e viver uma "vida indefinidamente longa" (Bostrom, 2003, p. 5), é operar uma passagem ao limite. Prolongar a vida é uma coisa, pretender a imortalidade é outra.

Os dados científicos atuais não validam de forma alguma a ideia de que a imortalidade seja um objetivo que possa ser alcançado. O recorde de vida atual é o estabelecido pela francesa Jeanne Calment, falecida em 1997, após 122 anos e 164 dias de vida.⁵⁰ O recorde masculino é o de um japonês, Jiroemon Kimura, falecido aos 116 anos e 54 dias. No momento que estas linhas são redigidas (fevereiro de 2019), o recorde de longevidade verificável em um ser humano ainda vivo é, desde julho de 2018, da japonesa Kane Tanaka, nascida em 1903. Parece haver um teto biológico de longevidade entre 115-116 anos e os biólogos rejeitam a ideia de imortalidade do homem.

Além disso, podemos opor ao discurso sobre a imortalidade a evolução da expectativa de vida nos Estados Unidos e na França, dois países nos quais a pesquisa biológica e médica é muito dinâmica. Nos EUA, a expectativa de vida no nascimento recuou entre 2014 e 2017. Na França, esta atingiu um teto para as mulheres e a expectativa de vida saudável recuou entre 2013 e 2016, para homens e mulheres. Não há uma relação de causa e efeito automático entre as façanhas da pesquisa científica e a duração da vida.

De forma mais geral, é necessário contextualizar as questões levantadas pelo transhumanismo e seu discurso sobre o futuro. O transhumanismo, de fato, argumenta retendo do mundo apenas duas realidades: o indivíduo limitado por seu corpo e as novas possibilidades tecno-científicas. Assim, seu discurso sobre imortalidade ignora totalmente os fenômenos contemporâneos que têm um efeito muito sensível sobre a expectativa de vida: a degradação do meio ambiente, a poluição, desreguladores endócrinos, as mortes *por overdose* de drogas (causa principal do recuo da expectativa de vida nos EUA), obesidade, possível aparição de novos vírus letais, resistência de bactérias aos antibióticos etc. A esses fatores, podemos acrescentar suicídios, atentados, inundações, rupturas de barragens etc.

Por outro lado, a imortalidade é realmente desejável?⁵¹ O debate sobre esse ponto permanece aberto. Para Bostrom, a resposta a essa pergunta é,

---

50. Esse recorde foi contestado em 2018, por dois pesquisadores russos que alegam que, na realidade, Jeanne Calment morreu em 1934, aos 59 anos, e que sua filha, Yvonne, com 36 anos, assumiu a identidade da mãe por razões financeiras. Segundo essa tese, foi Yvonne quem morreu em 1997, aos 99 anos, e não Jeanne, com 122. Mas essa própria tese está em debate entre os pesquisadores.

51. José Saramago, Prêmio Nobel de Literatura, escreveu um belo romance sobre *As intermitências da morte*, que começa assim: "No dia seguinte ninguém morreu. O facto, por absolutamente contrário às normas da vida, causou nos espíritos uma perturbação enorme, efeito em todos os aspectos justificado, basta que nos lembremos de que não havia notícia nos quarenta volumes da história universal, nem ao menos um caso para amostra, de ter alguma vez ocorrido fenômeno semelhante [...]" (Saramago, 2005, p. 11). Esse desaparecimento da morte causa muitos problemas ao governo, à Igreja, aos hospitais, à máfia e a muitos outros.

evidentemente, positiva: "Se a morte é a ordem da natureza, o desejo humano de superá-la também é" (Bostrom, 2003, p. 36). Para o biólogo Jacques Testart, pouco suspeito por ser tecnofóbico já que ele é o pai do primeiro bebê de proveta, a resposta também é evidente, mas negativa: "A gente vai ficar entediado o tempo todo! Acho até que deve ficar na cama. É a imobilidade, é a espera, é a chatice, com certeza" (Testart, 2018). Magnin, que é ao mesmo tempo físico e teólogo católico, considera também que "a morte é uma grande provação a ser atravessada, mas não é um erro a corrigir ou uma derrota dos seres humanos", e lembra a posição de Lacan:

> Negar a morte é, em parte, negar a vida e toda verdadeira novidade. Jacques Lacan, em uma conferência realizada em 13 de outubro de 1972 na universidade de Louvain, explicava que a morte nos ajuda a viver. Se a vida fosse sem fim, o homem enlouqueceria! Talvez até se tornaria incapaz de amar por causa de uma 'negação de limite', de uma negação de vulnerabilidade (Magnin, 2017, p. 83).[52]

A morte é "o selo da existência humana", escreveu Hannah Arendt: apenas os homens são mortais, pois sua vida individual se separa da vida biológica; diferentemente dos animais, eles "não existem apenas como membros de uma espécie cuja vida imortal é garantida pela procriação" (Arendt, 2007, p. 27). Alexandre Technoprog, como frequentemente, defende uma posição sutil, ao mesmo tempo em que deseja a imortalidade:

> Deixemos claro que não se trata, de forma alguma, de forçar as pessoas a permanecerem vivas contra sua vontade! A liberdade de morrer é tão importante quanto a de continuar a viver. Simplesmente, será uma morte consciente e escolhida e não uma morte sofrida (p. 135).
>
> Para alguns, isso poderia acontecer aos 75 anos; para outros, aos quinhentos anos; para outros, em alguma duração temporal que não poderíamos racionalmente conceber (p. 158).

---

52. "A morte é o domínio da fé. Você tem toda razão de acreditar que vai morrer, é claro – isso o sustenta. Se não acreditasse, poderia suportar a vida que tem? Se não estivéssemos solidamente apoiado nessa certeza de que acabará, você poderia suportar essa história? É apenas um ato de fé. O cúmulo do cúmulo, é que você não tem certeza. Por que não haveria um ou uma que viveria até cento e cinquenta anos? Enfim, ainda assim, é aí que a fé recupera sua força" (Lacan, 2017, p. 11).

> Não há necessariamente contradição entre a aceitação da morte e o desejo de viver muito mais tempo (p. 164).
> E isso não deveria ser privilégio de uma elite, mas um direito fundamental, um bem comum (2018, p. 176).

Por trás desse debate sobre a velhice, a duração da vida e a morte estão em jogo questões fundamentais do ponto de vista filosófico, antropológico e pedagógico. O que significa "viver" quando se é um ser humano? Viver como? Em que mundo? E não apenas, segundo a questão que obceca os transhumanistas: "Viver quanto tempo?" O nada nunca é, para nós, um objeto presente, explicava Jan Patočka, em uma perspectiva fenomenológica, "no máximo, podemos *avançar* em sua direção", a morte é

> possibilidade última, possibilidade da impossibilidade radical de ser. Essa impossibilidade assombra nossa vida, mas, ao mesmo tempo, *a torna possível em tudo o que é, lhe dá a possibilidade de ser um todo* e mostra o que constitui o elemento de nosso ser: o ser do homem, é o ser de um possível (Patočka, 1999, p. 238. Destacado no texto).

Ou seja, temos uma história, diferentemente dos animais, porque se abre à nossa frente um mundo de possibilidades e porque sabemos, por compreensão da existência, que um dia nada será possível para nós porque a morte fechará essa existência como um todo, eternamente realizado.

O transhumanismo não põe essa questão do sentido da morte e da vida, levantada por Lacan, Patočka, Arendt, Testart e muitos outros. Ele trata a vida como um conjunto de processos físicos, químicos e biológicos suscetíveis de melhoria. Desse ponto de vista, não há nenhuma diferença entre a vida animal e a vida humana. A vida humana não é, então, pensada como uma condição, com o que ela envolve de específico, de imprevisto e de aventura, é um estado biológico limitado e somos agora, ou seremos daqui a pouco, capazes de resolver esse problema de limites.

No final das contas, é a própria vida biológica, pensada como um conjunto de processos físico-químicos, que é um limite. Quando os transhumanistas defendem a singularidade pós-humanista, o que quer dizer, de fato, a extinção da espécie humana em sua forma vivente atual, são coerentes. Por outro lado, o transhumanista *soft*, como o da Technoprog, enfrenta uma contradição permanente.

O objetivo sempre destacado é o prolongamento da duração da vida humana e o discurso evoca uma vida longa, saudável e em forma, que se parece com a que estamos levando atualmente (no melhor dos casos) entre trinta ou quarenta anos. O que é efetivamente muito tentador. Mas isso exige submeter-se a processos de negação/substituição do vital pelo mecânico e aceitar, de fato, comprometer radicalmente o que dá sentido à nossa vida saudável aos trinta ou quarenta anos – incluindo aceitar a hibridação homem-máquina e, por fim, descendentes eletrônicos viajando para outros planetas sob forma de chips. O que já é muito menos atraente do que a vida eterna saudável de nossos trinta anos...

> O transhumanismo poderia, de fato, levar ao fim da humanidade no sentido estrito: o do *Homo Sapiens* que vive em torno de oitenta anos. Mas o essencial é permanecer "humano" no sentido filosófico do termo: ser capaz de amar, pensar, criar, imaginar... Essas características, o transhumanismo busca justamente desenvolver. Isso nos tornaria, portanto, segundo essa definição, mais humanos (Technoprog, 2018, p. 562).

Como amar, criar, imaginar e até pensar com um corpo-máquina pré-programado, ou mesmo com um cérebro baixado em um material de muito longa duração? Ocupando o espaço de um *pendrive*, economizando energia e incapaz de ficar entediado por que pode colocar em modo de espera? "Vivemos" sem um corpo biológico sujeito ao imprevisível, ao encontro, ao não programável, ao real que nunca pode ser totalmente posto em consciência, em linguagem e, menos ainda, em cálculo? O pós-humano é uma consciência transparente, porque é sem vida (supondo que isso faça sentido). Aliás, nem é uma consciência, é um poder de cálculo universalmente interconectado.

Para que viver? O que é uma vida humana que podemos querer viver quinhentos anos, ou mais? A mesma questão antropológica se coloca a propósito do tema que, depois da velhice e da morte, ocupa um lugar de destaque nos discursos transhumanistas: o do aumento. Por que se fazer "aumentar" e se tornar transhumano? Se se sofre de uma deficiência (cegueira, paraplegia etc.), a resposta é clara e sua legitimidade é dificilmente contestável. Mas por que querer se tornar transhumano quando não se sofre de determinada deficiência de nascimento, ou causada por doença ou acidente? Por que se fazer implantar chips no cérebro para que a porta se abra automaticamente, já que isso é tão simples de fazer com a mão? Por que querer aumentar consideravelmente, por meio de chipes cerebrais, sua memória ou sua capacidade de cálculo mental uma vez que, justamente, dispomos hoje de computadores que fazem isso por nós? Vale realmente a pena se fazer implantar chipes sob a pele para ser sensível às ondas eletromagnéticas, ou no cérebro para não ser obrigado, como explica Warwick, a se preocupar com seu cartão de crédito, as chaves do carro ou seu passaporte? (Warwick, 2014, p. 10).

Aliás, o próprio Warwick acabou ficando um pouco preocupado e mandou retirar o chipe conectado ao nervo médio de seu antebraço – operação delicada que durou cinco horas, pois os tecidos haviam se fechado sobre o chipe (Lestienne, 2014).

De um lado o fútil, o irrisório, o supérfluo, um aumento que ninguém pediu. De outro, o preocupante: exoesqueletos para que trabalhadores ou soldados possam levar cargas mais pesadas, ou o uso de ressonância magnética funcional para detectar mentiras em entrevistas de emprego ou na assinatura de contratos de seguro (Testart; Rousseaux, 2018). "O uso de implantes para vigiar as pessoas abre um número considerável de opções" (Warwick, 2014, p. 10).

Talvez mais inquietantes ainda sejam as boas intensões transhumanistas: aumento moral e, pior ainda, implantação farmacológica ou genética do prazer, do amor e da felicidade.

Conforme Alexandre Tecnoprog (2018, p. 262):

> Tentamos educar nossos filhos segundo determinados princípios morais. Isso hoje passa por estratégias de educação, dentro de limites que são considerados aceitáveis pela sociedade. Mas amanhã, isso poderá ser ajudado por determinados produtos ou escolhas pré-natais (sempre dentro desses mesmos limites de aceitabilidade) [...]
> Enfim, poderemos buscar melhorar nossa aptidão ao prazer e à felicidade (p. 253-259).
> Poderemos nos tornar mais aptos a gozar, amar, desfrutar momentos de felicidade [...] e aproveitar a vida no sentido amplo.

Como é um pós-humano e em que mundo ele vive? Que idade tem esse pós-humano imortal? Trinta, quarenta, cem, trezentos, mil anos? Ou talvez não tenha mais uma idade identificável, ou corpo? Tem filhos, ou o mundo pós-humano é um mundo sem filhos (bem triste…)? Se há filhos, com que idade param de envelhecer? E quantos seres pós-humanos habitarão o planeta no fim do século XXII? Sabendo que o número de humanos era de 7,7 bilhões no início de 2019 e, segundo a ONU, deverá chegar a mais de 11 bilhões em 2100.[53] Todos têm vocação para se tornar imortais? Onde serão encontrados recursos financeiros, e até materiais, para tal transformação de 11 bilhões de pessoas em pós-humanos? Pois a medicina moderna e a engenharia biológica cada vez mais precisam de materiais raros. Quais as relações entre os pós-humanos, e entre eles e os robôs? O que fazem durante o dia? Trabalham? Distraem-se (jogam cartas, futebol, dançam, fazem amor…)? O discurso pós-humanista não aborda essas questões. É um discurso cuja perspectiva é fundamentalmente individualista, ele diz que se podem melhorar radicalmente os desempenhos do atual indivíduo humano a tal ponto que a espécie humana estará em breve competindo com o pós-humano. Individualismo, desempenho e concorrência: o discurso transhumanista se inscreve perfeitamente na lógica dominante contemporânea. Nas raras vezes que aborda uma questão social, o faz de maneira vaga, a partir de escolha individual, e com respostas preocupantes.

Bostrom coloca a questão em seu texto de 2003: "Em que tipo de sociedade viverão os pós-humanos?" (p. 32). Segundo ele, é difícil responder detalhadamente a essa questão. Falta informação suficiente e porque faríamos isso a partir de nossas experiências, desejos e características psicológicas humanas, muitas das quais não se encontrarão nos pós-humanos. "Quando a natureza humana muda, novas formas de organização social se tornam possíveis" (p. 32)

Entretanto, Bostrom evoca, de imediato, um problema "delicado": o da coexistência entre humanos, transhumanos e pós-humanos. Na verdade, o surgimento dos pós-humanos "não implica que não haja mais humanos" (p. 5). Daí "o desafio de criar uma sociedade na qual seres com capacidades extremamente diferentes (tanto pós-humanos quanto pessoas ainda não aumentadas) possam viver juntos, felizes e em paz" (p. 32). A organização social ideal é, sem dúvida, aquela onde "tipos muitos diferentes de pós-humanos, transhumanos e seres humanos não aumentados" vivem "em tipos de sociedades muito diferentes", em "sociedades independentes, voluntariamente isoladas do resto do mundo" (*Ibid.*). Ao ler essas linhas, é difícil não pensar no *apartheid* sul-africano: triste lembrança.

O mesmo problema emerge rapidamente em muitos discursos transhumanistas e a resposta é frequentemente mais direta. Já citei a de Itsvan em

---

53. Esse aumento da população começa a ser um objeto de preocupação, a ponto de ter inspirado um romance famoso de Dan Brown, *Inferno* (2013).

uma entrevista: "As pessoas que não quiserem ser melhoradas poderão escolher, mas se tornarão deliberadamente uma espécie inferior" (Itsvan, 2018). As declarações mais brutais (muitas vezes citadas, pois causaram escândalo) são as de Warwick.[54] "Existirão pessoas implantadas, híbridas, e essas dominarão o mundo. As outras que não forem não serão mais úteis do que nossas vacas atuais mantidas no pasto".[55] "Os que decidirem permanecer humanos e se recusarem a se melhorar terão uma séria deficiência. Constituirão uma subespécie e formarão os chimpanzés do futuro".[56] Claro, por terem sido afirmadas no contexto da comunicação midiática, tais declarações são, sem dúvida, voluntariamente provocadoras, mas elas expressam o pensamento íntimo de Warwick. Na verdade, em seu texto científico de 2014, ele escreveu "É provável que muitos humanos desejem passar à categoria superior (*upgrade*) e se tornarem em parte máquinas. O que resultará que os humanos comuns (não implantados) serão deixados para trás" (Warwick, 2014, p. 12).

Estamos, basicamente, em uma lógica de desempenho e concorrência. E na do desprezo sentido pelos que se julgam competentes e modernos em relação à espécie inferior de retardados, vacas e chimpanzés dos tempos modernos. No máximo, Alexandre Technoprog afirma que "a maioria dos transhumanistas" "não elogia uma competição carniceira ou a eliminação dos mais fracos" (2018, p. 474).

Ao mesmo tempo que o transhumanismo demonstra desprezo condescendente pelo humano normal, podemos perceber um interesse especial, e até certo carinho, pelos robôs ou criaturas robóticas no formato android. Assim, "Robin, um robozinho simpático" tem por função ajudar crianças diabéticas a se curarem; ele é o resultado de esforços científicos para "modelar em um robô o desenvolvimento de uma criança por meio de seu apego a outros indivíduos".[57] Ou ainda, Miquela Sousa, bela modelo brasileira de dezenove anos com mais de um milhão de seguidores no Instagram, que fala sobre suas roupas, seu cansaço, o calor, as causas que defende, é, de fato, e sem esconder, um *avatar* gerado pelo computador.[58]

---

54. Cf, por exemplo, https://reporterre.net/L-appel-des-chimpanzes-du-futur, ou: https://miscellanees01.wordpress.com/2016/03/03/les-chimpanzes-du-futur/. Acesso em: 9 fev. 2019.

55. *Revista Au fait,* n. 8, mai. 2014.

56. *Libération,* 12 mai. 2002.

57. *Le Monde,* 30 set. 2018.

58. *M Le magazine du Monde,* 22 jun. 2018.

Assim fica o paradoxo: ao mesmo tempo que o humano comum é desvalorizado como espécie obsoleta, o robô ou o *avatar* são tão mais valorizados quanto mais se assemelham aos humanos. Tudo acontece como se a criatura ideal fosse hoje uma máquina humana de alto desempenho, eminentemente controlável e sempre disponível. Nas formas atuais: um robô androide doméstico, um *avatar* supermodelo, ou um alto executivo que responde a qualquer hora do dia ou da noite, quando seu chefe o chama por seu iPhone...

7.4. Para que serve uma pedagogia contemporânea se os robôs "são também nossas crianças" e é mais simples fabricar um robô do que educar uma criança?

Podemos perguntar ao transhumanismo se o que ele anuncia é possível ou desejável, como acabamos de fazer. Mas também podemos tomar por objeto o próprio discurso e analisar o que significa a própria existência. No lugar de nos focarmos sobre as formas da *trans-* ou *pós-*humanidade, nos interessaremos então na outra parte da palavra: quando o discurso transhumanista nos fala de transhumano ou pós-humano, que representação implícita do *humano* ele veicula?

A resposta é simples: para o transhumanismo, a humanidade é o que nos aprisiona e nos limita. Por quê? Porque ser humano, é ter um corpo e o corpo, pelo menos nosso corpo humano atual, é percebido pelo transhumanismo como limite e fonte de problemas. Se o homem sofre, fica doente e, por fim, morre, é porque tem um corpo. Se perde para a máquina, no jogo de xadrez ou no *go*, é porque seu cérebro é mais limitado e menos rápido do que os processos de cálculo e comparação do *Deep Blue* e do *AlphaGo* e porque, além disso, seu intelecto é perturbado por suas emoções.

Na visão do mundo transhumanista, a força da máquina, no que ela é superior ao homem, ou a vantagem fundamental do implante, é que eles não sofrem as limitações que o corpo impõe ao homem. Para se tornar pós-humano, ou transhumano, é preciso se livrar do corpo e de seus limites, de uma forma ou de outra, por implante ou por engenharia genética.

Mas o que, no humano, será *aumentado*, segundo o termo que retorna sem cessar nos textos transhumanistas? Serão *aumentadas*, quer dizer, tornar-se-ão mais eficazes ou mais amplas as funções mais *simples* do ser humano, aquelas que, manuais ou intelectuais, são automatizáveis. Trata-se então de substituir os processos motores, cerebrais, até hormonais, limitados e frágeis porque são corporais, por processos eletrônicos automatizados, implantados ou substitutos, mais eficazes e mais seguros. Mas só é possível fazer isso com os processos corporais que se consegue modelizar, ou seja, capturar sob forma de esquemas abstratos. Então podemos substituir ou aumentar apenas os comportamentos e pensamentos simples, imitáveis pelas máquinas, automatizáveis.

A máquina aumenta as funções de um homem que o projetista da máquina deve representar sob uma forma modelizada para que seu trabalho seja possível. Ou seja, para poder produzir o transhumano *aumentado*, é preciso começar a pensar o humano de uma forma *simplificada*. O fascínio por criaturas futuristas que nos retrata o discurso transhumanista oculta a representação redutiva do homem atual às suas funções as mais simples.

> A crença transhumanista na onipotência das tecnociências é uma ideologia que, de fato, nos fala de um humano certamente aumentado em determinadas funcionalidades, mas bastante simplificado, robotizado e, por fim, diminuído porquanto um pouco padronizado a partir de funções a otimizar (Magnin, 2017, p. 77).

"O aumento pede a simplificação: e é nisso que é o vetor da desumanização" (Besnier, 2012, p.190). Se, efetivamente, tocar Mozart se resume a bater nas teclas do piano, por que perder seu tempo "estudando durante dez anos para tocar o *Piano Concerto n. 5* de Mozart" em vez de comprar um chipe (Istvan, 2018)? Mas tal afirmação só faz sentido se reduzirmos a música ao toque nas teclas do piano. De fato,

> se a questão da diferença entre o homem e a máquina (o computador, o robô etc.) está levantada hoje, não é apenas porque a máquina é cada vez mais aperfeiçoada, é também porque se multiplicam as tentativas para reduzir o próprio homem a uma máquina – uma máquina de aprender e de comunicar, em um espaço globalizado regido por uma lógica da *performance* e da concorrência (Charlot, 2019b, p. 175).

Não é surpreendente, portanto, que, como observamos, o discurso transhumanista seja totalmente descontextualizado. Não se pode descrever o modo de vida de uma criatura reduzida a um centro de comando, a um dispositivo de comunicação e a órgãos de execução – e é somente dessa criatura de fantasia que nos fala o discurso transhumanista. Não é então apenas a humanidade, incluindo a pós-humanidade, que é descontextualizada, é o próprio mundo e seus problemas. "Aperte a tecla asterisco": por telefone, o caso só pode ser resolvido pelo atendente eletrônico quando é simples e, no *site* da internet, o FAQ[59] ignora o contexto.

Essa simplificação e descontextualização do homem e do mundo podem atingir um ponto extremo. Assim, Alain Javeau, em *L'homme revu et corrigé* [O homem revisto e corrigido], considera que "o homem é uma estrutura dissipativa. E como tal, é regido em seu funcionamento e seu comportamento pelos princípios da termodinâmica" (2018, p. 220). Uma estrutura dissipativa deve "produzir continuamente a negentropia para conter a entropia que se impõe constantemente a ela" (p. 221). Dito de outra forma, em termos mais simples, toda atividade dissipa energia (entropia) e a estrutura tende, portanto à desorganização, cujo ponto-final é a morte; para produzir, em compensação, a organização (negentropia), a estrutura precisa receber matéria-energia e/ou informações vindas do ambiente.

Assim é a lei do homem, estrutura dissipativa que gasta sua energia em suas atividades e tem necessidade de reconstituí-la e reorganizá-la, graças às informações que recebe de seu ambiente. Do mesmo modo, também é, de forma mais geral, a lei do Universo. As leis da termodinâmica determinam tudo, do mais comum ao mais complexo. Assim, quando a criança leva objetos à boca, joga-os e os manipula, "ela se comporta de forma a tratar e a acumular um máximo de informações". "Da mesma forma, o cão que vai farejar os odores procura armazenar o máximo de informações" (p. 211). No nível mais elevado, "os valores éticos, políticos e outros estéticos e religiosos, não têm razão de ser, a não ser por seus poderes organizadores. Não há, portanto, intrínseca e universalmente, nem bons nem maus valores em si" (p. 200).

A seleção natural conduz, muito logicamente, do homem ao robô, de modo que, segundo Javeau, "as hipóteses transhumanista e pós-humanista se

---

59. O FAQ (Frenquently Asked Questions – 'Perguntas mais frequentes') é uma lista de perguntas com respostas propostas em um *site*, às vezes com acesso por meio de *hyperlinks*. Ele economiza o trabalho de responder às perguntas individuais, ou uma parte dessa tarefa. Mas, por natureza, só pode dar respostas gerais a perguntas frequentes, e ignora os "casos particulares".

inscrevem em uma evolução para uma maximização cada vez maior da dissipação de energia" (p. 229). Na verdade, a seleção natural "favorece os indivíduos que maximizam melhor a dissipação de energia, a saber aqueles que tratam melhor a informação (fornecida pelo ambiente)" (p. 224). Para isso, o homem produz ferramentas cada vez mais eficientes. Mas, "de qualquer forma, a humanidade constitui apenas um 'momento' na história da Terra e de sua organização" (p. 225).

De fato, os próprios robôs são estruturas dissipativas, uma vez que precisam de entrada de energia e de informação dada pelo ambiente, mas estruturas mais eficazes que os homens e que poderão eliminá-los se chegarem a ser produzidos sem sua ajuda – a menos que as duas espécies "continuem a viver lado a lado de forma sustentável" (p. 161). O robô "se inscreve, portanto, de certa maneira, na filiação natural do homem" (p. 230).

> Na medida em que os corpos humanos puderem ser progressivamente "robotizados" pela integração gradual de elementos de alta tecnologia, podemos nos perguntar onde se situará, então, a diferenciação entre os humanos organicamente "tecnologizados" e os verdadeiros robôs (e isso, mais ainda se o algoritmo complexo que rege os comportamentos e capacidades humanas, bem como os valores que os governam – incluindo aí as partes de invenção e de imaginação humanas – possa um dia ser introduzido nos programas que gerenciam os comportamentos dos robôs) (Javeau, 2018, p. 230).

Devemos lamentar essa substituição do homem pelo robô ou sua hibridação? Claro que não, pois, segundo Javeau, os robôs "são igualmente nossos filhos" (p. 179), mesmo que sejam "a expressão de uma grande mutação da espécie humana" (p. 155); "por que, no fundo, queremos realmente que a humanidade perdure por toda a eternidade?" (p. 171).

> Nós "fabricamos" nossos filhos pelas vias biológicas ordinárias, mas somos também, até segunda ordem, os fabricantes de nossos robôs. Em que e por que, afinal, a "fabricação" de entidades produtoras de energia livre (e, por conseguinte, de dissipação de energia) que são nossos descendentes biológicos seriam, desde sempre, preferíveis aos de ferramentas que têm papéis similares? (p. 171).

"Dito isso, é preciso reconhecer – não importa o que se diga ou pense – que a desigualdade é inevitável na medida em que os indivíduos nunca serão capazes de maximizar sua dissipação de energia de forma igual" (p. 191). Com certeza, isso fere "nossos valores éticos básicos (solidariedade, empatia, democracia…)", mas esses próprios valores "tendem hoje a se tornar obsoletos" pois seus poderes de organização são cada vez menos operantes (p. 199). "Essa constatação, se levada em consideração pelas sociedades do futuro, deverá contribuir ao desenvolvimento de valores inovadores adaptados à mutação civilizacional em curso" (p. 200).

Embora se enquadre no discurso da ideia fixa, com o risco de delírio em que incorre sempre esse tipo de discurso, esse livro tem o grande mérito de nos mostrar, como que sob uma lupa, os meandros do discurso transhumanista: simplificação, descontextualização, mas também uma forma de unificação do mundo sob um único princípio. Aqui, se trata da "dissipação de energia", mas esse é apenas um caso em particular de um processo permanente no discurso transhumanista: produzir o homogêneo onde parece haver especificidade.

A criança que joga um objeto, o cachorro que fareja e o robô têm uma atividade da mesma natureza (armazenar informação) e, uma vez que nós os fabricamos, os robôs são também nossos filhos – sem que importem as formas específicas de fabricação das crianças biológicas e dos robôs. Nesse mundo homogeneizado, a única diferença que subsiste é quantitativa, é a do desempenho. O princípio de unidade aparente, aqui a dissipação de energia, mascara o princípio real de unificação: a lógica do desempenho e da concorrência. Ao fim do processo, o princípio real reaparecerá, mas como consequência legítima da demonstração anterior: "a desigualdade é inevitável" e ela faz parte dos "valores inovadores adaptados à mutação civilizacional em curso."

A unificação e a homogeneização só são possíveis se começarmos por ignorar, desvalorizar, considerar como ultrapassadas ou ultrapassáveis as especificidades do corpo biológico. Essa é uma operação básica sem a qual o discurso transhumanista não pode funcionar. Assim, de forma muito lógica, as críticas endereçadas ao discurso transhumanista insistem, fundamentalmente, nessas especificidades.

Antes considerado como uma divertida divagação futurista, o discurso transhumanista é hoje levado a sério o suficiente para provocar a publicação, nos últimos anos, de muitos livros críticos, escritos por filósofos ou cientícos, especialmente, na França, os de Jean-Michel Besnier (2010; 2012; 2016), de Thierry Magnin (2017), de Michel Juffé (2018) e de Jacques Testart e Agnès Rousseaux (2018). Essas obras destacam o que o homem pode fazer e que a máquina nunca poderá fazer, mesmo que consiga imitar os comportamentos humanos. O homem é capaz de rir, de ironizar, de seduzir, de mentir, de blefar no pôquer, de sonhar, de imaginar, perseguir o inútil, o impossível, a felicidade, de meditar, de orar a Deus, amar a poesia, a arte, se apaixonar, fazer humor, sentir emoções, ser imprevisível, caprichoso, ansioso, enlutado, depressivo, de ter o sentimento do irreparável e do insubstituível, de ser solidário e de defender valores. Tem uma interioridade, uma consciência de si, ele é ao mesmo tempo eminentemente adaptável e vulnerável (Besnier, 2010; 2012).

Poderíamos resumir essas especificidades humanas dizendo: o homem é vivo, a máquina não. O discurso transhumanista é sensível a essa dificuldade. Assim, segue, de fato, três caminhos que podem se combinar, mas são diferentes. O primeiro é o dos implantes, desvaloriza o corpo biológico e o princípio da vida em benefício do tecnológico: os chips implantados compensam os dispositivos corporais deficientes, permitem transcender os limites do corpo e até dão ao indivíduo novos órgãos sensoriais – como os que permitem sentir as ondas eletromagnéticas ou de se movimentar no escuro. Mas um segundo caminho permite recuperar potencialidades vitais, programando-as no robô; nesse caso, o biológico não é mais desvalorizado, ao contrário, é programado e incorporado ao tecnológico. É o que acontecerá, espera Javeau, caso "o algoritmo complexo que rege os comportamentos e capacidades humanas, bem como os valores que os governam – incluindo aí as partes de invenção e de imaginação humanas – possa um dia ser introduzido nos programas que gerenciam os comportamentos dos robôs" (Javeau, 2018, p. 230).

Dotar o robô dos poderes da vida é a aspiração atual da inteligência artificial – e sua nova fronteira é a modelização dos processos hormonais, que permitiriam, espera-se, controlar a expressão das emoções. Outra versão dessa aspiração de recuperar o vital no material perene é a fantasia insistente de um *download* do próprio cérebro em um suporte digital – ou, em uma versão provisória, o projeto do neurocirurgião Canavero de transplantar uma cabeça em outro corpo. No entanto, um terceiro caminho oferece ainda mais perspectivas: dominar a própria vida, por meio da reprogramação do patrimônio genético. Nesse caso, não seria mais necessário, ou pelo menos, não seria o mais importante, implantar chips eletrônicos ou imitar a vida nos robôs, uma vez que a manipulação de células germinativas poderia efetivamente produzir uma nova espécie pós-humana, ou, pelo menos, transhumana. Mas essa opção é tabu e a transgressão de He Jiankui, em 2018, provocou reações muito negativas. Resta saber até quando esse tabu resistirá em um mundo governado pela lógica do desempenho. Se os valores que baseiam esse tabu "tendem hoje a se tornar obsoletos" e devem deixar o lugar a "valores inovadores adaptados à mutação civilizacional em curso", como escreve Javeau, até quando será recusada a manipulação das células germinativas?

Em 1999, em um texto polêmico, Peter Sloterdijk já levantava a questão. "O que ainda domestica o homem, se o humanismo naufragou como escola da domesticação humana?" (Sloterdijk, 2000, p. 32). "Se o desenvolvimento a longo prazo também conduzirá a uma reforma genética das características da espécie – se uma antropotecnologia futura avançará até um planejamento explícito de características" (Sloterdijk, 2000, p. 47).

Eis uma questão, Sloterdijk foi obrigado a se defender, e não a defesa de um eugenismo que lembra os tempos sombrios do nazismo. Mas a suspeita retorna constantemente e, em 2003, Bostrom teve também de se defender da suposição de eugenismo, cujas "ideias são totalmente contrárias aos princípios científicos humanistas e tolerantes do transhumanismo" (Bostrom, 2003, p. 21).

Na verdade, a partir do momento que se afirma que é chegada a hora de exceder os limites da espécie humana atual e que essa tese é defendida em um mundo cuja lógica dominante é a do desempenho, não vemos bem o que poderia impedir a manipulação do patrimônio humano – senão, é claro, a rejeição militante das duas premissas.

Por trás das considerações futuristas sobre o pós-humano e o robô, o objeto profundo do discurso transhumanista é o homem atual e o desaparecimento próximo, oportuno e gratificante de sua dominação sobre o planeta Terra. Também podemos ir mais longe ainda na lógica da competição genética futurista. O geneticista George Church propõe pôr em andamento máquinas de evolução: introduzindo no DNA pequenos pedaços sintéticos ao acaso, seriam produzidos seres novos e variados, submetidos à seleção no cibermundo. Outros desenvolvem a ideia de acrescentar novas letras às quatro (A, T, C, G) que compõem o código DNA (Testart; Rousseaux, 2018). Nem é mais uma questão de promover o pós-humano, mas de brincar, de forma aleatória, com o próprio universo genético.

Seja qual for seu valor de predição, o discurso transhumanista, pela própria existência, expressa algo muito interessante: a atual relação da espécie humana com ela mesma. É uma relação suicida e arrogante ao mesmo tempo. Os críticos insistem, sobretudo, no primeiro aspecto. Testart e Rousseaux falam das "promessas suicidas dos transhumanistas" (2018, subtítulo do livro). Besnier lembra que Günther Anders, em seu livro *L'obsolescence de l'homme* [A obsolescência do homem], diagnosticou em 1956 a "vergonha prometeica" que afeta os homens quando "percebem, com muita tristeza, o quanto são falhos, comparados às suas máquinas" (Besnier, 2010, p. 138). "Há, no fundo das utopias pós-humanistas, um cansaço de ser o que se é, uma fatiga manifesta de ser si mesmo, um desinteresse pelos significados que exigiriam que se queira se incorporar na história, que se envolva nas experiências que moldam a individualidade" (*Ibid.*, p. 71).

Mas me parece que insistir assim no aspecto depressivo e suicida do discurso transhumanista não é suficiente para compreendê-lo, ele é muito mais ambíguo que isso porque é preciso também entender nele uma forma de arrogância prometeica. Certamente, para o transhumanismo, o homem é uma experiência fracassada da evolução, contudo ele é hoje capaz de redefinir essa evolução, mesmo que seja para eliminar a si próprio no futuro. Como observa Besnier, o homem é "a primeira espécie animal dotada de poder de organizar sua substituição" (p. 77) – ou, pelo menos, de acreditar que é capaz.

Os pós-humanos são nossos filhos, somos nós que os criamos, lembra Javeau. Deus, a Natureza ou a Evolução, criaram o homem, mas hoje, o homem pode se autoproduzir como transhumano e se autossubstituir como pós-humano. Ele se apropriou dos poderes divinos e biológicos e se tornou mestre da evolução. Por um tempo, o do Iluminismo e da Modernidade, o projeto humano era o Progresso do Homem. Durante outro período, o das Revoluções, a humanidade, para o bem ou para o mal, sonhou com o Novo Homem. Hoje, o transhumanismo anuncia-nos, dessa vez ainda para o bem ou para o mal, que o projeto é mudar a própria espécie humana, por meio da Aventura tecnológica. "Um limiar qualitativo é assim cruzado, além do qual *parece* que a humanidade pode se libertar de qualquer limite... para ir em direção à sua autodestruição" (Juffé, 2018, p. 122). Destruído, mas *auto*destruído. Ultrapassado, mas pelo próprio poder criativo. Entendemos que o discurso transhumanista não gera pessimismo ou horror, mas, segundo a feliz expressão de Besnier, "uma espécie de catastrofismo jubilatório" (Besnier, 2010, p. 89).

É preciso, no entanto, observar, por uma questão de objetividade científica, que Alexandre Technoprog, em nome do transhumanismo, defende uma posição inversa. "Podemos aceitar serenamente a condição humana atual, buscando fazê-la evoluir. Ter objetivos transhumanistas não implica, de forma alguma, neurose ou autoaversão" (2018, p. 738). Ele considera que os bioconservadores, que pensam que o humano atual "é tão perfeito e concluído, que não deveria sofrer nenhuma evolução" "são muito mais arrogantes que os transhumanistas, que veem a humanidade como estando 'em perpétuo transformar" (p. 79). Nesse raciocínio, porém, ele esquece que os transhumanistas não defendem apenas uma evolução interna da condição humana, mas uma saída dessa condição para entrar em uma pós-humanidade. "O transhumanismo poderia, de fato, levar ao fim da humanidade no sentido estrito: a do *homo sapiens* que vive em torno de 80 anos" (p. 562). É essa renúncia serena ao *homo sapiens* que se pode considerar suicida e a pretensão do transhumanismo de levar a uma condição pós-sapiens, que se pode considerar arrogante.

O sentimento de se aproximar do final da espécie, ou de correr esse risco, não se encontra somente no transhumanismo, e o catastrofismo nem sempre é jubilatório. Ao assistir à televisão, podemos crer que chegou o tempo dos zumbis, dos vampiros, dos monstros extraterrestres que já substituíram as estrelas românticas *hollywoodianas* como fontes de prazer. As angústias ecológicas diante do que o homem está fazendo com o planeta Terra alimentam, por sua vez, um retorno aos valores de origem, ou considerados como tal, que são outra forma de recusa da humanidade atual. Esse retorno assume diversas formas. Os "neossobrevivencialistas" preparam a catástrofe futura organizando um pedaço de terra onde possam praticar a "permacultura", natural, sem fertilizantes químicos, sem pesticidas – enquanto outros aprendem a arte de viver na floresta (*bushcraft*).

> Os "colapsologistas consideram que o colapso de nossas sociedades industriais já começou e que não há outra solução senão se preparar, se possível ativamente e, pelo menos, por uma sabedoria colapsófica" (Tanuro, 2019).

Os "antinatalistas" acham que é irresponsável trazer novas pessoas a um mundo já superlotado, poluído e onde os recursos vão faltar cada vez mais. No caminho inverso, pesquisadores estão trabalhando na "des-extinção", uma espécie de ressurreição das espécies reconstruídas a partir de DNA disponível ou, pelo menos, de espécies próximas a espécies antigas e compatíveis com o ambiente atual, por exemplo, os neomamutes; projeto mais otimista que os dos colapsologistas ou antinatalistas, mas que compartilha a mesma referência a um mundo antigo como modelo.

Essa referência nutre a ideologia do *Buen Vivir* ('Bem Viver'), que se desenvolve particularmente na América do Sul. Contra o *desarrollo* (desenvolvimento, crescimento econômico), esse movimento, enraizado na cultura andina quíchua e aimará, afirma que é necessário visar o Bem Viver e a harmonia com a *Madre Tierra Pachamama,* nossa Mãe Terra. Essa cosmovisão, que opõe o bem viver a um viver mais tecnológico, inclui uma educação comunitária, democrática, baseada nos valores tradicionais (Croce, 2018). Os princípios invocados são interessantes: educação para todos, inclusiva, comunitária, contextualizada, que recupere os valores, uma consciência coletiva e histórica, uma identidade positiva.

Mas essa metafísica da Mãe Natureza e essa mística da comunidade são outra forma de recusa do homem contemporâneo e de seus problemas, não mais por meio de uma superação em direção a uma pós-humanidade, como no discurso transhumanista, mas a partir do retorno a uma humanidade considerada original. Dificilmente podemos imaginar que possam basear uma pedagogia contemporânea.

O transhumanismo também não propõe uma pedagogia contemporânea. Além disso, quando aborda eventualmente a questão das crianças, raramente fala de educação, pois, para ele, a questão da educação não apenas não é importante, mas, por diversas razões, não faz sentido. Na perspectiva transhumanista, na verdade, a questão a ser resolvida é a do aumento (*enhancement*) do ser humano a partir de implantes e manipulações genéticas, da fabricação de pós-humanos e robôs, e não a da educação.[60] Se podemos implantar e fabricar, por que se questionar como educar? O que poderia significar, além disso, a ideia de educar um ser imortal, ou quase isso?

A preocupação central do transhumanismo é o desempenho, como meio (as conquistas tecnológicas da biologia e da inteligência artificial) e como fim (o aumento do ser humano, sua imortalidade, a programação de processos vitais nos robôs etc.). Essa lógica do desempenho, é claro, leva à concorrência e até ao que poderíamos chamar, do ponto de vista do homem, a concorrência final: o humano é superado pelo transhumano, depois pelo pós-humano e, se não desaparecer, torna-se uma espécie inferior, vaca ou chimpanzé do pós-humano.

---

60. Há, no entanto, um pós-humanismo filosófico que pretende distinguir-se do transhumanismo e que coloca a questão da educação. Falaremos a seguir sobre essa corrente, inspirada, em especial, na obra de Peter Sloterdijk.

O discurso transhumanista tem o grande mérito de nos dizer com todas as letras e, mais ainda, com orgulho, qual é a profunda verdade de uma sociedade tecnológica regida pela lógica do desempenho e da concorrência, seu significado antropológico: o desaparecimento programado da espécie humana, por autonegação.

Graças a essa lupa interpretativa que constitui o discurso transhumanista, pode-se compreender melhor, igualmente, porque essa sociedade do desempenho e da concorrência não produz uma pedagogia contemporânea que poderia ser o equivalente do que foram, historicamente, as pedagogias "tradicionais" e "novas". O projeto transhumanista é eliminar os limites, os imprevisíveis e os imponderáveis do corpo e da vida, por substituição (implantes, robôs) ou controle completo (programação da vida, intervenção sobre o patrimônio genético). Ora, segundo nossas análises anteriores, o problema-chave da pedagogia, ao longo da história, é o do controle do desejo pela norma e, portanto, também o do estatuto do corpo. Se nos livramos da questão do corpo, que é a ambição suprema do transhumanismo, resolvemos automaticamente, por supressão do problema, a questão do desejo. No transhumanismo, essa questão é resolvida por definição: o transhumano se dá, ou recebe, os meios de satisfazer todos os seus desejos. Se ele quer tocar Mozart, é simples, basta comprar um chipe. Está apaixonado por alguém que não corresponde? Um nanomedicamento que controla as emoções vai resolver o problema; e da próxima vez, ele consultará uma base de dados para se apaixonar de forma racional. Quanto ao pós-humano, ele estará livre das serventias do corpo de tal modo que se pode questionar se sentirá qualquer desejo que seja.

Na perspectiva do transhumanismo, o problema do desejo não é colocado – exceto, talvez, em um período de transição. Consequentemente, a questão da educação, portanto também a da pedagogia, nem sequer precisa ser resolvida, já que também não é colocada. Resta apenas fabricar os chipes e os robôs sempre com melhor desempenho, e desenvolver uma engenharia biológica e genética cada vez mais eficaz. No futuro transhumanista, é bom o que permite aumentar ou superar o humano, é a única norma. Os valores humanos tradicionais tendem a se tornar obsoletos e as relações entre humanos/transhumanos/pós-humanos obedecem a um simples princípio: superior é aquele que foi mais aumentado. Para que serviria uma Norma, aliás, quando o desejo deixa de ser um problema?

Uma sociedade regida pela lógica do desempenho e da concorrência permite que o desejo se expresse sob suas diversas formas, desde que essa expressão não ameace a própria lógica. Ela não busca controlar o desejo, como fazem as pedagogias tradicionais; ela também não precisa sublimá-lo em um discurso metafísico sobre a Natureza, como fazem as novas pedagogias. Basta impor-lhe que se expresse nas formas permitidas, e até desejáveis, pela lógica do desempenho e da concorrência: o próprio desejo é um produto em um mercado livre (o da publicidade e da "comunicação") e o próprio mercado oferece os meios para satisfazê-lo. O único limite é a revolta contra a própria lógica do desempenho e da concorrência; de modo que a sociedade contemporânea associa, muito racionalmente, liberalismo econômico, liberdade de opinião e de costumes, e repressão autoritária à insubmissão à sua lógica.

Da forma como ela se pensa, tal sociedade não enfrenta mais a dialética do desejo e da norma e, portanto, não aborda mais a questão da educação e a dos valores como questões fundamentais. A questão que quer resolver não é mais a da educação, é a da aprendizagem. Não se trata mais da dialética do desejo e da norma, mas da apropriação de esquemas e de processos intelectuais, da memorização, do acesso à informação, da comunicação. Quando se invoca hoje a "qualidade da educação", trata-se, acima de tudo, de otimizar os desempenhos, de melhorar os recursos do indivíduo ou da nação, engajados em uma concorrência implacável.

Para essa otimização, a sociedade contemporânea aposta, atualmente, nas neurociências e nas tecnologias digitais. Não é um acaso os novos discursos no campo da educação serem o da "neuroeducação" e da "cibercultura". Sobre essa questão também, a própria existência do discurso transhumanista tem o mérito de nos esclarecer: as neurociências e as técnicas digitais fazem parte dessas tecnologias que constituem o único argumento (factual) do transhumanismo. Neurociências, tecnologias digitais, biotecnologias e, de forma mais genérica, NBIC, referem-se, de fato, a inovações técnicas impressionantes que devem ser levadas em consideração para pensar a sociedade contemporânea, mas a "neuroeducação", a "cibercultura" e o "transhumanismo" são três discursos messiânicos cujo horizonte é o fim da espécie humana atual.

Quando a pesquisa em neurociência, legítima e útil, deixa-se recuperar e instrumentalizar pelo discurso sobre a "neuroeducação", o cérebro deixa de ser considerado como o órgão de vida de um ser biológico em relação com outros em um mundo social e é reduzido a um centro de recepção, transmissão e processamento de informações. Assim definido como centro de informações e não mais como órgão de vida, o cérebro pode ser vantajosamente substituído por uma "inteligência artificial" mais eficiente, pelo menos para determinadas tarefas, cuja ambição é aumentar o número até o momento em que a "singularidade" permita se passar de um *homo sapiens* que terá perdido sua data de validade. Tal discurso perde, evidentemente, a dimensão específica do humano e, ao mesmo tempo, a dimensão antropológica, social e psicossingular que é a da educação, pois esta requer uma mobilização de si mesmo sempre mais ampla do que a de colocar em funcionamento um centro de informações. Quando o homem não é mais pensado como vida, mas como um nó de informações, a questão da educação é reduzida a da eficácia da aprendizagem. Essa eficácia é avaliada quantitativamente, comparada e rebatizada de "qualidade de educação" – sem que seja necessário definir os critérios dessa qualidade, pois se trata, de fato, de uma quantidade.

Quando as técnicas digitais de informação e comunicação, muito úteis, inclusive às vezes para ensinar, cedem lugar a um discurso geral sobre a "cibercultura", a questão central passa a ser a de estabelecer um ciberespaço como possibilidade aberta, ampla, universal de circulação da informação e da comunicação, sem que seja exposta a questão sobre o conteúdo daquilo que assim circula.

Esse espaço de comunicação onde não se considera essencial o conteúdo do que é comunicado, é um espaço fora da vida, fora do sentido e, portanto, fora da educação, assim como é o cérebro reduzido a um centro de informações. Mas a vida permanece e, nesse ciberespaço, explodem desejos e ódios sem norma ética e social, pois a única norma é técnica. Até chegar-se ao paradoxo de exigir que o suporte técnico do ciberespaço controle o conteúdo ético e social que nele circula – segundo normas definidas por quem e por quais critérios, a questão não é colocada. Sonhado como nova forma de presença da humanidade a si mesma, esse ciberespaço se tornou hoje, igualmente, o campo livre de novas formas de barbárie.

Ignorada pelos discursos sobre a neuroeducação e a cibercultura, que pensam o homem em termos de circulação de informação, a vida reaparece nos discursos transhumanistas sobre as biotecnologias. Mas se trata da vida tecnologicamente dominada graças à compreensão e ao controle dos *códigos* genéticos e não mais da espécie biológica como fonte de vida; a vida é desassociada da reprodução natural da espécie e até ultrapassa as fronteiras entre espécies. Abordagens biotécnicas e cibernéticas são compatíveis e complementares: os códigos da vida podem ser processados como informações. Em uma lógica dominante que, é claro, é a do desempenho – se possível, espetacular. Quando a vida não é mais pensada a partir da reprodução da espécie de geração em geração, a questão da educação dos jovens é silenciada, e mais ainda, a de uma figura antropológica de referência para esses jovens. O que importa doravante é o aprendizado eficaz dos códigos.

Quando o transhumanismo nos fala do futuro, a análise desse discurso nos revela o que estaria implícito nos discursos sobre a neuroeducação e a cibercultura: é, nos três casos, uma representação descontextualizada, individualizada, sem mundo e sem história. Portanto, sem humanidade; nesse ponto, pelo menos, o discurso transhumanista está absolutamente certo: ele nos leva para uma saída da humanidade. As pedagogias tradicionais e novas propõem uma forma desejável de humanidade, fundamento das normas e da pedagogia. O transhumanismo propõe como desejável o abandono da condição humana; tal projeto não demanda outras normas além das da técnica e deixa sem objeto a própria ideia de uma pedagogia contemporânea.

Os novos discursos contemporâneos sobre educação falam-nos de um homem vazio, sem história, sem conteúdo, sem contexto, sem mundo. Esse indivíduo neural, comunicando e conectado à máquina, efetivamente, não tem mais razão de ser, e pode sair da cena da evolução, pois um pós-humano pode fazer mais – portanto, na lógica do desempenho: melhor. Bem entendido, não é mais necessária uma pedagogia contemporânea para esse não ser humano. A dificuldade é que ainda não estamos lá, a "singularidade" e o pós-humano ainda não foram realizados e nossos filhos ainda são humanos – inclusive quando vivem sua humanidade na solidão superlotada de seus *smartphones*. Para gerenciar no cotidiano os desejos dessas crianças, os nossos, nossas normas e as da nossa sociedade, remendamos a educação, híbrida e, muitas vezes, contraditória.

Como avançar? O que está em questão é a lógica fundamental de nossa sociedade, e seria, portanto, ridículo que um indivíduo ou um pequeno grupo se sentasse em frente a um computador para escrever "a pedagogia contemporânea que precisamos". O problema não é enunciar uma "verdade pedagógica" – como o prova a marginalidade das "novas pedagogias" atuais –, mas compreender como um projeto e outras práticas pedagógicas podem contribuir para desafiar a lógica sistêmica do desempenho e da concorrência. Uma sociedade não é um Todo sem falhas; as rachaduras dessa lógica já se fazem ouvir; em diversos lugares do mundo, as contradições exacerbam-se e, para quem pensa que outro mundo contemporâneo é possível, vale a pena reabrir a questão pedagógica, portanto, também, a questão: "O que é o homem?". Esse é o objeto da próxima parte deste livro.

TERCEIRA PARTE

Pensar a humanidade do Homem

O livro poderia parar aqui. Com efeito, ele atingiu, espero, um primeiro objetivo: compreender melhor como é colocada a questão pedagógica na sociedade contemporânea – ou, mais exatamente, porque ela não é mais colocada.

Vale a pena, entretanto, iniciar essa terceira e última parte. Considero necessário, ao fim das análises anteriores, recolocar a questão do homem. Os discursos trans e pós-humanistas, seja qual for seu futuro, terão, em todo caso, o mérito de abalar algumas evidências e impor algumas questões fundamentais:

> O potencial apocalíptico da técnica – sua capacidade de colocar em perigo a sobrevivência da espécie humana, de ameaçar sua integridade genética, de modificar arbitrariamente ou até destruir as condições de sua vida superior sobre a terra – levanta a questão metafísica à qual a ética nunca havia sido confrontada antes, a saber: se deveria haver uma humanidade e por quê; por que preservar o ser humano como a evolução o fez; por que respeitar seu patrimônio genético e até por que a vida deve existir (Jonas *apud* Chavarría Alfaro, 2015, p. 105).

Questões às quais se pode acrescentar a seguinte: afinal, por que os seres humanos não apenas estão condenados a *aprender*, mas ainda devem ser *educados*? Nessa perspectiva, científica, trata-se de prolongar as análises anteriores.

A reflexão igualmente merece ser continuada por uma razão que, para deixar bem claro, não é científica, mas ética e política. Não gosto de que a sociedade na qual vivo e na qual vivem, crescem e crescerão meus filhos e netos seja regida pela lógica do desempenho e concorrência generalizada. Entristece-me que o sujeito tenha sido abandonado sem referências, que não se saiba mais muito bem por que vale a pena ser um ser humano, ao ponto de fantasiar, se tornar um ciborgue e de dar lugar a pós-humanos. Sinto-me, portanto, parte interessada, no campo que é o meu, o da educação, da resistência às lógicas dominantes atuais e das tentativas de pensar e construir outro mundo possível.

O trabalho científico e a implicação ética e política conduzem a uma mesma questão: como pensar a especificidade do homem, e mesmo o seu valor, quando se recusa a noção de natureza humana? Pensar essa especificidade parece necessário para compreender a dialética entre desejo e norma no âmago da questão pedagógica. Pensar a humanidade do Homem parece necessário, igualmente, para resistir a essas lógicas de lucro, desempenho e concorrência que já induzem a autonegação jubilatória da espécie humana e que correm o risco de conduzir a essa falência que nos anunciam os colapsologistas. Pensar a dimensão antropológica da educação parece necessária, enfim, para que volte a ser possível uma pedagogia contemporânea.

No início deste livro, defini como bárbara uma situação na qual homens negam a humanidade a outros seres humanos. O discurso pós-humanista é um discurso radicalmente bárbaro: ele repudia a própria espécie humana em favor da dominação de seres tecnobiológicos ou biotécnicos pouco definidos. A essa neobarbárie, minha posição é opor uma defesa da especificidade e do valor da humanidade, tal como a construiu a evolução: uma espécie a educar.

Mas, como pensar a especificidade da espécie humana sem ter de aceitar a noção de natureza humana, com suas ambiguidades, suas armadilhas ideológicas, suas mistificações? Essa questão da especificidade do ser humano, quer dizer, em sua forma clássica, do "próprio do homem", é o objeto desta parte do livro. Ela é tratada, em primeiro lugar, a partir de trabalhos filosóficos contemporâneos dos quais constitui a preocupação central. É abordada em seguida a partir da paleoantropologia, cuja questão principal é a da evolução que conduziu, entre outras coisas e sem que tenha sido um projeto, à atual espécie *Homo sapiens*.

CAPÍTULO 8

A questão da condição humana na filosofia contemporânea

Apresentar a questão da especificidade humana é, de certa maneira, abrir a porta a toda história da filosofia ocidental, assombrada por essa questão. Essa história é dominada pelas filosofias dualistas, com seus dois grandes fundadores que são, em épocas distintas, Platão e Descartes.

Platão distingue e opõe, de um lado, a alma, cuja mais alta forma é do espírito, que aspira contemplar as Ideias e, de outro, o corpo, que é o túmulo da alma (*soma, sêma* [*Fédon,* 82d]). Descartes afirma que há dois tipos de substâncias: o espírito, imaterial, substância pensante, e a extensão, à qual nosso corpo, puramente mecânico, pertence (Descartes, 2000). Esse dualismo é tão mais dominante ao longo da História Ocidental, que converge com o dualismo radical professado pela Igreja Católica: a carne é pecado, o Espírito é verdade.

Na perspectiva dualista, é a existência dessa alma, desse espírito, que constitui a especificidade humana, e a educação consiste em proteger a alma do desejo (Platão) e das paixões (Descartes). As pedagogias tradicionais se baseiam nas filosofias dualistas, incluindo suas formas laicas. A dificuldade fundamental dessas filosofias é compreender como se articulam, nos humanos de carne que somos, essas duas substâncias que a filosofia distingue radicalmente. Há formas contemporâneas da antropologia dualista, por exemplo, em Eccles, que tentam conciliar Deus e Darwin, e nas quais vamos nos interessar neste capítulo.

Mas a história da filosofia ocidental é também a das tentativas de recusar ou superar o dualismo: o panteísmo de Spinoza, o empirismo de Hume, de determinado ponto de vista a filosofia transcendental de Kant, o idealismo absoluto de Hegel, o existencialismo de Kierkegaard e, é claro, todas as formas de materialismo, de Demócrito a Marx. Essas filosofias são diferentes, e até contraditórias em múltiplos aspectos, mas têm em comum a recusa de pensar o mundo a partir da oposição de duas substâncias. As novas pedagogias surgem dessa perspectiva continuísta, não dualista, porque, segundo elas, o Homem faz parte da Natureza. Mas a dificuldade do modo de pensar monístico é simétrica da do pensamento dualista: não é mais o problema de articular duas substâncias diferentes, mas, ao contrário, a dificuldade de definir uma especificidade do homem após ter argumentado, contra o dualismo, a unidade da natureza e o pertencimento do homem a essa natureza. Vamos igualmente nos interessar neste capítulo às teses antidualistas contemporâneas que, como Descola, recusam pensar o mundo a partir da oposição entre natureza e cultura, e proclamam, segundo o título do livro de Schaeffer, que fez algum barulho, "O fim da exceção humana".

Pensar a especificidade do homem sem, no entanto, reintroduzir um dualismo ontológico. Pensar o homem como um ser natural, mas específico. Tal é o desafio de uma antropologia filosófica contemporânea que tentaram enfrentar, muito particularmente, filósofos alemães como Gehlen, Anders, Heidegger, Arendt, Sloterdijk. Em que eles podem nos ajudar?

Precisamos começar, entretanto, confrontando uma objeção prévia: é legítimo pretender pensar a especificidade do homem, na perspectiva de uma antropologia filosófica? Alguns consideram que, como o homem, no singular, não existe, e que apenas há formas históricas de humanidade, a própria antropologia não pode ser filosófica, mas somente histórica.

8.1. A questão da especificidade do homem é legítima? Antropologia histórica ou filosófica?

> O que entendemos por antropologia atualmente? Qual significado o termo tem para a humanidade? A nosso ver, a antropologia hoje só pode ser desenvolvida dentro de um quadro de estudo histórico, cultural e filosófico dos seres humanos, ou seja, como antropologia histórico-cultural (Wulf, 2016, p. 242).[61]

Segundo Christoph Wulf, em ciências humanas, a ideia de antropologia refere-se atualmente a cinco paradigmas. Ele aceita três deles, que apresentam uma dimensão histórica, rejeita um, o da antropologia filosófica, e propõe um quinto, a antropologia histórico-cultural, uma estrutura pluridisciplinar suscetível de integrar os anteriores. A pesquisa sobre o processo de evolução e hominização, primeiro paradigma, tem seu lugar na antropologia histórico-cultural, pois a história natural da evolução humana pode ser considerada como uma parte da história.

São igualmente integráveis, em um segundo paradigma, os trabalhos da *Escola dos Annales* e os da história das mentalidades, quando se referem a temas antropológicos. Eles permitem, na verdade, compreender "em termos de sua singularidade histórica" (p. 247), as "múltiplas maneiras com que as diferentes formas de vida humana são expressas e apresentadas" (p. 246). Por fim, Wulf reconhece como legítimo o paradigma da antropologia cultural ou etnologia, que estuda "a diversidade sociocultural da vida humana", as "manifestações culturais derivadas de culturas heterogêneas" (p. 247).

A antropologia histórico-cultural que defende e quer promover Wulf, em especial no campo da educação, é uma ciência multidisciplinar e transdisciplinar, "descentralizada, policêntrica" (p. 248) cujas duas características fundamentais são a "historicidade e a culturalidade" (p. 249). Segundo ele, o papel da pesquisa antropológica não é reduzir a complexidade de nosso conhecimento dos seres humanos, como tenta fazer uma antropologia que pretende enunciar

---

61. Christoph Wulf é alemão. Publicou seu artigo em inglês, do qual utilizo uma tradução para o português.

os traços fundamentais do humano, mas, ao contrário, ampliá-la: a antropologia histórico-cultural visa produzir "declarações complexas sobre fenômenos histórico-culturais particulares" (p. 250). Ao longo de sua obra, o autor argumenta em favor de considerar a diversidade, a complexidade, contra os discursos sobre o homem, no singular, que falam, na verdade, do homem europeu e norte-americano. Contra essa "antropologia normativa centrada no homem universal", defende uma "antropologia cultural que se define como uma ciência do estrangeiro" (Wulf, 1999, p. 74 e 184).[62]

É compreensível, portanto, que Wulf descarte de sua antropologia histórico-cultural, a antropologia filosófica – visando, muito particularmente, os trabalhos dos alemães Scheler, Plessner e Gehlen, da primeira metade do século XX. Essa rejeição é uma posição básica, fundamental, e sempre repetida em seus diversos escritos.

Em 1999: "uma antropologia histórica e cultural da educação" não tem por objetivo "a pesquisa sobre o homem e sobre a criança como seres universais, mas sobre homens e crianças reais, dentro de contextos históricos e sociais determinados". Nessa perspectiva, a definição do homem e a de sua educação não devem mais se basear sobre "um conceito totalizante do homem", "pontos de referência universais" (Wulf, 1999, p. 7-8).

Em 2002: "as pesquisas da antropologia histórica se diferenciam das pesquisas de uma antropologia que visa encontrar as constantes humanas", a "situação específica do homem no mundo", elas se "concentram sobre o estudo e a compreensão da diversidade cultural da vida social" (Wulf, 2002, p. 2).

Em 2016, no artigo já citado, criticou o paradigma da antropologia filosófica. "A preocupação dessa vertente do pensamento antropológico era a de compreender a essência, a natureza dos seres humanos em geral", "a *conditio humana*", o que resultou em "um discurso generalizante relacionado a um modelo único de homem". "Devido ao enfoque no ser humano como tal, a antropologia filosófica falha ao abordar a diversidade histórico-cultural dos humanos de forma plural". É "a consequência inevitável da tentativa interessante de se desenvolver um único conceito coerente de 'homem'" (Wulf, 2016, p. 245).

Que o homem só existe sob formas históricas determinadas, admito-o sem reservas. Nesse sentido, as análises apresentadas no *Tratado de antropologia*

---

62. As referências referem-se à edição francesa do livro (N.T.).

histórica, publicado sob a direção de Wulf (2002), são interessantes. Por exemplo, sobre a questão da educação: "A família não existe, um tipo único de família não existiu e não existirá" (Herrmann *apud* Wulf, 2002, p. 298) e "A relação entre filhos e pais não é uma relação eterna, é marcada pelas condições sociais e históricas" (Beck-Gernsheim *apud* Wulf, p. 238).

Da mesma forma, é necessário descartar qualquer explicação em termos de "natureza humana", que é uma das teses centrais deste livro e na qual não é preciso insistir.

Mas é ir depressa, muito depressa, concluir a ilegitimidade, e até a impossibilidade, de qualquer discurso sobre o homem que não a análise dos homens dentro de contextos históricos e sociais determinados.

O próprio Wulf, incluindo os textos em que critica a antropologia filosófica, não pôde evitar produzir enunciados generalizantes.

> Pode-se, portanto, definir a mimesis como *conditio humana* (1999, p. 11-12). Embora ele esteja centrado no individual, o conhecimento antropológico visa igualmente a uma compreensão sintética do humano (1999, p. 46).
>
> O caráter relativo e temporário do saber antropológico está ligado à *indeterminação de princípio* do homem que é decisivo, em relação com a abertura para o outro e para o saber do outro (2002, p. 2).
>
> Os gestos são tentativas de sair de simples situações de ser no corpo e de dispor do corpo. A condição prévia é a *posição excêntrica* do homem. Isso implica que o homem não é apenas como o animal, mas que ele sai de si mesmo e pode adotar uma atitude em relação a si mesmo (2002, p. 522).

Wulf está ciente das dificuldades em assumir até o fim sua posição epistemológica.[63]

Primeiro problema: as pesquisas de antropologia histórica "podem rapidamente correr o risco de não ultrapassar o nível dos próprios conhecimentos" (Wulf, 2002, p. 2). Em outras palavras, que sentido e que interesse essas pesquisas apresentam se não dizem algo sobre "o homem" além do que nos apresentam sobre homens de tal ou tal época? Resposta de Wulf: "Para isso, a reflexão sobre sua relação com o poder e com o saber é necessária, bem como a atualização das

---

63. Não é uma crítica, é uma análise. Dificuldades, hesitações, tensões, autocríticas não são uma fraqueza do autor, mas a marca de um pensamento vivo.

implicações normativas involuntárias dessas pesquisas" (p. 2). Mas, em que "o poder" e "o saber" são mais legítimos como objetos universais que "o homem"?

Segundo problema, que prolonga o anterior: por propor um significado, além da simples descrição histórica, o questionamento filosófico não apenas é "uma tentativa interessante" (Wulf, 2016, p. 245), mas é dificilmente evitável, seja qual for o paradigma antropológico.

> Entretanto, mesmo quando nos preocupamos com a diversidade cultural, a questão que ainda persiste é a do que seja comum a todos os seres humanos. Nesses tempos de globalização, além disso, é particularmente importante fazer pesquisas sobre semelhanças e diferenças entre seres humanos, culturas e épocas históricas (Wulf, 2016, p. 250).

Esse é, segundo Wulf, o papel da comparação sincrônica e diacrônica. A resposta é interessante, mas não será retomar, de outra forma, a tarefa da antropologia filosófica? Pois, após ter realizado as comparações, como vamos explicar as semelhanças existentes, uma vez que as sociedades, as culturas e as histórias são diferentes? Como vamos nomear a razão dessas semelhanças? Ao longo da história, precisamente, ela foi muitas vezes chamada de "natureza humana"... E, se não colocarmos a questão das semelhanças e diferenças, caímos novamente no problema anterior: que interesse apresenta a antropologia histórica, se esta nada nos diz sobre o significado do humano?

Terceiro problema: o das "implicações normativas", voluntárias ou involuntárias, da reflexão antropológica (Wulf, 2002, p. 2). Se a "era da antropologia normativa (está) terminada" (Wulf, 1999, p. 74), como um discurso pedagógico ainda é possível? Estabelecemos na primeira parte deste livro: a questão da norma é consubstancial ao discurso pedagógico, em uma dialética entre desejo e norma, na qual cada um supõe e confronta o outro. Se a perspectiva antroponormativa está hoje fechada, como escreveu Wulf, um discurso pedagógico contemporâneo é impossível.

O problema apresentado neste livro está, assim, resolvido, tristemente e de forma realista: o homem contemporâneo é o do desempenho e da concorrência, e sua educação não será outra coisa além de uma mistura de práticas educacionais improvisadas e práticas de aprendizagem manipuladas pelas neurociências e as técnicas digitais. Nessa perspectiva, a única coisa que pode fazer a antropologia é celebrar a diversidade humana, pelo menos enquanto ainda o permitir a globalização.

A menos que se recuse essa própria perspectiva e que se afirme que se pode pensar o homem ao mesmo tempo como histórico porque, efetivamente, o homem existe apenas em formas históricas determinadas e, como específico, na medida em que, precisamente, o homem é a única espécie que tem como características fundamentais a "historicidade" e a "culturalidade", retomando os termos do próprio Wulf (2016, p. 249). Um dos autores que contribuíram para o *Tratado de Antropologia Histórica* defende, aliás, uma ideia semelhante:

> O ser humano é entendido fundamentalmente como ser histórico, sem por isso negar que é possível, e até imperativo no nível mais alto da abstração da reflexão, considerar determinadas características como atributos genéricos gerais, embora diferentemente concretizados no processo de desenvolvimento da história humana. A definição de "historicidade" é, ela própria, um exemplo, o da "linguisticidade", um outro (Klafki *apud* Wulf, 2002, p. 806).

Minhas análises me conduziram à mesma conclusão fundamental: o ser humano é histórico, cultural, linguístico e alguns outros adjetivos qualificativos, aí está sua especificidade, e ela gera na história formas de humanidade que apresentam diferenças e semelhanças. Uma antropologia filosófica com o objetivo de compreender essa especificidade é possível, e até necessária para definir uma pedagogia. Entretanto, tenho algumas reservas quanto a expressão de "atributos genéricos", utilizada por Klafki, porque um atributo é "o que é próprio, pertencente particularmente a um ser, a uma coisa" (Dicionário Le Robert, 1993), e isso não me parece a melhor forma de expressar o que os homens têm em comum.

Mais pertinente me parece a formulação utilizada por Ricoeur em seu prefácio à tradução francesa do livro de Hannah Arendt sobre a *Condição do homem moderno*:

> Podemos chamar de antropologia filosófica esse tipo de meditação. Com isso, queremos dizer uma investigação que visa identificar os traços mais *duráveis* da condição humana, os que são menos vulneráveis às vicissitudes da era moderna (Ricoeur *apud* Arendt, 1983, p. 15. Destaque no texto).

Trata-se efetivamente de pensar a condição humana, a situação específica do homem no mundo e não uma natureza humana, entendida como um conjunto de características ou atributos que todos os homens possuiriam. Podemos mesmo dizer, em uma primeira abordagem, que a *condição* humana é a condição de um ser que, precisamente, não é definido por uma natureza. As considerações da própria autora podem aqui nos ajudar.

> Para evitar erros de interpretação: a condição humana não é o mesmo que a natureza humana, e a soma das atividades e capacidades humanas que correspondem à condição humana não constitui algo que se assemelhe à natureza humana (Arendt, 2007, p. 17-18).

O que é essa condição humana? Voltaremos a essa questão fundamental após evocar os debates contemporâneos sobre a especificidade do homem, mas já destacamos a diferença entre as questões "O que eu sou?" e "Quem eu sou?, proposta por Santo Agostinho, e retomada por Arendt. A resposta à questão "O que eu sou?", explica ela a partir dessa distinção, "só pode ser dada por Deus", pois foi Deus quem fez o homem. Respondendo nós mesmos, ela diz em uma bela formulação, "seria saltar sobre nossa sombra". Enquanto "a resposta à questão: 'Quem eu sou?' é simplesmente: 'És um homem, seja isso o que for'" (Arendt, 2007, p. 19).

A pergunta: "O que eu sou?" interroga a natureza do objeto criado por Deus, é uma questão sobre a natureza humana, enquanto a questão: "Quem eu sou?" é apresentada por um ser que sabe que não é um simples objeto, é a questão da condição humana. O homem é específico por condição e não por natureza.

8.2. Darwin e Deus, evolução das espécies e criação da alma: uma dupla especificidade humana

O debate da filosofia clássica entre dualistas e monistas não está morto, mas hoje é difícil ignorar Darwin e a Antropologia Cultural, de maneira que, na sociedade contemporânea, esse debate se apresenta sob novas formas que nos interessam aqui.

Em 2013, traduziu-se para o francês um livro publicado na Espanha em 1997, com título e subtítulo promissores: *Pour penser l'éducation: anthropologie philosophique de l'éducation* [Para pensar a educação: antropologia filosófica da educação][64] (Fullat i Genís, 2013). Esse livro leva em consideração "evolução, genética, neurologia e endocrinologia":

---

64. O título original em espanhol é *Antropologia filosófica de la educación*. As referências dizem respeito à edição francesa do livro (N.T.).

> a realidade humana [...] é, na origem, resultado da evolução de espécies biológicas, da genética parental, da bioquímica do cérebro e, por fim, dos processos endócrinos. Isso constitui o ponto zero de qualquer modalidade educacional (p. 40).

Nesse sentido, "o ser humano pertence à Natureza", "ele faz parte das espécies da zoologia", "o homem é tão natural quanto o granito, a cebola ou a girafa" (p. 37) e "a herança genética de um indivíduo humano é objetivada em seu cérebro, cérebro que explica, em grande parte, a conduta" (p. 42). Consequentemente, "todo processo educacional passa indiscutivelmente pelo sistema nervoso do educado e do educador" (p. 43). Além disso, "um indivíduo humano é psico-orgânico, uma peça única, como o escaravelho e a mula. Tudo o que é psíquico se desdobra organicamente, e vice-versa" (p. 50). A causa parece entendida: esse livro se inscreve em uma perspectiva materialista, darwiniana, científica.

De forma alguma! O "modelo antropológico" de Fullat i Genís é "resolutamente dualista" (p. 134). Trata-se mesmo de um "dualismo antropológico" militante, religioso, profundamente enraizado no "paradigma hebraico" (p. 111), ou seja, em uma convicção religiosa judaica. Ao conceito grego de *meson* (medida, juízo), Fullat i Genís opõe o conceito hebraico de *ruah*, "o homem enquanto *Ruah* ou excesso". "A palavra *ruah* nunca indica um conteúdo mental, mas sim um modo de agir impulsionado pelo outro, Javé, o Eterno, o Inefável, o Não Existente" (p. 104). O homem é *ruah*, quer dizer, excesso, ruptura, diferença, eis "uma questão de estrutura antropológica" e "uma antropologia filosófica de educação não pode se esquivar do tema de Deus" (p. 127). Em que argumentos se fundamentam afirmações tão peremptórias? Sobre o da obrigação moral. O *antropos* se define por "seu dever de ser justo, apesar da falta de motivos suficientes para tal" e o ato moral é um "salto livre em direção à Justiça Inefável" (p. 121).

> A educação seriamente moral repousa forçosamente sobre uma visão do mundo da ruptura e da diferença. As outras formas de compreender a moral apenas a reduzem às aprendizagens neurobiológicas e psicossociais, quer dizer que elas terminam com a moral. Sem ela, o ser humano não passa de um animal, pura e simplesmente, apenas com uma conduta mais complexa pois dispõe de mais neurônios no cérebro (p. 130).

Todos têm direito a suas convicções religiosas. Nosso problema aqui é científico: como Fullat i Genís pode sustentar uma visão do homem radicalmente darwiniana e, ao mesmo tempo, radicalmente religiosa? O argumento da obrigação moral não é convincente: o imperativo categórico kantiano, baseado na razão prática, não precisa de forma alguma de uma explicação pelo "Inefável". Na verdade, trata-se mesmo de uma posição "resolutamente dualista" (p. 134), na medida em que as duas perspectivas, darwiniana e hebraica, não são objeto de nenhuma tentativa de conciliação. É "o mistério do homem. A diferença, inexoravelmente distante, faz parte do humano" (p. 120). A última palavra, portanto, permanece em *ruah,* diferença, ruptura. Colocar o homem como ruptura, excesso e obrigação não é, aliás, desprovido de interesse, inclusive do ponto de vista da dialética do desejo e da norma; o problema é a renúncia à inteligibilidade e a demonstração de força religiosa.

Se poderia pensar que Fullat i Genís, filósofo, não conseguiu se desfazer do dualismo filosófico tradicional, apesar de sua informação científica. Mas se encontra o mesmo tipo de abordagem no neurologista John Eccles, cientista muito sério cujos trabalhos sobre impulso nervoso foram coroados com um Prêmio Nobel de Medicina em 1964 (Eccles, 1994).[65] Como poderia se esperar de um pesquisador, Eccles começa pelo *Big Bang* e continua com explicações longas, pertinentes e interessantes baseadas em paleoantropologia, primatologia e ciências do cérebro. "A evolução humana foi construída a partir da evolução já alcançada pelos primatas, em particular pelos hominídeos" (Eccles, 1994, p. 9).

Mas, chegando a dois terços do livro, Eccles tropeça em uma primeira dificuldade: a consciência animal. Os animais demonstram manifestações afetivas e comportamentos adequados, que levam em conta o passado. "Não há dúvida que há experiências mentais nos animais domésticos, sobretudo os que compartilham a vida cotidiana com os homens: cachorro, gato, cavalo" (p. 233). "Não é mais possível negar a existência de uma consciência de si nos animais, pelo menos nos animais superiores e, portanto, um desafio é lançado aos evolucionistas" (p. 236). Como explicar o "aparecimento do psíquico ao longo da evolução das espécies?" "Como os organismos vivos teriam adquirido experiências mentais, não materiais, situadas em um mundo diferente daquele que, feito de matéria e energia, continha até então tudo o que existia?" (p. 235). A aparição da consciência permanece "enigmática" "enquanto a considerarmos como *um processo*

---

65. Aliás, Eccles é uma das principais referências de Fullat i Genís na parte científica do livro que escreveu.

exclusivamente natural no seio de um mundo exclusivamente material" (p. 236, em destaque no texto).

A existência de consciência que, no caso do animal, já é "uma anomalia inexplicável" "no âmbito de um darwinismo estritamente materialista" (p. 290), torna-se ainda mais enigmática quando se considera o homem. Na verdade, "além da consciência, que se pode reconhecer no conjunto de comportamentos de animais evoluídos, mamíferos e pássaros, existe nos humanos uma autoconsciência que certamente já se manifesta no *homo sapiens neandertalis*" (p. 290). Cada homem "existe enquanto ser autoconsciente único" e isso é "um milagre, para todo sempre, além das possibilidades de explicação da ciência" (p. 315). Essa unidade do eu só é explicável por "uma criação espiritual de ordem sobrenatural", em termos teológicos: "cada alma é uma nova criação divina, implantada no feto em um momento entre a concepção e o nascimento" (p. 317). "De uma forma misteriosa, Deus, em tal visão, é o criador de todos os seres vivos que apareceram ao longo da evolução, mas também de cada pessoa humana com sua autoconsciência e sua alma imortal" (p. 324).

Se poderia dirigir diversas objeções a Eccles, em particular fazer-lhe observar que coloca um duplo enigma, com uma dupla fronteira: entre o mundo de energia e da matéria e o da consciência, de um lado; entre o da consciência animal e o da autoconsciência humana, por outro. Como sua hipótese de uma criação divina da alma lida com essa dupla especificidade? Mas o que nos interessa aqui não é o debate teológico, mas sobre a especificidade do homem. O que é interessante em Fullat i Genís e em Eccles é que eles não opõem Deus a Darwin, embora refutem "um darwinismo estritamente materialista", para usar a expressão de Eccles. No começo do próprio capítulo sobre "a pessoa humana", no qual sustém sua tese teológica, ele reafirma sua opção resolutamente darwiniana: "A moral deste livro é que a evolução dos hominídeos dependeu de maneira única do soberbo sistema nervoso desenvolvido por nossos ancestrais primatas. Essa evolução não se repetirá" (p. 289). Fullat i Genís, Eccles e, poderíamos acrescentar, as formas iluminadas do dualismo moderno, chamam Deus como reforço de Darwin. "Afirmo que não há qualquer outra explicação", conclui Eccles (p. 317).

Mas pode-se falar de explicação quando a própria existência da consciência é uma "anomalia inexplicável" e a da autoconsciência humana "um milagre, para todo sempre, além das possibilidades de explicação da ciência"? De fato, essa "explicação" não explica nada. Deus tinha tudo planejado desde a eternidade, como afirma a Teoria do Intelligent Design (Design Inteligente)[66], a fim de que a evolução se desenrolasse como aconteceu e conduzisse ao *Homo sapiens*? Em que momento, por que e como Deus introduziu a consciência animal, depois a autoconsciência humana no processo evolutivo? Ainda por cima, em uma evolução considerada, justificadamente, como um processo aleatório que não se repetirá jamais. Como se articulam o "soberbo sistema nervoso desenvolvido por nossos ancestrais primatas" e essa "criação espiritual de ordem sobrenatural" que é a alma? Nem Fullat i Genís, nem Eccles, fornecem, ou mesmo tentam fornecer, uma resposta a essas questões. Portanto, a única "explicação" que propõem esses autores é que são fatos além de qualquer explicação científica.

De certa forma, essa descontinuidade entre religião e ciência é positiva, porque evita que o trabalho científico seja contaminado pela convicção religiosa, como mostra o próprio exemplo de Eccles que, ao mesmo tempo, invoca a criação sobrenatural da alma e ganha o Prêmio Nobel por ter demonstrado quais são os processos químicos responsáveis pelo impulso nervoso. Mas, no que nos diz respeito a este livro, a definição da especificidade do homem pela alma, não apenas não explica nada, como encerra de imediato a questão fundamental da pedagogia. O que e como fazer para que um ser humano aconteça na criança? E que ser humano? Ou podemos dizer que a questão não se coloca, porque o humano já está lá, como alma. Ou não temos nada a dizer por que não temos a mínima ideia da forma como essa alma utiliza esse soberbo cérebro biológico colocado à disposição pela evolução. Com uma alma, além de ser uma alma militante de Deus, pode-se organizar fogueiras de bruxas, cruzadas, *jihad*, colonização de terras de outros ou se tornar São Francisco de Assis, ou, pelo menos, o papa Francisco. Ao fim de que educação, com que projeto pedagógico?

---

66. Essa teoria foi desenvolvida, sobretudo, por conservadores cristãos norte-americanos que reconhecem, pelo menos em parte, a teoria da evolução, mas a adaptam às suas convicções religiosas. Todos têm direito a suas crenças religiosas, mas quando essas crenças pretendem ser ciência, como a Teoria do Design Inteligente, há uma usurpação de identidade. O discurso religioso é simbólico, ele propõe sentido e é essa a sua eventual legitimidade. A teoria científica é um sistema coerente de enunciados que tenta dar conta de um conjunto aberto de fatos verificáveis. Esses enunciados e a própria teoria são refutáveis se aparecem contradições entre os enunciados, ou entre eles e os fatos estabelecidos (Popper, 1985). Segundo esses critérios, não há qualquer dúvida de que a Teoria do Design Inteligente é teológica e não científica.

A definição do homem pela colaboração entre Darwin e Deus não induz qualquer projeto pedagógico específico. Ela só pode propor, em educação, "o tema da moral gratuita, da ética desprovida de razão" (Fullat i Genís, 2013, p. 122) ou "os ensinamentos cristãos tradicionais" (Eccles, 1994, p. 324).

Minha tentativa neste livro é pensar a questão antropológica na educação a partir das próprias condições pelas quais surgiu, ao longo da evolução, uma espécie humana *sapiens* (e algumas outras...), recusando qualquer forma de *Deus ex machina*, seja direta (a alma como resposta), seja secundária (a "natureza humana" como resposta). Então, vejamos o que nos dizem os antidualistas contemporâneos sobre a especificidade do homem.

8.3. Natureza ou cultura? O homem, uma espécie biológica dotada de uma cultura específica

Em 2005, Philippe Descola publicou o livro *Par-delà nature et culture* [Além de natureza e cultura], que tem por "projeto explicar a razão das relações que os humanos têm com eles mesmos e com os não humanos" (Descola, 2005, p. 15). Em 2007, foi lançado *La fin de l'exception humaine* [O fim da exceção humana], no qual Jean-Marie Schaeffer critica a ideia de ser humano como exceção ontológica, social ou cultural, e define *sapiens* como espécie biológica. Esses dois livros[67] refutam qualquer definição do homem por qualquer natureza ou essência, portanto todas as formas de dualismo sem, para tanto, rejeitar a ideia de uma especificidade do homem.

A ambição de Descola é que "a antropologia desista de seu dualismo constitutivo", mas ele também não deseja "reduzir a pluralidade das existências a uma unidade de substância, finalidade ou verdade" (Descola, 2005, p. 15). O que lhe interessa, é a diversidade de formas de habitar o mundo. Schaeffer desenvolve uma crítica radical da antropologia filosófica, que postula uma "ruptura ôntica", quer dizer "uma separação radical entre os seres humanos e as outras formas de

---

67. Junte-se a eles o livro de Marshall Sahlins, *La nature humaine, une illusion occidentale* [A natureza humana, uma ilusão ocidental], já citado na primeira parte desta obra. Publicado em 2008, e traduzido para o francês em 2009, a obra critica a noção de natureza humana e a oposição entre natureza e cultura que nutre há séculos o pensamento ocidental.

vida" (Schaeffer, 2007, p. 27) e um "dualismo ontológico", replicação dessa ruptura no próprio homem, pensado como duplo – corpo e espírito. Para Schaeffer, a questão da essência humana colocada pela antropologia filosófica deve ser reduzida a uma "questão local (que) diz respeito à identidade de uma espécie biológica inscrevendo-se na história do ser vivo, tal como se desenvolveu em um planeta em particular de um dos inúmeros sistemas solares que fazem parte de uma das cerca de centenas de bilhões de galáxias que formam o universo" (p. 137).

No entanto, ele insiste, considerar o homem como um animal "não visa de modo algum rebaixar o ser humano e não traduz nenhuma visão 'niilista' da identidade humana" (p. 140). Que o homem seja uma espécie biológica em um mundo que ele compartilha com outras espécies, não quer dizer que não haja uma especificidade humana – aliás, como destaca Schaeffer, toda espécie biológica, e não apenas o homem, apresenta especificidades. Recusar pensar a especificidade do homem em termos de "natureza humana" sem, para tanto, negar essa especificidade é uma abordagem que nos interessa e merece atenção, pois, ao mesmo tempo, uma pedagogia contemporânea necessita de uma referência à uma especificidade humana e essa referência não pode mais se referir a uma "natureza".

8.3.1. Philippe Descola, além da natureza e da cultura

O livro de Descola analisa a oposição entre natureza e cultura, e recusa "essa redução da multiplicidade de existentes a duas ordens de realidade heterogêneas" (Descola, 2005, p. 12). É preciso superar essa oposição, que "não possui a universalidade que lhe é atribuída" (p. 16).

> Muitas das sociedades ditas 'primitivas' nos convidam a tal superação, elas que nunca pensaram que as fronteiras da humanidade se limitavam às portas da espécie humana, elas que não hesitam a convidar para o concerto de sua vida social as mais modestas plantas, os mais insignificantes dos animais (p. 19).

Nossa ontologia moderna é ao mesmo tempo naturalista e dualista. Ela considera que o homem é regido pelas mesmas leis naturais da termodinâmica e da química que os organismos mais humildes, mas difere deles radicalmente pela consciência reflexiva, domínio dos símbolos, linguagem, quer dizer, cultura.

Nessa forma de pensar, existe uma distinção ontológica entre o homem, no singular, e o animal, também no singular. Mas esse "esquema naturalista já não é evidente", explica Descola (p. 347), "é uma simples variação entre outras do regime do ser" (p. 523). Há outras formas de identificação, quer dizer, outras formas de identificar as semelhanças e diferenças entre os seres: o totemismo, o analogismo e, no modo de identificação mais difundido, e simétrico ao naturalismo, o animismo.

Enquanto o naturalismo postula uma continuidade dos corpos e uma descontinuidade das mentes, o animismo confere aos não humanos uma interioridade idêntica à dos humanos, e "decifra os sinais de alteridade na descontinuidade dos corpos" (p. 497). Nessa visão de mundo, plantas e animais possuem uma alma, têm uma consciência reflexiva, emoções, porém corpos diferentes dos humanos. Uma mesma energia vital circula em diferentes formas, de maneira que são possíveis as metamorfoses, que mudam as formas sem afetar as identidades. Assim, "a maior parte das entidades que povoam o mundo estão ligadas umas às outras em vasto *continuum* animado pelos princípios unitários e governado por um idêntico regime de sociabilidade" (p. 33). Portanto, o indivíduo não é concebido como uma essência individualizada, "um sujeito independente contido inteiramente dentro das fronteiras de seu corpo" (p. 213), como no individualismo ocidental, mas como um elemento de uma rede complexa de interações. Sua identidade é "relacional" (p. 36).

"Cada uma das formas de identificação define assim um estilo específico de relação com o mundo" (p. 527). Mas também é preciso levar em conta as formas de relacionamento: troca, predação, doação, produção, transmissão. Na verdade, os coletivos podem compartilhar um mesmo modo de identificação, mas se diferenciar pelos estilos de interação e de comportamento, as formas de relacionamentos entre suas existências. "A prevalência de um esquema de relacionamento em um coletivo induz seus membros a adotar comportamentos típicos" (p. 612). Assim, "um *ethos* passa a ser incorporado como uma disposição a agir segundo princípios de conduta que, no entanto, nunca são formulados" (p. 585). Essa não é uma norma explicitamente transmitida, "é uma orientação a outrem interiorizada ao longo dos dias, desde a mais tenra idade, e construída menos por assimilação de um sistema de 'representações coletivas' que por induções sucessivas a partir da observação do comportamento dos adultos". "Tudo isso contribui a fornecer referências, suscitar automatismos, fundir-se em atitudes, enfim, a se convidar como um ator competente no mundo onde é nascido" (p. 586).

A identificação e o relacionamento permitem compreender como os humanos organizam "sua experiência, notadamente em suas relações com os não humanos" (p. 619). Seu entrelaçamento desenha as grandes configurações nas quais os usos do mundo "foram instituídos ao longo da história" (p. 686). "Cada tipo de presença no mundo, cada maneira de se vincular com ele e de utilizá-lo constitui um compromisso específico entre dados de experiência sensível acessíveis a todos, mas interpretados diferentemente, e um modo de agregação dos existentes adaptados às circunstâncias históricas". Seria, portanto, "errado pensar que os Indígenas da Amazônia, os Aborígenes australianos ou os monges do Tibete seriam portadores de uma sabedoria mais profunda para o tempo presente que o naturalismo claudicante da modernidade tardia" (p. 689). Esses modos diversos de relação com o mundo correspondem às suas circunstâncias históricas e, portanto, por definição, são todos historicamente pertinentes. No entanto, "essas formas de relação com o mundo não me parecem nem ilimitadas, nem incomensuráveis", escreve Descola (p. 685), recusando-se a interpretar esse fato como "uma hipotética teoria da natureza humana" (p. 686).

Noto, de minha parte, um fato que, na base dos múltiplos dados de campo evocados por Descola, parece universal: todos os coletivos humanos organizam e interpretam suas relações com outros humanos e não humanos, mantendo assim certa forma de relação com o mundo e, ao fazê-lo, definem também sua identidade. Os estilos de relações com o mundo variam segundo as circunstâncias históricas, mas todo grupo humano produz um trabalho de interpretação do mundo, dos outros e de si mesmo, que não é encontrado da mesma forma em outras espécies. É essa forma de presença no mundo, de relação com o mundo, com os outros e consigo mesmo, que colocarei aqui como especificidade humana – pelo menos a título de hipótese de trabalho, pois falta compreendê-la de maneira mais precisa. Toda espécie tem uma relação específica com o mundo (por definição) e é preciso tentar compreender em que consiste a especificidade da espécie humana.

Não se deduz de uma natureza humana, de uma essência intemporal. É produzida ao longo da evolução da espécie humana e sob formas particulares ligadas à história dos grupos humanos – de tal modo que, ao mesmo tempo, só se encontra no homem, mas sempre sob formas particulares. Essa relação com os outros e com o mundo é interiorizada "ao longo dos dias, desde a mais tenra idade" pelo novo membro da espécie a cada geração, e permite "se convidar como um ator competente no mundo onde é nascido", segundo a bela formulação de Philippe Descola (p. 586).

O homem é uma espécie biológica que vive e pensa uma forma específica de relação com o mundo, com os outros e, por via de consequência, consigo mesmo. Essa também é minha conclusão do livro de Jean-Marie Schaeffer, com alguns esclarecimentos adicionais interessantes.

8.3.2. Jean-Marie Schaeffer e o fim da exceção humana

Para Schaeffer, "a unidade da humanidade é a de uma espécie biológica", nós somos "seres vivos entre outros seres vivos" (Schaeffer, 2007, p. 13), "uma das encarnações transitórias" da vida (p. 14). Uma espécie não é uma classe, definida por propriedades comuns (uma natureza, uma essência), é uma "população mendeliana", quer dizer, "uma linhagem que gera a si mesma por autorreplicação" (p. 198). A ideia de humanidade não deve, portanto, ser interpretada como uma característica da qual cada humano seria dotado em si mesmo, individualmente, mas como "um todo genealógico" (p. 199), o dos homens, que se constituiu ao longo da evolução. "O 'Homem' não é uma 'natureza' ou uma 'essência'. Ele é a cristalização genealógica provisória e instável de uma forma de vida em evolução, ou seja, a humanidade enquanto espécie" (p. 136). Essa espécie é "o resultado da história reprodutiva dos indivíduos" (p. 63) e, portanto, "o ser humano é *integralmente* o *resultado* e a *continuação* de uma história que é a da evolução do ser vivente em nosso planeta" (p. 64, destacado no texto). Nesse sentido, é absolutamente insuficiente dizer que o homem possui um aspecto biológico, que é um animal mais alguma coisa (animal político, animal racional): "ele *é* um ser biológico", inclusive no que a filosofia associa à sua animalidade (p. 63).

Esse mesmo autor desenvolve em seu livro uma crítica radical da "tese da exceção humana", essa "Tese" que, sob diversas formas, "afirma que o homem é uma exceção entre os seres que povoam a terra, ou até que é exceção entre os seres – ou o ser – ponto-final" (p. 14). Em sua forma mais radical, filosófica, a Tese coloca que "em sua essência propriamente humana, o homem seria um 'eu', ou um 'sujeito', radicalmente autônomo e fundador do próprio ser" (p. 14).

Ao "conceder o privilégio epistêmico à consciência autorreflexiva sobre toda outra modalidade cognitiva" (p. 48), Descartes, com seu *cogito*, é o fundador das formas modernas dessa tese. Mas Schaeffer visa igualmente e descarta as filosofias analíticas neokantianas, Husserl, Merleau-Ponty e a fenomenologia, Heidegger,

Sartre e as filosofias existenciais: todas essas filosofias, segundo Schaeffer, identificam "uma propriedade universal (ou mesmo transcendental) destinada a expressar a natureza específica do homem" (p. 199).

A segunda forma da Tese, comum nas ciências sociais, "situa o lugar da transcendência no social: o homem social, nos diz, é o homem 'não natural', ou mesmo 'antinatural'. A vida 'biológica' seria apenas o substrato da humanidade e não teria nada a ver com a própria identidade" (p. 14). Schaeffer não põe em dúvida "a natureza constitutiva social da identidade humana": "a identidade humana *é* social" (p. 201). Mas "que o homem seja um ser social, eis o que, longe de se opor à sua especificidade biológica, ao contrário, é uma expressão dela" (p. 19): "a sociabilidade do homem é um dado biológico da espécie humana" (p. 244).

Consequentemente, é preciso "conciliar o fato de que o ser humano *é* (no sentido mais forte da cópula) um ser biológico com o fato de que ele *é* (no sentido mais forte da cópula) um ser social" (p. 202). Além disso, "o fato social em nada é um fato especificamente humano", o homem é "uma espécie social entre outras" (p. 253). Em uma extremidade da cadeia, nos insetos, por exemplo, há espécies que tiram o maior benefício adaptativo da sociabilidade, "codificando geneticamente os diferentes papéis sociais" (p. 192) e, na outra extremidade, "as espécies de reprodução social exossomática, de que a espécie humana é, sem dúvida, o exemplo mais complexo" (p. 254). Como "o modo de vida social em nada é uma especificidade humana" (p. 257), é preciso parar de buscar em uma natureza humana originária a fonte da sociedade humana, como o fazem as teorias do contrato social ou da escolha racional.

A terceira forma da Tese, que se encontra principalmente nas ciências humanas, "sustenta que é a 'cultura' (a criação de sistemas simbólicos), que constitui a identidade propriamente humana do ser humano" (p. 15). Schaeffer não nega que o homem seja, "sem dúvida", "o animal cultural por excelência" (p. 284). Mas não se pode, no entanto, "fazer da cultura o lugar da excepcionalidade humana" (p. 19).

Os dois argumentos fundamentais utilizados por Schaeffer são os mesmos que ele apresenta na crítica à tese da excepcionalidade social do homem. Em primeiro lugar, "a 'cultura' não transcende a biologia do homem, é um de seus traços principais" (p. 200). "Que o ser social e cultural do homem, longe de projetá-lo para além de seu ser biológico, seja dimensões ou aspectos de seu ser biológico, também não deveria suscitar qualquer dúvida". "Existe, em verdade, uma dependência radical do social e do cultural em relação ao biológico" (p. 16): "de qualquer forma, a transmissão cultural pressupõe a transmissão genética" entre duas gerações de organismos (p. 337) e, seja qual for a importância da transmissão cultural, o genoma (com ou sem intervenção de técnicas humanas) continua a ser o que decide o futuro da espécie. Além disso, "a cultura humana não é a única cultura animal" (p. 19) e não se pode, portanto, sustentar que a existência de uma cultura define uma especificidade humana.

No entanto, Schaeffer deve enfrentar dois argumentos frequentemente invocados para pôr a cultura como própria do homem: o da linguagem e o da consciência. Mais uma vez, ele os considera como fatos biológicos.

A linguagem, entendida como "capacidade de produzir um número infinito de frases a partir de elementos e regras em número finito, é um fato especificamente humano, ou seja, é o ponto pelo qual o animal humano se distingue mais notadamente dos outros animais" (p. 275). Mas isso não quer dizer que pela linguagem o homem se distingue da natureza para entrar em uma ordem incomensurável, a da cultura. "A linguagem, precisamente na medida em que é própria do homem, *é* um fato biológico: a competência linguística faz parte da biologia do homem" (p. 275). A gramática generativa de Noam Chomsky mostra que aptidão à linguagem é inata, portanto, biológica.

Quanto à consciência, tratada pela filosofia e pela teologia como a faculdade mais eminente que existe, Schaeffer parece ter um prazer maligno em rebater suas pretensões. É, ele diz, uma questão que importa apenas para nós, uma questão "local e muito circunscrita. Afinal, os estados de consciência são apenas uma característica intermitente de algumas raras espécies vivas: existem infinitamente mais que aparentemente vivem muito bem sem ela" (p. 346). Não se trata de negar "a própria realidade dos fatos de consciência" (p. 355), mas a consciência não é uma substância, o que existe são estados mentais e "os estados mentais *qua* estados mentais são fatos biológicos" (p. 359), "assim como a ecolocalização faz parte da biologia dos morcegos" (p. 209). A autoconsciência humana é uma propriedade funcional, "resultado de uma longa história evolutiva, ritmada por mutações aleatórias e uma pressão seletiva diferencial" (p. 64).

A consciência e os estados mentais "podem ser explicados genealogicamente como fatos evolutivos", eles "são o resultado de uma complexificação progressiva e *local* de mecanismos de *feedback* da informação presentes desde os primeiros estágios de evolução do ser vivo" (p. 158, destacado no texto).

Tais mecanismos já existem no controle elementar da ameba sobre os movimentos de seus pseudópodes, eles se complexificaram ao longo da evolução; existem "patamares de emergência" irredutíveis, como o da consciência, mas sem ruptura ôntica que nos faria passar a um outro tipo de ser – em particular, podemos acrescentar pensando na argumentação de Eccles, a uma alma imortal.

É preciso compreender a posição teórica de Schaeffer. Ela é naturalista, mas não reducionista. Ele sustenta que a humanidade "é uma forma de vida biológica", mas sem "nenhum reducionismo", "sem, por um instante, questionar a característica irredutível dos fatos sociais e culturais" (p. 18). Segundo ele, somos, sem qualquer dúvida, seres biológicos, portanto a socialidade, cultura, linguagem, autoconsciência foram construídas ao longo da evolução, de forma natural, sem qualquer autofundação ou intervenção transcendente que seja. Mas a evolução nos fez específicos, como fez a qualquer espécie. Somos, portanto, "seres biológicos dotados de uma identidade social e mental específica" (p. 370). Isso quer dizer, por exemplo, que os fatos mentais não existem sem neurônios, mas eles "são irredutíveis a qualquer atividade neural singular" (p. 214). Os fatos de consciência têm "uma realidade própria" (p. 357), não são epifenômenos neurais e, de forma geral, os fatos culturais são ao mesmo tempo biológicos e irredutíveis a explicações anatômicas e fisiológicas. Concordo com essa ideia e a linguagem me parece ser um bom exemplo: não poderíamos falar se a evolução não nos tivesse dotado da laringe que possuímos e das áreas cerebrais de Broca e de Wernicke e, desse ponto de vista, a linguagem é um fato biológico; mas não falaríamos se não tivéssemos algo a dizer aos outros seres humanos e, nesse sentido, a linguagem é um fato cultural, irredutível a explicações anatomofisiológicas.

Resta compreender, além da descrição, em que consiste exatamente a especificidade humana. Essa questão da especificidade não é a que mais interessa a Schaeffer, uma vez que seu projeto é, ao contrário, anunciar "o fim da exceção humana". Mas, ao longo do livro, ele nota determinado número de características irredutíveis e específicas da espécie humana. O homem não é o único animal com uma dimensão cultural, mas é "o animal cultural por excelência", por causa da "especificidade da cultura humana, a saber, seu caráter acumulador e autocatalítico" (p. 284).

Primeira característica: a cumulatividade. "Na linha de onde vem a humanidade, o fato da cultura existe também em outras espécies, mas sob uma forma que não é cumulativa" (p. 325). Essa é uma característica específica, pois "toda cultura não é cumulativa". Assim, os comportamentos culturais dos chimpanzés "não formam um sistema" e permanecem "uma adição de traços atomizados sem integração em um conjunto estrutural constituindo um 'universo cultural'" (p. 279).

Segunda característica específica da espécie humana, associada à anterior: seu caráter autocatalítico. Sabendo que uma reação química é dita autocatalítica quando é mantida por um dos produtos dessa própria reação, quer dizer que a cultura produz cultura, em um processo de autoprodução – lembrando que, para Schaeffer, o fato cultural não se produz *dentro* de um ser biológico, ele é uma expressão cultural de um ser biológico.

Cumulatividade e autocatálise são possíveis pela linguagem, "traço discriminatório que permite distinguir a cultura humana das outras culturas animais", "fonte da dinâmica autocatalítica da cultura humana, uma dinâmica que não se encontra nas outras culturas animais" (p. 296). Para compreender isso, é preciso passar por uma característica definidora da própria cultura, de toda cultura, incluindo a animal: a transmissão cultural é não genética. "A especificidade dos fatos culturais *não* reside tanto em seus conteúdos como na sua forma de transmissão" (p. 282). Não basta que uma espécie utilize as ferramentas para que possa ser qualificada de "cultural", só o pode ser quando as relações sociais e a capacidade de se servir das ferramentas "são transmitidas de forma particular, a saber, de maneira não genética" (p. 283).

> Reposicionada na evolução das formas de vida, a cultura aparece primeiro como um meio não genético para fazer circular a informação entre indivíduos. Portanto, perguntar-se sobre a especificidade da cultura humana equivale a questionar primeiro sobre um tipo específico de aquisição, transmissão e difusão de informação (p. 286).

Essa característica específica é a linguagem, "forma de aprendizagem social mais importante entre os seres humanos" (p. 296). A linguagem permite "o desenvolvimento de uma transmissão exossomática cumulativa (a cultura como fato intrinsecamente histórico)" (p. 209). Ela permite acumular cultura, transmiti-la às gerações seguintes e produzir cultura em um processo de autoprodução – em uma espécie, ao mesmo tempo, biológica e histórica, a espécie humana.

No homem, a cultura "influencia" até "o conjunto genético das comunidades humanas, canalizando a reprodução biológica segundo imperativos culturais"

(p. 343), a partir, em particular, de regras de casamento segundo os critérios sociais, raciais, econômicos, culturais. É também a cultura que produz a Tese dualista criticada no livro, cuja função é legitimar nossa vida e lhe dar uma significação. "Dado o seu custo exorbitante [...] podemos pensar que a Tese da exceção humana não faz parte das tentativas mais felizes" (p. 383, última frase do livro).

Schaeffer não aponta isso, pois não é seu problema, mas é o nosso e é conveniente destacar: sua análise da espécie humana e a da especificidade cultural dessa espécie implicam uma transmissão de geração em geração, e essa forma particular de transmissão que é a educação. A transmissão é primeiramente genética: a humanidade emerge em uma história reprodutiva, que é uma transmissão de genes de geração em geração (mais ou menos dificultada ou ajudada pelas mutações). A transmissão é também cultural: se a cultura humana é cumulativa e "autocatalítica", é porque o indivíduo de uma geração não precisa repetir individualmente todas as aprendizagens realizadas pelos indivíduos das gerações precedentes. Da mesma forma que ele recebe os genes, pela educação ele herda, de certa forma, as aprendizagens anteriores já feitas pela espécie.

Penso que podemos dar um passo além, para além do livro de Schaeffer: se a especificidade dos fatos culturais reside em seu modo de transmissão e, se o ser humano é um animal cultural por excelência, a própria especificidade da espécie humana reside no modo de transmissão dos fatos culturais.

Uma transmissão cultural, quer dizer, não genética, existe também em determinados animais, embora neles ela permaneça rudimentar. Consequentemente, o que é específico do homem, não é a existência de uma transmissão cultural, é a existência de uma transmissão cultural *específica*: segundo Schaeffer, a transmissão de uma cultura integrada, cumulativa, autossustentável ("autocatalítica"). Como uma cultura que apresenta essas características é possível e transmitida? Tal transmissão é *possibilitada* pela linguagem, que a potencializa, a torna mais poderosa, mais sistemática, mais bem integrada. Porém, embora a linguagem, tal como definida por Schaeffer, seja, certamente, específica do homem, tendo a pensar que a própria existência da linguagem humana já é um efeito dessa especificidade. De fato, uma cultura como forma integrada, cumulativa e autossustentável não existe apenas sob a forma de linguagem. Ela tem outra forma de existência, mais ampla: o mundo humano, como resultado cumulativo da atividade da espécie humana ao longo de uma história. Schaeffer escreve que "o ser humano é integralmente o resultado da continuação de uma história que é a da evolução do ser vivo em nosso planeta" (p. 64). Podemos, nessa frase, substituir "ser humano" por "mundo humano": o mundo humano é integralmente o resultado e a continuação de uma história que é a da evolução do ser vivo sobre nosso planeta e, muito particularmente, da atividade sobre esse planeta, da espécie humana. Melhor ainda: o mundo humano e o ser humano são os resultados, conjuntos e indissociáveis, dessa evolução e dessa história. A especificidade da transmissão cultural no homem é que ocorre por meio da apropriação pelo indivíduo, por meio da educação, de um mundo humano construído historicamente pela espécie.

No fim da minha análise do livro de Descola, coloquei, como hipótese, que a especificidade humana é definida por uma forma específica de presença no mundo, de relação com o mundo, com os outros e consigo mesmo. Agora dou um passo além: o que é específico do ser humano, como resultado cumulativo de sua atividade transmitida de geração em geração, é o mundo humano. Nenhuma outra espécie construiu um mundo equivalente ao mundo humano, é esse próprio mundo que é a melhor definição da especificidade humana. Esta não pode ser definida por uma característica presente em todo individuo humano, expressão de uma natureza humana, de uma essência atemporal. Ou a especificidade da espécie humana é definida por seu genoma, como a de qualquer espécie viva. Ou tenta-se dizer outra forma de especificidade, cultural, e o ponto de partida da análise deve ser essa obra material, social e simbólica que a espécie humana construiu ao longo de sua história: um mundo humano, sem equivalente sobre o planeta Terra. O filhote do homem nasce biologicamente hominizado, enquanto produto de uma evolução biológica, mas ele só se torna culturalmente humano, humaniza-se, pela apropriação, por meio do processo educacional, do mundo humano onde nasce e de suas formas de usá-lo.

Isso supõe e produz uma relação com o mundo diferente da relação que os outros animais têm com seu meio ambiente. O homem não vive em um meio ambiente, vive em um mundo que ele interpreta, como demonstra Descola, para dar a ele e a si mesmo sentido e legitimidade. É essa relação específica com o mundo, como relação de um ser biologicamente humano com um mundo cultural e historicamente humano, que vamos agora tentar compreender um pouco melhor.

8.4. Relação com o mundo, condição humana e técnica: debates filosóficos contemporâneos

Definir o homem por uma relação com o mundo específica não é uma ideia verdadeiramente nova, ela aparece em diversos filósofos alemães do século XX, mesmo que seja raramente debatida sob essa categoria de "relação com o mundo". Schaeffer não gostaria, sem dúvida, que em seu rastro, mobilizássemos filósofos que ele classifica ou classificaria como defensores da "Tese". Mas agora que chegamos à ideia de que a especificidade da espécie humana repousa sobre uma forma particular de relação com o mundo, seria uma triste intolerância intelectual não visitar os filósofos nos quais as questões da relação com o mundo e da condição humana são centrais.

Duas correntes filosóficas alemãs do século XX, elas próprias plurais, definem o homem como "abertura ao mundo": a antropologia filosófica e a filosofia de Heidegger, e dos que a reivindicam.

8.4.1. Arnold Gehlen e a antropologia filosófica alemã

A antropologia filosófica alemã, pouco conhecida na França[68], mas bastante importante nos debates filosóficos na Alemanha, defende uma definição de homem como abertura ao mundo (Gehlen, 2009; David, 2011; Wulf, 2016). A ideia é proposta em 1928 por Scheler, considerado fundador dessa corrente filosófica, e desenvolvida por Plessner e, sobretudo, por Gehlen. Scheler, explica Gehlen, colocou a questão do homem "se questionando sobre a diferença de natureza entre o homem e o animal" (Gehlen, 2009, p. 76).

---

68. Sobre as razões pelas quais a filosofia francesa tende a ignorar essa corrente filosófica, veja o prefácio de Jean-Claude Monod da edição francesa dos textos de Gehlen (2009). Gehlen foi integrante do Partido Nazista desde 1933 e, após a guerra, defendeu posições políticas de direita. No entanto, Heidegger também foi nazista, e Plessner, uma das principais referências da antropologia filosófica alemã (e também uma das referências importantes de Merleau-Ponty), era judeu – assim como Hannah Arendt, heideggeriana que mobiliza, também, a ideia de abertura ao mundo. Essa ideia se presta a interpretações antirracionalistas diversas, contraditórias e, às vezes, sulfurosas e, portanto, deve ser utilizada com prudência crítica, mas não é redutível a tais interpretações. Deve-se notar também que a história da antropologia filosófica alemã é marcada por duros debates de paternidade: entre Scheler e Plessner, entre Gehlen e Plessner, entre Gehlen e Anders (Monod *apud* Gehlen, 2009; David, 2011).

Para Scheler, o que faz do homem um homem é "um princípio humano particular", "um princípio geralmente oposto à vida: o espírito, portanto ele definiu a essência como a faculdade de se separar da pressão do biológico" (*Ibid*, p. 76). Uma criatura dotada de espírito é, portanto, capaz de se distanciar da vida biológica e de si mesma, e de reprimir seus impulsos instintivos: ela está aberta ao mundo. "A 'abertura ao mundo' intelectual significa assim a possibilidade de se libertar da pressão e do domínio do ambiente natural e da ligação interna com o instinto" (p. 122). Gehlen adere a essa ideia de base, mas não ao dualismo entre o homem biológico e o espírito. A ideia básica da antropologia filosófica é se questionar sobre o homem como ser vivente e compará-lo aos outros seres vivos para identificar sua especificidade. Portanto, entende-se o desconforto de Gehlen diante do dualismo de Scheler: é paradoxal definir a especificidade do homem como ser vivo por meio de um princípio antivida: o espírito.

Gehlen dirige, portanto, uma forte objeção a Scheler: "não se compreende por que a vida admitiria ou toleraria um princípio que lhe é oposto" (p. 78). Também, em seu principal livro de 1940 (*Der Mensch* [O homem]), Gehlen coloca "entre parênteses a questão do dualismo" e adota como ponto de partida a ação humana.

Retomando de Herder a definição do homem como "criatura lacunar", a caracteriza por "sua deficiência em armas orgânicas ou em meios de proteção orgânicos, pela modéstia de suas capacidades sensoriais e pela incerteza, até mesmo atrofia, de seus instintos" (p. 77). Indefinido, aberto ao mundo, o homem é incapaz de viver por meios naturais, e só poderá sobreviver graças à técnica, que cria ferramentas que suprem suas lacunas orgânicas, e às instituições, que o protegem contra um excedente de impulsos com objetivos pouco definidos.

> Exposto à natureza bruta como um animal, com o físico que é o seu de maneira inata e essa falta de confiabilidade dos instintos, o homem não seria, certamente, capaz de viver, e apenas sua capacidade de realizar uma transformação inteligente da natureza o mantém na existência (Gehlen, 2009, p. 100).

Outros autores da corrente da antropologia filosófica defendem ideias um pouco diferentes. Assim, Plessner define a relação do homem com o mundo por uma "posicionalidade excêntrica" e Anders a caracteriza por uma defasagem, um atraso (David, 2011). Mas, aquém das diferenças de interpretação teórica, existe uma mesma intuição fundamental: o ser humano, como ser vivente, mantém com seu mundo uma relação deslocada, uma relação de não adaptação imediata, de distância, de estranheza, de abertura a outra coisa. Falando da relação do homem com o mundo, Anders escreve: "Ele não é integrado e equilibrado, não está talhado para o mundo [...]. Ele deve alcançar o mundo que, desde já, tem um avanço em relação a ele" (Anders *apud* David, 2011, p. 170).

Porque é ao mesmo tempo biologicamente aberta aos possíveis e muito indefesa (na verdade, são duas formas de dizer a mesma coisa), a espécie humana só pode sobreviver por meio de uma ação no mundo e sobre o mundo. Gehlen substitui a ação ao espírito quando se esforça para compreender como é possível que um ser vivo se distancie da vida biológica. Em um mesmo movimento, Anders, partindo da antropologia filosófica, chega a uma reflexão centrada na técnica.

No entanto, devemos ter cuidado de não reintroduzir aqui, sub-repticiamente, uma essência, e é preciso, portanto, evitar uma fórmula como a de Anders, mesmo que ela seja paradoxal: "A artificialidade é a natureza do homem e sua essência é a instabilidade" (*apud* David, p. 174). É a espécie humana, historicamente, coletivamente, em uma história que, em um mesmo movimento, se produz como aberta ao mundo e produz um mundo humano "artificial" – mundos humanos, sob diversas formas históricas. O ser humano é "aberto ao mundo" porque, precisamente, não nasce em um "meio ambiente" ao qual seria biologicamente adaptado por meio de algumas aprendizagens simples e rápidas, como é o caso dos animais, mas vem a um *mundo* do qual ele deverá aprender o uso, e onde lhe são possíveis diversos futuros.

Esse mundo, ele o compartilha com outros seres humanos. Isso implica uma regulação de condutas e de relações inter-humanas que não é da mesma natureza que as regulações operadas pelos membros de outras espécies, na medida, precisamente, em que os mundos humanos são produções coletivas e históricas. À abertura ao mundo e à artificialidade do mundo, é preciso, portanto, acrescentar uma terceira característica da condição humana: o controle dos impulsos biológicos que, diferente dos instintos, não cumprem uma função de adaptação a um meio ambiente predefinido pela e para a espécie. Tal controle é necessário quando o mundo não é apenas um meio ambiente, um "ambiente" biológico, mas um mundo de ações e de significados compartilhado com outros seres humanos e outros seres viventes. Esse controle, o definimos neste livro como dialética entre desejo e norma.

Abertura ao mundo, artificialidade do mundo, dialética entre desejo e norma: todos os seres humanos são apanhados em tal condição. Como bem demonstra Descola, eles podem interpretar essa condição de múltiplas formas e, como defende Wulf, toda humanidade se apresenta sob uma forma historicamente definida, mas isso só é possível, precisamente, porque, por condição, o homem é aberto aos possíveis e artesão de mundos historicamente construídos. O relativismo antropológico de Wulf supõe, como limite e como fundamento, uma definição universalista do homem como abertura ao mundo. Mas tal condição humana não é uma essência transcendente, uma "natureza humana", ela é ela mesma construída ao longo de uma história, a de uma evolução que levou ao *Homo* e a essa forma particular de *Homo* que é *Sapiens* – sem saber, sem querer, e como um de seus resultados entre múltiplos outros produtos dessa evolução. O que define o homem, sua condição universal, é precisamente o fato de não existir "natureza humana" – formulação por meio de negação do que é, sob forma afirmativa, uma "abertura ao mundo". Chegamos assim ao paradoxo de uma "antropologia negativa", como a qualifica Anders (*apud* David, 2011, p. 168): a especificidade do homem é a de não poder ser definido por uma essência, uma natureza.

A ideia, de fato, não é verdadeiramente nova, e tem sido forte o suficiente para atravessar os séculos sob a forma do mito de Prometeu, exposto notadamente por Protágoras no diálogo homônimo de Platão. Encarregado pelos deuses de distribuir as qualidades às diversas espécies de seres vivos, Epimeteu deu a cada uma o que era necessário à sobrevivência: tamanho, velocidade, garras, asas, *habitat* subterrâneo etc., mas "despendeu, sem o perceber, todas as qualidades de que dispunha" e nada restou para o homem (Platão, 2002, 321c). Seu irmão Prometeu, que devia controlar a distribuição, "não sabendo que meio excogitasse para assegurar ao homem a salvação", roubou o fogo do deus Hefesto e o ofereceu ao homem. O fogo é o meio e o símbolo das artes, quer dizer, das técnicas que permitem ao homem produzir o que não lhe foi concedido pela natureza. "Assim foi dotado o homem com o conhecimento necessário para a vida", explica Protágoras (321d).

Poderíamos objetar a Protágoras que o fogo não é um presente divino (uma essência), mas uma conquista lenta, difícil e perigosa da espécie humana. E não se deve esquecer que o próprio Protágoras destaca que o fogo não é suficiente para resolver o problema do homem, pois este "ficou sem possuir a sabedoria política" (321d). Mas o significado profundo do mito de Prometeu permanece: o homem não é dado, é construído, ele se construiu, e isso define uma relação específica com o mundo. É essa relação, provavelmente, que Protágoras tenta expressar por sua célebre frase: "O homem é a medida de todas as coisas" (Moscatelli, 2017).[69] Que eu proporia de bom grado completar com sua contraparte antropológica: o mundo é a medida do humano. Pois assim, a uma antropologia negativa que define a especificidade do homem pelo fato de que não se pode lhe atribuir uma natureza, corresponde, como outra face da mesma moeda, uma antropologia positiva, definindo o homem pelo mundo humano que construiu – sob as formas diversas e plurais de mundos humanos.

8.4.2. Heidegger, o homem como "ser no mundo" e a questão da técnica

Outra corrente filosófica alemã, derivada de Heidegger, coloca também a questão do homem em termos de abertura ao mundo. Na verdade, se poderia muito bem o considerar como pertencente à antropologia filosófica, se Heidegger não se opusesse firmemente a qualquer ideia de antropologia[70]. Para ele, a questão fundamental é a do Ser, colocada por Parmênides e o pensamento grego, antes que o pensamento se degrade em filosofia, depois em ciência, depois em exercício escolar (Heidegger, 2005). Para Heidegger, a questão do homem como *dasein* ('ser aí'), *ente*, é apenas uma questão secundária – e, com base nisso, ele critica o humanismo, que se contenta com muito pouco: "Pensa-se contra o humanismo porque ele não instaura a *humanitas* do homem em uma posição suficientemente alta" (Heidegger, 2005, p. 33). O que é interessante na questão

---

69. Mas Arendt considera que, contrariamente à interpretação generalizante da formulação de Protágoras, "a palavra *chrèmata* não significa, de forma alguma, 'todas as coisas', mas somente aquelas coisas que os homens usam, necessitam ou possuem" (2007, p. 171).

70. A obra fundamental de Heidegger *(Sein und Zeit – Ser e tempo)* é publicada em 1927, quase na mesma época que a de Scherer *(Die Stellung des Menschen im Kosmos – A posição do homem no cosmos)*, lançado em 1928. Nós nos interessamos, aqui, pela *Carta sobre o humanismo*, enviada em 1946 por Heidegger a Jean Beaufret, e publicada como livro (utilizamos aqui a tradução em português, publicada em 2005). Esse texto possibilita um debate no qual participariam, com respostas diferentes, diversos pensadores oriundos da corrente heideggeriana.

do homem, segundo Heidegger, é a do ser desse ente particular que é o homem e, além dela, a da verdade do Ser. O homem recebeu o Ser em guarda, ele é "pastor do Ser" (p. 51), tarefa que deve desempenhar, em particular, por meio da linguagem, que é "a casa da verdade do Ser" (p. 16): somente o homem pode falar do Ser, sem o homem não haveria ninguém para se preocupar com o Ser, pois "o Ser chega, iluminando-se, à linguagem" pelo homem (p. 82).

Em que o homem é um ser especial? Ele é aberto ao Ser, voltado para o Ser, no que Heidegger chama de "afinação" do Ser, a "clareira [...] com vista à dimensão iluminada" (p. 64). Plantas e animais "estão eles suspensos sem mundo no seu ambiente" (p. 28). Enquanto, ao contrário, "o homem primeiro é, em sua essência, ex-sistente na abertura do ser" (p. 64). O homem ex-siste (fica fora de si mesmo), em situação de ex-stase (fora de si), "na abertura do ser" (p. 64). Esse é "o modo humano do 'ser'; pois, apenas o homem, ao menos tanto quanto sabemos, nos limites de nossa experiência, está iniciado no destino da ex-sistência. É por isso que a ex-sistência nunca poderá ser pensada como uma maneira específica de ser entre outras espécies de seres vivos" (p. 24).

Portanto, o homem não é animal mais alguma coisa, por exemplo, um animal racional ou um animal político, ele é um ser com um modo de ser específico: a ex-sistência, a abertura ao mundo, a abertura ao ser. Não se trata mais, explica Heidegger, de opor essência e existência como duas formas de ser, como o fez erroneamente Sartre[71] quando escreveu que a existência precede a essência, pois a própria essência se determina "a partir do elemento ex-stático do ser aí" (p. 29). Ou seja, "a essência" do homem é a própria existência. Podemos também dizer, de outra forma, que o "traço fundamental da *humanitas* do *homo humanus*" é "ser no mundo". Mas,

> mundo, naquela expressão, não significa, de modo algum, um ente e nenhum âmbito do ente, mas a abertura do Ser [...] Pensada a partir da ex-sistência, 'mundo' é, justamente, de certa maneira, o outro lado no seio da e para a ex-sistência (p. 63-64).

---

71. Em outubro de 1945, portanto um pouco antes de Heidegger escrever sua carta a Beaufret (em 1946), Sartre fez uma conferência que causou algum barulho, e que seria publicada em 1946: *O existencialismo é um humanismo*. Nessa conferência, ele sustenta, notadamente, que "a existência precede a essência".

Para um leitor não filósofo, e, sem dúvida, para alguns filósofos também, tal forma de escrever (mais ainda, em uma tradução para o português) não é fácil de entender. No entanto, Heidegger não está totalmente errado quando diz que "o estranho, neste pensamento do ser, é a sua simplicidade" (p. 82). A filosofia de Heidegger pode ser abordada a partir de uma experiência primária, uma experiência imediata da consciência, em termos fenomenológicos[72], a de não coincidir com o mundo nem consigo mesmo, de ser fora de si, projetado para além de si mesmo, como dizem Heidegger e Sartre. O animal é o que ele é, biologicamente adaptado ao seu meio, após alguns aprendizados simples, e ele não se coloca a questão de saber o que ou quem ele é. O homem, ao contrário, vive essa experiência imediata que a antropologia filosófica e o existencialismo descrevem como abertura, mudança, distância, estranheza – a experiência que existe outra coisa, fora de si, para a qual ele está "aberto", a outra coisa que Heidegger chama de Ser.

Nesse sentido, o homem só existe, ex-siste, se se coloca fora de si, na abertura do Ser, diz Heidegger, enquanto o animal é um ser que é o que é. Existe aí uma forma de "ser no mundo" específica – e, nesse sentido, em sua relação com o mundo, o homem, efetivamente, não é um animal mais alguma coisa, ele é um ser que tem uma forma própria de existir, fundamentalmente diferente da do animal.

Esse modo específico de existir não é uma "natureza", de modo que Heidegger desconfia da palavra "essência", à qual ele aplica aspas quando a escreve – e que critica Sartre por manter. Esse modo específico de existir, que denomino, de minha parte, a condição humana, é a maneira humana de ser, a forma de ser aí (*dasein*) do homem. Todo ser humano nasce nessa condição e, portanto, jogado no mundo, jogado no ser, para retomar os termos de Heidegger, seja qual for o lugar e o momento em que nasceu e sejam quais forem as interpretações dessa situação produzidas pela cultura da comunidade onde nasceu – variáveis, como demonstra Descola. A linguagem, "casa do Ser", diz, sob diversas formas,

---

72. Heidegger foi aluno e assistente de Husserl, a quem sucedeu na cátedra de filosofia da Universidade de Fribourg. Ele vem, portanto, da fenomenologia, esforço de descrição da experiência imediata da consciência. Scheler foi também muito marcado pela fenomenologia e era estimado por Heidegger, e Anders foi muito influenciado pelo pensamento de Heidegger. Mais tarde, Husserl e Heidegger separaram-se, a ontologia de Heidegger sendo crítica à fenomenologia transcendental de Husserl – e reciprocamente. Mas os ecos, os encontros e às vezes os confrontos entre fenomenologia, antropologia filosófica e existencialismo são numerosos.

o que é esse mundo no qual o homem é jogado, mas a própria linguagem supõe que o homem seja assim jogado em um mundo com o qual ele não coincide.

Precisaremos, é claro, tentar entender melhor como é possível que uma espécie biológica resultante da evolução, como lembra Schaeffer, possa nascer em tal condição. Podemos também expressar reservas quanto ao fato de falar do "animal" no singular. Quem é esse animal: bactéria, esponja, verme, mosca, abelha, rato, vaca, chimpanzé? Por enquanto, o que nos interessa é compreender, com a ajuda de Heidegger, a condição humana, a característica antropológica do homem como *Homo sapiens*.

Em primeiro lugar, abertura remete a um "além", porque a própria ideia de abertura implica em haver outra coisa para a qual o homem está aberto: um mundo. O que permite entender essa estranha afirmação de Heidegger que "pensada a partir da ex-sistência, 'mundo' é, justamente, de certa maneira, o outro lado no seio da e para a ex-sistência" (p. 64). O mundo é o que o homem, pela própria experiência de existência, considera imediatamente como o que é além de si mesmo. Heidegger denomina-o de Ser.

Pessoalmente, prefiro considerar o mundo como esse "ente" que a espécie humana construiu ao longo de sua história. Reconheço toda liberdade do filósofo, é claro, de pensar o mundo como Ser, ou mesmo, se ele quiser, como Deus, o que Heidegger não exclui e o que o panteísmo de Spinoza ou o idealismo absoluto de Hegel permitiriam.

De minha parte, vou me ater à ideia mais modesta e que é possível sustentar cientificamente, que o ser humano, ao longo de sua história, se construiu como uma espécie biologicamente específica e construiu um mundo também específico, diferente de tudo que outra espécie animal pôde construir. Se o ser humano vive uma experiência de não coincidência imediata com o mundo (ex--siste, em ex-stase, aberto ao mundo), é porque, quando nasce, ele é "jogado" em um mundo que já está lá, que foi construído sem ele e antes dele, no qual tem, certamente, as condições genéticas para entrar, mas que precisará aprender porque não lhe é geneticamente pré-adaptado de imediato.

Essa especificidade humana apresenta um aspecto paradoxal. De uma parte, trata-se de um invariante antropológico de *Sapiens*, e pode ser de *Homo*: seja qual for a cultura na qual nasça, todo ser humano deve se construir como humano, o que lhe é geneticamente possível. Porém, de outra parte, essa especificidade não é dada ao homem como natureza ou essência: a forma como o bebê vai se construir como humano varia ao longo da história, como insiste a antropologia histórica. De modo que não é surpreendente que Heidegger, de forma muito hegeliana, fale da "essência-ontológica-histórica" do homem (2005, p. 38) e da *humanitas* do *homo humanus* como "ex-sistência histórica" (p. 29). O que até mesmo o leva a elogiar Marx, superior sob esse ponto de vista, a Husserl e a Sartre. Enquanto esses não reconhecem que "a dimensão essencial do elemento da História reside no Ser", Marx consegue "atingir uma dimensão essencial da história" e "a visão marxista da História é superior a qualquer outro tipo de historiografia" (2005, p. 48).

Se interpretarmos (livremente...) o que Heidegger denomina de abertura no Ser como a relação de cada homem com um mundo que já está lá quando ele chega e que foi construído por gerações humanas que o precederam, entendemos que esse Ser tem uma dimensão histórica: por condição antropológica, o homem deve se construir como humano se apropriando do que o mundo do lugar e da época onde nasceu construiu como humanidade. O que Marx, efetivamente, diz em sua *Sexta Tese sobre Feuerbach*: "a essência do homem não é uma abstração inerente ao indivíduo isolado. Em sua realidade, é o conjunto de relações sociais" (*apud* Sève, 2008, p. 64).

Sève (1969, 2008) explica que, para Marx, a essência do homem é externa ao indivíduo. O que define a humanidade do homem (ou sua humanitude, como às vezes diz Sève) não é uma "natureza humana" que estaria presente em cada ser humano, é uma humanidade externa ao homem, definida pelo conjunto das relações sociais. Creio que podemos ampliar a definição: a humanidade, de forma objetiva, existe como mundo, é o que a espécie humana construiu ao longo de sua história. O ser biologicamente *hominizado*, quer dizer, que nasce dotado do genoma da espécie *Homo sapiens*, *humaniza*-se por apropriação dessa humanidade que lhe é proposta sob forma de mundo. Em um processo que se chama *educação*. Essa apropriação é um fato antropológico, por condição universal: só o ser humano nasce e é educado em um mundo humano. Essa apropriação antropológica é também um fato histórico: só existe ser humano e mundo humano sob uma forma histórica particular – portanto, também social e culturalmente particular. E essa apropriação antropo-histórica é um fato singular: só existe o ser humano sob forma de um sujeito singular – de um ex-sistente aberto ao ser e ao tempo.

Se, por condição antropológica, o humano existe em uma forma histórica (se o Ser se revela na história, nos termos de Heidegger), é evidentemente bastante interessante tentar compreender o que é "a condição humana moderna", para usar o título de uma célebre obra de uma discípula de Heidegger, Hannah Arendt.

O próprio Heidegger engajou-se nesse caminho em suas reflexões sobre a técnica. Há uma "determinação somente instrumental, antropológica, da técnica": ela é um meio para atingir fins (Heidegger, 2007, p. 386).[73] Essa concepção é exata, diz Heidegger, inclusive para a técnica moderna, mas ela ainda não nos revela a essência da técnica. Isso é um "produzir" (p. 388). O que interessa a Heidegger, não é a técnica como conjunto de máquinas e aparelhos, é o tipo de relação com o mundo que ela implica: o mundo como produto.

Nesse sentido, a técnica é um "modo de desabrigar" do Ser (p. 390) e, portanto, Heidegger não se opõe *a priori* à técnica. Mas o modo de relação com o mundo que supõe e instaura a técnica moderna é particular e perigoso: "a essência da técnica moderna reside na Armação" (p. 387). Armação é uma forma de relação com a natureza: a natureza é convocada, interpelada, provocada, submetida à exigência ("comprometida", diz Heidegger) de constituir um "fundo" disponível. Assim, enquanto o moinho de vento da técnica tradicional permite ao homem utilizar a energia que produz, mas não faz girar suas pás para o homem, o carvão extraído da mina é solicitado, estocado, armazenado para fornecer a energia: a relação com o mundo é muito diferente nos dois casos. "O desabrigar imperante na técnica moderna é um desafiar que estabelece, para a natureza, a exigência de fornecer energia suscetível de ser extraída e armazenada enquanto tal" (p. 381). A natureza aparece assim "como um contexto efetivo e calculável de forças" (p. 389) e, quando a natureza é assim reduzida ao que é mensurável, "pode permanecer o perigo de em todo o correto se retrair o verdadeiro." (p. 389).

O homem, por sua vez, se acredita mestre da natureza, quando na verdade, ele também faz parte da "subsistência", como material humano, "onde ele mesmo deverá apenas ser mais tomado como subsistência" (p. 389). Não é a própria técnica que é perigosa, "Não existe uma técnica demoníaca"; "a ameaça", que "já atacou o homem em sua essência" (p. 390) é que "também o homem poderá estar impedido de perceber o apelo de uma verdade mais originária" (p. 390).

---

73. O livro *A questão da técnica* apresenta uma conferência de 1953, ministrada com base em uma conferência anterior feita em 1949, portanto, posterior à *Carta sobre o humanismo*, de 1946.

Como já disse Heidegger em sua *Carta sobre o humanismo*, a técnica moderna "se manteve escondida em longo esquecimento" do Ser (Heidegger, 2005, p. 69). O homem acredita ser poderoso, mestre da natureza, quando, de fato, "expulso da verdade do ser, o homem gira, por toda parte, em torno de si mesmo, como animal *rationale* [*sic*]" (Heidegger, 2005, p. 51). Só pode salvar da técnica moderna, escreve Heidegger, um retorno à técnica em seu sentido grego, o que deve "acontecer em um âmbito que, por um lado, está aparentado com a essência da técnica e, por outro lado, no entanto, é fundamentalmente diferente dela. Tal âmbito é a arte" (Heidegger, 2007, p. 396).

O homem hoje gira em torno de si (ou de seu fantasma?) no esquecimento do que ele é, do que pode ser, do que o mundo é e poderia ser, e está arrebatado pelas técnicas. Em nossa problemática antropopedagógica: não há mais debate antropológico, o mundo é regido por uma lógica do desempenho e parece ter chegado o tempo para que a técnica produza os pós-humanos.

A questão da condição humana, da técnica e da situação do homem no mundo contemporâneo foi abordada por autores diretamente inspirados por Heidegger, em particular, Hannah Arendt, Jan Patočka e Peter Sloterdijk.

8.4.3. Hannah Arendt, Jan Patočka e a condição humana

Husserl tinha colocado a questão da forma como o mundo se manifesta à consciência. Heidegger a retomou em termos de abertura ao ser. É também a partir dessa questão de relações com o mundo que Hannah Arendt e Jan Patočka, inspirados por Heidegger, desenvolvem suas reflexões sobre a condição humana: para o ser humano, viver é existir em um mundo.

> O mundo comum é aquilo que adentramos ao nascer e que deixamos para trás quando morremos [...]; preexistia à nossa chegada e sobreviverá à nossa breve permanência. É isto o que temos em comum não só com aqueles que vivem conosco, mas também com aqueles que aqui estiveram antes e aqueles que virão depois de nós (p. 65).
> Sem um mundo ao qual os homens vêm pelo nascimento e do qual se vão com a morte, nada existiria a não ser a recorrência imutável e eterna, a perenidade imortal da espécie humana como a de todas as outras espécies animais (Arendt, 2007, p. 108).
> A existência (é) algo que nos é *imposto*, que basicamente *não é* produzido por nós, mas pela qual *assumimos* a responsabilidade. A vida "está sempre

em um mundo que não criou e que não pode criar, onde é, no entanto, introduzida como no seu, um mundo que ela deve assumir e com o qual deve se explicar considerando sua totalidade possível (Patočka, 1999, p. 237. Destacado no texto).

Para analisar as diversas formas de relação com o mundo, Arendt distingue "três atividades humanas fundamentais", "cada uma delas corresponde a uma das condições básicas mediante as quais a vida foi dada ao homem na Terra": labor, trabalho e ação (Arendt, 2007, p. 15)[74].

O labor é a atividade pela qual o corpo do homem confronta "a pura necessidade de manter-se vivo" (p. 224). O *animal laborans* está condenado "a voltear para sempre no ciclo incessante do processo vital" (p. 257-258), sujeito à necessidade. Ele permanece uma espécie animal; na melhor das hipóteses, é a mais alta. O labor não cria nada, sua característica é "nada deixar atrás de si: o resultado do seu esforço é consumido quase tão depressa quanto o esforço é despendido" (p. 98). Ao contrário, as obras produzidas pela mão do *homo faber*, aquele que trabalha, são duráveis e "emprestam ao artifício humano a estabilidade e a solidez sem as quais não se poderia esperar que ele servisse de abrigo à criatura mortal e instável que é o homem" (p. 149). Mas a experiência da fabricação gera uma relação instrumental com o mundo, tudo não é mais que meios e "a utilidade e a serventia são estabelecidas como critérios últimos para a vida e para o mundo dos homens" (p. 170). A medida do humano "não precisa ser nem a compulsiva necessidade da vida biológica e do labor, nem o 'instrumentalismo' utilitário da fabricação e do uso" (p. 187). O que é propriamente humano, o que revela o homem em sua unicidade e humanidade como pluralidade de seres únicos, é a palavra e a ação. "É com palavras e atos que nos inserimos no mundo humano: e esta inserção é como um segundo nascimento, no qual confirmamos e assumimos o fato original e singular de nosso aparecimento físico original" (p. 189).

Arendt hierarquiza explicitamente essas formas de relação com o mundo. No topo, ela põe o pensamento contemplativo, a atividade política no domínio

---

74. Patočka frequentemente se baseia nas ideias de Hannah Arendt, suas análises e conclusões são próximas, mas apresento os dois autores separadamente para respeitar a especificidade de seus questionamentos.

público, cujo modelo é a cidade grega, e a arte, que é fabricação de objetos inúteis. No nível do animal, encontramos o homem do labor, escravo ou operário não individualizado, que "consiste na multiplicidade de espécimes, todos fundamentalmente iguais por serem o que são como organismos vivos" (p. 225).

Como inscrever na história tal hierarquia? Heidegger, o mestre de Arendt, colocou, como vimos, a "essência ontológico-histórica" do homem. Patočka, que acompanha o pensamento de Arendt sobre diversos pontos, o reafirmará: "a abertura ao mundo sob todas formas é sempre histórica, referindo-se à manifestação de fenômenos e à atividade dos homens" (Patočka, 1999, p. 32). Em outras palavras, as relações com o mundo se revelam ao longo da história. Contudo, em Arendt, a excelência se mostra no início: na cidade grega, onde é tornada possível pela existência de um domínio público e de escravos (e de mulheres) que se encarregam das tarefas sujas da casa.

Ao final, ao contrário, ou seja, na sociedade contemporânea, os numerosos sinais de alarme indicam "que o homem possa estar disposto e, realmente, esteja a ponto de tornar-se aquela espécie animal da qual, desde Darwin, presume que descende" (Arendt, 2007, p. 336). Nessa configuração cronológica, a história só pode ser a de uma degradação: uma primeira reversão produz "a inversão da ordem hierárquica entre a *vita contemplativa* e a *vita activa*" (p. 302) e uma "segunda inversão hierárquica dentro da *vita activa*" leva à "promoção da atividade do labor à mais alta posição na ordem hierárquica da *vita activa*" (p. 319). Em outras palavras, após uma primeira vitória do *homo faber* sobre o homem político vem "a vitória do *animal laborans*" (p. 333).

O filósofo afasta-se do mundo e se retira em si mesmo; a atividade política "baixou agora ao nível de atividade sujeita a vicissitudes, destinada a remediar [...] a atender às necessidades" (p. 327); o mundo dado à sensação é substituído "por um sistema de equações matemáticas nas quais todas as relações reais são reduzidas a relações lógicas entre símbolos criados pelo homem" (p. 297). "O trabalho passou a ser executado à maneira do labor" (p. 242), os objetos de uso se consomem em um movimento incessante e o próprio trabalho poderia desaparecer porque "o último estágio de uma sociedade de operários, que é a sociedade de detentores de empregos, requer de seus membros um funcionamento puramente automático" (p. 335). A condição humana retorna, portanto, de alguma forma, a seu ponto de partida: o processo vital da espécie animal. "A vida se afirmou como ponto último de referência na era moderna e permaneceu como bem supremo para a sociedade" (p. 327), mas trata-se da vida como "o processo vital, possivelmente eterno, da espécie humana" (p. 334). Resta um "pequeno grupo de privilegiados" que pode viver "a experiência genuína do mundo e do amor pelo mundo" (p. 337-338): a arte, o pensamento quando existe liberdade política, a meditação solitária.

O pensamento de Patočka acompanha o de Arendt, em pistas igualmente heideggerianas, mas com um questionamento original sobre a evidência e a problematicidade.

O ponto de partida, em um período que Patočka qualifica de pré-histórico, é "o mundo do sentido dado, modesto, mas seguro" (Patočka, 1999, p. 36). Nessa época, o homem não se pensa como no centro do mundo, mas conhece e aceita seu lugar, decidido pelos deuses. A humanidade vive então na "certeza ingênua do sentido" (p. 104), o mundo lhe parece "em boa ordem e justificado" (p. 105). "O projeto primitivo, original, do homem natural, não problemático (é) a vida simples tal como está contida na evidência de um sentido recebido, contido por sua parte em um modo de vida tradicional com suas formas e costumes" (p. 39). Esse mundo é o do labor, descrito por Arendt. O homem é então acorrentado "a essa manutenção incessante da vida" (p. 105), "ao ritmo de um eterno retorno" (p. 60), mas ele toma seu partido "do destino que o escraviza à vida e da tarefa do trabalho que nunca tem fim. A esse preço, o homem pode viver em paz com o mundo e não levar sua vida como absurda" (p. 105-106).

"A história distingue-se da humanidade pré-histórica pelo *enfraquecimento desse sentido aceito*" (p. 106, destacado no texto). "A história é um impulso acima do nível até então alcançado, uma tentativa de renovação e de recuperação da vida" (p. 70). Aparece "um espaço para a existência fora de si mesmo, para a fama, a glória, a duração na memória dos outros" (p. 72). Entra-se aqui na relação com o mundo descrita por Arendt como ação. "A história nasce do enfraquecimento do sentido ingênuo e absoluto que significa a emergência quase simultânea e estreitamente correlativa da política e da filosofia" (p. 128). Na cidade grega, cujo princípio é a unidade na discórdia, os homens livres e iguais entram em disputa por excelência e colocam o problema do sentido da vida. Renunciando à "moderação vegetativa sobre a qual se baseia a humanidade pré-histórica", "o filósofo se expõe à problemática do ser e do sentido de ser" (p. 108).

O mundo atual, ao contrário, foi vertido na falta de sentido e "no anonimato niilista" (p. 122). A própria ciência contribui para esse niilismo, de modo que o divórcio entre o sentido e o real é completo. Tornou-se possível uma "acumulação de forças que se descarregam periodicamente em conflagrações colossais, conduzindo a constelações de forças cada vez mais vastas que alcançam, finalmente, dimensões universais, planetárias" (p. 120). Todo o movimento da história parece assim voltar ao ponto onde começou, observa Patočka: "o acorrentamento da vida à sua autoconsumação e ao labor como meio fundamental de sua manutenção" (p. 123). Mas esse "paradoxo da história conduzindo a pré-história" não é "mais que uma aparência enganosa" (p. 123) porque a pré-história oferecia, pelo menos, um sentido, por mais modesto que fosse. Quer dizer que a época moderna seja ainda pior do que a pré-história? Patočka não escreve e sem dúvida não expressaria as coisas assim, porque a ausência de sentido deixa aberta a possibilidade de um questionamento. Aí está a originalidade de Patočka: sua insistência sobre o ser como problematicidade, insistência que organiza toda sua visão da história. O homem só se torna realmente diferente dos animais quando sai da evidência. "O homem não pode estar na evidência própria aos seres extra-humanos; ele deve *realizar, levar* sua vida, 'dominar ela', 'se explicar com ela'" (p. 157 – destacado no texto).

Saindo da evidência, ele entra na história ao mesmo tempo que no pensamento e na ação. Mas a história não lhe dará a resposta, porque a própria história é problema. "O problema da história não pode ser resolvido; deve permanecer um problema" (p. 187). Ainda existe uma saída? Sim: uma "vida na atmosfera da problematicidade", "no âmbito de um sentido procurado e problemático", como entendeu Sócrates (p. 124). Com "a solidariedade dos abalados, (que) se identifica na perseguição e nas incertezas" (p. 312).[75] Por mais nobre que seja, e ainda engrandecida pela coragem tranquila manifestada por Patočka em sua resistência ao regime comunista, tal resposta, como as de Heidegger e de Arendt, é a solução individual de uma pequena elite intelectual.

A proposta deste capítulo, lembremo-nos, é de pensar a forma de relação com o mundo que define a condição humana. Sobre esse ponto, as análises de Arendt e de Patočka são interessantes. Sejam quais forem suas diferenças históricas e culturais, nos explicam, os homens vivem em um mundo que lhes é dado

---

75. Jan Patočka (1907-1977) é checo e foi o primeiro porta-voz da Carta 77, movimento intelectual de resistência ao regime comunista. Apresentando problemas cardíacos durante um interrogatório policial, foi levado para o hospital, onde morreu dez dias depois em decorrência de hemorragia cerebral.

no nascimento, sem que lhes tenha sido perguntado se queriam nascer, e esse mundo deixa de ser deles quando morrem. É seu mundo, gostem ou não, e eles terão que assumi-lo, de uma forma ou de outra, porque o mundo é o espaço e o tempo de sua existência.

Os seres humanos existem em um mundo que não é um espaço exterior, o recipiente de um conteúdo, mas uma totalidade ("o mundo") correlata da unidade que existe (e que, quando fala, diz "eu"). Assim, o mundo é para o homem um problema, outra face do problema que o homem é para si mesmo; é o mesmo problema colocado de duas formas diferentes, porque só há existência sobre horizonte de mundo e não há mundo exceto por uma existência aberta ao mundo, de modo que colocar um dos dois problemas leva sempre ao outro.

Essa relação com o mundo como lugar e tempo de existência, totalidade e problema, é diferente da relação de outras espécies animais com seu meio ambiente. Com certeza, o homem é e permanece uma espécie biológica. Com certeza, é sempre intelectualmente perigoso falar de animais em geral e, pior ainda, de animal no singular, colocando de um lado da fronteira o Homem e, do outro, seres vivos tão diferentes como a mosca, a abelha o rato ou o chimpanzé. Com certeza ainda, há espécies animais que aprendem, utilizam ferramentas básicas e até sinais, e que não vivem em um ambiente totalmente determinado e restritivo; além disso, nossos cães, gatos e papagaios "domésticos" foram, sob determinados aspectos, humanizados. Tudo isso dito e admitido, não deixa de ser verdade que nenhuma outra espécie além do homem construiu um mundo artificial e simbólico comparável, mesmo de longe, ao mundo humano, e que nenhuma outra espécie constitui a existência do mundo e de si mesma como problema a ser levantado. Como escreve Sloterdijk, para os animais, "nossos primos pobres no mundo" e sem linguagem, "os fenômenos, no exterior, nunca são efetivamente pertinentes [...] senão em minúsculos detalhes" (Sloterdijk, 2010, p. 99). São essas diferenças radicais de relação com o mundo que argumentam Arendt e Patočka, em uma perspectiva heideggeriana.

Em primeiro lugar, eles insistem, o mundo não é para o homem um simples espaço de sobrevivência, é também um problema, o do significado desse mundo e do próprio ser humano. Na história das espécies, o homem cruza um limiar quando sai da evidência do significado dado, ingênuo e absoluto. Descola poderia comentar que existem muitas formas de produzir o significado do mundo, do homem e dos outros seres. Mas todas as populações humanas, ao que parece, produzem significado do mundo e de si mesmas. Eis uma invariante da condição humana.

Em segundo lugar, como insiste Arendt particularmente, o homem produz o mundo como uma "obra". É certo que todas as espécies animais agem em seu meio ambiente, é uma condição de sobrevivência dessas espécies. Mas os esforços assim desenvolvidos visam a um consumo que não deixa nada estável para trás, de modo que essas espécies se perpetuam ao ritmo do eterno retorno. O homem, ao contrário, produz um mundo. Podemos discutir para saber se podemos aplicar o termo cultura de forma pertinente às outras espécies, e a resposta dos antropólogos tende a ser positiva, mas resta que somente a espécie humana produziu uma cultura cumulativa, autossustentável ("autocatalítica") e objetivada sob forma de obras materiais e de sistemas simbólicos que, ambos, requerem mediações complexas. Quando nasce o filhote do homem, o mundo comum no qual ele entra é o que as gerações anteriores de sua espécie construíram, e as gerações futuras terão que cuidar do que ele deixará ao morrer. Eis, igualmente, uma invariante da condição humana.

Arendt e Patočka defendem um terceiro argumento e se fosse necessário reter apenas um, seria o que manteriam porque, segundo eles, define os mais altos níveis da atividade humana. Há, eles sustentam, duas formas especificamente humanas de compartilhar o mundo: a filosofia e a política – às quais Arendt acrescenta a arte, como uma criação "inútil". Não tenho dúvidas em classificar a filosofia e a arte como atividades especificamente humanas – tenho mais no que concerne à política. Mas podemos considerar a filosofia, a arte e, eventualmente, a política, como invariantes da condição humana? Para Arendt e Patočka, essas atividades são, ao mesmo tempo, as mais altas, reservadas a uma elite (porque alguém precisa trabalhar para alimentá-la) e em vias de extinção na sociedade atual, exceto em alguns privilegiados. É difícil, nessas condições, colocá-las como invariantes da condição humana; a não ser, é claro, e essa tentação aparece várias vezes nos dois livros que analisamos, para colocar que os outros membros da espécie, escravos, operários e empregados, não são plenamente humanos.

Além do desconforto que sentimos ao ler essas passagens elitistas de livros muito interessantes, existe aí um problema de fundo, que concerne nosso propósito e pode nos ajudar a dar um passo adiante: de onde vêm as relações específicas de seres humanos com o mundo? Fullat i Genís e Eccles respondem: de Deus; isso apenas adia o problema, mas há, ao menos, uma tentativa de resposta.

Gehlen constata a existência de uma criatura lacunar e se interessa pelas consequências, e não pelas causas. Schaeffer insiste fartamente sobre o homem como espécie biológica, depois introduz a cultura cumulativa e autocatalítica como especificidade dessa espécie. Mas, de onde vem essa especificidade, se o homem é uma espécie biológica? Arendt e Patočka admitem como dado o homem da cidade grega como liberdade expressa na palavra e na ação, sem se perguntar como aconteceu esse milagre grego.

Existe uma resposta que Hannah Arendt conhece bem, pois a confronta ao longo de seu livro, e que Patočka também conhece, por ser confrontado com um regime político que pretende se inspirar nela: a de Marx, defendendo a ideia da "criação do homem por meio do trabalho humano" (Arendt, 2007, p. 97).

Eis uma opinião aceita pela época, observa Arendt: Locke, Smith, "embora Marx, com maior força e coerência, afirmavam que o labor devia ser visto como a suprema capacidade humana de construir um mundo" (p. 113). "É o fato de que equacionam o trabalho como o labor, de tal forma que atribuem ao labor certas qualidades que somente o trabalho possui" *(Ibid.)*. Poderíamos, na verdade, retornar o argumento, com muito mais credibilidade, quando consideramos as pesquisas contemporâneas sobre o trabalho: Arendt e, depois dela, Patočka, atribuem ao trabalho características que já pertencem ao labor (Schwartz, 1988).

Ao introduzir uma diferença radical entre "labor" e "trabalho", eles fecham a definição do "labor" em uma forma extrema e historicamente datada, o trabalho de fábrica, alienado, criticado por Marx. As obras humanas, ou seja, as Pirâmides egípcias e mexicanas, Notre-Dame de Paris, o Duomo de Milão, Alhambra de Granada, mas também as fazendas de cana-de-açúcar, as vilas, as usinas, os escritórios, as centrais hidrelétricas etc., foram produzidas por multidões de trabalhadores anônimos, incluindo, às vezes, escravos. Em uma época em que a paleoantropologia e a primatologia buscam reduzir a cisão entre homem e animal, demonstrando que determinados animais já utilizam ferramentas, é paradoxal e cientificamente pouco convincente pretender, inversamente e sem análise de qualquer dado que seja, que o homem no trabalho reduzido a um labor se fecha na quase animalidade do simples consumo e da eterna reprodução do mesmo.

Muito mais interessante é a resposta do jovem Marx, antes que se despeça da questão filosófica para se dedicar à economia política: o homem transforma o mundo e, ao transformar o mundo, cria a si mesmo, o que se chama *práxis*. "O primeiro pressuposto de toda a história humana é, naturalmente, a existência de seres humanos vivos [...]. Toda a historiografia deve partir desses fundamentos naturais e de sua transformação pela ação dos homens no curso da história" (Marx; Engels, 2006, p. 44). No início da história humana, há a vida e o trabalho, e na atual época, ainda há a vida e o trabalho, não porque essa história tivesse sofrido uma degradação que nos teria feito perder o momento supremo da filosofia e da política gregas e teríamos voltado ao ponto de partida, mas, simplesmente, porque o homem é uma espécie biológica que, como tal, se esforça para sobreviver, mas uma espécie que garante sua sobrevivência trabalhando. As relações específicas do homem com o mundo foram construídas ao longo da história da espécie, uma história que produziu, ao mesmo tempo, genética e culturalmente, os homens atuais, seu mundo atual e as novas formas de relação com o mundo.

Marx já sabia que a questão da relação com o mundo é uma questão antropológica fundamental – "a alienação" e o "comunismo" são modos de relação com o mundo, com os outros e consigo mesmo. Mas, depois de *A ideologia alemã*, dedicou-se a outros trabalhos. O interesse dos textos de Heidegger, Arendt e Patočka é recusar enterrar a questão do sentido da existência humana; o que para nós é importante porque, se a enterramos, sepultamos a pedagogia no mesmo túmulo. O interesse desses textos é igualmente de nos permitir compreender que, no mesmo movimento, a história privou o homem ocidental de um sentido imediatamente disponível, o que propõem o animismo, o totemismo e as diversas configurações analisadas por Descola, e o dotou de um enorme poder cujo sentido lhe escapa e cujos códigos só são inteligíveis pelas minorias cada vez mais restritas de especialistas "regionais" (cientistas, financiadores etc.). A história produziu assim um duplo movimento de alienação (o mundo se torna estranho para nós) e de disponibilidade do mundo quase sem restrições. Duplo movimento cuja imagem poderia ser a de nossas crianças fechadas na solidão de um *smartphone* que lhes entrega o mundo inteiro.

Mas da educação das crianças pouco se fala nesses debates, quer nas trilhas marxistas[76] ou nas trilhas heideggerianas. Há aí um silêncio ensurdecedor. Hannah Arendt, por exemplo, escreve que "o milagre que salva o mundo" da

---

76. Lucien Sève escreveu centenas de páginas, muito interessantes, para sustentar a ideia de que há uma antropologia marxista, mas não fala praticamente de educação e, quando fala, não diz, na verdade, nada verdadeiramente interessante (Sève, 2008). Como se pode falar do homem de um ponto de vista materialista, esquecendo que se trata de uma espécie biológica que se reproduz procriando e educando as crianças?

ruína, é, "em última análise, o fato do nascimento" (Arendt, 2007, p. 259), mas em quatrocentas páginas, ela não se interessa de forma alguma pela criança e pela sua educação. O que interessa a ela na natalidade, é que nela "a faculdade de agir se radica ontologicamente" (*Ibid.*); em outras palavras, ela simboliza a capacidade humana de começar de novo, a grandeza da ação. Heidegger, pelo menos, tinha abordado a questão indiretamente, por meio de sua *Carta sobre o humanismo*. Arendt e Patočka a ignoram completamente. Eles nos propõem uma história da sociedade, ou melhor, da espécie humana, mas, e quanto à educação e à história individual de cada um dos que constituem essa espécie? Silêncio, a questão nem mesmo é colocada. Arendt, Patočka e, aliás, igualmente Schaeffer, no outro polo, evocam a reprodução biológica da espécie, deixando no silêncio o fato de que ela implica que cuidemos das crianças. E como a cultura pode ser cumulativa se os adultos não a transmitirem às crianças de uma forma ou de outra? Aí está uma outra invariante da condição humana: o homem é uma espécie biológica que educa seus filhotes sob formas que ultrapassam o simples aprendizado.

Outro discípulo de Heidegger, igualmente considerado como filósofo do pós-humanismo, propõe respostas que nos interessam. Peter Sloterdijk sustenta que a abertura do homem ao ser é o efeito da história biológica e técnica de uma espécie que, além disso, domestica seus filhos por meio da educação.

8.4.4. Peter Sloterdijk, a educação e a domesticação do ser

Em 1999, Peter Sloterdijk, durante um congresso na Alemanha dedicado a Heidegger, faz uma conferência na qual coloca a questão de uma futura política da espécie e evoca a seleção genética. Publicada em 1999, sob o título *Regras para um parque humano*, o texto dessa conferência lhe valeu um escândalo midiático, uma controvérsia com Habermas e uma reputação ácida por defender ideias de extrema direita, até mesmo nazistas. Em 2000, ele se explica e desenvolve seu pensamento em *A domesticação do ser*.[77]

---

[77]. Os dois livros foram traduzidos para o francês, separadamente, em 2000 e republicados em um volume único em 2010. Para efeitos de tradução, utilizou-se a edição em português de *Regras para um parque humano* (2000). No caso de *A domesticação do Ser*, as referências são relativas à edição francesa (*La Domestication de l'Être*, 2010), visto que não foi encontrada uma versão oficial em português (N.T.).

O ponto de partida do debate é a *Carta sobre o humanismo*, de Heidegger. Ela, já vimos, considera que o humanismo é insuficiente, pois fecha o homem em si mesmo. O veredito de Sloterdijk é ainda mais radical: historicamente, o humanismo foi o "cúmplice natural de todos os possíveis horrores que podem ser cometidos em nome do bem humano" (Sloterdijk, 2000, p. 31). Invocando ir além do humanismo, Heidegger, segundo Sloterdijk, abriu "um campo de pensamento transhumanista ou pós-humanista" (p. 22). Mas, o que pode haver após o humanismo? "O que ainda domestica o homem, se o humanismo naufragou como escola da domesticação humana?" (p. 32). E será que agora devemos colocar tal questão "no campo das meras teorias da domesticação e educação", como fazia o humanismo? (p. 32).

Para abordar essa questão, é preciso, segundo Sloterdijk, pensar diferente de Heidegger "a saída dos seres humanos para a clareira" (p. 32-33), ou seja, como surgiu o modo de ser específico do humano. Essa questão requer duas grandes narrativas, que convergem.

A primeira, mal esboçada em *Regras para o parque humano* que será o tema central de *A domesticação do ser*, é a aventura da hominização, a narrativa dessa "revolução antropogenética" pela qual "o animal sapiens se tornou o homem sapiens" (p. 33), a narrativa de um "chegar ao mundo humano (que) assume desde cedo os traços de um chegar à linguagem" (p. 35).

A segunda narrativa, baseada em *O Político,* de Platão, e em Nietzsche, é "um discurso sobre o ser humano como força domesticadora e criadora" (p. 39). O humanismo se dá o homem antecipadamente e lhe aplica em seguida a educação e a disciplina. Ele desvia o olhar do fato que o homem é, na realidade, *produzido*, por uma domesticação à qual concorre, de modo fundamental, a educação humanista. O homem não apenas é educado, ele é produzido, domado, domesticado, selecionado, criado no sentido em que os animais são criados – nesse "parque humano" evocado por Platão, no *Político*. "Os homens são animais dos quais alguns dirigem a criação de seus semelhantes enquanto os outros são criados" (p. 44), e o Zarathoustra de Nietzsche percebeu o resultado dessa política de criação: os homens conseguiram "criar-se a si mesmos para serem menores" (p. 40).

Hoje, esse segredo da domesticação da humanidade é revelado, assistimos a "uma onda desinibidora sem precedentes", não se sabe se "conseguirão pelo menos encaminhar procedimentos efetivos de autodomesticação" (p. 46). Portanto, em nossa era técnica e antropotécnica, pode-se pensar que "as próximas grandes etapas do gênero humano serão períodos de decisão política quanto à espécie" (p. 46). Fica colocada a questão de saber se "o desenvolvimento a longo prazo também conduzirá a uma reforma genética das características da espécie – se uma antropotecnologia futura avançará até um planejamento explícito de características" (p. 47).

Em 1999, essas questões, interpretadas pelas mídias em referência as teorias eugenistas nazistas, causaram escândalo. Vinte anos depois, elas estão em debate nos meios acadêmicos a propósito do transhumanismo e do pós-humanismo, que é efetivamente o lugar ao qual remetem os textos de Sloterdijk. Esses textos nos interessam bastante, por dois motivos.

Em primeiro lugar, eles propõem uma resposta a uma questão que nos persegue desde a análise dos escritos de Descola e de Schaeffer: se o homem é uma espécie biológica "como as outras", por que, precisamente, não é como as outras? Como compreender que uma espécie biológica poderia ter gerado uma cultura cumulativa e autocatalítica? Sloterdijk explora a tese segundo a qual a "clareira do ser", ou seja, a especificidade do homem e de seu mundo, é o efeito da própria evolução biológica.

Em segundo lugar, Sloterdijk reintroduz no debate antropológico a grande ausente desse debate: a educação. Com certeza, ele a define como domesticação e dá-lhe sua licença, mas, pelo menos, ela ressurge no debate sobre a condição humana. Além disso, tratar a educação como domesticação é pensá-la a partir da questão do desejo e da norma, o que nos interessa igualmente.

Vale a pena, portanto, ver como, interpelado violentamente após *Regras para o parque humano*, Sloterdijk desenvolve e aprofunda suas ideias em *A domesticação do ser*.

Mais claramente ainda que no livro anterior, ele afirma que "o próprio homem é fundamentalmente um produto e, portanto, só pode ser compreendido se observado, em um espírito analítico, seu modo de produção [...]. A condição humana é inteiramente produto e resultado" (Sloterdijk, 2010, p. 86). "Pensando com Heidegger, contra Heidegger" (p. 87), trata-se de construir uma ontoantropologia que se interrogue sobre o que permitiu "a entrada na situação constitutiva do ser humano" (p. 119).

Sloterdijk propõe quatro mecanismos, funcionando em sinergia e em causalidades circulares: isolamento, a supressão do corpo, a neotenia e a transposição. Trata-se, de fato, de hipóteses, mas são interessantes para mostrar que se pode pensar o homem como uma espécie biológica que foi construída como específica pelo próprio curso da evolução.

O mecanismo mais antigo e menos específico para o homem é o isolamento. Trata-se de um efeito de estufa que permite a determinados membros do grupo, em especial as mães com seus filhos, evoluir em um espaço periférico, menos ameaçado e menos exigente. Essa é a primeira forma de distanciamento com o ambiente. Sozinho, diz Sloterdijk, ele só poderia chegar a um macaco de alto nível, como o atual bonobo, mas ele contribui a manter distância com os ambientes naturais – o que, note-se de passagem, supõe que uma espécie animal possa também assumir certa forma de distância com o meio ambiente.

Com o segundo mecanismo, a supressão do corpo, começa a história do *homo technologicus*. Graças a ferramentas, "os organismos dos pré-sapiens são liberados da limitação de se adaptar corporalmente ao ambiente exterior" (p. 129). A ferramenta dispensa o contato corporal direto com os seres do ambiente, o ato de jogar permite a ação a distância em um espaço aberto, o animal pré-humano encontra em seu ambiente produtos de suas ações anteriores: "seu êxtase começa, seu campo de ação cresce" (p. 128), um mundo se esboça, os corpos dos pré-homens não precisam mais ser duros, porque dura é a pedra que utilizam, e podem, portanto, se humanizar. A distância em relação ao ambiente aumenta ainda quando a ferramenta passa a ser o desenho e a fala.

O terceiro mecanismo da evolução, a neotenia, "provoca os efeitos mais dramáticos e mais misteriosos" (p. 130). Entende-se por neotenia o fato de que um organismo animal se reproduz enquanto ainda está no estado larval ou, de forma mais geral, a conservação de traços juvenis nos adultos de uma espécie. Os homens são neotenos: eles nascem muito cedo[78], sem pelos, imaturos e quando seu cérebro ainda não está pronto. "O ser humano poderia até mesmo ser definido como a criatura que fracassou em seu 'ser animal' *(Tiersein)* e em seu 'permanecer animal' (*Tierbleiben*)" (Sloterdijk, 2000, p. 34). Essa criatura é incapaz de sobreviver em um ambiente natural, mas a estufa de grupo, evocada no primeiro mecanismo, funciona como um útero externo, e a maior parte do cérebro humano se estrutura nessa situação extrauterina. Nessa incubadora humana, os homens implementam uma "autoformatação simbólica e disciplinar" por meio de instituições, regras de casamento e de parentesco, de técnicas de

---

78. Para que os bebês humanos nascessem com o mesmo nível de maturação que um chimpanzé recém-nascido, o tempo de gestação da mãe deveria ser, segundo autores, de dezoito a 21 meses, e não de nove meses.

educação – todas essas formas de domesticação de que Sloterdijk fala em *Regras para o parque humano*, e que ele reúne sob o nome de antropotécnicas. "As antropotécnicas primárias compensam e elaboram a plasticidade do ser humano, como ela resultou da evolução da estufa, com base na 'des-definição' da criatura viva 'homem'" (Sloterdijk, 2010, p. 145).

O quarto mecanismo, a transposição, tem como órgão universal a linguagem: ela permite integrar o estranho e o estrangeiro em uma esfera habitável. Também a linguagem é "meio geral de domesticação do mundo" (p. 155). Casa do Ser na versão heideggeriana, ou instrumento de domesticação do homem, na versão humanista.

Sloterdijk explica, portanto, como a própria evolução biológica produz a passagem de um animal sapiens ainda preso no ambiente, a um homem sapiens vivendo em um mundo. O processo fundamental, ao mesmo tempo biológico e técnico, é a instauração de uma distância crescente com o ambiente. A criatura lacunar de Herder e Gehlen é, de fato, produzida pela própria evolução, explica Sloterdijk, e o fato importante é que essas "lacunas" demandam a implementação de antropotécnicas culturais que prolongam e retransmitem os mecanismos antropobiológicos – "na clareira [...] ouve-se hoje o balido dos animais fabricados pelos homens" (2010, p. 106). Neoteno, o homem já não é imediatamente adaptado a um ambiente e alguma coisa deve, portanto, ser feita para que ele possa viver nesse mundo ao qual veio; deve ser domado, domesticado, criado para viver no "parque humano". Deve ser educado e pode sê-lo, porque ele próprio está agora dotado de plasticidade e o mundo no qual chega dispõe de linguagem e dessas antropotécnicas que chamam de cultura, que permitem domesticar esse neoteno. Assim, articulam-se as duas narrativas de Sloterdijk sobre a saída do ser humano da clareira e sua chegada a um mundo: a da hominização e a da domesticação do homem. A domesticação, o humanismo e a educação que ele organiza são extensões antropotécnicas tornadas possíveis e necessárias pelo trabalho antropogônico mais primitivo realizado pela evolução biológica.

Mas, segundo Sloterdijk, essa articulação, hoje, não funciona mais: o humanismo está "desamparado" (Sloterdijk, 2010, p. 169) e a técnica se apresenta como verdade do homem.

"A expulsão dos hábitos de aparência humanista é o principal acontecimento lógico de nossa época, e não se escapa a isso se refugiando na boa vontade" (p. 157). Não é apenas o humanismo que é assim descartado, é a própria linguagem como *habitat* e pátria do homem. "A fala e a escrita, na era dos códigos digitais e das transcrições genéticas, não têm mais sentido que seja doméstico de uma forma ou de outra [...]. A província da linguagem se reduz, o setor do texto legível pelas máquinas se desenvolve" (p. 158). Essa expulsão vai mais longe ainda e transforma radicalmente a relação do homem consigo mesmo. A inteligência artificial e o código genético mostram que há inteligência além do sujeito pensante e, da mesma forma, refutam a divisão do ser entre subjetivo e objetivo que baseia a metafísica. Assim é alcançada "a cidadela da subjetividade" (p. 168) e "o esquema do sujeito-mestre que exerce seu poder sobre uma matéria a seu serviço" (p. 175). Privado de seus pilares, que são o sujeito e a linguagem, o humanismo entra em colapso.

"Tudo, ao contrário, defende a ideia de que a revelação do homem pela história e pela técnica está acontecendo" (p.160). É preciso, portanto, por fim à "histeria antitecnológica que se apoderou de grandes partes do mundo ocidental" (p. 172). Se existe homem, "é porque uma técnica o fez surgir da pré-humanidade [...]. Portanto, nada acontece de estranho aos homens quando se expõem a uma nova produção e manipulação, e nada fazem de perverso quando se transformam por autotécnica". Chegou o tempo do "homem operável" (p. 174), ou seja, para ficar totalmente claro, da "automanipulação do ser humano" (p. 175).

Sloterdijk não fala mais sobre essa automanipulação e essas autotécnicas, não dá nenhum detalhe além de uma referência vaga e geral às tecnologias genéticas. Mas o livro de Sloterdijk termina com uma espécie de golpe teatral: a operacionalidade não deve mais ser a da alotécnica, mas da homeotécnica. A alotécnica é a técnica "de violação e de destruição" (p. 177), que "coloca o mundo das coisas em um estado de escravidão ontológica" (p. 176). Tal técnica, que remete à posição do mestre, está ultrapassada, pois o é também a "humanolatria" (p. 173).

A nova forma de operacionalidade é a homeotécnica, que "por sua essência, não pode querer nada de totalmente diferente do que o que 'as próprias coisas' são por si mesmas ou podem se tornar por si mesmas" (p. 177). A homeotécnica "deve apostar em estratégias cooperativas, cointeligentes, coinformativas. Ela tem mais a característica de uma cooperação do que a de uma dominação, mesmo nas relações assimétricas" (p. 178). "Os homens precisam manter relações entre si, mas também com as máquinas, os animais, as plantas... e devem aprender a ter uma relação polivalente com o meio ambiente" (Sloterdijk, 2005, sem paginação). Sloterdijk termia *A Domesticação do ser* apelando a "uma Nova Aliança na complexidade" (2010, p. 187). Uma aliança do homem com as coisas do mundo que, segundo o próprio Sloterdijk, "até agora anunciamos em rubricas como ecologia e ciência da complexidade" (p. 182).

Sloterdijk efetivamente inspirou uma filosofia ao mesmo tempo pós-humanista e ecológica, em particular na América Latina (Chibás Ortiz; Grizzle; Santos Leyser, 2018; Chavarria Alfaro, 2015; Méndez Sandoval, 2013; Vásquez Rocca, 2009). Essa corrente de pós-humanismo filosófico, que pretende ir além do Humanismo e seu Antropocentrismo,

> às vezes, também é entendida, de forma errônea, apenas como sinônimo do que chamamos de transhumanismo, um estado futuro no qual a espécie humana poderá ser capaz de superar suas limitações físicas e intelectuais graças ao controle tecnológico da própria evolução biológica (Chibás Ortiz, Grizzle; Santos Leyser, 2018, p. 664).

Seu princípio básico retoma, de fato, a ideia de nova aliança na complexidade formulada por Sloterdijk. As máquinas inteligentes, os robôs, a inteligência artificial, a internet das coisas criam um mundo onde é cada vez mais difícil distinguir o natural do artificial, e onde as novas linguagens e meios de expressão e de comunicação fizeram perder seu protagonismo ao binômio leitura e escrita que articulava a cultura (Chibás Ortiz; Grizzle; Santos Leyser 2018, Chavarria Alfaro, 2015).

O domínio que era do humano está assim descentralizado, ampliado, exteriorizado em um mundo interconectado: a inteligência está em todo lugar, e não apenas no homem. O homem não pode mais ser o centro do mundo, como era no humanismo, e a identidade humana deve ser redefinida. A "nova fronteira cultural" "reconhece a existência do outro, seja animal, vegetal ou máquina" (Chibás Ortiz; Grizzle; Santos Leyser, 2018, p. 664) e exige uma "Criatividade Ecotecnológica", graças à qual o homem se insere no "fluxo da conectividade dinâmica, inerente e interdependente entre pessoas, objetos e animais, ambientes naturais e artificiais, físico e virtual" (p. 673). São essas, fundamentalmente, as ideias apresentadas por Sloterdijk, que é, além disso, uma referência explícita nesses textos.

No entanto, em vez de se contentar em elaborar a certidão de óbito do humanismo (o que eles também fazem), esses textos tentam enunciar as consequências dessa nova fronteira cultural em matéria de educação. Poderíamos resumi-las assim: se conectar para se inserir no fluxo de energia. Retomando a frase segundo a qual "o verdadeiro problema do ensino em nossa época é a conectividade" (Posada, 2017, p. 74), Chibás Ortiz, Grizzle e Santos Leyser defendem a ideia de que devemos fortalecer os "fluxos de energia criativa", para "ter sintonia consigo mesmo, com os outros, com a natureza e a tecnologia" (2018, p. 665) e opor um modelo de ensino "líquido e hipertextual" ao modelo de ensino humanista "hierárquico e linear" (p. 672).

> Resumidamente, podemos dizer que hoje é necessário construir por meio da educação, pouco a pouco, uma ética que respeite mais os outros, sua identidade e individualidade, sejam eles plantas, animais, robôs, máquinas objetos ou seres humanos, tanto nos ambientes e ecossistemas físicos, com nos digitais.
> Uma ética que seja construída por meio da educação formal e informal que inclua aspectos racionais e afetivos, que não imponha Barreiras Culturais à Comunicação (como, por exemplo, as referências ao sexismo, religião etc.), permitindo uma maior manifestação da criatividade e diversidade dos seres humanos que somos, e que valorize de forma sustentável os diversos ecossistemas naturais ou os criados pelo ser humano, a médio e longo prazos (p. 673).

Podemos fazer pelo menos duas perguntas a Sloterdijk e aos que ele inspira. Primeiro, partindo de Heidegger e da questão da abertura ao ser como especificidade do homem, Sloterdijk conclui com um pós-humanismo e uma conectividade universal. O que aconteceu com a especificidade humana, que era a questão inicial? Segundo: o que dizer da educação, introduzida na reflexão como técnica de domesticação, desaparecida ao final do livro de Sloterdijk, e que reapareceu com seus discípulos como exigência de conectividade e criatividade? Vamos retomar essas questões com referência às nossas preocupações, a educação e a especificidade antropológica, e recordando o longo caminho percorrido neste capítulo.[79]

---

79. Este capítulo já estava escrito quando descobri, graças a um artigo publicado em uma revista brasileira (Marangoni; Veríssimo, 2018), o pensamento de Étienne Bimbenet, que poderia ter sido interessante integrar no capítulo. Não li os dois livros que me parecem cruzar minhas questões: *L'animal que je ne suis plus* [O animal que não sou mais, 2011] e *Le complexe des trois singes: essai sur l'animalité humaine* [O complexo dos três macacos: ensaio sobre a animalidade humana, 2017] e não quero prolongar ainda mais um capítulo que já é longo, nem retardar a publicação de meu livro. Mas pode ser interessante assinalar o que me *parece* ser, a partir de alguns documentos consultados na internet (em particular, uma entrevista publicada no *Le Figaro*), os pontos de convergência e de diferença. Ambos recorremos à paleontologia e à fenomenologia (com referência a Merleau-Ponty, em Bimbenet, e a Heidegger, neste livro). Ambos, perante uma pressão cultural contemporânea para considerar o homem como um animal como os outros, defendemos a ideia de uma especificidade do homem que tem sua forma na relação com o mundo. Pessoalmente, defendo a ideia de uma dupla especificidade do homem, como genoma específico e como mundo humano, e de articulação entre essas duas formas de humano, pela educação. Essa tese me parece compatível com as defendidas por Bimbenet, mas adianto essa ideia com cautela, por não ter lido esses livros.

8.5. A grande ausente da antropologia filosófica: a criança

Lembremos por que levantamos a questão da especificidade do homem. Historicamente, as pedagogias foram construídas com referência a uma definição da natureza humana, dizendo o que esse homem é, em essência, e o que deve se tornar a criança. Ora, a sociedade contemporânea não mantém mais o discurso sobre o homem, apenas esse discurso mínimo, na maior parte das vezes implícito, sobre a composição dos interesses individuais sobre um mercado – discurso que serve de rede de segurança ideológica à lógica dominante do desempenho e da concorrência, mas que, por sua natureza individualista e conflituosa, não pode constituir o fundamento antropológico de uma pedagogia contemporânea.

Esse silêncio antropopedagógico abandona a educação às bricolagens de sobrevivência, seja na família ou na escola. Sustento, no entanto, que é preciso hoje reabrir a questão antropológica para que a educação volte a ser algo mais do que essa corrida cega por "mais diplomas", que se tornou. Portanto, coloca-se a questão ao mesmo tempo filosófica, antropológica e pedagógica do ser humano e de sua especificidade.

Neste capítulo, primeiro descartamos o argumento relativista, que pretende recusar a própria questão, alegando que o homem existe sempre sob uma forma histórica determinada. Essa é, precisamente, uma característica específica da condição humana, que demanda ser pensada. Depois descartamos as respostas de Fullat i Genís e Eccles, que começam por uma definição antropológica com base científica, mas que apelam a Deus como reforço de Darwin; o que apenas faz recuar e devolver ao mistério a questão da especificidade do homem.

Com Descola, identificamos uma especificidade do homem: todo grupo humano produz um trabalho de interpretação do mundo, dos outros, humanos e não humanos, e de si mesmo; as respostas são diferentes segundo os povos e as circunstâncias históricas, mas o homem sempre confronta a questão do sentido de si mesmo e de seu mundo. Em seguida acompanhamos Schaeffer em sua crítica da Tese, que coloca uma "exceção humana" e se dá, *a priori*, uma especificidade do homem. Quando recusamos a Tese, uma resposta se impõe: *sapiens* é uma espécie biológica, como as outras. Mas surge, imediatamente, uma objeção: uma espécie que produz uma cultura cumulativa e autocatalítica, segundo os termos do próprio Schaeffer, não é, verdadeiramente, "como as outras". O problema então se torna compreender como uma espécie biológica pode produzir um mundo, designado como cultural, cuja lógica não é mais, ou não é mais apenas, biológica.

Fomos então ver o lado de Heidegger, não por *a priori* filosófico, mas por duas razões. Primeiro, a reflexão a partir de Descola e Schaeffer reforçou uma intuição que eu tenho desde minhas pesquisas anteriores sobre a relação dos jovens com o saber e com a escola: a relação de sentido com o mundo, com os outros e consigo mesmo é uma chave para compreender a especificidade humana. Segundo, quando descartamos a definição do homem por uma essência, não restam mais muitas opções filosóficas disponíveis. As filosofias que analisam o homem como existência são uma opção, e a de Heidegger, não apenas é a mais completa, mas também coloca o homem como uma determinada forma de relação com o mundo e com o ser. Marx é outra opção: a atividade coletiva do homem no mundo produz ao mesmo tempo o mundo e o próprio homem. Mas se trata de uma resposta histórica, e não antropológica. A obra de Marx implica uma antropologia, mas ele dedica seus esforços a outras tarefas e não se importa em produzir uma teoria da educação. A filosofia alemã do século XX, por outro lado, nos propõe respostas. Gehlen e a antropologia filosófica consideram o ser humano como uma criatura lacunar, que só pode sobreviver graças à técnica. Heidegger e seus discípulos colocam que o homem é aberto a um mundo, enquanto o animal permanece preso em um meio ambiente.

É preciso ser mais prudente no que concerne "ao animal": ele não é completamente prisioneiro de um meio ambiente, mas se abre a um mundo muito limitado no espaço e no tempo – esse limite varia segundo o lugar da espécie no curso da evolução. Mas o mundo do homem é sempre mais aberto no espaço e no tempo que o ambiente dos animais. A essa diferença no grau de abertura, acrescenta-se uma diferença qualitativa: pela linguagem e seus diversos modos de representação, incluindo a arte, se opera no homem uma abertura ao mundo em um segundo grau, que não se constata em nenhum animal: o próprio mundo, como totalidade no horizonte, torna-se objeto de discurso. Da mesma forma, e novamente é uma diferença com o animal, seja ele qual for, o homem, interlocutor constituído do mundo, se torna para si próprio objeto de preocupação e de discurso.

A espécie humana produz o mundo como obra e o confronta como problema – em uma história que é um trabalho de humanidade, como Marx a entende, e não apenas obra, filosofia e política de uma elite, como em Arendt e

Patočka. Há aí uma resposta importante para nós para compreender a educação: o humano existe sob a forma de uma espécie biológica aberta a um mundo, mas há também o humano sob a forma exteriorizada e objetivada de um mundo que a espécie construiu ao longo de sua história. Se queremos compreender o que é a humanidade, a resposta está na compreensão do mundo que ela construiu como "obra", pelo menos tanto quanto na análise da espécie ou de um de seus membros.

Resta uma questão, que Sloterdijk aborda frontalmente: como foi produzido, antropologicamente, o que Heidegger chama, em metáforas filosóficas, "abertura ao ser", "esclarecimento", "clareira", "abertura ao mundo"? O ser humano é *produzido*, no exato sentido da palavra, em uma história indissociavelmente biológica e técnica, pela qual o animal sapiens se torna o homem sapiens.

Sloterdijk esboça uma história antropológica da abertura. É certo, trata-se de hipóteses e podemos, por vezes, discuti-las; pode-se, por exemplo, surpreender que o jogo, que já existe nos mamíferos anteriores ao *Homo*, não apareça como atividade suscetível de produzir uma abertura na relação com o meio ambiente. Mas o essencial é que Sloterdijk propõe uma resposta credível ao que, em Heidegger ou Schaeffer, permanece uma questão: como explicar sem recorrer a uma natureza ou a uma essência, que o homem não seja um animal, mesmo racional (Heidegger), como explicar que uma espécie biológica possa produzir a cultura que produziu (Schaeffer)?

A resposta básica satisfaz-me: o homem é uma espécie biológica que, ao longo de sua história, colocou uma distância cada vez maior com o seu ambiente primário ("natural") e vive hoje em um mundo material, institucional e simbólico que gerou. Ao longo dessa história, essa própria espécie foi produzida e autoproduzida, hominizada como *sapiens* pela evolução biológica, e humanizada por suas antropotécnicas, incluindo o humanismo e as diversas formas da "Tese".

Ao longo dessa história, igualmente, a distância da espécie com seu ambiente primário se tornou tal que hoje ela tem dificuldade para dar sentido ao mundo que criou. Essa distância dotou o homem de um enorme poder sobre seu mundo, mas, ao mesmo tempo, ela o privou de uma relação evidente e imediata com esse mundo, ao ponto de ter perdido a linguagem que lhe permitia, no humanismo, afirmar esse mundo e, ao fazê-lo, afirmar a si mesmo. Para entender, é preciso agora dominar códigos complexos e esse próprio domínio dá poder e garante desempenho, sem, contudo, responder às questões fundamentais sobre o mundo e sobre si próprio que o homem se coloca desde que é *sapiens,* e talvez mesmo antes. Ao ganhar seu poder colossal sobre o mundo, o homem perdeu essa relação com o mundo que lhe permitia afirmar, com orgulho, quem ele é ou, pelo menos, quem pode se tornar. Saindo na clareira do ser, em termos heideggerianos, ou seja, deixando de ser um animal prisioneiro de um meio ambiente, o homem construiu um mundo que hoje sente não ser mais capaz de habitar. Se seguimos essas análises, compreendemos o silêncio antropológico da sociedade contemporânea e por que emerge, sob diversas formas, uma temática pós-humanista cada vez mais insistente.

Mas as explicações de Sloterdijk, por mais esclarecedoras que sejam, me colocam um problema sobre dois pontos fundamentais e interligados: a educação e o lugar do homem no mundo contemporâneo.

A função antropológica da educação, nas reflexões de Sloterdijk, não está clara. Nas *Regras para o parque humano,* ele caracteriza a educação como adestramento e domesticação, em uma perspectiva nietzschiana. Em *A domesticação do ser*, ele continua a considerá-la como tal, mas a articula sobre sua análise mais geral de abertura do homem ao mundo: a educação é uma antropotécnica aplicada ao homem quando ele sai da animalidade. A produção do homem é assim colocada em um duplo movimento: de saída da animalidade por meio da tomada de distância com o ambiente, e de entrada em um status de animal doméstico por meio do adestramento pela educação. Como pensar esses dois movimentos juntos? Sloterdijk coloca que a evolução biológica realiza um trabalho antropogônico primitivo de hominização, que se refere à própria espécie e, nessa base, dentro da espécie, determinados homens domesticam outros: "os homens são animais dos quais alguns dirigem a criação de seus semelhantes enquanto outros são criados" (2000, p. 44). O humanismo não é mais apenas dominação da natureza pelo homem, é a dominação de determinados homens por outros. Mas, de onde vem essa divisão entre os que criam e os que são criados, como os primeiros escaparam da educação humanista, como eles mesmos foram educados? A tentativa de Sloterdijk de produzir uma resposta antropológica à questão heideggeriana é feliz em esclarecer o surgimento de uma especificidade humana, mas é muito menos quando integra nela, por outro lado, uma concepção de educação inspirada em Nietzsche.

A função da educação em Sloterdijk não é mais clara quando se interroga sobre sua função pós-humanista. Em *Regras para o parque humano*, está claro que o tempo do humanismo está acabado e Sloterdijk coloca, pelo menos a título de questão, o problema de uma política da espécie substituindo a educação humanista por uma antropotecnologia genética. Em *A Domesticação do ser*, ele mantém a ideia de "homem operável", de "produção e manipulação do homem", mas introduz um princípio de prudência: essa transformação por meio da "autotécnica" deve se situar "a um nível de compreensão da natureza biológica e social do homem" e ser compatível com "o potencial da evolução" (p. 174).

Além disso, como vimos, ele defende a substituição pela homeotécnica da alotécnica. Mas a função da educação nos tempos atuais não está em lugar algum. Silêncio, como se essa questão tivesse desaparecido com o humanismo e a alotécnica, como se só fizesse sentido em referência a uma problemática da dominação e da domesticação superada nos novos tempos da homeotécnica e da antropotecnologia genética. É certo, os autores inspirados por Sloterdijk reintroduziram a questão da educação como sintonia com o mundo e fluxo de energia criativa, mas o silêncio de Sloterdijk me parece significativo de uma dificuldade de pensar a educação no mundo contemporâneo.

Já tínhamos notado, a propósito de Hannah Arendt: pode-se glorificar o nascimento como símbolo da novidade, sem, no entanto, se interessar pela criança que nasceu. Da mesma forma, em Peter Sloterdijk, é o homem, de forma genérica, que é domesticado pela educação – de modo que a educação sai de cena ao mesmo tempo que o humanismo. E o que acontece com as crianças? Porque, apesar de tudo, continuamos e continuaremos a fazer crianças, de forma tradicional (além de não ser tão desagradável assim), nesses tempos pós-humanistas, é pouco provável que elas sejam fabricadas em série pela antropotécnica genética; de modo que a questão da educação deve continuar a ser colocada.

Mas a antropologia filosófica parece nunca ter ouvido falar de crianças, de modo que a educação das crianças não é pensada como um processo estrutural no futuro do homem, como uma dimensão constitutiva da condição humana. Esse é um silêncio estranho, uma cegueira surpreendente: se a espécie biológica *Homo sapiens* pôde se distanciar do meio ambiente e constituir uma cultura cumulativa, é porque cada geração recebe, como herança das gerações anteriores, um mundo que transmitirá às gerações seguintes. Não haveria uma espécie humana, com sua especificidade que não é unicamente genética, embora tenha sido construída ao longo da evolução, se não houvesse crianças que recebessem e transmitissem um *mundo*. Não se trata apenas de uma questão de aprendizagem de técnicas e de conhecimentos, mas, em uma problemática bem mais ampla, da educação como inserção de uma criança portadora de humanidade sob forma de genoma em um mundo como totalização objetiva da história anterior da espécie. Encontro do humano com o humano sob duas formas diferentes, que continua a história de longo prazo da espécie e, no médio prazo, das sociedades, grupos e famílias onde nasce essa criança e que inicia uma história de curto prazo, a dessa criança que *vem ao mundo*. É esse encontro que exige e estrutura uma dialética do desejo e da norma, que não se pode reduzir a uma domesticação animal e tirar de cena quando se tornam possíveis as manipulações genéticas. Exceto, é claro, se se tira de cena o próprio homem, optando por uma barbárie pós-humanista.

Como que assustado pelas conclusões às quais levam sua reflexão sem crianças, Sloterdijk tenta uma última manobra, uma espécie de derrapagem controlada para evitar o acidente "em uma época onde o apocalipse do homem é algo cotidiano" (2010, p. 106): a aliança com o mundo, na homeotécnica e na complexidade. A proposição é simpática, mas um pouco surpreendente em um autor que, algumas páginas antes, escreveu que não se pode escapar da expulsão do humanismo "se refugiando na boa vontade" (p. 157). Porque basta ele proclamar o fim da arrogância humana e o compartilhamento do mundo com outros seres, animados e mesmo mecânicos, para entrar em uma outra era? Por que o homem decidiria deixar o centro do mundo? Ou bem é uma espécie como as outras e, como as outras, ocupa em seu ambiente todo espaço que consegue conquistar. Ou bem é uma espécie diferente e poderá sempre alegar essa diferença por permanecer no centro do mundo. Como esperar do homem uma aliança "que respeite mais os outros, sua identidade e individualidade, sejam eles plantas, animais, robôs, máquinas objetos ou seres humanos" (Chibás Ortiz; Grizzle; Santos Leyser, 2018, p. 673), se se começa anunciando-lhe que ele é uma espécie como as outras, sem definir sua "identidade" e sua "individualidade"? No desfecho das análises anteriores, estou convencido que uma pedagogia contemporânea deve efetivamente repensar e reconstruir as relações do homem com o mundo.

De certa maneira, o homem perdeu o mundo e perdeu a si mesmo – e reciprocamente. Tenho muito mais dúvidas sobre a ideia de que o homem deve agora se pensar como um elemento do mundo como os outros, hiperconectado no fluxo de energia criativa que atravessa todas as coisas. Estou inclinado a pensar, ao contrário, que o homem deve se considerar como "o pastor do ser", segundo as palavras de Heidegger, como estando encarregado e responsável por um mundo que sua espécie construiu, que está hoje em perigo e do qual deve cuidar, não porque é o senhor, mas porque esse mundo é a forma complementar de sua humanidade. O planeta Terra, é verdade, poderia muito bem prescindir da espécie humana. Mas, pessoalmente, acho que seria uma pena: livre desse arruaceiro criativo, ele seria muito menos interessante e original, e seria apenas um, entre esses incontáveis planetas que ocupam o Universo.[80]

---

80. Na internet, vídeos do YouTube oferecem um relato do que aconteceria se o homem desaparecesse no planeta: retorno de plantas e animais a suas formas selvagens, metrô inundado, pontes desabadas, usinas nucleares em risco de explosão etc. Após 50 milhões de anos, restam apenas como vestígios do homem os resíduos de plástico e, mesmo esses, desaparecerão após 100 milhões de anos. Uma provável nova espécie inteligente ocupando o planeta em 300 milhões de anos nem saberia que foi precedida por uma espécie humana. A conclusão, explícita ou implícita, é clara: o planeta poderia prescindir da espécie humana. É verdade, mas outra conclusão é possível e merece atenção: sem o homem, o planeta permanece, mas o mundo humano entra em colapso. Entre os *sites* consultados, o mais interessante é: https://www.youtube.com/watch?v=B1ZdrzXmciM, em português, mas também é possível consultar em francês, https://positivr.fr/humains-disparaissent-terre-transformation-nature/. Acesso em: 29 maio 2019.

CAPÍTULO 9

Uma aventura improvável:
Homo sapiens

A questão da especificidade do ser humano não é apenas uma questão filosófica, é também uma questão científica. Como o homem surgiu, como lentamente emergiu a partir do ancestral que compartilha com os "grandes símios", e em que eles são próximos ao homem? Desde Darwin, essas perguntas não querem se calar. É certo, a paleoantropologia e a primatologia[81] procuram recusar uma perspectiva

---

81. A paleoantropologia estuda a história evolutiva do homem a partir de fósseis. Ela mobiliza igualmente as pesquisas sobre a pré-história (pedra entalhada, pinturas rupestres, entre outras). A primatologia tem por objeto o estudo dos primatas, com um interesse particular pelos "grandes símios" ou "antropóides": chimpanzés, gorilas, orangotangos; a etologia os observa em seu meio natural. Os trabalhos sobre a evolução tiram igualmente um grande proveito da pesquisa genética.

na qual o homem atual seria a referência, mas, de fato, essas questões continuam em seu horizonte. Tendo recusado uma definição de homem por uma natureza ou uma essência e tendo-o colocado como uma espécie que se construiu como cultural ao longo da própria evolução, precisamos ir ver o que dizem os pesquisadores que trabalham sobre essa evolução. Afinal de contas, cientificamente, o que é o homem como espécie, de onde vem, e pode-se falar de um "próprio do homem"?[82]

9.1. O que a paleoantropologia nos ensina sobre *as* espécies humanas

A escola nos ensinou: no início era o macaco, de onde descendemos, em seguida se sucederam o australopiteco, *Homo habilis, Homo erectus,* depois *Homo sapiens* e esse primo grosseiro, que foi o Neandertal.[83] Tal foi o processo de hominização que, a partir do macaco, teria conduzido a um *Homo* cada vez melhor,

---

82. Há, sobre essa questão, obras de vulgarização científica muito boas, escritas pelos próprios pesquisadores (em livros individuais ou coletivos). Li, como base, *Aux origines de l'humanité* [Coppens; Picq. Nas origens da humanidade, 2001. v. 1 e 2]; *Révolution dans nos origines* [Dortier. Revolução em nossas origens, 2015]; *Quand d'autres hommes peuplaient la Terre* [Hublin; Seytre. No tempo em que outros homens viviam na Terra, 2011]; *Comment le langage est venu à l'homme* [Hombert; Lenclud. Como a linguagem chegou ao homem, 2014]. Também encontrei informações e reflexões em Picq (2013); Picq (2016); Patou-Mathis (2010); Condemi e Savatier (2018); Demoule (2015); Dessalles, Picq e Victorri (2010); Picq, Sagart, Dehaene e Lestienne (2008). Sobre esse tema, também é necessário acompanhar novas descobertas na internet (*Homo naledi*, Denisova...). O livro *best-seller* de Harari (lido em português, 2016) é útil para uma rápida síntese do conhecimento sobre a origem do homem, mas, do ponto de vista científico, é questionável por insistir em uma "revolução cognitiva" a partir de 70.000 anos, e sacrifica as nuances para uma posição pessoal *a priori*, quando fala do Neolítico. Neste capítulo, uso dados e, às vezes, reflexões, encontrados em diferentes livros, que fazem parte da base científica da paleoantropologia e primatologia e, portanto, não indico referências diretas. Só o faço quando menciono uma posição pessoal do autor, uma ideia original – ou, é claro, no caso de citação. Apresento em notas as explicações mais "técnicas" que às vezes são desejáveis sem serem necessárias para a compreensão do texto.

83. *Homo habilis, Homo erectus, Homo sapiens, Homo neanderthalensis* etc.: são denominações em latim, que escrevo em itálico, segundo a regra. Por outro lado, Sapiens e Neandertal (segundo a ortografia que tende a substituir o antigo Neanderthal) tornaram-se para nós bem familiares, pois seus nomes se aportuguesaram, "como se fosse o nome de um amigo" (Marylène Patou-Mathis, 2010, p. 7).

até seu termo: nós. Na realidade, foi muito mais tortuoso e menos triunfante. A evolução da qual viemos "oferece a imagem de um arbusto torturado bem longe dos belos afrescos lineares que ornam ainda as obras populares" (Hublin *apud* Coppens; Picq, 2001, p. 415).[84]

9.1.1. O homem não descende do macaco, mas eles têm um ancestral em comum

Antes de tudo, o homem não descende do macaco, pelo menos, não como entende o senso comum que, quando se evoca o macaco, pensa naquele que pode ser visto na televisão ou no jardim zoológico, balançando-se nas árvores e fazendo caretas.

De qualquer forma, a ideia de que o homem descende *do* macaco, no singular, é um problema, pois existem numerosas espécies de macacos. Quando se diz que o homem descende *do* macaco, pensando no macaco atual, de que espécie de macaco ele deve descender? Estima-se em mais de 130 o número de espécies atuais, tão diferentes, quanto são o babuíno, o gibão, o gorila ou o chimpanzé. Além disso, há menos diferenças genéticas entre o homem e o chimpanzé, do que entre o chimpanzé e o gorila, de modo que falar do macaco, no singular, não é pertinente do ponto de vista genético.

O homem não descende de um animal que seria parecido com os símios atuais. Do ponto de vida da evolução, o homem e os símios têm ancestrais em comum, relativamente próximos, a partir dos quais eles divergiram e evoluíram. O símio mais próximo do homem é o chimpanzé (em sua forma clássica, ou na forma do bonobo, que foi separada depois). Isso quer dizer que o chimpanzé e o homem tiveram um ancestral comum, há cerca de 7 milhões de anos (7Ma).[85]

---

84. Costumo citar o importante livro coletivo coordenado por Coppens e Picq (v. 1) ou por Picq e Coppens (v. 2), *Aux origines de l'humanité* [Nas origens da humanidade, Fayard, 2001]. Para deixar a referência mais leve, e como nenhuma confusão é possível, não repetirei a data. De modo geral, utilizarei "ibidem" quando uma referência for a mesma que a anterior e próxima.

85. A paleoantropologia utiliza a abreviação Ma para "milhões de anos". Trata-se de anos BP (*Before Present* – antes da Era Atual), o ano de referência da era atual sendo, por convenção, 1950 (e não o nascimento de Cristo). A diferença com a datação da era cristã "comum" não tem qualquer sentido quando se trata de milhões de anos; pode haver quando se trata de alguns milhares (por exemplo, no neolítico); assim, 10.000 anos AC (Antes de Cristo, ou BC – *Before Christ*) ou BCE (*Before Common Era*) correspondem a cerca de 12.000 anos BP (*Before Present*).

O homem e o chimpanzé descendem, cada um, desse ancestral comum, mas em linhagens diferentes. Nesse sentido, o homem não descende mais do chimpanzé, que o chimpanzé descende do homem: os dois (mas cada um por seu lado) descendem do que é chamado de LUCA em inglês (Last Universal Common Ancestor) e de DAC (Dernier Ancêtre Commun) em francês, ou seja, o Último Ancestral Comum. Isso quer dizer, em particular, que a questão do elo perdido, que há muito tempo preocupa a pesquisa (e as mídias...) não se coloca: o chimpanzé e o homem atuais não estão na mesma cadeia há 7 Ma e, portanto, não é possível encontrar um elo que os ligue. O problema científico é o LUCA, o último ancestral comum, e suas características. Algumas (por exemplo, segundo Pascal Picq, o bipedismo) estariam mais próximas das do homem atual do que das do chimpanzé atual que, por sua evolução, poderia ter se afastado do LUCA, do ponto de vista dessas características.

É difícil manter uma perspectiva científica quando se parte do *Homo sapiens* para chegar até suas "origens", em uma abordagem ascendente. De fato, tal reconstrução a partir do resultado induz fortemente a ideia de que a hominização era o objetivo da evolução, que teria feito de tudo para produzir Sapiens. Isso não é verdade, em particular porque a evolução não tem objetivo, não é um projeto, mas o efeito de processos que funcionam juntos sem serem sempre coordenados. Portanto, a ciência escolhe uma abordagem descendente, desde o início até o que se seguiu – mesmo se, de fato, por meio de seus dados científicos, o pesquisador, também, está muito interessado na forma como o Sapiens aconteceu.

No início, portanto, pelo menos aquele que a ciência atual pode captar, se produziu uma expansão da matéria-energia, há um pouco menos de 14 bilhões de anos: o *Big Bang*. O planeta Terra se forma há 4,5 bilhões de anos e a vida surge há cerca de 3,8 bilhões de anos, com as bactérias (células simples, sem núcleo, "procariontes"), depois, há 1 ou 2 bilhões de anos, as eucariontes (células com um núcleo, mais complexas, que inventam a reprodução sexuada). Desenvolvem-se então diversas formas de vida: animais, plantas, cogumelos. No caso dos animais, tudo acontece primeiro no mar. É lá que aparecem, há cerca de 530 milhões de anos (Ma), os primeiros vertebrados, que são os peixes (Jaeger *apud* Coppens; Picq). Alguns saem da água por volta de 360 Ma e os "répteis" invadem e dominam o mundo terrestre. Entre 300 e 200 Ma, alguns adquirem as principais características dos mamíferos, mas não prosperam, competindo que estão pelo acesso ao alimento com os dinossauros. Esses protomamíferos quase desapareceram em uma série de catástrofes que, por volta de 250 Ma, provocaram a extinção de mais de 90% das espécies da época.

Entre 250 e 65 Ma, o mundo é dominado pelos répteis não mamíferos (dinossauros, crocodilos, pterossauros...), animais com sangue frio adaptados ao clima muito quente da época. Há 65 Ma, novas catástrofes (erupções vulcânicas, impacto de um meteorito) e um ciclo de resfriamento levam ao desaparecimento temporário de plantas e uma nova extinção em massa, em particular, a dos dinossauros herbívoros. Menores, portanto, menos exigentes do ponto de vista alimentar, os pequenos mamíferos sobrevivem e ocupam progressivamente o domínio terrestre, enquanto os descendentes de uma linhagem de dinossauros, os pássaros, ocupam os céus. Há 55 Ma, entre os mamíferos, nas florestas quentes, aparecem os primatas e, entre eles, entre 45 e 35 Ma, os símios. Não há consenso sobre a data e o lugar de aparição e expansão dos símios (África? Ásia?), mas há "símios anatomicamente modernos" na África desde 34 Ma, e hominoides ("grandes símios") desde 23 Ma. Nosso último ancestral comum com os chimpanzés veio desses grandes símios africanos. Nós, Sapiens, somos, portanto, seres vivos, animais, vertebrados, mamíferos, primatas, símios africanos, hominoides. Somos também sobreviventes, como essa primeira parte de nossa história evolutiva já permite compreender.

Do ponto de vista da classificação das espécies, o homem *é*, portanto, um macaco entre muitas outras espécies de macacos; em termos mais acadêmicos, é um símio, um simiiforme. De fato, a grade atual de classificação foi revista e não utiliza mais as categorias "símio" e "prossímio" (Thomas; Picq *apud* Coppens; Picq, 2001). A classificação das 200 a 300 espécies de primatas listadas operam hoje as seguintes distinções, que conduzem ao gênero *Homo*:

- **Primatas:** Strepsirrhinis, que têm um focinho terminado em uma trufa (como os loris e os lêmures), e Haplorrhinis, que possuem um nariz recoberto pela mesma pele.
- **Haplorrhinis:** Társios, Platirrinos (símios do Novo Mundo, com 36 dentes e narinas afastadas); Catarrhinis (símios do Mundo Antigo, com 32 dentes e narinas aproximadas – incluindo o homem).[86]

---

86. Os antigos símios eram os Haplorrhinis, menos os társios, que eram classificados como prossímios, com os Strepsirrhinis.

- **Catarrhinis:** superfamília dos Cercopithecoideas, que são os símios com cauda, como os babuínos e os macacos, e os Hominoideas, grandes símios sem cauda (entre outros: o homem). Entre 16 e 11 Ma, os grandes símios (Hominoideas) conheceram o sucesso, mas depois começaram a definhar, em favor dos pequenos símios com cauda (Cercopithecoideas), grandes vencedores da competição pela alimentação na floresta. Do ponto de vista científico, o homem é, portanto, um grande símio sem cauda, com 32 dentes e narinas aproximadas, recobertas com pele, membro de uma superfamília de Hominoideas em declínio.
- **Hominoideas:** famílias de Hylobatidae (os gibões e siamangs) e dos hominídeos, que divergiam há 17 ou 20 Ma.
- **Hominídeos:** Ponginaes (ou seja, essencialmente, os orangotangos asiáticos) e homininaes, que se separaram por volta de 13 Ma.
- **Homininaes:** gorilas, chimpanzés e homens. Por volta de 8 ou 9 Ma, os gorilas constituíram um gênero particular e, por volta de 6 ou 7 Ma, a partir do último ancestral comum (LUCA) distinguiram-se os gêneros Pan (os chimpanzés)[87] e Homo. Do ponto de vista da evolução, o chimpanzé e o homem são, portanto, parentes próximos, o que confirma a genética: eles têm 98,8% de material genético (DNA) em comum.[88]

"Ecce Homo", como diria Nietzsche, "Eis o Homem", ao fim de uma história longa e atormentada. Mas se trata do *Homo* como gênero, e não ainda Sapiens como espécie particular do gênero *Homo*. Ainda precisará esperar mais de seis milhões de anos para que o Último Ancestral Comum produza, entre outros resultados da evolução, por volta de 150.000 anos BP, a forma arcaica de Sapiens e, por volta de 40.000 ou 50.000 anos, um homem que já se pareceria muito conosco. Longa história de diversas espécies, humanas ou na fronteira do

---

87. Mais tarde, há 1 ou 2 Ma, dentro da *Pan,* divergiram a espécie do chimpanzé comum e a do bonobo, chimpanzé anão.

88. Mas atenção à interpretação desse percentual. Não significa que o chimpanzé e o homem sejam 98,8% semelhantes. Tudo depende da organização do material genético: eles podem ter 98,8% de genes em comum e 1,2% de genes diferentes, ou ter 100% de genes que diferem de 1,2%, o que são duas situações diferentes. Pinker levanta a hipótese de que se mudássemos uma única letra de cada palavra, o novo texto seria 100% diferente do anterior, apesar de uma parte bem grande de material comum (Hombert; Lenclud, 2014, p. 200). Compartilhamos 70% de nosso genoma com... a banana.

humano, que desapareceram todas, exceto a nossa, mas que contribuíram para a construção de nosso genoma Sapiens. Seria preciso muitas páginas para escrever essa história dos Hominidaes[89], mesmo de forma resumida, mas é preciso, pelo menos, mencionar suas grandes fases para melhor compreender de onde viemos.

9.1.2. Nossos ancestrais muito distantes: "uma humanidade com diversos rostos"[90]

Foram encontrados dois fósseis próximos ao LUCA: Toumai (*Sahelanthropus tchadensis*), descoberto em Chade e datado de 6 ou 7 Ma, e *Orrorin tugenensis*, encontrado no Quênia e datado de 6 Ma. Não se pode concluir se eles são anteriores ou posteriores à separação entre chimpanzés e *Homo* (ou seja, ao LUCA), mas diversos pesquisadores acham que esses são nossos ancestrais mais antigos na linhagem humana – em especial Orrorin, 1,20 metro, que viveu em meio arborizado, mas já praticando o bipedismo. Um pouco mais recente, *Ardipithecus* (5,5 Ma na forma *kadabba* e 4,5 Ma, sob a forma *ramidus*), descobertos na Etiópia, é objeto de dúvida: pode ser uma espécie desconhecida de grande símio, ou um descendente de LUCA, ancestral de um *Australopithecus*.

A situação é bem mais conhecida a partir de 4,2 Ma, porque se dispõe de diversos fósseis de *Australopithecus*, descobertos na África. Os australopitecos são diversos, mas pode-se desenhar um retrato de família (Brunet; Picq *apud* Coppens; Picq). Eles vivem na África (leste, sul e centro), em um clima quente e úmido, em florestas ou savanas arborizadas, próximos à água, em comunidades de muitas dezenas de indivíduos. Medem, segundo a espécie, entre 1,10 metro e 1,40 metro. São bípedes, mas de modo menos eficaz que os homens e em formas de bipedismo que variam conforme a espécie, e continuam sendo bons escaladores. Têm mandíbulas poderosas, dentes robustos, são onívoros. Utilizam ferramentas, mas não talham a pedra (exceto, talvez, a espécie mais recente, *Australopithecus garhi*). Seu cérebro é dotado de capacidades de análise um pouco maior que a dos chimpanzés. Tornam-se adultos por volta dos catorze anos (fêmeas) ou dezessete anos (machos) e provavelmente vivem entre trinta e quarenta anos. Pelo menos cinco espécies são conhecidas: *Australopithecus anamensis* (4,2 Ma),

---

89. Designamos por "hominidaes" (não confundir com *homininaes*) as espécies da linhagem humana, constituídas após o LUCA: australopitecos, *Homo habilis* etc.

90. Pego emprestada essa bela expressão de Pascal Picq (*apud* Coppens; Picq, p. 21).

afarensis (3,8 Ma), incluída a famosa Lucy, *bahrelghazali* (3,6 Ma), *africanus* (2,8 Ma), *gahri* (2,5 Ma).[91] Essas espécies não nasceram umas das outras em uma sucessão linear; cada uma dura algumas centenas de milhares de anos e muitas são contemporâneas. Os últimos australopitecos desapareceram há cerca de 2,5 Ma. Houve, portanto, australopitecos na Terra durante quase dois milhões de anos, descendentes uns dos outros ou primos.

Nossos ancestrais mais distantes vieram, provavelmente, de uma dessas espécies de australopitecos. Qual? A questão permanece aberta porque a resposta depende do critério de comparação escolhido (crânio, dentes, bipedismo...). Pode ser *anamensis, africanus, gahri*... É igualmente possível que o gênero *Homo* tenha divergido já a partir de Orrorin, se separando da linhagem que conduziria a *anamensis*; nesse caso, nenhum australopiteco seria nosso ancestral, todos seriam nossos primos. Além disso, alguns acham que o *Homo rudolfensis*, uma das duas primeiras espécies humanas que receberam o nome *Homo*, não seria oriundo de um australopiteco, mas de um tanto misterioso *Kenyanthropus platyops* (3,5 Ma), que poderia, ele mesmo, descender de Orrorin.

Após a "radiação evolutiva" dos australopitecos, que desapareceram por volta de 2,5 Ma, vem uma segunda radiação, entre 2,5 Ma e 1,5 Ma, que vê aparecer, sempre na África, os *paranthropus* e os "primeiros homens" (*Homo habilis* e *Homo rudolfensis*) (Picq *apud* Coppens; Picq).

Os paranthropos já foram considerados como australopitecos "robustos". Robustos, eles são efetivamente e têm, em especial, o aparelho mastigador mais poderoso que já existiu entre os símios, o que lhes permite, em períodos críticos, comer alimentos resistentes (nozes, raízes etc.) e, assim, sobreviver. Mas têm um cérebro mais desenvolvido que o dos australopitecos, com assimetrias cerebrais mais acentuadas, e são capazes de manipular e, talvez também, de talhar ferramentas em pedra. Constituem diversas espécies: *Paranthropus aetiopicus* (2,7 a 2,3 Ma), *boisei* (2,4 a 1,2 Ma), *robustus* (2,2 a 1 Ma). Eles levam a um impasse evolutivo: após mais de um milhão e meio de anos na Terra (que compartilharam com diversas espécies humanas), desaparecem por volta de 1 Ma, sem deixar qualquer traço na história evolutiva além de seus fósseis.

---

91. Essas indicações cronológicas são, evidentemente, aproximadas, e variam, de fato, segundo os textos, mas indicam uma ordem de aparição que é a mesma em todos os autores. Além dessas cinco espécies, que são objeto de consenso, outras são citadas nos debates entre pesquisadores: *Australopithecus prometheus, Deyiremeda, Sediba* (a mais recente).

Os fósseis do *Homo habilis* apresentam notáveis diferenças que conduziram a distinguir duas espécies, tendo um ancestral comum bem recente: *Homo habilis* no sentido estrito (2,4 a 1,6 Ma), com um lado mais esbelto, e *Homo rudolfensis* (2,4 a 1,7 Ma), mais corpulento e com uma face mais prognata. *Habilis* vive na África do leste e do sul, nas savanas arborizadas. Mede 1,30 metro (macho) ou 1,15 metro (fêmea). É bípede, de modo mais eficaz, mas não ainda igual ao nosso. Tem um cérebro mais evoluído que o dos australopitecos, com assimetrias cerebrais mais acentuadas. É suficientemente hábil, como destaca seu nome, para fabricar, transportar e utilizar ferramentas de pedra talhada, características do período histórico que chamamos de "olduvaiense": cortadores (*choppers*), raspadores etc. Ele pratica o consumo de animais mortos: na estação úmida, alimenta-se principalmente de vegetais, mas, na estação seca, eles fazem falta, enquanto os animais morrem; com suas ferramentas de pedra, *Homo* corta as carcaças e quebra os ossos, para consumir a medula.

Homo habilis e *Homo rudolfensis* desaparecem por volta de 1,6 e 1,7 Ma, provavelmente vítimas de um resfriamento global por volta de 1,7 Ma. Mas já desde algumas centenas de milhares de anos, eles coexistem com uma outra espécie humana, que vai sair da África em diversas ondas e colonizar o planeta: *Homo erectus*, sob sua forma africana hoje chamada *Homo ergaster* – nosso muito antigo antepassado. "Para determinados autores, o gênero *Homo* começa, de fato, com *Homo ergaster*" (Hublin *apud* Coppens; Picq, p. 357).

Homo ergaster, que aparece por volta de 1,8 ou 2 Ma, é geralmente considerado como oriundo do *Homo habilis,* mas não se tem certeza. Nota-se que a forma *Habilis* continua a existir (até 1,6 Ma), embora a espécie *Ergaster* já tenha aparecido há duzentos ou quatrocentos mil anos: as espécies não substituem uma à outra ao final do prazo de validade, elas permanecem em cena, mais ou menos declinantes, muito tempo ainda após o aparecimento de um sucessor ou substituto. *Ergaster* é o primeiro *Homo* que se parece conosco, embora ainda não seja completamente *sapiens* do ponto de vista físico, e ninguém duvida de que seja nosso ancestral direto.

Por outro lado, há debates sobre o *Homo habilis* e o *Homo rudolfensis* (Picq *apud* Coppens; Picq, p. 299). Alguns pensam que uma linhagem humana *praeanthropus*, conduzindo a *Homo ergaster*, teria se formado desde 4 Ma, diferente do ramo que leva, por volta de 2,4 Ma, ao *Homo habilis* e *Homo rudolfensis* – que, nesse caso, seriam os primos distantes e não nossos ancestrais. *Homo ergaster* (trabalhador) aparece no leste da África. Ele é significativamente maior que seus predecessores: 1,70 metro nos homens e 1,55 metro nas mulheres. O tamanho de seus dentes e de seu aparelho de mastigação é menor, sua face é mais grácil. É um bípede completo: como nós, pode correr sem problemas e é capaz de permanecer de pé parado; definitivamente, deixou de se mover pelas árvores.

Seu cérebro é maior em capacidade absoluta (700 a 950 centímetros cúbicos), mas isso é, antes de tudo, um efeito de seu tamanho maior; seu coeficiente de encefalização (tamanho relativo do cérebro em relação ao corpo) é, talvez, superior ao do *habilis*, mas não de forma muito sensível[92]. Ele tem um corpo longilíneo, o que facilita a dissipação do calor, e é, provavelmente, o momento em que o *Homo* perde a maior parte de seus pelos, o que permite, igualmente, eliminar mais facilmente o calor. Seu corpo, seu bipedismo e sua melhor regulação térmica possibilitam-lhe produzir esforços sustentados, em particular correr em posição ereta e fazer longas caminhadas na savana. Ele pode agora viver longe da proteção das árvores, sobretudo porque organiza seu *habitat* e produz ferramentas mais complexas. Capaz de viajar, ele sai da África, principalmente em direção ao Oriente Médio por volta de 2 Ma ou 1,8 Ma – primeira migração do *Homo* para fora da África.[93] Pouco a pouco, em diversas formas evolutivas, o homem vai assim ocupar a Terra inteira. Essa capacidade de migração aumenta suas chances de sobrevivência frente às frequentes mutações climáticas, com seus períodos de seca e de resfriamento: em caso de necessidade, ele pode se deslocar em direção a outro meio ambiente.

Homo ergaster é a forma africana primeira do *Homo erectus* (ereto, reto). Esse evolui e prospera sob diversas formas, espécies e nomes fora da África, de onde saiu, mas também na África. É uma história complexa, com aparições e extinções, e que, ao final, vai deixar apenas uma espécie humana: *Homo sapiens*, nós, os sobreviventes. Essa história é reconstituída pelos pesquisadores a partir dos fósseis de que dispõem, com a ajuda de técnicas sofisticadas de datação, da genética e de... sua imaginação. Ela coloca em cena diversas espécies ou subespécies de *Homo erectus*, nome sob o qual, no sentido mais amplo, agrupamos os fósseis humanos entre 1,8 e 0,3 Ma.

Homo erectus, no sentido estrito, é o nome que se dá aos descendentes asiáticos do *Ergaster* (1,5 Ma a 0,3 Ma). Foram identificadas diversas subespécies:

---

92. Além disso, o aumento desse coeficiente não provoca automaticamente aumento de inteligência. Acha-se hoje que as variações estruturais do cérebro (em particular a assimetria entre os dois hemisférios) tenham efeitos, pelo menos, tão importantes.

93. *Homo Ergaster* talvez tenha sido precedido por uma forma mais arcaica de *Homo*, *Homo georgicus*, que foi encontrada em Dmanisi, na Georgia, e datada de 1,8 Ma.

Pithecanthropus (Homem de Java), *Sinanthropus pekinensis* (Homem de Pequim), *Homo soloensis* (Homem de Solo, em Java), *Homo floresiensis* (Homem de Flores[94], na Indonésia). Essas populações desapareceram por volta de 300.000 BP, substituídas pelos Sapiens e, no estado atual de conhecimentos, parece que elas pouco tenham participado do surgimento do homem atual, exceto, talvez, legando-lhe alguns genes.

Ao mesmo tempo que evolui na Ásia, *Homo erectus* continua a viver e a evoluir na África, onde nasceu em sua forma *ergaster*. Na África, está a origem, em particular, do *Homo rhodesiensis* (0,6 Ma a 0,16 Ma), do *Homo heidelbergensis* (0,8 a 0,3 Ma), que parte em seguida em direção à Europa, e talvez de outra espécie, ancestral comum do Neandertal e de Sapiens (se esse não for *Heidelbergensis*).

Homo erectus saiu diversas vezes da África, em muitas ondas de migração que, além disso, provavelmente geraram também novas migrações entre Ásia e Europa. *Erectus* aparece na Europa por volta de 1,2 Ma, nas regiões mediterrâneas, e instala-se também mais ao norte por volta de 0,5 Ma. Um ramo europeu, de origem africana (*Homo heidelbergensis* (0,8 a 0,3 Ma)[95], vai evoluir para *Homo neanderthalensis*, Neandertal, nosso primo mais próximo – e é, talvez, o ancestral comum de Neandertal e Sapiens.

As espécies e subespécies de *Homo erectus* são diversas e conhecem a própria evolução, o que é normal, pois falamos de um milhão e meio de anos. Fisicamente, essas espécies são mais ou menos encorpadas ou esbeltas. Mas todas são descendentes do *Homo ergaster* e apresentam suas características, algumas das quais se acentuam com a evolução. *Erectus* é grande, forte, sua face e seu aparelho mastigador reduziram, o volume de seu cérebro aumentou[96]. Ele viaja, instala-se em regiões do mundo muito diferentes quanto à paisagem, ao clima

---

94. Ele apresenta uma característica particular: é bem pequeno (1 metro). É, sem dúvida uma adaptação à situação insular de Flores. Contrariamente ao que se poderia acreditar, na situação da falta de alimento, não são os grandalhões que sobrevivem, mas os pequenos, que têm necessidades alimentares menores.

95. Outra espécie, *Homo antecessor* (1,2 Ma-0,8 Ma) é objeto de debate: seja espécie anterior à *Heidelbergensis*, da qual originaria *Heidelbergensis*, depois *Neandertal*, mas também o homem moderno (*Sapiens*), seja forma local de *Heidelbergensis*.

96. Os homens *Homo heidelbergensis* medem em torno de 1,65 metro e pesam 80 quilos, as fêmeas medem 1,50 metro e pesam 65 quilos. *Homo erectus* asiático é um pouco menos corpulento. O volume do cérebro de *Heidelbergensis* é de 1.000 a 1.300 centímetros cúbicos, o do *Erectus* asiático de 900 a 1.100 centímetros cúbicos.

e às condições de sobrevivência. Produz ferramentas mais diversificadas, em especial os bifaces, característicos desse período pré-histórico que chamamos de acheuliano ou acheulense: ferramentas de pedra simétricas, obtidas pela remoção de lascas dos dois lados. Ele organiza seu acampamento-base e seu território. Caça animais de médio e grande porte, de modo que depende menos de seu ambiente vegetal com suas variações de estações e de climas. E beneficia-se de um progresso fundamental: o domínio do fogo.

Foram encontrados vestígios de fogueiras de 1,4 Ma, verdadeiras fogueiras organizadas aparecem por volta de 550.000 anos e o uso do fogo parece frequente por volta de 400.000 anos e generalizado a partir de 250.000 anos BP. Esse domínio do fogo é muito importante sob diversos pontos de vista. Ele permite cozinhar os alimentos, o que não apenas aumenta a gama de alimentos consumíveis, mas, além disso, alivia o trabalho do intestino e, assim, libera uma parte da energia para o desenvolvimento do cérebro. O fogo permite também endurecer a ponta das lanças de madeira e é um poderoso meio de dissuasão e de defesa contra predadores. Ele constitui também um lugar onde os membros do grupo se aquecem, se reúnem e, provavelmente em uma protolinguagem sem sintaxe, se comunicam.

Na Ásia, *Homo erectus* encaminha-se para um beco sem saída evolutivo: ele desaparece por volta de 300.000 anos BP sem gerar, ao que parece, uma nova espécie ou subespécie. Por outro lado, na África e na Europa, *Erectus* evolui para uma nova forma de homem: aparecem Neandertal e Sapiens.

9.1.3. Neandertal e Sapiens, dois primos próximos

Homo neanderthalensis[97] e *Homo sapiens* possuem um ancestral comum[98] e divergiram há cerca de 500.000 anos. Neandertal é europeu: é na Europa que

---

97. Ele foi denominado *Homo sapiens neanderthalensis* quando se pensava que era o ancestral do *Homo sapiens sapiens*. Mas não é o caso, como demonstrado quando foram encontrados, no Oriente Médio, tanto fósseis de Neandertal como fósseis de Sapiens arcaicos mais antigos que os anteriores e que não eram, portanto, provenientes de Neandertal. Ele não é um Sapiens, é um primo de Sapiens, seu primo mais próximo.

98. Há um consenso sobre o fato de que eles têm um ancestral comum, mas não sobre a identidade desse ancestral. Pesquisadores se referem a *Homo heidelbergensis, Rhodiensis,* antecessor e, talvez, ainda outro, por exemplo, *Homo mauritanicus*. *Heidelbergensis* é frequentemente considerado como ancestral de Neandertal, e *Rhodiensis* é, às vezes, designado como ancestral de Sapiens.

ele adquire suas características específicas. Por volta de 500.000 anos começa um período de severa glaciação e o ancestral de Neandertal na Europa está bloqueado pelas geleiras, isolado das populações tropicais e, por desvio genético, vai evoluir para formas específicas, adaptadas a um clima frio. No entanto, mais tarde, ele entrará também no Oriente Médio e na Ásia Central, provavelmente em períodos interglaciais mais quentes.

Sapiens surge na África, mas ele sai dali, provavelmente em diversas ondas de migração. Neandertal e Sapiens encontram-se no Oriente Médio, por volta de 70.000 anos, depois na Europa, entre 45.000 e 30.000 anos. Mas isso não quer dizer que coabitam. É preciso não se esquecer de que estamos falando de populações constituídas de pequenos grupos (entre cinquenta e 150 pessoas, às vezes menos) ocupando grandes territórios e, portanto, os contatos não são frequentes.[99] Seria possível ser Neandertal e jamais encontrar, ao longo da vida, um único *Sapiens* vivendo na mesma região, e reciprocamente. No entanto, os encontros aconteceram, como atestam algumas (raras) misturas genéticas e prováveis influências culturais.

As características pré-neandertais, primeiro discretas, depois mais acentuadas, aparecem entre 500.000 e 250.000 anos. Depois vêm os neandertais "antigos" (250.000-90.000), depois os "clássicos" (90.000-30.000). Da mesma forma, são distinguidos os Sapiens "arcaicos" e os "*Sapiens sapiens*" ou "homens modernos". Nem sempre é fácil designar os fósseis como "arcaicos" ou "modernos". De fato, pertencem à mesma espécie e a variabilidade individual no interior de formas particulares da espécie pode ser maior que entre os valores médios dessas formas (Vandeermerch *apud* Coppens; Picq).

O desvio genético a partir do ancestral comum com Neandertal começa por volta de 500.000 anos. As características específicas de Sapiens verdadeiramente se estabelecem a partir de 300.000 anos e pode-se, então, falar de Sapiens arcaico. Quando se torna "moderno"? Os autores fornecem respostas diferentes, entre 200.000 e 120.000 anos. Se quisermos verdadeiramente uma data, podemos considerar a que propõe Vandeermersch: "todos os dados atuais, tanto genéticos quanto paleoantropológicos, permitem situar o surgimento da morfologia moderna por

---

99. Segundo Condemi e Savatier (2018, p. 120-121), havia na Europa (do Atlântico à Sibéria) e no Oriente Médio setenta mil neandertais, número que, em determinados períodos, poderia ter sido reduzido a dez mil. Trata-se, evidentemente, de avaliações muito aproximativas.

volta de 150.000 anos" (*apud* Coppens; Picq, p. 426).[100] Com certeza, por volta de 30.000 anos, Cro-Magnon (30.000 – 12.000 anos BP), que é um Sapiens moderno, parece-se muito conosco fisicamente. Mas ele tem ainda um tipo mais longilíneo que os atuais europeus, pois vem da África. É somente por volta de 9.000 anos BP que o homem moderno, na Europa, se parecerá completamente com o europeu moderno, não oriundo de uma migração africana recente.

Houve muita discussão para saber quem era Neandertal e em que ponto era diferente de Sapiens (Patou-Mathis, 2010; Condemi; Savatier, 2018; Hublin *apud* Coppens; Picq; Hublin; Seytre, 2011). "Em alguns casos, foi projetado às bordas da desumanidade, em outros, como irmão de sangue", escrevem Hombert e Lanclud (2014, p. 286).

Com certeza, é fisicamente diferente de Sapiens. É mais robusto: 1,60/1,65 metro e 80/90 quilos para os homens, 1,55 metro e 70 quilos para as mulheres; Sapiens, um pouco mais alto, pesa de 15 a 20 quilos a menos. Eis um resultado da longa evolução de Neandertal no ambiente frio, enquanto Sapiens vive na África, ou saiu dela mais tarde.[101] Neandertal tem, igualmente, uma face diferente da de Sapiens: sem queixo ósseo, uma testa recuada, protuberância acima das órbitas, enquanto Sapiens tem um rosto mais magro, mandíbulas curtas. O volume do cérebro de Neandertal (1.600 centímetros cúbicos) é maior do que o

---

100. Mas a questão permanece aberta e alguns acham que *Sapiens* é mais antigo. Em 2017, foram encontrados no Marrocos fósseis datados de 315.000 anos, e considerados como sendo homens modernos. Alguns paleoantropólogos distinguem os *Homo sapiens* arcaicos antigos (*heidelbergensis* ou *rhodesiensis* – por volta de 500.000 anos BP), os *Homo sapiens* arcaicos recentes (*helmei*, por volta de 250.000 anos), os *Homo sapiens* modernos antigos (200.000 anos), os *Homo sapiens* modernos recentes (100.000 anos) e os *Homo sapiens* atuais (nós). (Hombert; Lenclud, 2014, p. 298).

101. A evolução produziu corpos mais longilíneos em países quentes (por exemplo, na África) e mais robustos em países frios (por exemplo, Neandertal, na Europa), segundo a Lei de Bergmann. A eliminação de calor pela superfície corporal é um mecanismo que contribui à regulação térmica e depende dessa superfície. Quanto mais o corpo é robusto, menor é sua superfície e, portanto, menos perde de calor em suas trocas com o ambiente – o que é particularmente importante quando a diferença de temperatura entre o corpo e o ambiente é grande, o que se acentua ainda mais com os membros curtos (regra de Allen). Por outro lado, o corpo longilíneo, com maior superfície, e mais ainda, com membros longos, difunde mais calor para o ambiente, o que é uma vantagem em países quentes, em que essa difusão é difícil pois a diferença de temperatura entre o corpo e o ambiente é menor.

de Sapiens em valor absoluto (1.400 centímetros cúbicos), mas se levarmos em conta a diferença de corpulência, seu coeficiente de encefalização é um pouco menor. Sua pele é mais clara que a de Sapiens. Seu bipedismo é comparável e parecido com o nosso.

Há um consenso sobre esses pontos. Por outro lado, os debates são vívidos quando se trata das capacidades cognitivas, linguísticas, simbólicas – e, ao ler os textos, pode-se pensar, por vezes, em dois grupos de torcedores, o de Neandertal e o de Sapiens. Neandertal é hipercarnívoro, mesmo que precise também consumir fibras e vitaminas, logo, vegetais. Segundo seus defensores, é, portanto, um grande caçador, "o maior dos caçadores" e a caça de grandes animais requer numerosas capacidades cognitivas, argumenta, por exemplo, Patou-Mathis (2010, p. 97). Ele fabrica lanças para a caça, produz técnicas de corte da pedra em lâminas (musteriense), ferramentas de ossos, corantes, sabe domesticar o fogo, enterra seus mortos (há 100.000 anos BP) e possui capacidades físicas que permitem falar, embora, sem dúvida, não tão bem quanto Sapiens e, no fim do período, utiliza objetos de adorno: há, portanto, nele também, características modernas (d'Errito *apud* Dortier, 2015).

Outros pesquisadores (por exemplo, Hublin) são bem mais céticos quanto às capacidades de Neandertal. Do ponto de vista técnico, argumentam, o musteriense não evolui entre a invenção do método Levallois de corte de lâminas (por volta de 300.000 anos BP) e o período inovador do châtelperroniense, atribuído também a Neandertal (36.000-32.000 anos). Assim, Neandertal teria repetido durante mais de 200.000 anos e então, subitamente, teria inovado, precisamente no período em que, na mesma região, apareceu Sapiens. Na verdade, dizem eles, essas técnicas do châtelperroniense são um efeito do encontro cultural dos últimos neandertais com os Sapiens que, no leste da Europa, já inventaram as técnicas do aurignaciano. Quanto às sepulturas neandertais, existem, mas são raras e muitos fósseis foram encontrados fora das sepulturas. Neandertal utiliza adornos, mas será que entende seu significado simbólico? Além disso, não produziu arte e não deixou vestígios simbólicos fora das sepulturas. Ele fala, mas provavelmente sem acesso à sintaxe. Em resumo, segundo seus críticos, Neandertal seria capaz de se adaptar a meio ambientes extremamente diferentes (ele ocupou a Europa do Atlântico à Sibéria, e do Mediterrâneo a mais de 50° de latitude norte, no Período Glacial) e de adotar técnicas inspiradas em Sapiens, mas estaria muito menos apto que este último para inovar e, sobretudo, para simbolizar.[102]

Se as diferenças culturais entre Neandertal e Sapiens podem ser objeto de debate até 40.000-35.000 anos BP, a explosão simbólica de Sapiens a partir de 35.000 anos e até 20.000 anos é tal que alguns falaram de uma "revolução simbólica". Não houve "revolução" porque, em verdade, as inovações de Sapiens amadurecem desde, pelo menos, 75.000 anos BP e começaram na África, onde foram descobertas pontas zagaia em ossos[103], conchas perfuradas utilizadas como adornos, fragmentos de ocre (para tatuagens, entre outros usos). Mas se não houve revolução, houve, pelo menos, um salto, um salto simbólico.

Pensa-se que a linguagem de Sapiens dispõe de sintaxe, o que lhe confere um poder importante, até então inigualável nos sistemas de comunicação de *Homo*. Formas de arte aparecem e se multiplicam: pinturas rupestres, esculturas, gravuras. O progresso técnico é inegável: flauta de osso (35.000), redes para capturar animais e peixes (25.000), agulha de osso (18.000). Os grupos de Sapiens tornam-se mais numerosos e os acampamentos, utilizados por mais tempo e mais regularmente, constituem um esboço de cidades – e, já, aparecem sinais de desigualdades sociais: nem todos têm sepulturas, e algumas são luxuosas.

Por volta de 30.000 anos BP, Neandertal desaparece – as últimas populações neandertais se extinguem por volta de 28.000 anos, na Espanha. Por que e como? Eis um tema que suscita particularmente o interesse, e a imaginação, dos paleoantropólogos. Foram levantadas numerosas hipóteses. Neandertal foi exterminado por Sapiens? Não se dispõem de indícios que esse seria o caso, embora, é claro, confrontos locais possam ter acontecido – não vemos por que nossos ancestrais e nossos primos distantes teriam sido pacíficos ecologistas enquanto não o somos. As populações neandertais foram dizimadas por uma doença bacteriana ou viral importada da África por Sapiens? Nesse caso, Neandertal teria

---

102. De qualquer forma, e seja qual for a posição neste debate (posição que apenas os próprios pesquisadores podem decidir), é necessário não esquecer que Neandertal é um descendente evoluído de Ergaster com, pelo menos, as competências deste último, e que, mesmo no caso ele tenha apenas adotado e adaptado as inovações de Sapiens, isso significaria, no mínimo, que ele tinha as capacidades para fazê-lo.

103. Sapiens utiliza fragmentos de animais em suas ferramentas; Neandertal não o faz (exceto no último período), talvez por razões simbólicas (uma forma de tabu).

desaparecido rapidamente, embora tenha coexistido com Sapiens, na Europa, durante milhares de anos. A hipótese atualmente "mais convincente" (Patou-Mahis, 2010, p. 240) é que Neandertal foi vítima de um lento declínio demográfico, talvez iniciado antes da chegada de Sapiens, e que ela teria acelerado.

A Europa atravessa um Período Glacial rigoroso, os territórios habitáveis reduzem-se, as comunicações tornam-se cada vez mais difíceis.[104] Neandertal já enfrentou com sucesso períodos assim, mas dessa vez, acrescenta-se a concorrência de Sapiens pela ocupação de território e acesso aos recursos, e este dispõe de armas mais eficazes[105], provavelmente de uma linguagem com sintaxe e de maiores capacidades de inovação. Neandertal recua, em direção ao sul, em longos deslocamentos no frio que, particularmente perigosos para as crianças e as mulheres grávidas, acentuam suas dificuldades demográficas (Hublin; Seytre, 2011; Patou-Mathis, 2010).

No entanto, outra hipótese foi formulada, ainda duvidosa, mas que ganhou credibilidade desde que foi descoberto, em 2010, que o genoma dos humanos atuais contém alguns genes neandertais. Neandertal não teria desaparecido, teria se fundido na espécie Sapiens por meio de mestiçagens (acasalamento de homens Sapiens com mulheres Neandertal). Nessa hipótese, o fenótipo (características físicas) e a cultura de Neandertal teriam desaparecido, mas, do ponto de vista genético, ele não teria sido extinto (Condemi; Savatier, 2018). A dificuldade, além de o percentual de genes neandertais em nosso genoma ser – pequeno (1 a 4%), é que "até agora, nenhum mestiço evidente foi descoberto" (Patou-Mathis *apud* Dortier, 2015, p. 46).

Em 28.000 BP, Sapiens está só na Terra. Ele ocupa a África, Europa, Ásia, Austrália – e, há cerca de 14.000 anos, entrou na América, pelo Estreito de Behring e pela costa do Alasca. Na Europa, Sapiens substituiu Neandertal. E nas outras partes do mundo? O que aconteceu na África, onde Sapiens nasceu, mas

---

104. Como qualquer grupo humano, Neandertal respeita o tabu do incesto e, em grupos reduzidos (cerca de cinquenta pessoas), há a necessidade de trocar mulheres com outros grupos (nos humanos, como nos chimpanzés, são as mulheres que deixam o grupo quando chegam a idade de acasalamento). A dificuldade de comunicação entre grupos produz efeitos demográficos.

105. Incluindo, às vezes, o cão, descendente do lobo, que começou a ser domesticado por volta de 30.000-35.000 anos. O lobo caça em grupo, como o homem, o que facilitou a adaptação recíproca das duas espécies.

onde não era o único há 500.000 anos, e na Ásia, onde viviam os *Homo erectus*? Duas hipóteses se confrontam (Barriel *apud* Coppens; Picq, 2001; Hublin; Seytre, 2011; Hombert; Lenclud, 2014).

Segundo a hipótese multirregional, chamada também de "candelabro", as populações Erectus, em diversos lugares do mundo, teriam evoluído lenta e localmente para o tipo Sapiens. Forte objeção: é muito pouco provável, segundo as leis da evolução, que se produzisse tal convergência espontânea de populações diferentes em direção a um mesmo tipo. A outra hipótese, chamada Out of Africa, ou Arca de Noé (às vezes, Jardim do Éden), fundamenta-se na constatação da unidade genética e da homogeneidade da espécie humana: todos somos oriundos de uma mesma origem sapiens.[106] *Homo sapiens* surgiu na África, se tem certeza. Ele saiu de lá, diversas vezes, talvez por volta de 150.000 anos BP e, certamente, por volta de 100.000 anos ou um pouco menos, em direção ao Oriente Médio. Mas populações de Sapiens permaneceram na África e ali evoluíram. Uma delas teria saído por volta de 50.000 BP e conquistado o mundo. Na hipótese mais radical, essa seria uma população que teria adquirido características específicas em razão de um "efeito de gargalo" – processo ao longo do qual uma população de tamanho limitado encontra-se isolada, de modo que as mutações genéticas se transmitem rapidamente e o tipo da população evolui. Toda a população humana atual seria, assim, oriunda de uma população Sapiens de algumas dezenas de milhares de indivíduos que, saídos da África, teriam substituído não apenas as populações *Erectus*, mas também populações Sapiens de migrações anteriores.

Essa hipótese tem o maior consenso entre os paleoantropólogos. Entretanto, ela se depara com uma questão insistente: o que aconteceu com as populações anteriores, que teriam assim desaparecido rapidamente, e de modo geral, sem deixar vestígios? Além disso, pesquisas genéticas recentes demonstraram que a questão é mais complexa do que acreditávamos. O DNA do homem moderno é o de Neandertal em uma proporção de 1 a 4%.[107] Além disso, o Homem de Denisova forneceu 6% do DNA dos Sapiens atuais da Melanésia e dos aborígenes

---

106. O debate não é puramente científico. Houve tentativas racistas de exploração da hipótese multirregional – o que não prova que ela esteja errada, mas convida à prudência na utilização dos dados científicos.

107. Exceto na África, onde não ocorreu uma mistura com Neandertal, que surgiu na Europa e não voltou à África, terra de seus ancestrais distantes.

australianos.[108] Em outras palavras, houve mestiçagem fecunda entre Sapiens e outras espécies humanas, em épocas onde a diferença entre elas e Sapiens não era ainda grande o suficiente para constituir uma barreira genética. Por isso, foi revisto recentemente, para precisá-lo, o cenário de uma única população de Sapiens saindo da África para substituir todas as outras espécies. Assim, Picq descarta a hipótese de uma "população de eleitos" que "teria suplantado todas as outras populações". Certamente, os Sapiens saídos da África por volta de 50.000 anos BP "contribuíram amplamente para a constituição de nosso genoma atual", mas eles encontraram nos seus novos continentes, humanos oriundos de outras espécies e Sapiens saídos anteriormente, com os quais eles, mais ou menos, se misturaram (Picq *apud* Coppens; Picq, p. 582).

> O estabelecimento da humanidade moderna não depende de uma explicação única e simples, mas (ele) é o resultado de um processo complexo que envolve evoluções, substituições e migrações, e (essas) mudanças foram produzidas em um conjunto de populações entre as quais sempre existiram fluxos genéticos mais ou menos intensos (Vandermeersch *apud* Coppens; Picq, p. 463).

Entre 30.000 e 12.000 anos BP, a Terra atravessa seu último período glacial, o frio sendo particularmente intenso entre 21.000 e 17.000 anos BP. Embora geneticamente pouco preparado para enfrentar o frio, Sapiens sobrevive graças às maiores capacidades de inovação. Por volta de 12.000 anos BP (10.000 anos a.C.), o planeta aquece-se e as novas condições climáticas vão permitir o advento progressivo de um novo período da história humana, ao longo do qual as condições de vida do homem tornam-se radicalmente diferentes das que poderiam ter sido anteriormente: o neolítico. Caracterizado pelo surgimento e a rápida expansão da agricultura e da pecuária, a transformação produz-se, de forma independente, em diversas partes do mundo: o Oriente Médio (com o trigo) por volta de 9.500 a.C., e uma expansão na Europa por volta de 7.000-6.500 anos; o Extremo Oriente (com o arroz), por volta de 6.000 anos; o México e o

---

108. Foi encontrado em Denisova, na Sibéria, um dedo fossilizado que permitiu, por meio da genética, identificar uma espécie até então desconhecida. Acredita-se que tenha divergido de Neandertal após a separação entre este e *Sapiens*.

Peru (com o milho) entre 5.000 e 3.000 anos; a África (com o milhete), entre 5.000 e 2.000 anos. Os homens, que até então eram caçadores-coletores, estritamente dependentes dos recursos naturais, se tornam, aos poucos, produtores (Hublin; Seytre).

A sedentarização[109] precede a agricultura, contrariamente do que se acreditou durante muito tempo: as populações fixam-se em um endereço onde os recursos são abundantes, sem, necessariamente, passar da coleta e caça à agricultura (Demoule, 2015). No Oriente Médio, por volta de 12.000 anos a.C.[110], os *natufianos* começam coletando sistematicamente o trigo e a cevada selvagens, plantas antes raras na natureza, mas que o clima temperado pós-glacial favorece. Então, os homens do Oriente Médio semeiam os grãos, cavam o solo, arrancam as ervas daninhas, regam etc. No início, eles continuam caçadores, mas, depois, produzem os próprios alimentos de carne, por meio da pecuária – começando pelos animais mais dóceis e menos perigosos (cabras e ovelhas), depois passando para o porco, a partir do javali, e o boi, a partir do auroque (Demoule, 2015).

A casa redonda torna-se retangular[111], feita de madeira e de terra sobre uma base de pedra. As técnicas avançam e aceleram o progresso da agricultura e da pecuária: logo, a foice em sílex com cabo de madeira, as fossas-silos para estocar os grãos, os moinhos de pedra para triturá-los, em seguida, ao longo dos séculos, a roda, o arado, a tração animal (e a domesticação do cavalo, por volta de 4.000 anos a.C.), a cerâmica, a metalurgia do cobre, do ferro, a irrigação etc. Surgem as cidades (Jericó, por volta de 8.000 anos), depois os Estados e os impérios (no Egito e na Mesopotâmia, por volta de 2.500-3.000 anos, na China, por volta de 2.000 anos) e com eles, por volta de 3.000 anos, a escrita. Entra-se na História.

Que o neolítico foi, se não "o principal advento da história da humanidade" (Demoule, 2015, p. 123), pelo menos um dos principais, é indubitável. Mas ainda foi preciso tempo para que a agricultura se impusesse sobre vastos

---

109. As primeiras casas documentadas datam de 25.000 anos (cabanas redondas, na Ucrânia, feitas de ossos de mamute) (Demoule, 2015).

110. Tratando-se de um período "próximo", os pré-historiadores utilizam, a partir do neolítico, uma datação "antes de Cristo" (a.C.), e não mais, como o fazem os paleoantropólogos, *"before presente"* (BP). A diferença é de aproximadamente 2.000 anos.

111. A casa retangular apresenta uma vantagem fundamental em relação à redonda: pode ser aumentada facilmente, acrescentando cômodos nas laterais.

territórios: três a cinco mil anos. Além disso, como observa Demoule, "determinados grupos de caçadores-coletores puderam desenvolver formas sociais e econômicas complexas sem domesticar animais nem plantas, senão muito marginalmente" (p. 40). A agricultura e a pecuária produziram uma explosão demográfica da espécie humana.[112] Com efeito, a comida assim obtida, em maiores quantidades e de forma mais segura e regular, alimenta muito mais pessoas que a obtida pela coleta e pela caça. Além disso, a possibilidade de alimentar os bebês com papas permite o desmame mais cedo, o que induz uma aceleração de gestações (uma criança por ano, enquanto nas populações de coletores-caçadores, as mulheres têm um filho a cada três anos, ou mais).[113] Mas com as novas condições de vida se produz também "uma certa regressão no nível individual" (Hublin; Seytre, 2011, p. 209) porque surgem ou se agravam novos problemas: desnutrição (falta de proteínas e de vitaminas), parasitas, epidemias, propriedade privada, violência, desigualdades crescentes. E, deve-se acrescentar, o trabalho como problema: o tempo do trabalho agrícola é estimado em o dobro do que os caçadores-coletores dedicam à alimentação.

Poderia ser interessante continuar essa história[114] para além do neolítico, mas já dispomos de informações paleoantropológicas fundamentais para compreender como a evolução nos produziu.

9.2. Como aconteceu a atual espécie humana

Como uma espécie produzida pela evolução biológica pode invadir o planeta, nele criar *habitats* radicalmente novos e desenvolver culturas tão diversas?

---

112. Estima-se que, entre 70.000 e 30.000 anos BP, o planeta tinha uma população em torno de um milhão de habitantes (com grandes variações entre as estimativas, entre 0,5 e 6 milhões – e, sem dúvida, flutuações importantes). A população mundial foi elevada a cinco a dez milhões de habitantes há 10.000 anos BP (8.000 anos a.C.) e a 250 milhões no início de nossa era (o número teria sido aproximadamente o mesmo no ano 1.000).

113. O aleitamento retarda a concepção de uma nova criança durante, pelo menos, dezoito meses. Pelo menos é o caso do aleitamento "tradicional", frequente, regular, incluindo a noite.

114. O que não farei, pois seria aumentar ainda o tamanho de um livro que já é longo.

9.2.1. Continuidade evolutiva e saltos qualitativos

Os paleoantropólogos devem confrontar um problema que já observamos ao analisar o livro de Schaeffer: de um lado, insistem no fato de que o homem é uma espécie biológica como as outras, mas, por outro, reconhecem que essa espécie não é como as outras. "No plano biológico", declara Thierry, "somos geneticamente muitos próximos de outros hominídeos", mas, por outro lado, "a evolução cultural introduziu uma ruptura entre os seres humanos e os outros animais" (*apud* Dortier, 2015, p. 124). Observamos o mesmo tipo de oscilação em Picq: devemos "admitir que somos uma espécie oriunda de contingências terrestres" (Coppens; Picq, p. 583), mas "nossa evolução é única; não é banal" (p. 584); "o homem não se reduz ao que compartilha com os grandes símios", mas "é a partir desse estado comum que ele se construiu" (*apud* Picq; Coppens, p. 518).

Essa tensão entre continuidade e descontinuidade se expressa em um duplo princípio. De um lado, a evolução não é linear, é arbustiva: as espécies não se sucedem umas às outras em uma única linhagem evolutiva, elas se diversificam a partir de uma mesma origem, umas se extinguem, outras sobrevivem e depois, de novo, se diversificam. Mas, por outro lado, saltos se produzem ao longo dessa evolução: longos períodos de transformações lentas são pontuados pelos saltos – segundo a ideia de equilíbrios pontuados, proposta por Gould e Elderedge.

De acordo com a ideia da evolução arbustiva, entendemos que muitas espécies podem ter existido ao mesmo tempo, incluindo diversas espécies humanas. Conhecemos cinco espécies de australopitecos e várias provavelmente viveram na mesma época. Há 1,7 milhões de anos BP, coexistiram, na África, os *paranthropos* de pelos menos duas espécies e os homens de pelo menos três espécies (*Homo habilis, rudolfensis* e *ergaster*). Neandertal e Sapiens viveram nas mesmas regiões da Europa ocidental durante cinco a dez mil anos – e seus ancestrais coexistiram com *Homo erectus* na Ásia. "A existência de uma única espécie humana dominadora é a exceção atual, após três milhões de anos ao longo dos quais a distribuição de territórios entre diversos hominídeos era a regra" (Hublin; Seytre, 2011, p. 83).[115] Se duas espécies vivem na mesma época, não se pode considerar que uma é o ancestral da outra: a evolução não foi linear.

---

115. Como já observamos, o fato de terem vivido na mesma época não implica que tenham vivido no mesmo lugar, pois se trata de pequenos grupos em um grande espaço. Mas sabe-se hoje, graças à genética, que encontros, pelo menos sexuais, aconteceram e é provável que tenham sido produzidas trocas culturais, pelo menos no nível de técnicas de entalhe da pedra.

Muitas espécies humanas existiram, portanto, diversos exemplares de humanidade.[116] O que quer dizer que o homem não é a personificação súbita de uma essência atemporal; ao longo da evolução, ele surgiu e desapareceu diversas vezes e sob diversas formas. Uma forma nasce de outra, ancestral, mas formas diversas podem aparecer a partir de uma mesma origem (como Neandertal e Sapiens).

Essas formas sucessivas constituem um "progresso"? Do ponto de vista biológico e ecológico, essa questão faz pouco sentido: por definição, uma espécie só surge e sobrevive se ela se adapta a seu meio e, nesse sentido, todas as espécies são qualitativamente iguais. No entanto, quando comparam as espécies, os antropólogos, inclusive quando insistem na ideia de que "nosso passado não é um reflexo de uma humanidade, mas de muitas" (Hublin *apud* Coppens; Picq, 2001, p. 415), são levados a falar de *salto*.

Não o fazem a propósito do *Homo habilis*, cuja classificação como *Homo* às vezes até levanta dúvidas. Por outro lado, *Homo ergaster* é o objeto de um amplo consenso: ele representa "um salto evolutivo considerável" (*Ibid.*, p. 354), a tal ponto que, para determinados autores, ele é o início do gênero *Homo* (p. 357). O ancestral comum a Neandertal e Sapiens poderia também ser considerado como um salto evolutivo, bem como, é claro, o homem moderno recente do tipo Cro-Magnon, ator, há cerca de 35.000 anos BP, do que foi considerado uma vez como uma revolução simbólica.

Se foram produzidos saltos qualitativos, a partir de que momento da evolução pode-se falar de uma espécie *humana*? A questão parece estar condenada ao círculo vicioso, porque para responder seria necessário dispor de uma definição de homem – que, precisamente, a análise da evolução tenta formular. "A questão que persiste é: o que é um humano? É aí que se situa o verdadeiro debate" (Patou-Mathis, 2010, p. 4). Não se trata mais de definir uma essência ou uma "natureza humana", ideia que a continuidade evolutiva e a existência de diversas espécies humanas incitam a descartar.[117] O desafio é compreender

---

116. Aliás, essa é a situação normal: em um mesmo gênero ou uma mesma família, a evolução produz diversas espécies.

117. Mas continua a ser possível pensar em uma intervenção divina no próprio curso do processo da evolução – Deus decidindo, em determinado momento, dotar a espécie humana de uma alma. É a posição atual do Vaticano que, contrariamente a alguns ignorantes criacionistas, não nega mais a evolução, mas a interpreta, introduzindo nela a ação de Deus. Tal interpretação não se fundamenta em dados científicos, mas em um ato de fé; é uma questão de liberdade religiosa e não de debate científico.

o que, em determinado momento ao longo da evolução, pode constituir uma ruptura de continuidade, abrindo a possibilidade de surgir um gênero *Homo*.

9.2.2. Catástrofes planetárias, mudanças climáticas, extinções, mutações, desvios genéticos: as rupturas como motores da evolução

A própria ideia de evolução remete a uma mudança gradual, progressiva. Mas o que é considerado como evolução a longo prazo se produz frequentemente por meio dos momentos de crise, ruptura, salto qualitativo, como demonstra a história do planeta e a análise dos processos que produziram a evolução.

Podemos observar numerosos momentos de descontinuidade na história do próprio planeta Terra: terremotos, erupções vulcânicas, impactos de meteoritos, rupturas de correntes oceânicas, variação dos níveis do mar. Durante catástrofes de grande proporção[118], 70 a 95% das espécies vivas podem desaparecer. A última grande catástrofe, que viu a extinção dos dinossauros e dos grandes répteis há 65 milhões de anos, teria sido provocada pelo impacto de um meteorito (no México), agravado por numerosas erupções vulcânicas.

Enormes nuvens de poeira teriam coberto a Terra durante muitos meses, dificultando a passagens dos raios solares, portanto a fotossíntese, portanto o crescimento das plantas. A cadeia alimentar teria sido consideravelmente fragilizada: muitos dos herbívoros teriam morrido, sobretudo quando seu tamanho exigisse uma alimentação abundante (o que era o caso dos dinossauros) e, na falta de encontrar herbívoros suficientes como presas, muitas espécies carnívoras teriam sido também extintas. Os pequenos mamíferos, que tinham necessidade de menos alimento e que ficaram sem a concorrência dos grandes herbívoros e a ameaça que os carnívoros representavam para eles, puderam prosperar.

Às catástrofes de dimensão planetária, acrescentam-se as alternâncias climáticas provocadas por mudanças da órbita da Terra em torno do Sol, ou por mudanças de inclinação de seu eixo de rotação. Assim, "perto de duas dezenas de grandes mudanças de temperatura globais marcaram o último milhão de anos" (Hublin; Seytre, 2011, p. 87). As oscilações climáticas também tiveram um

---

118. Picq elenca cinco grandes catástrofes principais ao longo da evolução: em 435 Ma, 370 Ma, 245 Ma, 215 Ma e 65 Ma, às quais se acrescentam crises de menor amplitude (*apud* Coppens; Picq, p. 567).

papel importante na extinção de espécies, em particular a dos australopitecos e, mais tarde, do *Homo habilis* e do *Homo rudolfensis*.

A questão da extinção de espécies é frequentemente mal colocada nos debates atuais. Fala-se disso como se fosse um fenômeno novo, iniciado por esse símio assassino que seria *Homo*, e como se as espécies tivessem sido criadas em número determinado e limitado. Na verdade, na escala da evolução, a extinção das espécies é um fenômeno completamente normal: existem "dezenas de milhões de espécies extintas" (Jaeger *apud* Coppens; Picq, p. 31).

A maior parte das espécies que um dia existiram foram extintas, de forma totalmente natural, e a questão deve, portanto, ser colocada de modo diferente.

Em primeiro lugar, o processo evolutivo tem uma dupla face: extinção e criação, frequentemente correlacionadas. De um lado, a extinção de determinadas espécies abre espaços para o desenvolvimento de outras. As próprias catástrofes planetárias podem ser criadoras: assim, o desaparecimento dos dinossauros permitiu a expansão dos mamíferos. De outro lado, para sobreviver em situação de ameaça, as espécies devem inovar, genética e/ou culturalmente, como Neandertal e Sapiens, cujos ancestrais vieram da África, tiveram de fazê-lo em uma Europa muito mais fria que a de hoje. O novo problema não é a extinção das espécies, é o fato de que as ações humanas perturbam radicalmente os ciclos da vida sobre o planeta e os processos de criação que deveriam acompanhar os de extinção.

A esse primeiro problema, planetário, acrescenta-se um segundo, de ordem quase familiar: estamos causando a extinção de espécies que nos são as mais próximas. "Quando os grandes símios desaparecerem dos ambientes naturais – o tempo de uma geração do homem –, não será mais tão difícil definir o próprio do homem: teremos sido os artesãos conscientes de nossa solidão" (Picq *apud* Picq; Coppens, p. 520). Sozinhos, já o somos no seio do gênero *Homo*. Houve um tempo em que os grandes símios (hominoides), nossos ancestrais muito distantes, prosperaram, depois os pequenos símios com cauda (cercopithecoides) venceram a competição pelo acesso ao alimento na floresta. Os grandes símios começaram a declinar. Mas nossos ancestrais e tios-avós australopitecos e nossos primos distantes paranthropos pertenciam ainda a várias espécies. E mesmo *Homo* manteve duas espécies, Neandertal e Sapiens, até há uns trinta mil anos. Hoje, estamos sozinhos. "Somos os últimos representantes de um grupo outrora próspero" (Picq *apud* Coppens; Picq, p. 569). Este é, sem dúvida, um dado importante a levar em conta para refletir a educação que desejamos dar às próximas gerações.

Nossos ancestrais mamíferos escaparam da grande catástrofe, há 65 milhões de anos, e até se beneficiaram dela. Não fomos vítimas de uma grande catástrofe planetária desde sete milhões de anos, quando os chimpanzés e nós divergimos. Resistimos ao frio de recentes períodos glaciais. Tudo isso permitiu a existência dos seres vivos Sapiens.

Mas as rupturas não são apenas planetárias e climáticas, elas fazem parte do próprio processo de evolução, o que gerou, por meio de uma sucessão de felizes acasos, uma espécie Sapiens. Vejamos um pouco mais de perto como funciona esse processo.

Segundo a teoria sintética da evolução, a seleção natural é o motor da evolução. Durante a reprodução sexual, pai e mãe transmitem à criança genes, que programam seu desenvolvimento. Mas essa transmissão pode sofrer pequenas variações aleatórias, as mutações. Os efeitos dessas mutações são mais ou menos favoráveis à adaptação do novo organismo a seu meio ambiente, portanto, à sua sobrevivência: uma seleção natural acontece. No entanto, para que a criança, por sua vez, transmita seus genes aos próprios filhos, não basta que sobreviva, é preciso também que procrie: a seleção não é apenas natural, ela é sexual. Essa é a base da teoria, herdada de Darwin.[119]

Na Era Contemporânea, alguns pesquisadores foram levados a matizar e complexificar essa teoria. Contestaram o uso abusivo da explicação pela adaptação que, às vezes, explica tudo e qualquer coisa, e constitui uma nova versão da Providência.[120] Outros elementos do processo evolutivo foram atualizados ou valorizados. Nem toda mutação é adaptativa: algumas não servem para nada,

---

119. Na verdade, a teoria da evolução foi formulada, na mesma época e de forma independente, por dois autores: Charles Darwin e Alfred Wallace.

120. Stephen Jay Gould e Richard C. Lewontin são particularmente destacados nessa crítica do uso da ideia da adaptação. Cf. a respeito desses debates sobre a evolução, uma boa síntese de Luca Cavalli-Sforza no livro organizado por Dortier (2015, p. 342). Pessoalmente, a explicação que me deixou mais cético é "a hipótese da avó". Por que as mulheres humanas são as únicas a ter menopausa? Essa hipótese responde que, não tendo mais filhos, elas podem ajudar suas filhas a cuidar dos próprios filhos, o que facilita um desmame mais precoce, portanto, uma fertilidade mais rápida, portanto, um crescimento da população. Essa hipótese é, aliás, muito contestada (Patou-Mathis, 2010, p. 217). Igualmente interessante é a questão da barba, que "permanece um fenômeno enigmático" do ponto de vista da evolução (Van Hooff *apud* Picq; Coppens, p. 238). Por que os homens, que se livraram dos pelos que recobriam o corpo de seus ancestrais, permaneceram com a barba? Em termos de seleção sexual, a resposta seria que é uma preferência das mulheres. Mas, nesse caso, por que, em diversas sociedades, os homens barbeiam-se?

mas se transmitem às gerações seguintes embora sejam neutras; assim, parece que uma parte das mutações que produziram as especificidades de Neandertal lhe permitiram sobreviver em um ambiente frio, mas que outras tenham sido um puro resultado do acaso, sem efeito adaptativo.

Há então, simplesmente, um processo de desvio genético. Esse processo se acentua em caso de "ponto de estrangulamento": quando uma mutação se produz em uma população de um milhão de habitantes, é apenas uma mutação entre muitas outras e é baixa a probabilidade de que tenha um efeito sobre as gerações futuras, mas seu efeito é totalmente outro se a população é de tamanho reduzido ou se trata de uma população isolada; a mutação tem então muito mais chances de transformar o grupo. Na hipótese *Out of Africa* mais radical, as características específicas de Sapiens seriam o produto de um desvio genético com ponto de estrangulamento em uma população de alguns milhares de pessoas que, em seguida, teriam conquistado o mundo.

A transmissão genética também depende de fenômenos culturais. Em primeiro lugar, existe uma seleção de grupo: as chances de sobrevivência de um indivíduo dependem da adaptação de seu grupo ao ambiente. Em segundo lugar, os grupos humanos editam regras que governam as relações sexuais e, portanto, têm efeito sobre a reprodução e, por consequência, sobre a circulação de genes. Em terceiro lugar, as migrações de indivíduos e de populações induzem misturas genéticas. Em quarto lugar, o genoma de uma espécie pode se transformar em função da atividade dessa espécie. O exemplo clássico é o da intolerância à lactose, um hidrato de carbono presente no leite (Journet *apud* Dortier, 2015, p. 351). O organismo dos mamíferos produz no recém-nascido a lactase, uma enzima que permite ao bebê digerir o leite, mas a lactase desaparece nos adultos que, a partir de então, não suportam mais o leite. No entanto, nas populações que praticam a pecuária, uma mutação restabeleceu a produção dessa enzima no adulto, mutação que lhe permite enfrentar mais facilmente uma crise de alimentos. Assim, "as inovações culturais podem ter efeitos notáveis sobre os processos de seleção natural e, portanto, têm consequências genéticas" (Cavalli--Sforza *apud* Dortier, 2015, p. 347).

Apenas se transmitem os genes dos que sobrevivem e se reproduzem e essa própria sobrevivência e reprodução depende do ambiente, do grupo e de sua ação sobre o meio. Em outras palavras, a atividade da espécie é possibilitada por seu equipamento genético, mas esse, no longo prazo, resulta, por sua vez, pelo menos em parte, dessa atividade. "Claramente, uma espécie e seu ambiente são construídos conjuntamente pelo ambiente e pela espécie" (Hombert; Lenclud, 2014, p. 165).

A história da vida é, portanto, ao mesmo tempo lógica e aleatória. É lógica porque todo efeito tem uma causa natural, sem que seja necessário supor a intervenção de um agente transcendente. Mas o processo de evolução se alimenta de séries causais independentes e de miniprocessos específicos que, quando se unem, produzem efeitos imprevisíveis, rupturas, saltos qualitativos. Essa é a verdade da vida, mais ainda quando se trata da história humana, que articula processos biológicos e culturais. O homem é uma espécie biológica, mas é também uma aventura. Essa aventura, que se produziu por meio de diversos saltos qualitativos, era improvável e jamais se repetirá de forma idêntica.

Algumas aventuras evolutivas terminaram em impasse: os paranthropos, por exemplo, nada produziram de durável. *Homo* resistiu e, sob sua forma Sapiens, prosperou. Por que e como? O que pode ter produzido uma diferença antropológica na história contínua da evolução?

9.2.3. A ruptura antropológica: uma espécie que cria mundos novos

Homo não apenas se adapta a seu mundo, ele se distancia dele progressivamente e cria outros mundos. Com *Ergaster*, ele o explora e o escolhe, depois, com Sapiens, ele o produz, sobretudo quando se dedica a agricultura e a pecuária. Com certeza, o homem não é o único animal que transforma seu ambiente: as aranhas constroem as teias, os pássaros, os ninhos, e os castores, barragens. Mas "não existe nenhuma espécie que tenha moldado sobre a terra um ambiente dessa dimensão e dessa composição" (Hombert; Lenclud, 2014, p. 166). O que é diferente no homem, o que produz uma ruptura progressiva, depois radical, no curso contínuo da evolução[121], é a relação da espécie com seu ambiente.

---

121. Uma ruptura que, por radical que seja, não é uma saída. Permanecemos seres vivos presos no curso da evolução, mesmo se exercemos uma pressão crescente sobre os processos de vida e de evolução. A esse respeito, nosso enfrentamento permanente com as bactérias (que, quantitativamente, são a principal forma de vida sobre nosso planeta) é interessante: colaboramos com algumas (nosso intestino abriga milhares de milhões), lutamos contra outras, que começam a escapar aos nossos medicamentos, e a eventualidade que nossa espécie seja um dia dizimada, ou mesmo exterminada, por uma delas permanece plausível.

"Cada espécie vive em seu mundo próprio do qual faz parte e que não é o de outras espécies. Esse mundo é o produto de seu modo de vida" (Hombert; Lenclud, 2014, p. 165). Uma espécie prospera em um meio no qual está adaptada: o mar, a floresta, a savana, o campo, a cidade etc. Ela mantém com seu meio uma relação específica: o que para ela é um sinal vital indicando a presença de um alimento, de um perigo etc., será para outra espécie um elemento do ambiente sem significação em particular.[122] Uma espécie só sobrevive em um meio que corresponde a seu genoma. O grau de variação desse meio depende da espécie, mas a variação é limitada; assim, os chimpanzés são mais adaptáveis às variações do meio que muitas outras espécies, mas, em liberdade, são animais da floresta. A particularidade da espécie humana é que ela consegue se adaptar a todos os meios: a sua floresta tropical de origem, mas também à savana, ao deserto, à montanha, às zonas geladas etc. Sobre esse ponto, há um grande consenso entre paleoantropólogos. "O homem moderno é o único símio a ter posto o pé em todos os continentes" (Picq *apud* Coppens; Picq, p. 583). "Nosso passado não é o reflexo de uma humanidade, mas de muitas [...], todas compartilhando a mesma característica adaptativa fundamental: responder ao desafio do meio por meio da flexibilidade comportamental e da inovação técnica" (Hublin *apud* Coppens; Picq, p. 415). "Foram os próprios hominídeos, ao criar nichos culturais particulares, que geraram uma pressão seletiva tendo feito de nós os humanos" (Osvath; Gärdenfors *apud* Dortier, 2015, p. 106).

Qual é a especificidade da espécie humana? Seu genoma, é claro, mas essa resposta vale para qualquer espécie que, precisamente, é definida como uma espécie porque dispõe de um genoma próprio. Essa especificidade genética não deve ser esquecida, sobretudo nesses momentos em que se fala de pós-humanismo.

---

122. Os conceitos de ambiente, meio e mundo têm conotações diferentes, embora sejam utilizados frequentemente sem distinção. O de ambiente é, principalmente, topológico: ele remete ao que está próximo, às imediações, ao entorno. O de meio, apesar da origem geométrica, recebeu uma significação biológica: é o ambiente apreendido como "meio de vida", espaço de trocas entre um ser vivo e o que o cerca. O conceito de mundo remete a um meio biológico, mas também simbólico. A rocha tem um ambiente, o animal, um meio, o homem um mundo. Mas os três conceitos tendem a sair do próprio espaço: a ecologia fala de ambiente, a sociologia, de meio social, e evoca-se, às vezes, um mundo animal fascinante... Quando se pensa no espaço de vida de uma espécie, utilizam-se também as noções de *habitat* ou de nicho; *habitat* designa o espaço onde uma espécie vive; *nicho ecológico* remete ao lugar dessa espécie em uma rede de interações.

Mas a espécie humana apresenta uma característica que a distingue de todas as outras, consideradas em conjunto: é a única que estendeu seu ambiente de vida possível a todo o planeta, onde constituiu nichos de múltiplas formas. É uma *libertação* em relação ao mundo natural? A formulação não é muito feliz, pois pode induzir a ideia de que o homem saiu da "natureza" para entrar na "cultura". No entanto, o homem não deixou a natureza, ele permanece um ser biológico, preso no movimento da evolução, mas ele saiu do meio natural no qual a espécie apareceu (a floresta tropical) e construiu mundos novos nos quais ele é biologicamente capaz de viver. O homem não se libertou "da natureza", mas da dependência em relação a uma única forma de ambiente.

A lógica da evolução é uma lógica de diversificação das espécies; é por essa diversificação que a vida continua e progride. O gênero *Homo* diversificou-se pouco e, hoje, consiste em uma única espécie, Sapiens. Mas essa espécie interiorizou a lógica da diversificação: há apenas uma espécie humana, mas ela construiu mundos extremamente distintos. O processo não é totalmente novo: os chimpanzés já possuem tradições culturais e *Homo ergaster, Homo erectus,* Neandertal já tinham entrado em processos de diversificação cultural avançada. Sobre essa questão, igualmente, constata-se uma continuidade evolutiva. Porém, o Sapiens moderno recente (por volta de 35.000 anos BP) representa não apenas um salto qualitativo, mas um verdadeiro pulo.

Que esse processo seja cultural, isso é evidente, mas essa cultura não rompe com as exigências biológicas da vida, embora abra outras esferas. Durante todo o processo pelo qual ele se constrói como diferente, a preocupação primária do homem é sobreviver, ou seja, escapar dos predadores e comer. É para comer que utiliza as ferramentas que permitem desmembrar as carcaças dos animais e quebrar seus ossos para consumir a medula. É para sobreviver, se proteger dos predadores, se aquecer, cozinhar alimentos, que ele domina o fogo. É, provavelmente, rastreando os animais dos quais se alimenta, que *Homo ergaster* sai da África e, é ainda para comer, que *Homo sapiens* inventa a agricultura e a pecuária.

Com todo o respeito a Arendt e Patočka, sobreviver não foi uma tarefa fácil, nem a rotina de um homem "condenado a voltar para sempre no ciclo incessante do processo vital" (Arendt, 2007, p. 257-258) e acorrentado "ao ritmo de um eterno retorno" (Patočka, 1999, p. 60). Foi necessário a *Homo*, individual, coletivamente, em nível de espécie, ousar e inovar. *Ergaster* deixou o abrigo das árvores, foi para a savana, saiu da África, teve que viver em ambientes novos e ali inventar seus nichos: não foi uma aventura fácil, mas um grande salto para o desconhecido.

Com Sapiens, "a inovação rápida tornou-se um meio de adaptação sistemática a novos ambientes" (Hublin; Seytre, 2011, p. 183). A seguir, a inovação começou a se nutrir em parte de si mesma, tornou-se autocatalítica. O processo que conduziu a uma especificidade humana não começou com a filosofia nem com a política gregas. Foi uma grande aventura, que começou quando divergiram, a partir de um ancestral comum, os que se tornariam os chimpanzés e os que iriam produzir *Homo*. É certo que todas as espécies são oriundas de uma aventura que lhes é, ao mesmo tempo, comum e específica. Mas a aventura humana tem a particularidade de ter criado mundos novos.

Esses mundos não são apenas mundos materiais, tecnológicos, são também mundos simbólicos – de arte, mitos, religiões, filosofias, ideologias, ciências etc. Esses símbolos, pelo menos na origem, não são produzidos pela saída do homem da "natureza" para a "cultura".

A atividade simbólica surgiu e foi desenvolvida no próprio curso de ações e situações que *Homo* implementou para sobreviver, comer, se adaptar ao ambiente, modificá-lo, construir seus mundos. Para indicar o lugar onde está algo que seja de grande interesse para o grupo, em especial uma carcaça ou uma forma de alimento, *Homo* inventa o que os pesquisadores chamam de "sinal dissociado da referência": um gesto ou um som que evoca uma coisa ou situação que não está presente. Seria, segundo os linguistas que trabalham com a origem da linguagem, a primeira ruptura com os sistemas de comunicação animais (Hombert; Lenclud, 2014). E, com o fogo, protege-se dos predadores, cozinha a carne, mas também, ao redor do fogo, reúne-se, comunica-se e "fala", com as formas de linguagem disponíveis naquele momento (Dessalles; Picq; Victorri, 2010).

A espécie humana não é a única que dispõe de culturas, mas criou culturas sem equivalentes em outras espécies – culturas enraizadas na aventura biológica da espécie, mas que em seguida, graças à linguagem, adquiriram uma forma de autonomia.

A aventura humana produziu um duplo resultado específico: o genoma próprio da espécie e um mundo humano. O genoma é específico: todos os homens atuais pertencem à mesma espécie, sejam quais forem suas diferenças fenotípicas (de aparência).[123] O mundo humano, por sua vez, adquiriu formas muito diversas, embora todos os homens o compartilhem.

---

123. Isso não exclui as diferenças individuais, é claro. Além disso, a genética revela diferenças entre populações, herdadas da longa história da evolução. Mas essas diferenças internas à espécie são sempre menores do que as que existem entre ela e outras espécies.

A unicidade e homogeneidade do homem moderno acompanham, ao contrário, uma prodigiosa diversidade de modos de vida, de culturas e de línguas. E essa diversidade cultural da humanidade moderna ultrapassa largamente a variabilidade biológica da maior parte das outras espécies viventes (Hublin; Seytre, 2011, p. 226).

A especificidade antropológica reside no genoma e no mundo humanos: essa é a conclusão importante a ser aprofundada. Mas antes temos que abordar uma questão inevitável em uma reflexão antropológica, inclusive entre os paleoantropólogos: o que pensar a respeito do que tem sido frequentemente apresentado como "próprio do homem": bipedismo, ferramenta, linguagem etc.?

9.3. Bipedismo, ferramentas, linguagem etc.: a questão do "próprio do homem"

A questão do "próprio do homem" é muito antiga, uma vez que já foi levantada por Platão e Aristóteles e, de certa maneira, aparece também no relato bíblico da criação. Diversas respostas foram propostas na época moderna.[124]

Vamos começar pelo bipedismo. Aristóteles já observou que apenas o homem, entre os animais, é ereto (Aristóteles, 2010). Mais recentemente, com a *East Side Story*, Coppens apresentou a ideia de que o homem começa pelos pés, na África Oriental; o bipedismo ter-lhe-ia permitido sair da floresta em direção à savana e utilizar suas mãos para manipular as ferramentas etc. Desde que foram encontrados fósseis humanos em outros lugares além da África Oriental, essa hipótese foi abandonada, pelo menos em sua forma original. Na verdade, não existe um bipedismo, mas sim diversos que, nos grandes símios, se combinam com outras formas de deslocamento. Assim, o chimpanzé pratica cinco modos de locomoção arbórea e dois terrestres, ele começa a andar entre dez e treze

---

124. O exame um pouco detalhado dessa questão exigiria muitas páginas. Individualmente, o livro organizado por Picq e Coppens com o subtítulo "O próprio do homem" (2001) tem 569 páginas. E todos os livros dedicados à origem do homem têm essa questão como horizonte problemático. Vou me ater aqui a algumas breves páginas, bem resumidas, que evocam os debates e os principais resultados da pesquisa antropológica sobre o tema do próprio do homem.

meses, mas não domina completamente o bipedismo antes dos sete anos e, para o chimpanzé, ele permanece cansativo, portanto, ocasional (Berge; Gasq *apud* Picq; Coppens).

Os australopitecos são bípedes, mas não da mesma forma que os homens atuais. Assim, Lucy, a estrela *afarensis* da paleoantropologia, é uma bípede permanente, apesar de ser capaz de se deslocar ocasionalmente pelas árvores, mas ela não pode se manter muito tempo de pé, precisa se sentar, ela não corre e anda cambaleando (Berge; Gasq *apud* Picq; Coppens). Além disso, as formas de bipedismo variam segundo as espécies australopitecos, e algumas espécies mais recentes têm formas de bipedismo menos evoluídas que as mais antigas – o que é uma nova prova de que a evolução não é um processo linear que se aproximaria cada vez mais das características do homem atual. Quer dizer que o bipedismo não seja "o próprio do homem"? "O bipedismo não é certamente o próprio do homem, mas existe um bipedismo humano saído da floresta dos bipedismos dos hominídeos, e que compartilhamos com outros homens desaparecidos não muito tempo atrás" (Picq *apud* Picq; Coppens, p. 21). O homem é o único primata capaz de se manter de pé imóvel durante determinado tempo e de correr longas distâncias. Além disso, é um bípede muito especializado: o bipedismo é seu único modo de locomoção. Em uma tensão que já observamos, os paleoantropólogos demonstram que o bipedismo não é o próprio do homem, mas que, apesar de tudo, existe algo de específico no bipedismo humano.

A conclusão é análoga quando levantamos a questão da utilização de ferramentas. É o próprio do homem? Pensou-se assim, a ponto de definir o homem como *Homo faber* ('que fabrica') ou como *Homo habilis* ('hábil'). Mas essa definição se depara com uma objeção fundamental: determinados animais também utilizam ferramentas. No entanto, o uso humano das ferramentas apresenta determinadas características específicas.

Os casos da aranha, da formiga e do castor são bem conhecidos, mas existem outros: abutres e lontras quebrando ovos com seixos, corvos pegando larvas com galhos. Mas trata-se, claramente, de comportamentos programados, que fazem parte da aquisição genética da espécie: a aranha tece sua teia porque é uma aranha, o castor constrói barragens porque é um castor. Além disso, são comportamentos particulares, não diversificados: a aranha não faz outra coisa além de tecer sua teia, o castor apenas constrói barragens, eles não têm outra atividade de fabricação.

O caso do chimpanzé é diferente e, sobre essa questão da ferramenta, alguns pesquisadores o classificam no mesmo lado que o homem: "o 'próprio do homem' enquanto animal técnico constitui uma competência compartilhada com os chimpanzés" (Boesch *apud* Picq; Coppens, p. 183).

Semelhante ao homem, o chimpanzé utiliza diferentes tipos de ferramentas para diversas funções. Ele quebra as nozes batendo nelas com pedras e, também, usa pedras como bigornas. Ele extrai formigas, cupins, medula com varetas, que prepara retirando as folhas e afinando. Ele utiliza galhos para se defender, atacar, se exibir, as folhas como copos, o musgo como esponja. Todas as populações de chimpanzés observadas em seu *habitat* utilizam ferramentas, mas esses não são comportamentos geneticamente programados, são comportamentos *culturais*. Por um lado, de fato, o chimpanzé deve aprendê-los – ele levará um tempo até poder prescindir da ajuda de sua mãe para quebrar as nozes. Por outro, o uso de ferramentas varia de uma região para outra, de um grupo para outro, e os pesquisadores falam de "tradições técnicas" transmitidas de geração em geração.

Os paleoantropólogos são unânimes com relação ao fato da utilização cultural de ferramentas pelos chimpanzés, mas destacam também as diferenças entre o homem e o chimpanzé quanto ao modo de uso. O uso de ferramentas pelo chimpanzé é muito ligado ao contexto. Ele utiliza a ferramenta para alcançar uma recompensa visível, próxima no espaço e no tempo, e a abandona em seguida; ele não a guarda para fazer novo uso mais tarde ou com outra função. Ele transforma um pouco a ferramenta, por exemplo, desfolhando o galho, mas não a emprega para fabricar outra ferramenta. A ferramenta não é socializada de forma alguma. Com certeza, o jovem chimpanzé aprende seu uso por meio de tentativa e erro, vendo os adultos fazerem, mas o uso permanece individual. Os chimpanzés não colaboram com outros para utilizar uma ferramenta de forma coordenada (embora sejam capazes de colaboração na caça, por exemplo) e não trocam suas ferramentas por outros bens ou outras ferramentas. No conjunto, "a ferramenta do homem e a do chimpanzé são distintas porque apenas a primeira está inscrita na duração" (Vauclair; Deputte *apud* Picq; Coppens, p. 326). No chimpanzé, a ferramenta é um prolongamento de seu corpo, utilizada de forma passageira e que não possui significado vital em si mesma. O homem, ao contrário, vive em um mundo técnico: as ferramentas servem para fabricar ferramentas, em uma dinâmica cumulativa, e a ferramenta, a máquina, o dispositivo técnico são elementos que estruturam o meio de vida, constitutivos do ambiente e tendo valor em si – que se pense na relação de alguns com seu carro ou com seu *smartphone*. No mundo chimpanzé, a ferramenta é prática. No mundo humano, é significativa.

Quando a divergência entre o chimpanzé e o homem ocorreu? Mais uma vez, os pesquisadores, após terem insistido nas continuidades, se encontram confrontados com o problema dos pontos de ruptura. Uma coisa é certa: "o uso de ferramentas como a invenção da pedra talhada precede o surgimento do gênero *Homo*" (Picq, 2013, p. 11); "na linhagem humana, a fabricação de ferramentas precedeu a aparição do *Homo* por várias centenas de milhares de anos" (Dortier, 2015, p. 143).

Além de considerarmos que as ferramentas em madeira, não preservadas, tenham sido utilizadas antes das de pedra, as ferramentas de pedra mais antigas datam de 3,3 milhões de anos, e os primeiros seixos adaptados (do tipo olduvaiense), de 2,6 milhões. Elas são, portanto, anteriores a *Homo*. As ferramentas do Período Olduvaiense[125], que visam obter um ângulo agudo e que, já, são conservadas, foram utilizadas pelos australopitecos, os paranthropos e os primeiros *Homo* (*habilis* e *rudolfensis*).

Com *Homo ergaster*, *Homo erectus* e a Era *Acheuliana*, aparece a ferramenta biface, predefinida, que exige uma longa cadeia operacional, da pesquisa do material ao entalhe (Dortier, 2015). Com Neandertal e Sapiens, a ferramenta diversificou-se, os homens fabricaram arpões, arcos e flechas, agulhas etc. – às vezes gravados com desenhos ou figuras geométricas. Nessa história, o que é especificamente humano? Sobre essa questão, o debate permanece aberto. Alguns consideram que a ferramenta, mesmo a simples, supõe competências cognitivas – o que conduz a atribuir ao próprio chimpanzé certa capacidade de planejamento (Boesch *apud* Picq; Coppens). Outros pensam que são as técnicas de entalhe na pedra que, pelas operações mentais que demandam, favoreceram "a aparição de novas capacidades cognitivas tipicamente humanas" (Patou-Mathis, 2010, p. 207). Outros defendem a ideia de que as operações se encadeiam no curso da ação, por planificação processual, sem que seja necessária uma representação antecipadora da ação, por planificação mental.

Nesse caso, seria a linguagem, e não as ferramentas, que teria produzido a cognição do tipo moderna (Hombert; Lenclud, 2014; Patou-Mathis, 2010);

---

125. Em referência à Garganta de Olduvai, lugar onde esse tipo de ferramenta foi encontrado pela primeira vez, na Tanzânia (N.T.).

não só a ferramenta não seria o próprio do homem, ideia com que todos concordam, mas o uso específico da ferramenta pelo homem seria o efeito do desenvolvimento da linguagem com sintaxe.

Muitos paleoantropólogos parecem prontos a admitir que a linguagem seja o próprio do homem, pois, entre o macaco e o homem, "um hiato se instaura pela linguagem" (Picq *apud* Picq; Coppens, p. 23). Nesse sentido, "a linguagem parece ser o último bastião do próprio do homem" (Lestel *apud* Picq; Coppens, p. 330), "a última fronteira do humano" (Picq *apud* Picq; Sagart; Dehaene; Lestienne, 2008, p. 20). Mas tudo depende do que se entende por linguagem; a análise de diversas formas de linguagem permite, novamente, articular continuidade evolutiva e diferença antropológica.

Em um dos polos da definição, considera-se qualquer sistema de comunicação como sendo linguagem – e se falará, por exemplo, da "linguagem das abelhas". Os animais dispõem de um sistema de comunicação, pois os atos de receber e emitir informações, principalmente entre semelhantes, fazem parte de suas condições de sobrevivência e reprodução. Cada espécie possui o próprio sistema de comunicação programado no genoma da espécie (Hombert; Lenclud, 2014). Embora codificado geneticamente, esse sistema pode ser complexo, como visto nas abelhas. Pode também apresentar certo refinamento e, nesse aspecto, pesquisadores demonstram um interesse particular pelo vervet, um macaco com cauda (cercopithecídeo) africano. O macaco-vervet, com efeito, dispõe de uma prática de alerta descritiva que não foi encontrada em nenhuma outra espécie não humana: seu grito indica se o potencial predador é um leopardo, um píton ou uma águia, o que provoca reações de proteção diferentes no grupo. Essa prática não é totalmente codificada geneticamente: às vezes os jovens se enganam (ou brincam de dar falsas informações), o que é, aliás, punido pelos adultos. A linguagem considerada como sistema de comunicação não é, portanto, próprio do homem; o que é específico do homem é a linguagem falada.

A fala ocupa o outro polo da definição da linguagem e, sobre esse ponto, não há nenhuma dúvida: apenas o homem fala porque somente ele possui os dispositivos e capacidades físicas que tornam possível a fala.[126] Além das zonas cerebrais que permitem produzir as palavras (área de Broca) e de compreendê-las

---

126. Aliás, é provável que algumas dessas características sejam o efeito de uma exaptação: adquiridas para outro uso ao longo da evolução, foram aproveitadas para poder falar.

(área de Wernicke), falar ativa muitos músculos para o controle respiratório, o dos lábios, da língua etc., e requer uma laringe na posição baixa.[127] Por motivos anatômicos, os animais, incluindo chimpanzés, não podem falar. Todos os animais se comunicam, apenas o homem fala.

Mas não podemos parar por aí: os humanos mudos *não falam*, mas dispõem de uma linguagem de sinais, que substitui as mesmas funções da linguagem falada. É, portanto, a essas funções que é preciso prestar atenção para entender o que é específico do homem. Para fazer isso, estamos muito interessados, também nesse ponto, no chimpanzé: se há uma coisa que nosso parente próximo não humano não é capaz de fazer, poderemos afirmar que ela é específica do homem.

Os pesquisadores começaram a ensinar uma linguagem aos chimpanzés em diversas situações e de diversas maneiras: dando boas-vindas ao jovem chimpanzé em casa e o educando da mesma forma que seu recém-nascido, portanto, com palavras; ensinando-lhe, em casa ou no laboratório, a língua norte-americana de sinais (American Sign Language – ASL); comunicando-se com ele por meio de lexicogramas, símbolos não icônicos representando categorias de objetos ou de eventos.[128] Alguns resultados são espetaculares. Após quatro anos de aprendizagem, Washoe, acolhida aos oito meses pelo casal Gardner, maneja mais de 130 sinais da ASL, unindo-as em "frases" do tipo eu/sair/rápido, sendo capaz de categorizar os alimentos, as ferramentas, os homens e os símios. Ela se comunica por sinais com Loulis, seu filho adotivo.

Após três anos de treinamento com Sue Savage-Runbaugh, Kanzi, um bonobo com capacidades superiores à média, utiliza 250 lexicogramas, entende cerca de quinhentas palavras (incluindo algumas palavras ao telefone) e é também capaz de construir sequências de três ou quatro palavras e de categorizar.

---

127. Em contrapartida, não existe *um* gene da linguagem, ela põe em jogo diversos genes. O gene FoxP2, que durante muito tempo se pensou ser *o* gene da linguagem, certamente contribui de forma notável à sua produção, mas, de um lado, não é encontrado apenas no cérebro, mas também nos pulmões, no coração e nos intestinos e, de outro lado, ele não é específico do homem, existe também no camundongo e nos pássaros (Dehaene *apud* Picq; Sagart; Dehaene; Lestienne, 2008, p.172-173).

128. As experiências também foram realizadas com gorilas e orangotangos, mas a maior parte foi com chimpanzés (clássicos ou bonobos). Sobre essas experiências, cf. Picq; Sagart; Dehaene; Lestienne, 2008, Hombert; Lenclud, 2014 e, no livro organizado por Picq e Coppens, os capítulos de A. e J. Ducros, de Vauclair e Deputte e de Lestel.

O problema dos pesquisadores é interpretar essas experiências. Alguns destacam que elas evidenciam capacidades cognitivas de categorização, inclusive por símbolos, maiores do que se pensava, mas que não se deve confundir com competências propriamente linguísticas. Além disso, hoje os pesquisadores concordam com o fato de que essas experiências criam uma situação muito artificial: a chimpanzés que, no meio natural, se comunicam por gestos, mímicas e vocalizações, ensina-se uma linguagem que é de outra espécie. Assim, criamos um "monstro cognitivo" (Lestel *apud* Picq; Coppens, p. 339).[129]

Pode-se mesmo, como o faz Lestel no mesmo texto, interpretar a situação do ponto de vista do chimpanzé: tendo grande prazer com essas experiências, ele consegue transformar o pesquisador em companheiro de brincadeira. "O chimpanzé, de sua parte, domestica o humano, que depende profissionalmente dele, colocando-o, com seu consentimento, a seu serviço" (p. 354). Além disso, o pesquisador ensina sinais ou lexicogramas a animais isolados e tende, em seguida, a extrapolar os resultados ao conjunto da espécie (Picq *apud* Picq; Sagart; Dehaene; Lestienne, 2008).

No entanto, essas experiências continuam a ser muito interessantes porque demonstram o que o chimpanzé faz em situação de comunicação e o que ele não faz. O que ele faz, antes de tudo, é dizer: "dê-me isso" ou "faça aquilo", de modo injuntivo, em contexto e em um campo limitado: ele pede (para comer, para sair...) e manda. Ele pode igualmente, de forma menos frequente, expressar emoções. Mas há muitas funções de linguagem que uma criança pequena já utiliza e que o chimpanzé nunca usa.

> Os macacos não contam histórias. Eles não têm uma formulação do futuro, do passado ou do condicional. Não descrevem por meio de sua linguagem. Eles mentem, sem dúvida, utilizando os sinais artificiais, mas de uma forma que permanece primitiva (Lestel *apud* Picq; Coppens, p. 341).

Quando a comunicação permanece presa no contexto do aqui, agora, da emoção, ela fecha o ambiente sobre o próximo, enquanto a construção de um mundo comum supõe a abertura para o passado e o futuro, o possível e o

---

129. É interessante notar que, se Washoe é capaz de classificar em categorias diferentes fotografias de macacos e de humanos, ela classifica a própria foto na categoria dos humanos. O que, pensando bem, é pertinente: classificar fotografias, como ela o faz, é uma atividade do humano, não do macaco. Washoe entrou no mundo humano. O problema é que ela não irá longe, pois lhe falta o genoma.

impossível, o verdadeiro e o falso, o justo e o injusto. Os chimpanzés expressam seus desejos e emoções, sempre em curto prazo; os homens descrevem, contam, argumentam e podem, graças à essas funções linguísticas, acumular, construir uma cultura cumulativa.

As funções possíveis de uma linguagem são múltiplas. Roman Jakobson distingue seis: dar uma informação (função referencial), expressar uma emoção (função expressiva), estabelecer ou manter um contato (função fática), agir sobre o destinatário (função conativa), produzir uma forma (função poética), regular o próprio discurso (função metalinguística) (Picq *apud* Dessalles; Picq; Victorri, 2010). Podem-se acrescentar outras, em particular, contar (função narrativa), argumentar (função argumentativa), prometer (função performativa), corromper (função de prevaricação). O chimpanzé utiliza principalmente a função conativa, mas também as funções expressiva e fática, e uma função referencial limitada ao contexto. As outras funções e uma ampla função referencial (falar do mundo para dizer como ele é) são específicas do homem. Elas são operacionalizadas por uma forma de linguagem também específica, que apresenta três características fundamentais (Hombert; Lenclud, 2014). Em primeiro lugar, a linguagem humana utiliza signos que não são cópias da coisa significada e que podem evocar uma coisa ausente, imaginária, absurda, impossível. Em segundo lugar, a linguagem humana funciona por dupla articulação de fonemas (sons) gerando monemas (unidades de sentido, palavras), que tornam possíveis os textos. Enfim, a sintaxe permite produzir enunciados em número ilimitado.[130] A linguagem humana cumpre, portanto, funções específicas, sob formas próprias à espécie.

Em que momento da evolução essa especificidade apareceu? *Homo habilis* falava? E Neandertal? Para tratar essa questão, que permanece aberta, não se deve esquecer que "o poder formidável e singular da linguagem humana é bem ancorado em outros modos de comunicação" (Picq *apud* Picq; Sagart; Dehaene; Lestienne, 2008, p. 50). A questão não é, portanto, saber quando começa *a* linguagem, mas entender a evolução dos modos de comunicação.

Contrariamente ao que nós, animais falantes, pensamos intuitivamente, não é evidente que a origem da linguagem deva ser procurada nas vocalizações. Nos grandes símios, com efeito, elas expressam sensações e emoções que não são controladas – como quando dizemos "ai" no caso de dor repentina. Sua comunicação

---

130. Incluindo enunciado recursivo. Por exemplo: "eu lhe disse que ele disse de não se esquecer de lembrar a seu filho que…" Um enunciado recursivo incorpora como elemento outro enunciado (ou diversos).

gestual, ao contrário, é controlada pelo homólogo das áreas humanas da linguagem e é intencional. Embora a questão permaneça aberta, as pesquisas concluem atualmente na "superioridade relativa do papel do gesto em relação ao da voz na história evolutiva da linguagem" (Hombert; Lenclud, 2014, p. 219).[131]

Dois momentos parecem ter, em seguida, introduzido uma novidade radical nessa história, segundo uma hipótese proposta por Bickerton, enriquecida por Jackendoff, e retomada por diversos pesquisadores (Hombert; Lenclud, 2014).

O primeiro momento é o do sinal dissociado de sua referência, que os pesquisadores situam entre 2 Ma e 1,5 Ma. Esse sinal, que pode ser gestual, vocal ou associar as duas modalidades, veicula uma informação fora da presença da coisa mencionada (por exemplo, a existência de uma carniça descoberta). Ele constitui uma vantagem seletiva e poderia explicar, ao menos em parte, o sucesso do *Homo ergaster/erectus*. Com efeito, o sinal dissociado facilita muito a colaboração porque, com ele, o meio social começa a se tornar informativo. "Antes, fazíamos com outros; agora, podemos também saber do outro e fazê-lo saber" (Hombert; Lenclud, 2014, p. 429). Então, durante centenas de milhares de anos, as espécies humanas enriqueceram essa protolinguagem com novos sinais, cada vez mais vocais.[132]

O segundo momento que constitui um salto evolutivo seria o do surgimento de uma estrutura de frase, a seguir da sintaxe, que permite incluir no sistema de comunicação a temporalidade, a possibilidade, a recursividade, a criatividade ilimitada e dá à luz nossa língua falada. Esse momento teria se produzido com o homem moderno, Sapiens, provavelmente em diversas etapas, entre 100.000 e 40.000 anos BP – e teria, talvez, contribuído para o sucesso de Sapiens sobre Neandertal, cuja linguagem ainda não teria cruzado o limiar da sintaxe. De fato, nossa linguagem articulada "permite transmitir informações sobre lugares, distâncias, mudanças de

---

131. A ideia de que a música poderia estar na origem da linguagem também foi apresentada por Darwin. Tampouco se deve esquecer que a gramática generativa de Chomsky conduz à hipótese de uma geração súbita da linguagem, tal como é atualmente, como efeito de uma mutação genética – hipótese que foi, em seguida, atenuada pelo próprio Chomsky. Sobre esses debates, cf. Hombert; Lenclud, 2014.

132. Segundo Jackendoff, a multiplicação de sinais a memorizar tende a fazer surgir um sistema fonológico, porque a montagem de unidades fônicas é mais econômica para a memória que a dos sinais visuais (Hombert; Lenclud, 2014, p. 432).

estado no tempo e no espaço, mas também intensões, obrigações... Ela provoca, favorece, reforça a coesão social" (Vauclair *apud* Patou-Mathis, 2010, p. 171).

Bipedismo, utilização de ferramentas, linguagem: seja qual for o "próprio do homem" colocado em debate, a paleoantropologia chega à mesma conclusão em duas etapas. A primeira etapa é a da continuidade do processo evolutivo: o que era pensado como próprio do homem já existe, sob formas elementares, em outras espécies animais, pelo menos nos grandes símios e, no mínimo, nos chimpanzés.

A segunda etapa é a do salto qualitativo: apesar de tudo, o que já existia nas outras espécies e, pelo menos, no chimpanzé, assumiu no *Homo* formas específicas, aperfeiçoadas: ele não é apenas bípede, ele corre de pé; não apenas utiliza ferramentas, acumula-as, diversifica e serve-se delas para fabricar outras ferramentas; ele não tem apenas um sistema de comunicação, fala com sinais dissociados e uma sintaxe.

O paleoantropólogo apressa-se em precisar que o homem não é, no entanto, melhor: por definição, cada espécie dispõe do que necessita como espécie, senão não sobreviveria. Mas o pesquisador termina quase sempre deixando claro que não pretende desvalorizar a espécie humana. Encontramos esse jogo de equilíbrio analisando como "próprio do homem", a vida social, a cultura, a moral ou a consciência.[133]

Certamente, muitos animais têm vida social, mas, no entanto, somente o homem tem construído instituições. Sim, determinados animais têm uma cultura e os chimpanzés têm até tradições culturais diferentes de acordo com os grupos; mas, no entanto, essas culturas são menos complexas que a cultura humana, e não são cumulativas. A questão se torna um pouco mais difícil com a moral e o *no entanto* tende então a se inverter: não, nenhum animal obedece ao imperativo categórico kantiano, mas, no entanto, os chimpanzés demonstram empatia, comportamentos de consolo, colaboração, negociação, apaziguamento, estratégias quase políticas de conquista e preservação do poder.

> Se o próprio do homem é de se definir como um ser moral, também é verdade que algumas das atitudes sociais e cognitivas que estão na base desses comportamentos morais precederam a aparição de nossa espécie sobre o planeta (De Waal; Thierry *apud* Coppens; Picq, p. 443).

---

133. Não farei isso de forma detalhada porque, além de exigir ainda muitas páginas, as análises anteriores me parecem suficientes para compreender como a paleoantropologia coloca a questão do "próprio do homem" e como ela responde.

E a consciência? Certamente, só o homem tem uma consciência reflexiva, que requer a linguagem, mas, no entanto, todo ser vivo deve receber e processar a informação, portanto, ter uma forma de consciência de mundo, e os grandes símios, exceto os gorilas, reconhecem-se no espelho. "O homem tem uma consciência. Ela surge ao longo da própria vida, mas também ao longo da história da vida" (Cyrulnik *apud* Coppens; Picq, p. 444).

Como pensar, ao mesmo tempo, a continuidade evolutiva e esses limiares que constituem *Homo ergaster*, talvez o ancestral comum a Neandertal e Sapiens, e, certamente, o próprio Sapiens? A ideia da evolução em mosaico o permite. A evolução não é um processo linear e uniforme, é um mosaico: as características evoluem, cada uma por si mesma, mas, em determinados momentos, convergem e se juntam. O que é então produzido, ao mesmo tempo, se explica pelas transformações contínuas de cada peça do mosaico e aparece como um desenho novo, inesperado – um salto qualitativo. *Homo*, a seguir essa forma específica de *Homo* que é Sapiens, supõem a evolução do bipedismo, da utilização de ferramentas, da linguagem, do cérebro, de formas de vida social e de cultura, mas todas essas evoluções não aconteceram ao mesmo tempo, nem no mesmo ritmo. No entanto, elas não são compartimentadas, estanques, elas induzem efeitos umas sobre as outras, às vezes indiretos ou a longo prazo, "os encadeamentos de inovações, biológicas e comportamentais, se alimentam mutuamente e com efeitos de retroalimentação" (Hombert; Lenclud, 2014, p. 304).

Esses efeitos são às vezes inesperados. Assim, é possível, embora seja uma hipótese ainda em discussão, que o domínio do fogo tenha levado, indiretamente, a um desenvolvimento do cérebro: o cozimento teria liberado uma parte da energia que o intestino precisava para processar os alimentos crus, energia então disponível para o desenvolvimento do cérebro.

Mais interessante ainda para nós é o elo provável entre o bipedismo e uma forma de socialização do cérebro. O bipedismo foi acompanhado de uma redução da bacia, que a tornou mais eficaz, em especial, para a corrida. Mas a bacia mais estreita apresentou problemas para o parto, provavelmente já nos australopitecos: o bebê precisa se virar na bacia para sair mais à frente. Quando o volume do cérebro aumentou, o parto se tornou cada vez mais difícil, doloroso e perigoso, embora isso não seja um problema nos mamíferos, incluindo os grandes símios (Berge; Gasc *apud* Picq; Coppens, 2001, p. 122). Com um cérebro muito volumoso, o parto se tornaria impossível; além disso, o cérebro precisaria, durante a gravidez, de uma quantidade de energia que ultrapassaria as possibilidades da mãe. A solução poderia ter sido renunciar ao desenvolvimento do cérebro, mas ele, de outro ponto de vista, era favorável à sobrevivência e à reprodução da espécie. Eis um bom exemplo de "como [...] a adaptação procede por vezes de um tipo de bricolagem que procura estabelecer o melhor compromisso entre condicionantes contraditórias" (Hublin; Seytre, 2011, p. 226). A solução[134] foi fazer que a criança nascesse mais cedo, antes que seu cérebro esteja plenamente desenvolvido.[135] "Enquanto em um chimpanzé, o mais próximo de nós, o cérebro no nascimento representa cerca de 40% do de um adulto, nos homens ele não passa de um quarto" (Hublin; Seytre, 2011, p. 103). A consequência é que o cérebro humano, em grande parte, nasce incompleto, maleável e se desenvolve em um meio social e cultural – fenômeno de "altricialidade secundária", que é fundamental do ponto de vista da educação.

A evolução em mosaico é biológica e cultural, é na verdade um duplo mosaico. É um mosaico biológico: "o homem se tornou o ser biológico que somos, anatomicamente moderno, não ao longo de um desenvolvimento contínuo, mas por meio de uma sucessão de mudanças não coordenadas entre elas". É um mosaico cultural: "da mesma forma [...] o homem se tornou o ser cultural que somos não subitamente, mas aos poucos", ao longo de muitas dezenas de milhares de anos. E os dois mosaicos, embora não sejam estranhos um ao outro, funcionam em lógicas diferentes.

> A constatação dessas defasagens temporais obriga a colocar o modelo de uma evolução em duplo mosaico, uma vez que se aplica tanto aos processos de hominização e de humanização, quanto a sua correspondência (Hombert; Lenclud, 2014, p. 19).

Em um momento determinado da evolução, as transformações biológicas e culturais parciais convergem, integram-se e, de repente, surge uma nova figura de *Homo*, por exemplo, *Ergaster* ou Sapiens. Essa figura expressa a especificidade

---

134. Eis uma forma rápida de dizer. A evolução, lembremos, não "faz" nada, não procura "solução", pois não é uma entidade com um projeto, é o nome que damos aos resultados produzidos por um conjunto de processos vitais (mutações, seleção natural, entre outras). Além disso, podem ter se produzido fenômenos de heterocromia, ou seja, de modificação da duração e da velocidade do desenvolvimento.

135. Como já observei, para que um bebê humano nasça com um cérebro no mesmo nível de desenvolvimento, em relação ao adulto, que o do bebê chimpanzé, a duração da gravidez deveria ser de 18 a 21 meses. Supondo que, em tais condições, a gravidez pudesse chegar a termo.

antropológica sob duas formas: um genoma e um mundo – duas formas articuladas do "próprio do homem". Bipedia, ferramentas e mesmo a linguagem como comunicação, não são específicas do homem. Nós as compartilhamos com espécies anteriores, pelo menos com os primatas que nos são próximos. No entanto, elas assumem no homem formas específicas e, em uma evolução em mosaico, elas notavelmente contribuíram para produzir um mundo humano, sem igual.

9.4. Um genoma, um mundo humano: duas formas da especificidade antropológica articuladas pela educação

O homem, como qualquer outra espécie, é específico por seu genoma. Mas é preciso entender o que é um gene, para não o representar como uma coisa misteriosa que, em nós, determinaria nossos comportamentos. Historicamente, como observa Dortier, há de fato duas definições de gene (Dortier, 2015, p. 390).

A partir das Leis de Mendel e no início do século XX, os estudos sobre hereditariedade definiram o gene como uma unidade de informação que codifica a transmissão de uma característica física particular, como a cor dos olhos. Em seguida, a genética molecular identifica os cromossomas e o ácido desoxirribonucleico (DNA) e compreende que são as sequências do DNA que comandam a fabricação de proteínas, portanto, a codificação de uma característica específica. A unificação das duas abordagens leva a considerar o gene como uma sequência de DNA que funciona como unidade de informação – definição um pouco obscura na medida em que faz referência a duas problemáticas diferentes que convergiram.

Para entender, podemos partir da unidade básica do ser vivo: a célula.[136] No núcleo das células[137], encontram-se os cromossomos, são 46 no ser humano.[138]

---

136. O corpo humano conta com aproximadamente cem trilhões de células (10^{14}).

137. Apenas os eucariotas, aos quais pertencemos, têm células com núcleo. Além do genoma nuclear, há um genoma mitocondrial (as mitocôndrias são organelas contidas no citoplasma da célula, ou seja, fora do núcleo). Essa diferença é importante nas pesquisas genéticas sobre a origem do homem, pois as mitocôndrias são transmitidas unicamente pela mãe, enquanto os genes do núcleo vêm dos dois pais. Uma explicação detalhada deveria também distinguir o DNA (ácido desoxirribonucleico) e o ARN (ácido ribonucleico). Eu me restrinjo aqui ao mínimo necessário para compreender a função de nossos genes, com algumas explicações complementares em notas.

138. Vinte e dois pares de cromossomos chamados homólogos (um paterno, um materno) e um par de cromossomos determinando o sexo (XX nas mulheres, XY nos homens).

Um cromossoma é constituído de uma molécula de DNA e de proteínas. Uma molécula de DNA é uma sequência ordenada de nucleotídeos.[139] Um gene é uma sequência de nucleotídeos se sucedendo em uma ordem determinada, que varia segundo o gene. Os genes controlam a produção dos aminoácidos e das proteínas, portanto a diversificação, o desenvolvimento, o funcionamento e a reprodução das células. O genoma, conjunto dos genes, decide então as características da espécie e de seus membros. A modificação de uma sequência de nucleotídeos ao longo da reprodução (quando genes paternos e maternos se combinam), por adição, supressão ou substituição de nucleotídeos, produz uma mutação.

As possibilidades de mutações são grandes: o genoma do ser humano conta com cerca de 25 mil genes, com três bilhões de pares de bases. O que acontecerá com essas mutações depende da seleção natural e sexual, que varia de acordo com o contexto social e cultural. Física e quimicamente, o gene é uma parte do cromossoma[140], um segmento de DNA, mas o que importa, o que faz dele uma unidade de informação, é a ordem na qual se sucedem os nucleotídeos. É essa ordem que decide as características fundamentais da espécie e as características secundárias do indivíduo, como a cor de seus olhos, a textura de seus cabelos, seu grupo sanguíneo ou a taxa de melanina de sua pele. O genoma funciona como um código organizando a produção e o funcionamento das células, e não como um molde que entrega um produto acabado. É um alfabeto e uma sintaxe que esboçam um texto, mas o texto final depende de um contexto vital, social e cultural.

Considera-se hoje, contra o fatalismo do gene e em uma perspectiva chamada epigenética, que os genes não produzem seus efeitos de forma automática, mas definem possibilidades, cuja atualização depende do ambiente.[141] Assim, uma larva de abelha nutrida com geleia real se transforma em rainha,

---

139. A molécula de DNA apresenta-se na forma de duas cadeias, organizadas em dupla hélice, cada cadeia sendo constituída por uma sequência de nucleotídeos. Um nucleótido compreende um ácido fosfórico, um açúcar simples e uma base. Existem quatro bases, emparelhadas duas a duas (adenina e timina, guanina e citosina), e, portanto, nucleotídeos diferentes.

140. Cada cromossoma possui os próprios genes, embora alguns estejam em diversos cromossomas diferentes. O cromossoma mais longo (cromossoma 1) conta com mais de dois mil genes (e mais de duzentos milhões de pares de bases).

141. É por isso que células do organismo cujo núcleo possui o mesmo código genético são estrutural e funcionalmente diferentes – e, inversamente, que se pode utilizar as células de um animal de uma espécie para produzir órgãos de outra espécie.

mas alimentada com mel e pólen, se torna operária. Da mesma forma, de acordo com a temperatura à qual é submetido, um ovo de tartaruga chocará um macho ou uma fêmea.

A ciência entrou na Era Pós-Genômica. A ideia de que "a cada gene corresponderia uma função precisa associada a uma característica física ou um comportamento" cedeu lugar à ideia de que, "para executar suas tarefas, os próprios genes devem ser ativados (ou desativados) por gatilhos"; eles estão, portanto, "sob a dependência de fatores externos, chamados 'epigenéticos'" (Dortier, 2015, p. 389-390). "A humanidade escapou do determinismo genético para abrir uma nova porta, a epigênese, ou seja, a regulação da expressão dos genes pelo comportamento" (Lledo, 2017, p. 192).

Essa abordagem epigenética permite entender o desenvolvimento do cérebro, pois "no caso do cérebro humano, a complexificação pela epigênese é considerável" (Lledo, 2017, p. 130).

A paleoantropologia colocou em evidência o aumento do volume do cérebro ao longo da evolução, seja em valor absoluto ou em quociente de encefalização, levando em conta a massa corporal.[142] "Nosso cérebro é 3,3 vezes maior do que deveria ser em função de nosso corpo" (Hombert; Lenclud, 2014, p. 302). Portanto, não há dúvida de que a evolução se acompanha de um desenvolvimento excepcional do cérebro humano. Resta, no entanto, interpretar o fato. O aumento do cérebro sem dúvida acompanhou, em parte como causa e em parte como consequência, a evolução em mosaico de *Homo*. Assim, o entalhe da pedra, o uso de sinal dissociado, seguido de uma linguagem com sintaxe, tudo ao mesmo tempo, requer e provoca um aumento das capacidades cognitivas.

---

142. Em valor absoluto, o volume do cérebro é de 300 a 400 centímetros cúbicos no chimpanzé atual, de 400 a 450 centímetros cúbicos nos australopitecos, por volta de 650 centímetros cúbicos no *Homo habilis*, 850 centímetros cúbicos no *Homo erectus*, 1.100 a 1.200 centímetros cúbicos nos ancestrais comuns a Neandertal e Sapiens, 1.550 a 1.600 centímetros cúbicos em Neandertal, 1.350 a 1.400 centímetros cúbicos em Sapiens. Mas se trata de médias, que podem variar segundo os indivíduos. Sobretudo, é preciso levar em conta o tamanho; assim, o volume cerebral do elefante é de 4.500 a 5.000 centímetros cúbicos. Calcula-se, portanto, um quociente de encefalização levando em conta a massa corporal. O cociente é de 1,03 para o elefante, 5,33 para o golfinho, 2,4 para o chimpanzé, entre 2,2 e 2,9 para os australopitecos, 3,5 para *Homo* há um milhão de anos, e 7,44 para o homem moderno (Hombert; Lenclud, 2014, p. 301 a 303; cf. também Picq *apud* Coppens; Picq, p. 277). Não é apenas o volume do cérebro que é importante, é também sua estruturação, em especial, a assimetria entre seus dois hemisférios.

O que sabemos hoje sobre o desenvolvimento epigenético do cérebro corrobora essa hipótese de uma evolução inscrita em um movimento mais amplo, em mosaico. Nosso cérebro conta com cerca de 86 bilhões de neurônios (Lledo, 2017). Eles se comunicam entre si e com outros tipos de células (musculares, por exemplo) por meio de ligações chamadas de sinapses[143], em número de cem milhões de bilhões (10^{17}).

Em outras palavras, cada neurônio tem contato com milhares de outros neurônios. Um neurônio não funciona sozinho, mas em módulos, um mesmo módulo podendo colocar em atividade neurônios de diversas áreas cerebrais. É por isso, por exemplo, que uma sensação pode despertar memórias: os neurônios pertencentes ao mesmo módulo que o que registra essa sensação são acionados por ela.

Rizzolati e sua equipe até descobriram, em 1992, os "neurônios espelho": quando um macaco vê outro pegar uma banana, os mesmos neurônios que são necessários para pegar a banana se ativam no cérebro do espectador.[144] Nosso cérebro é, portanto, um sistema de circuitos e módulos extremamente complexo, muito mais que qualquer computador atual. Se não é um computador, é também porque se autoprograma nesses circuitos e não apenas em seus dados, como o faz um computador capaz de aprender. O bebê nasce com circuitos cerebrais pré-especificados, não é uma página em branco. Mas ao longo de seu crescimento, as sinapses vão se ativar em função de sua experiência e, o que é ainda mais surpreendente, outras sinapses, inutilizadas, degeneram. Essa epigênese pela estabilização seletiva das sinapses, estabelecida por Changeux, funciona, sobretudo, durante a infância e a adolescência, mas não tem limite de idade (Lledo, 2017).

O bom modelo para compreender o cérebro não é, portanto, nem o modelo da cera virgem que espera as impressões produzidas pelo exterior, nem o modelo inato de programa genético preestabelecido à espera da ativação por

---

143. Na maioria dos casos a comunicação ocorre por meio de neurotransmissores químicos que passam de uma sinapse a outra, mas acontece também de a transmissão ser feita eletricamente.

144. Além disso, Dunbar propôs a hipótese de um "cérebro social", a partir da observação que "o desenvolvimento excepcional do cérebro (em particular do neocórtex) dos primatas é concomitante às suas capacidades de manter relações sociais duráveis com seus congêneres" (Journet *apud* Dortier, 2015, p. 137-138).

estímulo, é o modelo epigenético: "de um processo de interações entre um sistema interno intrinsecamente ativo e um ambiente externo que solicita e orienta a atividade desse sistema para deixar a sua marca" (Lledo, 2017, p. 130). Esse ambiente externo, no homem contemporâneo, é um mundo cultural, social, construído ao longo da história humana.

A evolução, depois a história, construíram as duas figuras do próprio do homem: uma espécie particular e um mundo humano. Embora essas duas figuras sejam inseparáveis, a paleoantropologia explora a primeira esquecendo um pouco a segunda. Ela se pergunta sobre o próprio do homem como indivíduo, sobre suas capacidades singulares: caminha sobre duas pernas, utiliza ferramentas, fala? Certamente, esse é um efeito dos dados disponíveis: antes de tudo, ossos e dentes, ou seja, dados que remetem a um indivíduo. É certo, ainda, os paleoantropólogos evocam o fato que os hominídeos vivem em sociedade, caçam em grupo etc. Mas a questão é pouco colocada de saber como parece o mundo no qual vivem, além de dados geográficos e climáticos básicos. No entanto, há aí também uma resposta, de outro tipo, à questão do próprio do homem: a principal diferença entre o homem e as outras espécies, é o próprio mundo humano, sem equivalente nos animais, incluindo os chimpanzés. O mundo humano é uma síntese objetivada da espécie.

Às vezes, ficamos perplexos perante a forma de proceder dos paleoantropólogos quando abordam o tema do próprio do homem. Os chimpanzés introduzem galhos nos cupinzeiros, e está feito: os homens e os chimpanzés utilizam ferramentas – considerando, de certa forma, como negligenciável a diferença entre o galho e a ceifadeira... O vervet dispõe de três gritos para alertar sobre um perigo, de acordo com a origem do perigo, portanto faz um uso descritivo da linguagem – e eis que os gritos do vervet são quase equivalentes a uma descrição de Balzac... Os jovens macacos mergulham batatas na água salgada depois de ver Imo fazê-lo e gostar, e conclui-se a construção de uma cultura por imitação generalizada – Imo, a macaca, torna-se quase digna de entrar no *Guia Michelin*... Eis um efeito da individualização da questão: se alguns indivíduos de uma espécie animal são capazes de um comportamento que se pode classificar na mesma categoria de uma conduta humana (ferramenta, linguagem etc.), por mais reduzido que seja esse comportamento, considera-se que ele demonstrou que essa conduta humana não se enquadra em um "próprio do homem". Com certeza, assim está provado que ela não exige a posse de uma alma, um espírito, um cogito, no sentido da Tese dualista – e isso não é nada.

Mas a diferença entre esse comportamento animal e a conduta humana, por exemplo entre a utilização de uma vara e a condução de uma ceifadeira, deve ser tratada como secundária? É esquecer o que é, portanto, um dos postulados mais pertinentes da paleoantropologia: sempre pensar uma espécie na sua relação com seu nicho ecológico. Comparar o que os indivíduos de diferentes espécies são capazes de fazer não é desinteressante[145], mas é preciso reintroduzir no debate os mundos nos quais eles vivem e comparar a vara no ambiente *chimpanzé* e a ceifadeira no mundo humano.

Toda espécie vive em um ambiente adequado a seu genoma; se não fosse o caso, ela não poderia sobreviver ali. Se o meio para de corresponder a seu genoma, as populações pertencentes a essa espécie devem migrar ou inovar, senão a espécie se extingue. *Homo*, como vimos, adaptou-se a ambientes extremamente diversos, que ele ajudou a criar. Os mundos nos quais ele vive devem permanecer compatíveis com seu genoma: continuamos a ser seres vivos submetidos a necessidades biológicas básicas, geneticamente definidas – e nossa espécie está ainda sujeita a ser destruída em pouco tempo por um vírus agressivo e resistente. No entanto, a evolução nos fez perder determinadas características genéticas que contribuíram à sobrevivência de *Homo* em suas primeiras formas: ele perdeu, notadamente, seu pelo, suas mandíbulas fortes, o apuro de seu olfato, sua capacidade de subir rapidamente nas árvores e nasce cada vez mais cedo, portanto, cada vez mais frágil.[146] Se analisamos dessa forma *Homo*, do ponto de vista do

---

145. Sobretudo se a comparação não se limitar a alguns indivíduos, que podem não ser representativos do todo de sua espécie. Quando leio as análises da vida social dos chimpanzés a partir de observações *in loco* que Jane Goodal realizou durante meses, estou convencido. Mas fico muito mais perplexo quando se generaliza a partir de Kanzi, um bonobo superdotado, ou quando encontro em quase todos os livros os mesmos exemplos de pássaros ingleses abrindo com o bico as garrafas de leite que o leiteiro acabou de deixar em frente à porta, ou de macacos lavando suas batatas na água salgada, como se todos os autores os citassem porque a paleoantropologia, de fato, tinha apenas alguns fatos raros sobre o assunto.

146. Há debates sobre a forma como foram produzidas essas transformações genéticas – em torno da neotenia e das heterocronias. Chamamos neotenia o fenômeno pelo qual uma espécie pode se reproduzir enquanto ainda está na forma larvar, sem esperar a forma adulta ou, numa interpretação mais ampla, o fato de o adulto conservar traços juvenis. Na espécie humana, o nascimento prematuro aos nove meses e determinadas características evocam um fenômeno de neotenia. O homem seria, de certa forma, um feto de macaco. As heterocronias são as modificações da duração do desenvolvimento em relação ao ancestral, destacadas, em especial, por Chaline. Sobre esses debates, cf. Picq (*apud* Coppens; Picq, p. 537), que aceita a ideia das heterocronias, mas recusa a da mutação única em um único indivíduo que, produzindo uma heterocronia, teria separado a linhagem do homem da dos outros hominídeos.

que ele não tem, acabamos, como Prometeu, pensando que, no dia da distribuição divina, a bolsa de qualidades estava vazia quando chegou a vez do homem, ou, como Herder, por defini-lo como uma criatura lacunar.

Mas é preciso levar em consideração o ponto de vista complementar: o da inovação. *Homo* perdeu determinadas características genéticas porque elas não eram mais úteis e até mesmo se tornando, às vezes, negativas nos novos ambientes onde ele entrou e que construiu. De um lado, abandonou essas características genéticas e, de outro, as compensou, muito além da perda, com as inovações técnicas.[147] Se o homem é biologicamente desprovido, lacunar, incompleto, é tecnicamente equipado e até, muitas vezes, superequipado. As duas perspectivas são inseparáveis: é no mesmo movimento, o da ocupação de novos *habitats* e da criação de mundos novos que, ao mesmo tempo, o homem despe-se de determinadas características genéticas de sua linhagem e cria mediações técnicas e simbólicas com seu ambiente. A plasticidade do homem é a versão genética, construída ao longo da evolução, da adaptação ao ambiente por inovações técnicas e simbólicas. Por construção genética e cultural, o homem é aberto ao mundo. A tradução genética dessa abertura é o desenvolvimento epigenético, em particular o do cérebro: o próprio genoma deve ser atualizado pelas relações com o mundo. Sua tradução cultural é o fato de que o mundo é para o homem uma questão, um problema, como insiste Patočka.

Quando uma espécie *Homo* ficou desamparada no meio onde vivia, se extinguiu. As que prosperaram, às vezes durante centenas de milhares de anos, estavam geneticamente adaptadas ao meio, como nós o somos.[148] Mas a evolução é acompanhada de um distanciamento do ambiente primário, o de LUCA, dos australopitecos, do *Homo habilis*. O homem saiu da floresta, à qual estava geneticamente adaptado, criou mediações cada vez mais complexas entre seu genoma e seu mundo (as ferramentas, as linguagens) e deu um novo passo quando, no neolítico, tornou-se produtor de mundos: senhor da reprodução de outras

---

147. O que o mito de Prometeu, Gehlen e a antropologia filosófica alemã bem notaram: seu discurso sobre a fraqueza natural do homem é acompanhado imediatamente de um discurso sobre o homem produtor de técnica.

148. Com algumas dificuldades e contradições. Por exemplo, a genética herdada de nossa história evolutiva nos faz acumular gordura para enfrentar os tempos de escassez, enquanto em nosso meio atual, essas gorduras nos causam problemas de saúde e de autoimagem.

espécies vegetais e animais, por meio da agricultura e da pecuária e, por meio da escrita, criador de cópias simbólicas do mundo que escapam à temporalidade da reprodução biológica.

Essa produção de um mundo humano apresenta três características.

Primeiramente, ela é local, portanto, diversificada: o homem produz seu mundo localmente, sob formas diversas, embora elas se comuniquem entre si. Essa característica não é específica do homem: frequentemente, as culturas animais, onde existem, em particular nos chimpanzés, não são inteiramente semelhantes nas diversas populações de uma mesma espécie, elas se apresentam sob forma de tradições da região ou do grupo. Mas essa diversidade é muito maior no homem.

Em segundo lugar, um mundo específico só pode ser construído porque a cultura humana é cumulativa. "Nós, os humanos, estamos à deriva de forma contínua, enquanto os animais retornam periodicamente a seu estado inicial. Eis onde reside nossa especificidade" (Thierry *apud* Dortier, 2015, p. 125). Em outras espécies, e em nós como seres biológicos, a evolução se sedimenta no genoma; na espécie humana, ela se sedimenta como mundo humano específico. A linguagem e os outros sistemas simbólicos, como a arte, facilitam enormemente essa sedimentação cultural, mas ela provavelmente começou antes: quando o meio de vida abriga os objetos fabricados anteriormente e as ferramentas conservadas, e não mais simplesmente galhos utilizáveis no momento e depois descartados, o resultado da atividade e da ferramenta adquire uma forma de permanência e o acúmulo torna-se possível. Mas, da mesma forma, *Homo* sai de uma relação com o mundo imediata e evidente e entra em uma relação com o mundo onde determinados objetos são efeitos de sua atividade e convite a outras atividades: uma relação técnica com o mundo. Essa relação é específica do homem, não se encontra em nenhuma outra espécie.

Em terceiro lugar, por fim, uma cultura cumulativa é autocatalítica, para retomar o termo técnico usado por Schaeffer: ela cuida de si mesma. As novas técnicas e as novas ideias não nascem mais apenas dos problemas que a espécie deve resolver para comer, se proteger, sobreviver, nascem também da dinâmica das técnicas e ideias anteriormente construídas.

Enquanto o genoma é transmitido pela reprodução genética, portanto, por acasalamento, um mundo humano cumulativo e autocatalítico requer um modo específico de transmissão: a educação.

Há diversas espécies nas quais não se aprende, ou quase: o comportamento é ditado pelo programa genético, com uma mínima variação individual, e os indivíduos são pouco distintos uns dos outros. Em outras espécies, incluindo os primatas, é preciso aprender: "o jovem se 'constrói' comportamental e psicologicamente por meio de interações com seus congêneres e com tudo o que o rodeia", e observa-se "uma unicidade de cada indivíduo" (Deputte; Vauclair *apud* Picq; Coppens, p. 246).

O jovem deve aprender não apenas o que concerne à alimentação, aos predadores e às presas, eventualmente a utilização de ferramentas, mas também a reconhecer os outros membros do grupo como indivíduos ocupando posições hierárquicas distintas e a situar-se no grupo. É o caso, em particular, dos macacos. "Eles nascem macacos, mas aprendem também a ser macacos" (Picq *apud* Picq; Coppens, p. 23). "Se tornar um macaco adulto também leva muito tempo" (Deputte; Vauclair *apud* Picq; Coppens, p. 242).

O homem não é, portanto, a única espécie que aprende. Mas "aprender" é um termo muito geral, designando atividades que podem ser sensivelmente diferentes. Na maioria das vezes, o jovem primata observa seus congêneres e aprende por tentativa e erro, sem que ninguém lhe tenha pedido. Claro, a presença e atividade dos congêneres produzem um efeito de facilitação social sem o qual a aprendizagem, provavelmente, não iria acontecer, mas muitos pesquisadores negam que se trate de uma imitação, no sentido estrito. O jovem realiza uma atividade inspirada pela forma como os outros estão fazendo, mas cujo objetivo é, por exemplo, quebrar a nós para comer e não para fazer como os outros, os "imitar". Essa diferença é importante. Os macacos-prego-de-cara-branca, por exemplo, são muito bons em resolver problemas[149], incluindo com manipulação de ferramentas, mas, embora vivam em grandes grupos, "cada indivíduo reinventa por si mesmo os gestos destinados a resolver determinados problemas" (Picq *apud* Picq; Coppens, p. 515). Por sua vez, os chimpanzés são capazes de imitar[150] e, portanto, construir algo em comum, as tradições. "A imitação permite, sem dúvida, o progresso de uma cultura, rudimentar nos chimpanzés, onipresente no homem" (Deputte; Vauclair *apud* Picq; Coppens, p. 284).

O homem, provavelmente desde *Ergaster* e, certamente, pelo menos desde Sapiens, vai além do chimpanzé nas estratégias de aprendizagem.

---

149. Seu coeficiente de encefalização é comparável, ou mesmo superior, ao do homem moderno.

150. Incluindo nossas atitudes e caretas, o que lhes vale nossa simpatia toda especial.

Primeiramente, a partir dos oito meses, o bebê humano atual é capaz do gesto consistente em apontar o dedo para provocar uma atenção conjunta. Esse gesto é importante em um processo de aprendizagem por imitação e transmissão de tradições culturais: anuncia o sinal dissociado e se tornará muito eficaz quando o gesto estiver acompanhado pela palavra. Os macacos não praticam esse gesto no meio natural. No entanto, os chimpanzés o entendem e até o usam em suas interações com os humanos, em situações de convivência.[151]

Em segundo lugar, o homem é um "animal pedagógico" (Premack). Ele não apenas aprende, mas ensina, de forma intencional e sistemática. Não apenas ensina, mas educa: além de saberes e competências, ele transmite normas e implementa pedagogias para que o jovem as interiorize. "Nos primatas não humanos, por outro lado, os casos de pedagogia são extremamente raros" (Anderson *apud* Picq; Coppens, p. 386).[152] Segundo os pesquisadores, retomando uma proposição de Premack, "a ausência nos animais adultos de tentativas pedagógicas em relação a seus congêneres e de incitação a ser imitados poderia [...] resultar da inaptidão desses adultos em atribuir estados mentais aos outros" (Vauclair; Deputte *apud* Picq; Coppens, p. 327). Sem uma "teoria da mente", esses adultos não entenderiam que os jovens não têm os mesmos conhecimentos que os adultos e não poderiam, portanto, ter um projeto pedagógico.

É possível, mas proponho outra interpretação, pelo menos complementar. A tentativa pedagógica só tem sentido se há a consciência que o jovem tem coisas a aprender, é verdade, mas consciência também que há algo a lhe transmitir por meio de uma atividade específica. Por que a mãe chimpanzé teria o projeto de ensinar a seu filho como quebrar as nozes com uma pedra? Eis uma atividade imediatamente interpretável pelo jovem porque não sai de seu meio "natural", ou seja, do ambiente ao qual ele está geneticamente adaptado.

---

151. Essas situações produzem efeitos emotivos e cognitivos nos cães, gatos, papagaios e, eventualmente, chimpanzés com os quais compartilhamos nossas vidas. Compartilhar um mundo humano, humaniza, pelo menos parcialmente, nossos animais domésticos.

152. Anderson cita apenas dois casos, observados nos chimpanzés (p. 386). De um lado, faz referência a uma fêmea adulta facilitando a aprendizagem dos sinais com seu filho. Creio que se trata do caso, que vimos, de Washoe, comunicando por sinais ASL com seu filho Lounis – portanto, uma situação de aprendizagem em meio humano. De outro lado, Anderson indica o reposicionamento de uma pedra por uma fêmea para tornar mais eficaz a quebra da noz por seu jovem – o que, na minha opinião, não prova, na verdade, uma intensão pedagógica de sua parte.

O jovem não entra em um processo específico de aprendizagem, ele tenta quebrar a casca para poder comer a amêndoa, não é fácil, um dia ele conseguirá, ele terá "aprendido". Mas somos nós, humanos, que falamos de aprendizagem e analisamos eventualmente suas tentativas e erros em uma atividade da qual reconstituímos um histórico.

O jovem chimpanzé, de sua parte, "não aprende", ele vive sua vida de chimpanzé. É bem diferente no mundo que os homens produziram a partir de atividades cujos resultados foram sedimentados e acumulados ao longo do tempo. O jovem humano não pode fazer uso desse mundo a partir de seu único equipamento genético e utilizando ferramentas cujo modo de uso seria, também, geneticamente transparente.

O jovem chimpanzé quebra, busca, transporta, bate utilizando galhos e pedras que ele está geneticamente pronto a usar dessa forma, mesmo se o faz apenas porque viu congêneres fazendo. O jovem humano não está na mesma situação: seu genoma não define como tomar uma mamadeira, amarrar o cadarço de seus sapatos, andar de bicicleta, mais tarde, ler um livro, utilizar um computador, dirigir uma colheitadeira, resolver um problema matemático etc. Ele vive em um mundo de mediações técnicas e simbólicas objetivadas que lhe são geneticamente virtualmente acessíveis, mas que demandam processos de aprendizagem e de educação que não se confundem com o processo da própria vida cotidiana.

O que é específico ao homem, como a qualquer outra espécie, é seu genoma. O que lhe é igualmente específico, e que não há qualquer equivalente ou análogo nas outras espécies, é o mundo humano: um mundo que ele produziu por acumulação, por objetivação da atividade das espécies *Homo* ao longo de centenas de milhares de anos. O que assim foi acumulado, são os objetos e dispositivos técnicos complexos, os sistemas simbólicos e os conjuntos de normas que exigem uma transmissão de geração em geração, não podendo ser feita pelo modo de aprendizagem por tentativas e erros ou por imitação que encontramos nos outros primatas. A construção de um mundo humano por acumulação exigia uma forma específica de educação.

Necessária para que se opere a acumulação, essa educação específica o é também para que os jovens possam se apropriar desse mundo que herdam. Com efeito, a multiplicação de mediações instrumentais e conceituais permitiu aos homens se adaptar à ambientes muito diversos e inventar novas formas de mundo, mas ela também tornou impossível essa relação imediata com o mundo no qual vivem os outros primatas. As técnicas, os símbolos e as normas que constituem a trama do mundo humano não podem ser entendidos e aprendidos por simples imersão no fluxo cotidiano da vida, interpretados pelas únicas aptidões genéticas imediatamente disponíveis, é preciso uma educação específica.

A articulação entre essas duas formas objetivas da espécie, que são o genoma e o mundo humano, exige, portanto, uma educação, diferente do aprendizado animal. A educação é uma condição de existência da espécie humana em sua forma própria, não para realizar uma "natureza humana", mas como condição antropológica. Sem a educação e o mundo ao qual ela dá acesso, o homem seria apenas um ser vivo como qualquer outro, particularmente invasor.

CONCLUSÃO

A educação de um ponto de vista antropológico

Este livro nasceu de uma constatação: não há mais grandes debates sobre educação na sociedade contemporânea.

Nos anos 1970, as teorias pedagógicas "novas" criticavam as pedagogias consideradas como tradicionais e propunham outras referências para a educação. Eu mesmo, em 1976, em *A Mistificação pedagógica*, denunciei discursos que, tradicionais ou novos, silenciavam sobre a desigualdade social face à escola e, por conseguinte, contribuíam para perpetuá-la. Apelava, então, para uma pedagogia social que seria uma pedagogia por mais igualdade, em uma sociedade outra. Hoje, os grandes discursos calaram-se ou tornaram-se socialmente inaudíveis, sem que a desigualdade social enfrentada na escola regrida, ao contrário. Tudo acontece como se a desigualdade fosse hoje considerada como um fenômeno normal, natural, inevitável, de modo que nem mesmo é mais necessário justificá-la ideologicamente.

A partir dos anos 1980, e sobretudo nos anos 1990, o liberalismo impôs-se como ideologia dominante e induziu um tipo de realismo cínico que invadiu, depois devorou, a questão da educação: no mercado da educação, como nos outros, que cada um se resolva com os trunfos que dispõe!

Nessa lógica de mercado, que é uma lógica de desempenho e de concorrência, a questão do tipo do homem e da mulher que se pretende educar se torna obsoleta, os parâmetros antropológicos não são mais necessários, o que importa é a eficácia e a produtividade do aprendizado. Hoje, a injunção fundamental é, em sua forma parental, "estude para ter um bom emprego mais tarde" e, em sua forma política, "nossa sociedade precisa de indivíduos de alto desempenho".

A questão pedagógica não está morta, porque, enquanto for necessário educar e instruir as crianças, não se poderá abafá-la, mas pais e professores combinam soluções pedagógicas mais ou menos coerentes para resolver os problemas à medida que aparecem, sem inscrevê-los em um projeto contínuo, organizado e explícito. A questão pedagógica sobrevive também no modo utópico, em espaços de pedagogias alternativas, mas esses permanecem marginais. Ela aflora, às vezes, no modo reacionário, na forma de baforadas de rancor e ódio contra "o método global", "a ideologia de gênero" etc. – baforadas paradoxais, pois atacam o que nunca existiu na escola, além de tentativas minoritárias. Mas não há uma pedagogia contemporânea que, como fizeram as pedagogias "tradicionais" e "novas", proponha uma teoria antropológica de referência podendo servir de fundamento às práticas e aos discursos sobre a educação.

Não há pedagogia contemporânea, mas apareceram novos discursos sobre a educação: sobre a qualidade da educação, sobre a neuroeducação, sobre as novas tecnologias. Esses discursos não pretendem colocar em prática um determinado conceito do homem, eles visam otimizar o aprendizado. Acrescentem as esperanças e profecias transhumanistas e pós-humanistas, celebrando o fim da espécie humana atual e anunciando espécies que serão fabricadas mais que educadas.

O que analisei e quis entender, neste livro, é essa configuração contemporânea, e nova, da questão da educação: o silêncio antropológico, a ausência de um grande debate pedagógico, o surgimento de novos discursos que não propõem mais significados e valores, mas desempenho.

Esta obra nasceu de uma constatação e da análise preliminar que induziu, mas também de uma intuição, que a análise transformou em convicção: diante dos atuais discursos de desumanização e se quisermos pensar uma pedagogia contemporânea, é preciso reintroduzir o humano no centro da reflexão sobre a educação. Mas, que humano? Se não quisermos recair nessas pedagogias essencialistas da "natureza humana", que eu mesmo critiquei em *A Mistificação pedagógica*, há, a meu ver, duas possibilidades: procurar do lado das filosofias contemporâneas não essencialistas, e a mais interessante para minha questão me pareceu ser a de Heidegger e dos que se inspiram nele; ver como a ciência trata atualmente a questão da especificidade do homem, portanto, consultar a paleoantropologia e, de forma complementar, a genética e as ciências do cérebro. O livro foi organizado a partir dessas constatações, questões e projetos.

1. O lugar do homem na reflexão pedagógica: o caminho do livro

Os primeiros capítulos se interessaram pelas pedagogias clássicas ("tradicionais" ou "novas"), para entender como elas organizam seu questionamento. Elas são construídas entorno de uma determinada definição da "natureza humana" que é, antes de tudo, um discurso sobre o desejo e a norma. Que se trate, nas pedagogias tradicionais, de disciplinar uma natureza humana corrompida pelo desejo ou, ao contrário, nas pedagogias novas, de proteger o desenvolvimento natural da criança sempre ameaçado pela norma adulta, é fundamentalmente sobre a questão do desejo e da norma que a pedagogia mobiliza a antropologia. Isso não quer dizer que os discursos pedagógicos sejam puramente filosóficos, eles cumprem funções sociais.

De um lado, a noção de natureza humana induz uma forma de universalismo: todos os homens são marcados pelo pecado original, mas podem esperar a salvação da alma; todos os seres racionais podem contribuir para o progresso e todos os cidadãos são filhos da República; todas as crianças, seja qual for sua condição social, são levadas pela mesma natureza humana criativa. Mas, por outro lado, a noção de natureza humana permite hierarquizar as formas de humanidade, algumas permanecendo mais próximas da selvageria (com valor negativo ou positivo, de acordo com as pedagogias), enquanto outras se afastam dela. As desigualdades de fato são então promovidas a desigualdades de direito, legítimas porque são fundamentadas na natureza. A dialética entre desejo e norma articula a questão antropopedagógica sobre as lógicas econômicas, sociais e políticas dominantes. Uma sociedade produz o tipo de pedagogia e de antropologia que necessita.

Hoje, as pedagogias clássicas não funcionam mais, funcionam mal ou são marginalizadas, porque não estão, ou não estão mais, em sintonia com as lógicas sociais dominantes. As pedagogias tradicionais, que são pedagogias antidesejo, são frágeis em sociedades que aspiram a um consumo cada vez maior – e o que elas prometem em compensação pelos sacrifícios não mobiliza mais, seja a salvação da alma, o progresso ou a cidadania. As novas pedagogias permanecem marginais, porque são pouco compatíveis com as lógicas dominantes de concorrência. Mas essas pedagogias clássicas não foram substituídas por uma "pedagogia contemporânea" que repousaria em outras bases antropológicas. Não há mais, atualmente, um discurso antropológico fundador da educação, definindo uma dinâmica do desejo e da norma, nem sequer há uma tentativa de legitimar antropologicamente a desigualdade social. Há o fato bruto do desempenho como única medida de todas as coisas e da concorrência generalizada sobre um mercado aberto, seja esse mercado econômico, profissional, escolar, esportivo, artístico etc. Não é mais necessário hierarquizar os seres humanos em uma escala da natureza humana, o mercado é suficiente para produzir as desigualdades e a questão de sua legitimidade não está mais em debate. E se insistirmos mesmo em levantar a questão antropológica, resta, como último recurso, uma antropologia mínima que postula que cada homem persegue seu interesse e a satisfação de seus desejos – o que é, de fato, uma simples tradução antropológica da própria ideia de mercado competitivo.

Nessa situação, o indivíduo é livre e o sujeito é abandonado. Nunca, sem dúvida, o indivíduo foi tão livre quanto na sociedade contemporânea em suas escolhas de sexualidade, de vida conjugal, de religiosidade, de encenação pública de si mesmo. Raramente, sem dúvida, o sujeito ficou tão abandonado a si próprio para encontrar ou construir as referências que lhe permitam se estruturar.

O cenário educacional hoje não é mais ocupado pelos debates antropopedagógicos, mas por discursos sobre a educação, que colocam em prática e em palavras as lógicas sociais dominantes.

A ambição de melhorar a "qualidade da educação" não provoca nenhum debate sobre os critérios dessa qualidade, pois se trata, de fato, de melhorar seu lugar na classificação Pisa ou no *ranking* de Xangai. O problema é que essa aspiração classificatória, por si só aceitável embora um pouco irrisória, oculta as questões fundamentais e ignora grandes áreas do conhecimento.

A "neuroeducação" não abre nenhum debate sobre a finalidade da educação porque, na realidade, não se ocupa da educação, mas da otimização de desempenhos de memorização a de aprendizagem por meio de técnicas de gestão das redes de neurônios – o que, em si, é legítimo, mas apenas enquanto contribuição local ao processo de formação.

As técnicas digitais de informação e de comunicação acrescentam as redes digitais às redes de neurônios. Essas novas possibilidades tecnológicas permitem aliviar o professor de informação e, assim, o liberar para ser mais professor de saber e de sentido. Mas, se reduzimos o aluno a uma rede de neurônios assistida por uma rede digital, nós nos trancamos em uma problemática informação-aprendizagem-memorização que, por interessante que seja, deixa de fora a questão pedagógica central do desejo e da norma. Sem desejo de aprender no aluno, sem acordo sobre o que vale a pena ser aprendido, como, por que e para que, você sempre pode tentar excitar os neurônios do aluno e lhe propor ótimas aplicações, mas não obterá grande coisa dele.

Resta a proposição mais ampla e mais aberta de cibercultura como nova forma de relação com o mundo e de presença para si mesma da humanidade, a que defende Lévy, por exemplo. Ela é interessante e apresenta uma inegável dimensão antropológica. O problema é que o homem, assim definido como comunicador universal, é deixado vazio. Está conectado ao ciberespaço para comunicar o quê? Na verdade, hoje, um pouco mais de vinte anos após o Relatório de Lévy, constata-se na *web* uma explosão de desejos sem normas éticas: mensagens de ódio, assédio, *cyberbullying*, manipulações eleitorais etc. E a quem se demanda que resolva o problema? Às próprias plataformas, como Facebook, Twitter etc. O efeito final da liberação do desejo na internet é o poder tecnológico, a regulação moral e social pelo proprietário da plataforma...

Quando o aluno é reduzido a um circuito neural e o professor a um programa de computador, quando, de modo mais geral, as pessoas são digitalizadas e depois governadas pelo *Big Data*, a figura humana desaparece. À configuração cérebro – corpo vivo – mundo humano, substitui-se a circulação de informações nas redes neurais e cibernéticas. O mundo e o próprio homem são então pensados, definidos, organizados como redes percorridas por fluxos e a ambição maior é, hoje, a de uma conectividade universal, incluindo os seres humanos como elos bem frágeis, dos quais não se poderia hoje, infelizmente, prescindir completamente, mas que se poderá, em breve, substituir pelos pós-humanos.

O que se procura eliminar é o aproximado, o contraditório, o ambíguo, o mal determinado, o instável, portanto, querendo ou não, a vida e a história. Portanto, o humano. O que está se produzindo é uma tentativa de desumanização, se definirmos o humano em referência à espécie atual. Ao nos anunciar uma redefinição radical da espécie humana ou sua substituição por ciborgues e robôs, o transhumanismo e o pós-humanismo são "a verdade" da situação atual: eles trazem à luz, explicitamente, a lógica que estrutura essa situação, uma lógica de mercado que elimina a questão do sentido – sentido do homem, da vida, do mundo. O fato desses discursos se basearem em muitas fantasias tecnológicas não muda nada no fundo: às lógicas técnico-sociais do desempenho, correspondem discursos ao mesmo tempo conquistadores e derrotistas de desvalorização da espécie humana por ela mesma. Nessa situação onde não é mais necessário ensinar a tocar piano se é possível implantar no cérebro de seus filhos um "chipe Mozart", o projeto fundamental não é mais educar, mas aumentar o ser humano e depois, ao fim, fabricar algo mais eficiente que um ser humano. Consequentemente, é claro, a questão antropológica e os debates sobre o desejo e a norma perdem sua pertinência e se impõem os discursos sobre a otimização das aprendizagens, da comunicação, das redes neurológicas e cibernéticas.

O que assim se esboça, é uma colocação em redes e em códigos da vida, da sociedade, dos seres humanos que seria, de fato, uma reinvenção do formigueiro em outro nível. A formiga faz o que deve fazer por codificação genética, o homem está tentando transformar o mundo em formigueiro por meio da codificação cibernética. Nesse formigueiro-mundo, como no das formigas, haveria, é claro, as rainhas e as operárias, elas próprias organizadas em castas, e algumas dessas operárias deveriam cuidar da ninhada (ovos, larvas, ninfas), mas não seria necessário colocar a questão formigológica/antropológica, porque as respostas já teriam sido pré-codificadas. No entanto, haverá resistências. A vida biológica já não é tão fácil de codificar: ao longo do processo se produzem muitos erros de transcrição que, por meio de mutações, possibilitaram a evolução; além disso, nas espécies mais evoluídas, o desenvolvimento epigenético deve atualizar o código. Será mais difícil ainda codificar a vida humana.

O que está em jogo hoje, na própria definição do que é relevante falar em educação, é a espécie humana e sua relação com o mundo. É nesse nível que é preciso hoje colocar os problemas, não apenas no nível do indivíduo e da sociedade. É preciso colocá-los no nível da espécie por razões científicas, porque essa questão da espécie aflora cada vez mais nos debates de sociedade. É preciso também colocá-los nesse nível por razões filosóficas e políticas: é nesse nível radical que poderemos, se desejarmos (o que é o meu caso), recusar a dominação das lógicas de concorrência e a codificação generalizada da sociedade, das populações e dos indivíduos e pensar outras formas humanas de habitar o mundo.

Mas se queremos reintroduzir o humano no centro da reflexão pedagógica, é preciso ainda enfrentar uma temível questão: de que "humano" se trata? Recusando o do discurso sobre a "natureza humana", o que a "neuroeducação" reduziu a circuitos neurais, o cibercomunicador esvaziado de seu conteúdo e essas formas de negação do humano que celebram o trans- e o pós-humanismo, fui ver o que propõem alguns textos contemporâneos e o que nos ensina a ciência, em particular a paleoantropologia.

A grande maioria dos textos contemporâneos rejeita as teses essencialistas – que sobrevivem, no entanto, em alguns autores (Fullat; Genís; Eccles), sob forma de temas religiosos. Isso induz frequentemente uma posição relativista: o

Homem não existe, só se pode falar *dos* homens, em formas históricas e culturais sempre particulares. Nessas condições, esses textos têm, antes de tudo, um valor negativo: recusar "a exceção humana" (Schaeffer) mostrando a variabilidade histórica (Wulf) e cultural (Descola) das condutas e representações. Subsiste, todavia, certo desconforto pois, por diferentes que sejam as populações humanas no espaço e no tempo, é difícil manter até o fim uma posição teórica que lhes negue qualquer forma em comum, a linguagem, em especial. Não é possível pensar, não uma exceção baseada em uma natureza ou em uma essência excepcional, mas outro tipo de especificidade da espécie humana?

É o que tentam os autores que, para além de suas diferenças, têm em comum explorar uma forma especificamente humana de relação com o mundo. A antropologia filosófica alemã, particularmente a de Gehlen, considera que, devido às suas deficiências orgânicas, o ser humano não pode sobreviver por meios naturais, deve recorrer à técnica e, por isso mesmo, mantém com seu mundo uma relação de não adaptação imediata, de distância, de abertura. Embora recuse qualquer perspectiva antropológica, podemos igualmente interpretar a filosofia de Heidegger em termos de relação com o mundo. Enquanto plantas e animais estão aprisionados em seu ambiente, o homem "ex-siste" ('fica fora de si'), em uma abertura ao mundo, uma abertura ao ser. Ele não coincide nem consigo mesmo, nem com o mundo, é projetado fora de si, em direção a outra coisa: o mundo – o ser, prefere dizer Heidegger. Autores inspirados por Heidegger trabalharam essa ideia. Hannah Arendt nos ajuda a compreender que o homem produz o mundo como sua *obra*, além do trabalho cotidiano de sobrevivência – embora ela própria reserve a obra a alguns eleitos e valorize mais a ação política. Patočka esclarece a ideia de distância com o mundo: o homem perdeu a certeza inocente do sentido, o mundo e ele próprio se tornaram um problema para ele, e aí reside, na verdade, não apenas sua especificidade, mas também sua grandeza.

Não é por essência que o homem é diferente, sua diferença reside numa relação específica com o mundo. Considero essa ideia como uma grande conquista filosófica. Mas, de onde vem essa relação específica com o mundo, se não procede de uma essência particular? Arendt, Patočka e o próprio Heidegger, de bom grado, fariam-na nascer da filosofia e da política gregas, há 25 séculos. Mas, na verdade, o homem sepulta seus mortos, se enfeita com adornos e faz pinturas rupestres, sinais inegáveis de uma relação com o mundo diferente da dos animais, muitas dezenas de milhares de anos antes de os gregos levantarem a questão do ser. As relações específicas do homem com o mundo foram construídas ao longo da história da espécie. Sloterdijk, um heideggeriano herege, o compreendeu bem: o homem é um produto, a condição humana é um resultado e, para entendê-los, é preciso construir uma ontoantropologia que se pergunte sobre o que permitiu "a entrada na situação constitutiva do ser humano" (Sloterdijk, 2010, p. 119). Ele mesmo tenta e chega à conclusão de que é o estabelecimento de uma distância crescente com o ambiente que explica a passagem de um animal pré-humano, ainda preso nesse ambiente, a um homem *Sapiens* vivendo em um mundo.

O homem é uma espécie biológica que transformou seu ambiente em mundo e, por isso mesmo, transfigurou a si mesma ao ponto de deixar de ser como as outras, e de se inventar uma essência excepcional. Para entender como isso pode acontecer, fomos ver do lado da ciência, ou seja, nesse caso, da paleoantropologia. Ela explica que a evolução não é um processo linear, mas arbustivo. De uma mesma espécie, nascem diversas outras espécies, muitas são extintas, outras sobrevivem mais tempo antes de derivar, elas mesmas, em novas formas etc. Isso se aplica ao homem como aos outros animais: houve muitas espécies humanas e algumas coexistiram sobre o planeta durante dezenas de milhares de anos. Nós somos o efeito, não programado e imprevisível, de uma aventura longa e tumultuada na qual se misturam mutações e desvios genéticos, migrações, algumas raras misturas entre espécies, acasos felizes e inovações culturais cumulativas. O que pensávamos ser "o próprio do homem" se encontra frequentemente, em formas mais simples, em outras espécies, em particular nos chimpanzés. O homem não é o único bípede; é o único que pode se manter de pé imóvel e correr em situação bípede. O homem não é o único a se servir de ferramentas; é o único que as utiliza para fabricar outras ferramentas. O homem é, certamente, o único que fala, mas outras espécies utilizam formas de comunicação. O que produziu esse homem moderno que nós somos é uma evolução em duplo mosaico, biológico e cultural. Evoluções biológicas distintas, inicialmente independentes, convergiram e assim reforçaram seus efeitos. Paralelamente, mas sem que se possa estabelecer uma correlação estrita entre formas genéticas e culturais, apareceram as inovações culturais. Em diversos momentos da evolução, os mosaicos biológicos e culturais juntaram-se e se articularam. Essas junções repentinas produziram saltos qualitativos. *Homo ergaster,* há dois milhões de anos, o ancestral comum de *Neandertal* e *Sapiens*, há 500.000 anos, e *Sapiens* moderno, entre 70.000 e 40.000 anos, são os efeitos de tais saltos. Nós somos, portanto, ao mesmo tempo, uma espécie biológica "como as outras", porque está inscrita em uma história contínua da vida, e uma espécie diferente, porque é produto de saltos qualitativos nessa história.

Nós somos os efeitos improváveis e talvez efêmeros de uma longa história tumultuada. Compartilhamos essa história com outras espécies vivas, mas a evolução nos produziu como uma espécie diferente. Somos herdeiros, mas herdeiros emergentes. Em que somos diferentes? Não por uma natureza ou uma essência nos situando fora do mundo biológico, nem que seja parcialmente. Nem mesmo por uma característica individual como a linguagem e a consciência, ainda que suas formas sejam bem mais elaboradas na espécie humana do que em outras espécies.

O que faz de nós uma espécie diferente é o mundo humano que produzimos. Cada espécie animal vive em um nicho ecológico que define suas relações com o ambiente e com outras espécies e o que, para ela, tem um valor, positivo ou negativo. O movimento geral da evolução do gênero humano, movimento não predeterminado, mas que se construiu na caminhada, foi o alargamento do nicho primário e sua diversificação em mundos humanos. As espécies humanas escolheram seu *habitat,* distanciando-se da floresta, se instalando na savana[153], saindo da África, ocupando progressivamente todo o espaço geográfico, do equador aos polos. Elas transformaram seu ambiente entalhando a pedra, domesticando o fogo, inventando novas formas de comunicação, criando símbolos. No neolítico, *Sapiens* começou a produzir, no sentido estrito do termo, seus mundos. Esses mundos são humanos não apenas porque são produzidos, habitados e dominados por seres humanos, mas também porque são o efeito acumulado, objetivado e sedimentado das energias, inteligências, aventuras, sofrimentos, *flashes* de genialidade, males etc. de milhares de gerações humanas e pré-humanas. O humano existe sob a forma desses mundos materiais, relacionais e simbólicos.

O humano existe também sob forma de um genoma específico. As outras espécies animais ocupam um *habitat* que corresponde às necessidades da espécie, inscritas em seu genoma; se seu ambiente muda radicalmente, elas de-

---

153. A "clareira" que serve de metáfora à filosofia heideggeriana para expressar a abertura ao ser foi, de fato, na evolução, uma savana.

saparecem. As populações humanas, ao contrário, sobrevivem em *habitats* bem diferentes, embora seu genoma seja idêntico em 99,9%: cidades, campo, deserto, tundra, savana, floresta equatorial etc. Mas isso não quer dizer que a espécie humana tenha sido emancipada de seu genoma – ideia que, aliás, não teria qualquer sentido. No homem também, existe um acordo profundo entre o genoma e o *habitat*: a um mundo humano muito diversificado corresponde um genoma aberto, "plástico", para usar o termo geralmente utilizado. A abertura do genoma acompanhou a diversificação do nicho humano em mundos, e reciprocamente. O recém-nascido não é capaz de sobreviver por meio dos próprios meios genéticos no mundo humano aonde chega, mas esse mundo está pronto a cuidar dele. Reciprocamente, os mundos humanos só podem se reproduzir porque os recém-nascidos são suficientemente indeterminados no nascimento para se moldarem nas formas que esses mundos exigem.

Seria possível objetar, no entanto, que a espécie humana não é a única na qual o jovem não é imediatamente competente ao nascer[154], é também o caso, em particular, dos passeriformes. Seria possível também objetar, de forma mais geral, que em muitas espécies animais o jovem deve aprender o uso do mundo no qual chega. Está certo, mas encontramos aqui a situação, já analisada, em que a evolução em contínuo da vida, inquestionável, não deve ocultar os saltos qualitativos induzidos por essa mesma evolução. O que é diferente e específico no jovem humano, é que o mundo no qual ele nasce foi construído por meio de múltiplas mediações técnicas e simbólicas, acumuladas ao longo do tempo, de modo que a lacuna entre o comportamento codificado pelo genoma e o que o mundo permite ou exige é muito maior no homem que em outras espécies. A invenção de ferramentas, de dispositivos materiais, de símbolos, de formas relacionais produziu mundos humanos cujo uso exige configurações neurais muito complexas e não imediatamente disponíveis no nascimento. É preciso aprender muitas coisas para habitar o mundo humano. Tanto mais que, além disso, a evolução abriu o genoma, o fez mais plástico, mais dependente de um desenvolvimento epigenético – tornando assim possível e necessário um longo período de aprendizagem e de educação. Sem a educação, o mundo humano não se reproduziria de geração em geração. Sem a educação, o genoma de *Sapiens* produziria um animal humano, do tipo criança-lobo, e não um homem. A criança herda ao

---

154. Em termos técnicos, tais espécies são "altriciais", em oposição às espécies "precociais".

mesmo tempo um genoma específico, aberto, e um mundo já construído. Ela só se torna ser humano pelo encontro desse genoma e desse mundo. Um chimpanzé criado em um meio humano não vai falar, lhe falta o genoma que o permite. Uma criança abandonada muito nova na floresta, se sobreviver, também não falará, lhe falta o mundo dos homens. A educação é o que permite o encontro do genoma e do mundo, ela é, portanto, condição antropológica, condição de existência do humano.

2. A educação como condição antropológica

A educação como condição antropológica merece atenção por três motivos. Primeiramente, a educação é um processo triplo. É um processo de humanização: ela permite a entrada em um mundo humano de um animal geneticamente hominizado pela evolução. Mas, enquanto *habitat*, o mundo humano só existe sob formas locais, contextuais. A criança também não se humaniza como Homem no geral, mas sempre sob formas sociais, culturais e históricas particulares. A antropologia histórica e a antropologia cultural têm razão sobre essa questão: ele só é homem sob formas particulares no espaço e no tempo. Mas isso é, precisamente, um efeito da condição humana: é porque produz seu mundo que o homem só existe sob formas particulares. Processo de humanização, a educação é, portanto, também e indissociavelmente, um processo de socialização e aculturação.

É preciso tempo para entrar em um mundo humano, porque as mediações historicamente construídas são numerosas, diversas, complexas. Esse tempo é o da construção da criança como sujeito, em uma história original, de versão única. Aí está a solução desse enigma que se chama *liberdade*. Ser livre não é escapar do código genético: quando meus genes cessam de interferir no que acontece comigo, não estou livre, estou morto. Ser livre não é também evadir-se do social: se quero aliviar a pressão do social, devo fugir de meu círculo próximo fechado em seus preconceitos e *expandir* o social atravessando meios múltiplos e diversos. Ser livre é ser-se, em sua singularidade, construída ao longo de uma história sem igual. Sou livre quando sou "eu", esse eu é genético, é social, mas, porque é construído ao longo do tempo e efeito de inumeráveis microeventos, sensações, lembranças que nenhum outro experimentou de uma forma exatamente igual, esse eu é singular.

A educação é, portanto, um processo triplo: de humanização, socialização-aculturação, singularização-subjetivação. A pedagogia pode enfatizar, de acordo com os lugares, as épocas e os momentos, tal ou qual dimensão do processo, mas ele permanece, indissociavelmente, um triplo processo. Quando uma criança nasce, o evento tem uma significação em três histórias articuladas, com temporalidades diferentes. Essa criança é um novo elo na história da espécie humana – de temporalidade longa, pelo menos do nosso ponto de vista. Ela é igualmente, um novo membro de uma sociedade, de uma cultura e de uma família, de temporalidade mais curta. Por fim, esse nascimento é o primeiro momento de uma história absolutamente original e que não se repetirá jamais: a história singular dessa criança, que durará, se tudo der certo, algumas décadas. O que faz a ligação entre essas três histórias, o que as articula, é a educação.

Uma segunda observação sobre a educação como condição antropológica merece atenção. Somente pode entrar em um mundo humano quem se apropria das múltiplas mediações construídas pelas gerações humanas anteriores (ferramentas, formas de relacionamento, símbolos, linguagens etc.) ou, pelo menos, das mediações básicas que permitem pertencer a esse mundo em determinado lugar e tempo. Portanto, quem aprende. Mas é importante entender que a proposição é recíproca: aprender é estar engajado em um processo de humanização, socialização, subjetivação. Toda relação com o saber é também, portanto, uma relação com o mundo, com os outros e consigo mesmo (Charlot, 2000). Quando aquele que aprende se sente alheio ao que aprende, essa relação é alienada. Quando aprende o que poderá lhe ser útil, essa relação é instrumental. Quando, na própria atividade de aprendizagem, ele se sente humano, membro de um grupo social e cultural, e em construção de si mesmo, é uma relação de sentido; ele não pergunta mais "para que serve aprender isso?", ele sente que "é importante". A relação com o mundo como relação de sentido é específica do homem.

Em terceiro lugar, é também em referência à compreensão antropológica da educação que é preciso pensar a dialética entre desejo e norma. Os animais e nós mesmos, como seres biológicos, temos necessidades. O desejo é algo mais. É esse estado de mobilização e de tensão que o animal sente em relação ao que é suscetível de satisfazer uma necessidade ou de lhe proporcionar prazer – observe seu cachorro quando você come carne ou seu papagaio quando você abre um pacote de biscoitos... Nesse sentido, os animais também têm desejos. Além disso, nas espécies sociais, aquelas nas quais o ambiente é compartilhado, existem normas, que o jovem deve aprender. Se o jovem chimpanzé as despreza ou esquece, sua mãe ou, pior ainda, o macho dominante, rapidamente vai fazê-lo se lembrar, com perdas e estragos. Os animais também, nas espécies mais próximas da nossa, devem, portanto, negociar entre desejos e normas. No entanto, as diferenças aparecem imediatamente no nível de explicitação da norma, o que é importante em termos de educação. Assim, os chimpanzés evitam o incesto, salvo exceções (o que se encontra também nos homens), mas não há entre eles o *tabu* do incesto, uma regra cuja transgressão provoca um horror sagrado. A especificidade do homem, no entanto, é mais profunda que uma simples diferença de explicitação. Aqui, novamente, no contexto contínuo da vida animal, o homem é o efeito de um salto qualitativo. Nele, necessidades e desejos são tomados e retomados em redes familiares, simbólicas e sociais complexas, que a psicanálise, a de Lacan em particular, trouxe à luz. O Desejo é relação com os outros e consigo mesmo, nesse mundo do Outro, da Cultura, do Nome do Pai, da Lei, da Norma, no qual o sujeito entra quando o Nome do Pai rompe a relação de identificação biológica com a mãe.

Em outras palavras, a Norma não é simples limitação, é constitutiva do desejo em sua forma humana, ela estrutura o sujeito em suas relações com o mundo, com os outros e consigo mesmo. As pedagogias clássicas tiveram, portanto, razão em colocar a dialética do desejo e da norma no centro de sua antropologia da educação. Aí, a meu ver, reside o erro de Sloterdijk. Ele tem razão em reformular a problemática heideggeriana da abertura ao mundo em termos antropológicos e aí introduzir a educação, mas interpreta isso em uma perspectiva nietzschiana, como uma simples domesticação de energias primitivas, um adestramento, enquanto a norma é condição de construção do desejo humano e a educação, que regula a dinâmica entre desejos e normas, condição de existência da humanidade. Logicamente, esse erro quanto à função antropológica da educação conduz o pós-humanismo filosófico que se reclama de Sloterdijk defendendo o abandono de toda referência à especificidade do homem.

Hoje, estão em curso três mutações culturais fundamentais, que têm e terão efeitos sobre as relações do homem com o mundo e consigo mesmo. Articuladas, elas esboçam um novo mosaico e constituem provavelmente um novo salto qualitativo na história da evolução.

Primeiramente, as bases "naturais" de nosso mundo humano, ou seja, aquelas que estão relacionadas ao funcionamento do planeta Terra, estão ameaçadas, e o são pelo próprio homem.

Em segundo lugar, a espécie humana está agora em posição de manipular o próprio genoma, o que transforma profundamente sua relação com a vida. Terceiro, as técnicas e as linguagens tomam formas radicalmente novas, codificadas e reticulares. Ora, técnicas e linguagem têm um papel fundamental na construção de um mundo humano diferente do meio "natural" que o planeta colocou à disposição de *Homo* no início de sua aventura evolutiva. São mediações de um tipo novo que a criança deve hoje se apropriar para se tornar um humano contemporâneo.

Essas mutações transformam as relações do homem com o mundo e consigo mesmo. Sempre suas relações consigo mesmo correspondem a suas relações com o mundo, mas em formas que podem ser diferentes. Nas formas de habitar o mundo que Descola analisa em seu livro (2005), o animismo, o totemismo e o analogismo afirmam uma relação imediata com o mundo e consigo mesmo: o ser humano é constituído dos mesmos elementos que o mundo. Também a entrada da criança no mundo humano se faz, essencialmente, pela imersão na vida cotidiana do grupo. Quando a "Tese", segundo o termo de Schaeffer (2007), opera uma ruptura ôntica (dentro do ser) e ontológica (no próprio homem), a correspondência entre relação com o mundo e relação consigo mesmo permanece, mas se inverte: do mundo colocado como natureza ou pura extensão, se distingue radicalmente um Eu definido como cultura e puro pensamento. A essa configuração cultural, correspondem as pedagogias tradicionais, que são pedagogias da disciplina e da escrita. As novas pedagogias tentaram recuperar uma relação imediata com o mundo, valorizando a "natureza", a espontaneidade, formas expressivas além da escrita, mas elas devem também, de uma forma ou de outra, negociar com as múltiplas mediações técnicas, culturais e sociais da sociedade contemporânea. Hoje, o mundo tende a se organizar como rede e o próprio homem é pensado como rede neural ou ponto de passagem em uma rede cibernética. Assim sendo, melhorar a educação, é melhorar a conectividade nas redes.

Após ter instrumentalizado seu mundo, o próprio homem é instrumentalizado: seu nome, o Nome do Pai que o inscreve em um mundo humano, toma a forma de um nome codificado em uma rede: hoje, não se chama mais "senhor Santos", mas "@Santos". Em reação ou em compensação, alguns tentam "recuperar" uma relação imediata com o mundo e uma vida mais "autêntica" – em bosques, cabanas, nas trilhas ou brincando de sobrevivência nos momentos finais do mundo. Na educação, essa aspiração a uma relação imediata com o mundo nutre uma revalorização das ideias de Maria Montessori sobre "o espírito absorvente da criança" (1959).[155]

Diante da nova configuração que assim se desenha, três posições antropológicas são atualmente possíveis, e a escolha é fundamental para pensar uma pedagogia contemporânea e, de forma mais geral, para se situar nos debates contemporâneos sobre nosso mundo, seu futuro e nosso enquanto espécie.

Primeiramente, a posição transhumanista ou pós-humanista: considerar que a espécie humana chegou a seu fim e preparar, com uma alegria suicida, a era dos ciborgues e dos robôs. Já que talvez estejamos vivendo um desses saltos qualitativos que pontuaram a evolução, entendemos que tal mistura de sonhos, fantasias e profecias possa surgir.

Mas é preciso ter consciência que estaria aí uma ruptura radical no curso da evolução. Não se trata mais da promoção de novas formas de vida, como quando os peixes saíram da água, os dinossauros cederam o planeta para os mamíferos, *Homo ergaster* deixou a África ou *Sapiens* domesticou o cachorro, o trigo e a cabra. Nem se trataria apenas dos consertos que a genética contemporânea é capaz e das aventuras que a tentam. O pós-humano que nos anunciam é, fundamentalmente, um pós-vivo. Resta entender como uma inteligência artificial emancipada da vida biológica poderia organizar, dominar e administrar o planeta. Apoderando-se de nosso material biológico e nele implantando chips e renovando regularmente esse material – como fazemos com nossos computadores? De qualquer forma, a era pós-humana exigiria, sem dúvida, máquinas que aprendam, mas isso seria uma era pós-educação: não seria mais necessário articular um genoma e um mundo, nem regular o desejo, mas fabricar esses pós-humanos.

Uma segunda posição é a do pós-humanismo filosófico, desenvolvida em particular na América Latina. Ela contrasta com a arrogância do pós-humanismo tecnológico conquistador: é uma posição que chama a espécie humana ao Bem Viver e à modéstia. A referência de base é a cultura andina da *Pachamama*, Terra e Mãe, deusa da fertilidade: o homem é uma parte da natureza como as

---

155. Ideias postas em prática na escola maternal ou com crianças pequenas, ou seja, em uma idade em que a mente ainda pode "absorver" o mundo, pois o que é preciso aprender nessa idade para entrar no mundo humano ainda pode ser adquirido por imersão em um meio.

outras, como a floresta, a cachoeira ou qualquer animal que seja, e bem viver, é viver em harmonia com todos esses outros seres. A isso, ajunte-se frequentemente hoje uma retomada das ideias de Sloterdijk que, contra "a humanolatria", defende uma homeotécnica cooperativa entre os homens, os animais e as máquinas. Segundo essa posição, o homem deve renunciar a dominar o mundo e se inserir no fluxo da conectividade universal entre pessoas, animais e objetos naturais, artificiais e virtuais. Nessa perspectiva, a educação deve construir uma ética que respeite os outros, esses outros podendo ser humanos, animais, plantas, máquinas, objetos físicos ou sistemas digitais.

Essa posição é, *a priori*, simpática, generosa e sedutora em nossos tempos de ameaça ecológica, e apoio plenamente a ideia de que precisamos rever nossas relações com o planeta e com as outras formas de vida. Mas uma posição que, em última instância, chama também, como o pós-humanismo tecnológico, à renúncia do homem e à conexão universal, é um problema para mim sobre diversos pontos.

Primeiramente, a extensão da *Pachamama* quíchua ao universo tecnológico e digital contemporâneo me parece abusiva. É preciso manter uma diferença entre a vida e a máquina; o que hoje nos invade e nos ameaça é, justamente, a redução da vida a um funcionamento automático pré-codificado – o que Besnier chama de "síndrome da tecla asterisco" (2012). O que significa uma "ética mais respeitosa" pelas máquinas e sistemas digitais (Chibás Ortiz; Grizzle; Santos Leyser, 2018, p. 673)? Eu não respeito meu computador ou um aplicativo digital. O que respeito neles, eventualmente, é a parte de inteligência humana que incorporaram, mas, neste caso, sua inteligência artificial é um argumento para admirar o homem e não para considerá-lo como uma máquina entre as outras e, sobretudo, menos eficiente do que muitas outras.

Em segundo lugar, desconfio *a priori* do argumento da conectividade universal. Não me conecto com qualquer um e qualquer coisa, não por arrogância, mas por prudência e ética. Há bactérias, vírus, mosquitos, bombas, *fake news*, emissões televisivas, grupos racistas, banqueiros ávidos e os "Donald Trumps" com os quais não tenho nenhuma vontade de me conectar.

Em terceiro, falar de modo geral de "dominação do homem" é esquecer que a dominação não é um fenômeno homogêneo e unidimensional: é certo, a espécie humana domina outras espécies, mas, em seu interior, determinadas populações dominam outras e, mesmo no interior dessas populações, determinados grupos sociais são dominantes e outros dominados. E o que acontece com a desigualdade social em um mundo onde "o homem" renuncia a sua posição dominante? Todos renunciam da mesma forma e no mesmo grau? O homem existe em formas sociais e culturais diversas e, portanto, a abordagem antropológica deve integrar a questão social; caso contrário, ela corre o risco de servir de máscara ou de álibi à desigualdade social. Por fim, o chamado a renunciar a uma posição dominante do homem sobre a Terra me parece puramente retórico. Onde e quando vimos uma espécie viva renunciar a seu domínio sobre seu ambiente? Se a espécie humana tentasse isso, seria a prova, *a contrario*, que ela não é uma espécie como as outras.

Esse mundo, nosso mundo, é humano, queiramos ou não, para o melhor e para o pior. Portanto, embora eu respeite a posição anterior, defendo outra: assumir esse mundo como sendo o nosso e cuidar dele, enfim, e de uma forma diferente da que temos feito há séculos. Esse mundo é humano, ao ponto de falarmos hoje de antropoceno: depois da Era Interglacial (o Holoceno), o planeta viveria atualmente uma era do Homem. O planeta é o que nossa espécie fez dele e devemos assumir a responsabilidade de seus problemas atuais, de seu futuro e do das outras espécies vivas. Além disso, creio ser um pouco triste renunciar à aventura humana em nome do pós-humano ou de uma falsa modéstia. Essa aventura improvável, impossível de repetir na mesma forma e, portanto, preciosa, é uma história fascinante demais e tenho, portanto, vontade de que ela continue, inclusive quando eu tiver saído de cena. Mas precisamos parar de tratar o mundo com uma simples fonte de recursos e como o cenário exterior de nossa atividade. O mundo é o que nossa espécie produziu, é uma forma sedimentada e objetivada do humano e, se ele desmoronar, é toda a história de nossa espécie que desmoronará com ele. Nesse sentido, Heidegger tem razão, em seu estilo e sua problemática: o homem é "o pastor do Ser" (2005, p. 51).

3. Uma antropopedagogia contemporânea

Redefinir nossas relações com o mundo e, consequentemente, nossas relações com os outros e com nós mesmos, é um desafio econômico, social, cultural, amplo e seria bem ingênuo acreditar que se pode resolver o problema apenas pela educação. Mas a educação possui um papel muito importante na redefinição dessas relações, porque é por ela que entramos no mundo humano de nosso lugar e de nossa época. Que educação? Não pretendo, evidentemente, propor aqui, sozinho, uma antropopedagogia contemporânea. Gostaria apenas de expor algumas consequências pedagógicas que, em minha opinião, decorrem das análises apresentadas neste livro.

Em primeiro lugar, é preciso sair da lógica da concorrência, que devora a sociedade e a educação.

Essa lógica não é artificial, porque rivalidades e desigualdades aparecem ao longo de toda a evolução: o banqueiro contemporâneo é o último avatar do macho dominante de nossos grupos ancestrais pré-humanos e, quando o homem começou a sepultar seus mortos, não sepultava todos. A lógica das relações de força e do lucro contribuiu para a dominação de *Sapiens* no mundo – à custa de enormes perdas de espécies animais, de culturas e de vidas humanas. Somos os herdeiros de Alexandre, o Grande, de César e de Napoleão Bonaparte, tanto quanto de Platão, de Leonardo da Vinci e de Montesquieu. Mas essa lógica é embalada com a revolução industrial, enlouquece com a explosão liberal dos anos 1980/1990, e constitui hoje um verdadeiro perigo para a humanidade: ameaças climáticas e ecológicas, desigualdades crescentes e cada vez mais insuportáveis, migrações forçadas e descontroladas, retornos da barbárie sob a forma de fanatismos religiosos, de terrorismos, de explosões fascistas e reacionárias, tentações suicidas do pós-humanismo etc. Essa lógica da concorrência pode perdurar, por tempo indefinido, cada vez mais brutal, desigual e ecologicamente catastrófica. Mas outra lógica é possível, que também acompanha a evolução: uma lógica da solidariedade.

Os chimpanzés, os homens e, portanto também, provavelmente, seu ancestral comum, caçam em grupo com estratégias coletivas. Além disso, diversos indícios levam a pensar que *Homo* cuida, há muito tempo, dos feridos e dos deficientes. Não estamos, portanto, condenados à concorrência, o homem é também uma espécie solidária. A lógica da solidariedade remete um pertencimento comum de todos os membros do grupo a um mesmo totem, a uma mesma origem, a uma mesma natureza, a uma mesma essência, em resumo, a um fundamento antropológico.

Historicamente, essas duas lógicas se combinam em proporções e configurações variáveis. Uma lógica pura de força e concorrência é rara, porque toda sociedade deve inculcar um mínimo de normas, sem as quais ela corre o risco de afundar no confronto de desejos. É por isso, embora a sociedade regida pela concorrência vise, antes de tudo, a otimização das aprendizagens que produzem poder e lucro, que ela deve inculcar regras mínimas de vida em comum. Uma lógica pura de solidariedade é utópica, porque não pode anular completamente os choques entre desejos e as rivalidades no interior do grupo. É por isso que as pedagogias clássicas, embora baseadas em um conceito universalista de natureza humana, produzem interpretações desiguais e hierarquizadas dessa natureza.

Aderir a uma lógica ou a outra não é uma questão de ciência, mas de escolha ética e de coerência. Quem opta pela lógica da concorrência, escolhe o cada um por si, em um mundo de curto prazo; é seu direito, mas ele não pode fingir trabalhar para o bem comum. Quem está interessado no futuro do planeta e no prosseguimento da aventura antropológica escolhe outro mundo possível, contra o predomínio da concorrência. A escolha tem implicações pedagógicas: certamente, não se transformará a sociedade por meio da escola, mas ela não será transformada se não transformarmos também a educação e a escola. As considerações pedagógicas apresentadas nesta conclusão se inscrevem em um movimento mais amplo de recusa das lógicas do lucro e da concorrência.

No campo da educação e no interior da escola, isso significa, em primeiro lugar, recusar a atual ditadura da nota. Esse é, em minha opinião, o primeiro passo para avançar. Cada vez mais, a formação é corroída pela avaliação, que se tornou, de fato, o ato a partir do qual professores e alunos organizam suas atividades. Não se trata de uma avaliação diagnóstica e regulatória, visando saber se os alunos aprenderam e entenderam o essencial, mas de uma avaliação competitiva, com um emaranhado de perguntas absolutamente acessórias e de armadilhas, para hierarquizar os alunos. Prova disso é que quando o aluno tem uma nota ruim, é raríssimo que o professor estabeleça um plano para que ele melhore. A avaliação produziu o resultado que visa na lógica social atual: uma nota, e não é prolongada por uma ação para melhorar a formação, embora essa seja sua justificativa oficial. A nota é também uma arma, a última arma de que hoje dispõem os professores, pelo menos em relação aos alunos que ainda não abandonaram qualquer esperança de sucesso.

Opor-se a uma lógica da concorrência não quer dizer que se renuncie a qualquer forma de desempenho e que se dedique à facilidade. O que é fácil demais não é interessante, não mobiliza o interesse dos alunos – assim como o que é difícil demais os desmobiliza. Mas o desempenho deve ser um progresso em relação a si mesmo, com critérios definidos e assumidos, e não o instrumento de uma concorrência generalizada, com critérios não muito claros para o aluno.

Opor-se a uma lógica da concorrência, é também retomar o controle do tempo pedagógico e do tempo de viver. Hoje, professores não têm o tempo para ensinar o que eles devem ensinar e os alunos não têm o tempo de aprender: o ritmo da escola contemporânea é o de uma corrida louca. Os programas acumulam conteúdos, no que Paulo Freire chama de uma concepção "bancária" de ensino (1996), sem jamais se preocupar com o tempo necessário para ensinar esses conteúdos de forma adequada e para aprendê-los de forma inteligente. Seria, portanto, relativamente fácil fazer pesquisas para saber quanto tempo de ensino cada um desses conteúdos demanda. Por esses tempos não terem sido avaliados, professores e alunos sobrevivem na urgência. Seria necessário também pensar o tempo de *viver* dos jovens. Entre aulas e tarefas de casa, a escola devora hoje uma grande parte do tempo dos jovens.

Além disso, frequentemente, a questão da escola, do sucesso, da reprovação, das notas, pesa fortemente em sua vida familiar, de modo que a lógica da concorrência invade todo o seu universo, incluindo o da família. É preciso aliviar o domínio da escola sobre a vida dos jovens e lhes permitir se abrir a outras formas de relações com o mundo: a arte, a participação na vida dos adultos, uma descoberta do mundo mais imediata que as que lhes permitem a escola e a internet.

Opor-se a uma lógica da concorrência é a vertente negativa de uma antropopedagogia contemporânea, a vertente da resistência. Qual é a vertente positiva? Antes de tudo, evidentemente, afirmar um princípio de solidariedade, que é o contrário da concorrência: solidariedade entre os membros da espécie humana, entre populações humanas e no seio dessas populações. Acrescente-se a isso, contra as atuais lógicas de instrumentalização sem norma nem limite, uma nova atenção ao planeta e às outras espécies vivas. Além da importância já conferida ao coletivo pelas novas pedagogias e as boas intensões atuais da educação em ecologia, convém, em minha opinião, defender, na educação familiar e na escola, princípios antropológicos explícitos.

A educação é humanização, entrada em um mundo humano. Uma sociedade contemporânea diretamente confrontada com a questão de seu futuro deveria ensinar explicitamente aos jovens, sob diversas formas, que a espécie humana é uma aventura, que o mundo é um produto dessa aventura, que o futuro do planeta, das outras espécies e de nossa espécie está sob nossa responsabilidade. O que implica uma valorização, *simultânea,* da espécie humana, de seu mundo e de seu planeta – sem que a recusa de instrumentalização do planeta produza discursos de desvalorização do homem. Pensar a educação como humanização solidária me parece ainda mais necessário em nossa época de globalização e de internet, que, retomando as palavras de Lévy, produzem uma nova forma de presença para si mesma da humanidade.

O humano só se realiza sob formas social, cultural e historicamente determinadas. Assim a educação é também, no próprio movimento pelo qual ela humaniza, socialização e entrada em uma cultura. Contra as ideologias que produzem hierarquias (e contra-hierarquias...) sexuais, raciais e culturais da natureza humana, a sociedade contemporânea deveria ensinar explicitamente aos jovens, sob diversas formas, a unidade genética da espécie humana e a diversidade histórica de seus modos culturais de existência – a unidade como fundamento e a diversidade como enriquecimento. O que implica, *ao mesmo tempo*, um direito à semelhança e um direito à diferença. O universalismo só é antropologicamente fundamentado se reconhece que a humanidade é construída em formas diversas. Caso contrário, é apenas a máscara de uma arrogância autocentrada, na melhor das hipóteses ingênua, na pior, xenófoba ou racista. Inversamente, o direito à diferença só é emancipatório se ele afirma, em simultâneo, a igual dignidade dos diferentes. O racista não recusa as diferenças, ele as naturaliza, as afirma incomensuráveis e não reconhece a igual dignidade dos diferentes (Charlot, 2005).

A educação é também singularização e subjetivação, porque o ser humano só existe sob uma forma singular, historicamente definida. Uma sociedade contemporânea confrontada com o retorno da barbárie deveria, em suas diversas formas de educação e de ensino, afirmar como princípio antropológico o valor e a dignidade de cada vida humana, de cada ser humano.

Pelo próprio fato de nascer na espécie humana, todo ser humano tem direito à humanização, então também à entrada em um grupo social e uma cultura e a tornar-se um sujeito singular. A educação é um direito antropológico.

Esses princípios antropológicos devem ser incutidos nos jovens em sua forma explícita, mas também inspirar práticas de educação e ensino. Nem sempre será fácil, e será necessário confrontar numerosas contradições. Mas quem disse que isso deveria ser fácil? A vida, a história, o sujeito humano existem e avançam por meio das contradições, é o princípio do que se chama a dialética. Terminarei este livro propondo uma lista (aberta) de problemas a resolver por uma antropopedagogia contemporânea.

Quais devem ser as normas legítimas de regulação do desejo na sociedade contemporânea? As normas mínimas de vida em comum e de respeito aos outros, é claro, mas a pedagogia deve hoje enfrentar novos desafios. A sociedade contemporânea reconhece a legitimidade do desejo, inclusive o sexual, e valoriza o corpo, mas, de fato, a questão está longe de ser pacificada. Assistimos até a surtos reacionários contra "a ideologia de gênero" e contra o aborto. Por outro lado, a Igreja Católica, que é sem dúvida a instituição mais anticorpo e antidesejo, deve enfrentar o problema da pedofilia de padres e do nascimento de filhos de membros do clero. Além da questão da sexualidade, as possibilidades da engenharia genética colocam novas questões de bioética: procriação artificial, suicídio assistido, transgressão de fronteiras entre espécies, manipulação do genoma e, talvez um dia, a transgressão do último tabu, o da clonagem do homem. A julgar por alguns debates atuais, a questão central será talvez saber quem tem legitimidade para decidir sobre os diferentes pontos: o indivíduo, o Estado, os médicos, o Supremo Tribunal, uma Comissão de Sábios? Será preciso também, provavelmente, lutar por uma laicidade bioética, contra grupos religiosos que pretendem impor a todos suas próprias escolhas. É necessário levantar tais questões na família e na escola? Sim, eu acho, porque nelas estão colocadas em debate formas antropológicas contemporâneas dessa dialética do desejo e da norma que está no centro da pedagogia.

Uma antropopedagogia contemporânea que proponha a solidariedade da espécie humana deverá igualmente enfrentar a tensão entre esse discurso, de um lado, e, de outro, a realidade brutal da desigualdade social, da pobreza e às vezes da miséria. O movimento social dos *Gilets Jaunes* ('Coletes Amarelos') formulou de maneira lapidar essa tensão: "Vocês nos falam do fim do mundo, nós falamos do fim do mês". Historicamente, os discursos antropológicos sobre a natureza humana serviram para justificar as desigualdades sexuais e sociais. Lembremo-nos de Aristóteles: "o macho tem sobre a mulher uma superioridade natural, e um é destinado por natureza ao comando, e o outro a ser comandado" (Aristóteles, 1254b-2011, p. 61) e é evidente "que alguns homens são por natureza feitos para ser livres e outros para ser escravos" (1255a-2011, p. 62). Em um movimento contrário, podemos hoje pensar na referência antropológica a uma aventura comum e a um mundo compartilhado como argumento contra a desigualdade e a pobreza – em uma análise crítica do que existe, à luz do que foi definido como direito antropológico. É preciso também tomar cuidado com a permanente ameaça de deslize da "diferença" para a discriminação.

O que se deve ensinar? Esse é um problema que precisa ser igualmente resolvido, deixando de reproduzir sempre, com algumas atualizações marginais, o que já se ensina. Trata-se, como já observei, de racionalizar enfim o uso do tempo: o que é possível aprender em um intervalo de tempo determinado? Trata-se também de não confundir o que se ensina e o que, de fato, os alunos aprendem. Pode ser que, diminuindo a quantidade do que se pretende ensinar e que, na realidade, o professor só tem tempo de mencionar superficialmente, possamos aumentar a quantidade do que os alunos aprendem.

Mas a questão, do ponto de vista antropológico, é mais profunda, mais fundamental: o que é preciso, neste início do século XXI, ensinar à juventude? Considerando que o ser humano é um herdeiro criativo – herdeiro *e* criativo – o que é importante, hoje, que ele saiba, seja capaz de fazer e tenha entendido? *Importante*, com a profundidade antropológica da interrogação, que remete ao sentido da vida humana e do mundo neste início de século – e não apenas útil, em uma lógica do cotidiano ou *eficiente*, em uma lógica da concorrência. Tal questão, atropelando a reprodução do mesmo e as aulas já prontas, suscitará provavelmente resistências corporativas que serão, sem dúvida, fortes, mas, de um lado, a resposta não deve ser deixada apenas para os professores, porque se trata de uma questão social e antropológica e não apenas profissional e disciplinar e, de outro lado, levantar a questão do sentido do que se ensina, é colocar também a do sentido da profissão de docente.

Essa questão do sentido é importante por outra razão, que remete simultaneamente aos conteúdos e aos métodos de ensino: se deixássemos de pressioná-los pela ameaça da nota, da reprovação, do fracasso no exame e do desemprego, os alunos aceitariam aprender? Mas, por outro lado, ensinar sob ameaça, é uma forma adequada de educar seres humanos, em particular em um momento da história humana onde é necessário ir além da lógica do cada um por si e do curto prazo? Essa dificuldade só pode ser superada redefinindo os próprios termos do problema. Aprender não é memorizar e reproduzir sob ameaça e com um eventual apoio neurocientífico. A memorização é útil, mas a própria psicologia experimental demonstrou que memorizamos muito mais facilmente o que tem um significado do que o que não tem. Aprender é, antes de tudo, se mobilizar em uma atividade intelectual. Seja em uma aprendizagem por tentativa e erro ou acompanhando passo a passo o pensamento do professor que explica, só aprende quem pensa, além da memorização a curto prazo.

Mas pensar é cansativo. Para que tanto esforço? Seja para evitar os problemas diante da ameaça da nota e do desemprego, em uma estratégia do mínimo vital, seja porque vale a pena. Isso vale a pena quando o que se aprende apresenta sentido, ajuda a compreender o mundo, a vida, as pessoas ou, simplesmente, porque enfrentar um desafio intelectual permite sentir-se inteligente e digno de ser amado. Nesses dois últimos casos, aprender, se mobilizar intelectualmente, é fonte de prazer – não o prazer da facilidade, mas o da humanidade. Aprender = Atividade intelectual + Sentido + Prazer: essa é a equação pedagógica fundamental no ser humano. A memorização, quando é necessária, vem depois.

Evidentemente, o nível de memorização deve hoje levar em conta a existência de técnicas digitais de armazenamento de informação, que oferecem uma memória externa facilmente disponível e, assim, liberam o ensino de uma parte importante de seu lado mais enfadonho. Hoje como nunca, um ensino bancário, que acumula pilhas de palavras técnicas antipáticas em longas páginas de manual que não esclarecem em nada quem não é já professor dessa disciplina, deve ser rejeitado. Para dar um exemplo que não é, de modo algum, ao acaso, fico perplexo com provas de biologia nas quais nenhum outro professor do estabelecimento, além do de biologia, seria capaz de obter a média. Eis um teste que sempre sonhei fazer, mas nunca ousei: pedir que o professor de biologia (ou de matemática etc.) prepare uma prova apresentando questões sobre o que, segundo ele, qualquer homem ou mulher do século XXI deva saber e, em seguida, pedir que o professor de história (ou de português etc.) responda a essas questões. E reciprocamente...

Uma última questão, enfim, sem pretender à exaustão: que lugar dar à tecnologia em uma antropopedagogia contemporânea? Como destaca Heidegger, a técnica não tem nada de diabólica, ela revela, ao contrário, o mundo como produção.

Eis o ponto-chave: não a tecnologia em si, mas a relação do homem com a tecnologia. Hoje, é frequente uma relação inculta ou mágica. Vivemos em um mundo humano tecnológico, é nesse tipo de mundo que a educação convida o jovem a entrar e me parece, portanto, importante que ele possa compreender os princípios básicos dos objetos tecnológicos que utiliza cotidianamente:

smartphone, computador, televisão etc. Não para acrescentar mais um capítulo ao ensino bancário, nem para preparar um mundo pós-humano, mas para ocupar com humanidade um mundo tecnológico.

Ocupar o mundo com *humanidade* e se ocupar dele, com todas as formas de solidariedade que esse termo implica. Esse deve ser, em minha opinião, o princípio básico de uma educação contemporânea. Trata-se de educação, e educação ao humano. Aprender é necessário, mas não suficiente. Pode-se ter aprendido muitas coisas e alimentar as fogueiras da Santa Inquisição, fabricar a bomba de Hiroshima, deixar imigrantes afogarem-se no Mar Mediterrâneo ou aderir a essas outras formas de barbárie que nos propõem o pós-humanismo. Educar é educar ao humano. A barbárie, sejam quais forem suas formas, incluindo muito modernas, pensa fora do humano. Educação ou Barbárie, hoje é preciso escolher.

REFERÊNCIAS

ALVAREZ, Céline. *Les lois naturelles de l'enfant:* la Révolution de l'éducation. Paris: Les Arènes, 2016.

ARENDT, Hannah. *A condição humana*. Rio de Janeiro: Forense Universitária, 2007.

ARENDT, Hannah. *Condition de l'homme moderne*. Paris: Calmann-Lévy, 1983.

ARISTÓTELES. *Partes dos animais*. Lisboa: Imprensa Nacional; Casa da Moeda, 2010. v. IV. t. III. (Obras Completas).

ARISTÓTELES. *Política*. São Paulo: Martin Claret, 2011.

BACHELARD, Gaston. *A formação do espírito científico*. Rio de Janeiro: Contraponto, 1996.

BERTHIER, Jean-Luc; BORST, Grégoire; DESNOS, Mickaël; GUILLERAY, Frédéric. *Les neurosciences cognitives dans la classe:* guide pour expérimenter et adapter ses pratiques pédagogiques. Paris: ESF, 2018.

BESNIER, Jean-Michel. *Demain les posthumains*: le futur a-t-il encore besoin de nous? Paris: Fayard, 2010.

BESNIER, Jean-Michel. *L'homme simplifié*: le syndrome de la touche étoile. Paris: Fayard, 2012.

BESNIER, Jean-Michel; BOURGEOIS, Bernard; LECOMTE, Jacques; MERKER, Anne; MIJOLLA-MELLOR, Sophie de; LE VAOU, Pascal. *Pourquoi croire encore en l'homme*. Paris: L'Harmattan, 2016.

BIMBENET, Étienne. *L'animal que je ne suis plus*. Paris: Gallimard, 2011.

BIMBENET, Étienne. *Le complexe des trois singes*: essai sur l'animalité humaine. Paris: Seuil, 2017.

BIMBENET, Étienne. "L'Homme est infiniment plus qu'un animal". *FigaroVox*, Paris, 6 abril 2018. Disponible sur: http://www.lefigaro.fr/vox/societe/2018/04/06/31003-20180406 ARTFIG00290-etienne-bimbenet-l-homme-est-infiniment-plus-qu-un-animal.php. Accès le 18 juil. 2019.

BOSSE, Marie-Line; BOGGIO, Cynthia; POBEL-BURTIN, Céline. Enseigner le code alphabétique au CP: quelles données scientifiques pour quelles recommandations pédagogiques? *Revue de l 'A.N.A.E.* (Approche Neuropsychologique des Apprentissages chez l'Enfant), Genève, n. 160, p. 415-421, 2019. Disponible sur: https://www.researchgate.net/publication/334125928_Enseigner_le_code_alphabetique_au_CP_quelles_donnees_scientifiques_pour_quelles_recommandations_pedagogiques#pag:1:mrect. Accès le 18 juil. 2019.

BOSTROM, Nick (2005). *The History of Transhumanist Thought*. Journal of Evolution and Technology – Vol. 14 – April 2005.

BOSTROM, Nick (2003). *The Transhumanist FAQ*. A General Introduction. Version 2.1. The World Transhumanist Association.

BROWN, Dan. *Inferno*. São Paulo: Arqueiro, 2013.

CALIMAQ Comment "Code Is Law" s'est renversé en "Law Is Code". *S.I.Lex*, France, 2014. Disponible sur: https://scinfolex.com/2014/01/24 comment-code-is-law-sest-renverse-en-law-is-code/. Accès le 2 janv. 2019.

CARBALLO, Anna. *El aprendizaje de la lectura desde la neuroeducación. Ciclip*, 2017 Disponible en: https://www.youtube.com/watch?v=dazDFoK1cOE&feature=youtu.be. Acceso en: 1 agosto 2018.

CARBALLO, Anna. La neurociencia no tiene la receta para los problemas de la educación. *El País*, Madrid, 19 feb. 2018. Disponible en: https://elpais.com/economia/2018/02/16/actualidad/1518783405_526230.html. Acceso en: 1 agosto 2018.

CERTEAU, Michel de. *A invenção do cotidiano*: artes de fazer. São Paulo: Vozes, 1990.

CHARLES, Thierry. *Ainsi parlait le Big Data*. Paris: L'Harmattan, 2018.

CHARLOT, Bernard. *A mistificação pedagógica*. Tradução de Maria José do Amaral Ferreira. São Paulo: Cortez Editora, 2013a.

CHARLOT, Bernard; A pesquisa educacional entre conhecimentos, políticas e práticas: especificidades e desafios de uma área de saber. *Revista Brasileira de Educação*, Rio de Janeiro, v. 11, n. 31, p.7-18, jan./abr. 2006. Disponível em: https://www.scielo.br/pdf/rbedu/v11n31/a02v11n31. Acesso em: 29 jul. 2020.

CHARLOT, Bernard. A questão antropológica na Educação quando o tempo da barbárie está de volta. *Educar em revista*, Curitiba, v. 35, n. 73, p. 161-180, jan./fev. 2019b. Disponível em: https://revistas.ufpr.br/educar/article/view/62350. Acesso em: 15 mar. 2019.

CHARLOT, Bernard. *A relação com o saber nos meios populares*: uma investigação nos liceus profissionais de subúrbio. Porto: LIVPSIC; Legis Editora, 2009.

CHARLOT, Bernard. "Clássica", "moderna", "contemporânea": encontros e desencontros entre educação e arte *In*: CHARLOT, Bernard (org.). *Educação e Artes Cênicas*: interfaces contemporâneas. Rio de Janeiro: WAK, 2013c, p. 23-46.

CHARLOT, Bernard. *Da relação com o saber*: elementos para uma teoria. Tradução de Bruno Magne. Porto Alegre: Artmed, 2000.

CHARLOT, Bernard. *Da relação com o saber às práticas educativas*. São Paulo: Cortez Editora, 2013b.

CHARLOT, Bernard. La territorialisation des politiques éducatives: une politique nationale. *In*: CHARLOT, Bernard (Coord.). *L'école et le territoire:* nouveaux espaces, nouveaux enjeux. Paris: Armand Colin, 1994.

CHARLOT, Bernard. Le professeur dans la société contemporaine: un travailleur de la contradiction. *Academia Review*, Patras, n. 14, p. 158-169, 2019a. Disponible sur: http://academia.lis.upatras.gr. Accès le 15 déc. 2019.

CHARLOT, Bernard, Qual lugar para as Artes na escola da sociedade contemporânea? *In*: CHARLOT, Bernard (Org.). *Dança, teatro e educação na sociedade contemporânea*. Ribeirão Preto: Alphabeto, 2011. p. 9-41.

CHARLOT, Bernard. *Relação com o saber:* formação dos professores e globalização – questões para a educação hoje. Porto Alegre: Artmed, 2005.

CHARLOT, Bernard; BAUTIER, Élisabeth; ROCHEX, Jean-Yves. École et savoir dans les banlieues... *et ailleurs*. Paris: Armand Colin, 1992.

CHARLOT, Bernard; FIGEAT, Madeleine. *Histoire de la formation des ouvriers:* 1789-1984. Paris: Minerve, 1985.

CHAVARRÍA ALFARO, Gabriela. El posthumanismo y los cambios en la identidad humana. *Reflexiones*, Costa Rica, n. 94, v. 1, p. 97-107, 2015. Disponible en: https://reflexiones.fcs.ucr.ac.cr/images/edicion_94_01/07-chavarria. Acceso en: 13 mayo 2019.

CHEVARIN, Alain. Nous ne sommes toujours pas programmés. *Questions de classe(s)*, [*S.l.*], 17 janvier 2018. Disponible sur: https://www.questionsdeclasses.org/spip.php?page=imprimir_articulo&id_article=4409. Accès le 1 août 2018.

CHIBÁS ORTIZ, Felipe; GRIZZLE, Alton; SANTOS LEYSER, Kevin Daniel dos. Ética posthumana en la educación: apuntes y reflexiones en América Latina. *Filosofia e Educação*, Campinas, v. 10, n.3, set./dez., p. 657-676, 2018. Disponible en: https://periodicos.sbu.unicamp.br/ojs/index.php/rfe/article/view/8653985. Acceso en: 26 mayo 2019.

CIFALI, Mireille. L'Infini éducatif: mise em perspectives. *In*: FAIN, Michel; COURNUT, Jean*;* ENRIQUEZ, Eugène; CIFALI*,* Mireille. *Les trois métiers impossibles*. Paris: Édition Les Belles Lettres, 1987.

CLAPARÈDE, Édouard. *Psychologie de l'enfant et pédagogie expérimentale*: le développement mental. Paris: Delachaux et Niestlé, 1964. t. I.

CONDEMI, Silvana; SAVATIER, François. *Neandertal, nosso irmão*: uma breve história do homem. São Paulo: Vestígio, 2018.

COPPENS, Yves; PICQ, Pascal (sous la dir. de). *Aux origines de l'humanité:* de l'apparition de la vie à l'Homme moderne. Paris: Fayard, 2001. v. 1.

COUSINET, Roger. *L'éducation nouvelle*. Paris: Delachaux et Niestlé, 1968.

CROCE, Alberto. Una educación para el buen vivir. *Centro de Investigaciones Multidisciplinarias en Educación*, Buenos Aires, 2 mayo 2018. Disponible en: https://albertocesarcroce.wordpress.com/2018/05/02/una-educacion-para-el-buen-vivir/. Acceso en: 18 feb. 2019.

DAVID, Christophe. Fidélité de Günther Anders à l'anthropologie philosophique: de l'anthropologie négative de la fin des années 20 à *L'obsolescence de l'homme*. *In*: KAIL, Michel; SOBEL, Richard. *La question anthropologique*. L'HARMATTAN, 2011. p. 165-180. (L'Homme et la Société.)

DEHAENE, Stanislas. L'apprentissage est ce qui caractérise notre espèce. Interview par Erwan Cario. *Libération*, Paris, 6 sept 2018. Disponible sur: https://www.liberation.fr/debats/2018/09/06/stanislas-dehaene-l-apprentissage-est-ce-qui-caracterise-notre-espece_1677009. Accès le 10 févr. 2019.

DEHAENE, Stanislas. *Les neurones de la lecture*. Paris: Odile Jacob, 2007.

DEHAENE, Stanislas. *Os neurônios da leitura*: como a ciência explica a nossa capacidade de ler. Tradução de Leonor Scliar-Cabral. Porto Alegre: Penso, 2012.

DEMOULE, Jean-Jacques. *La révolution néolithique*. Paris: Le Pommier, 2015.

DESCARTES, René. *Meditações metafísicas*. São Paulo: Martins Fontes, 2000.

DESCOLA, Philippe. *Par-delà nature et culture*. Paris: Gallimard, 2005.

DESSALLES, Jean-Louis; PICQ, Pascal; VICTORRI, Bernard. *Les origines du langage*. Paris: Le Pommier, 2010.

DEWEY, John. *Liberté et culture*. Paris: Aubier; Éditions Montaigne, 1955.

DORTIER, Jean-François (sous la dir. de) *Révolution dans nos origines*. Auxerre: Éditions Sciences Humaines, 2015.

DUNCAN, Isadora. *Minha vida*. São Paulo: Círculo do Livro, 1992.

DURKHEIM, Émile. *Educação e sociologia*. Tradução de Lourenço Filho. 6. ed. São Paulo: Melhoramentos, 1963.

ECCLES, John C. *Évolution du cerveau et création de la conscience*. Paris: Flammarion, 1994.

EUBANKS, Virginia. *Automating inequality*: how high-tech tools profile, police, and punish the poor. New York: St Martin's Press, 2018.

FERRIÈRE, Adolphe. *L'autonomie des écoliers dans les communautés d'enfants*. Paris: Delachaux et Niestlé, 1950.

FERRIÈRE, Adolphe. *L'école active*. Paris: Delachaux et Niestlé, 1969.

FREINET, Célestin. *La méthode naturelle*: l'apprentissage de la langue. Paris: Delachaux et Niestlé, 1968. t. 1.

FREINET, Célestin. *L'éducation du travail*. Paris: Delachaux et Niestlé, 1967b.

FREINET, Célestin. *Les dits de Mathieu*: une pédagogie moderne de bon sens. Paris: Delachaux et Niestlé, 1967a.

FREIRE, Paulo. *Pedagogia do Oprimido*. São Paulo: Paz e Terra, 1996.

FREUD, Sigmund. *Essais de psychanalyse*. Paris: Payot, 1981.

FULLAT I GENÍS, Octavi. *Pour penser l'éducation:* anthropologie philosophique de l'éducation. Paris: L'Harmattan, 2013.

GARAUDY, Roger. *Dançar a vida*. Rio de Janeiro: Nova Fronteira, 1980.

GEHLEN, Arnold. *Essais d'anthropologie philosophique*. Paris: Éditions de la Maison des Sciences de l'homme, 2009.

GOMES, Renata Andrade. A controvérsia de Valladolid: debate acerca da guerra justa, escravização dos índios e a questão do nascimento dos direitos humanos. *Revista Jus Navigandi*, Teresina, ano 15, n. 2630, 13 set. 2010. Disponível em: https://jus.com.br/artigos/17394/a-controversia-de-valladolid-debate-acerca-da-guerra-justa-escravizacao-dos-indios-e-a-questao-do-nascimento-dos-direitos-humanos. Acesso em: 27 set. 2018.

GUILLAUD, Hubert. Blockchain: la nouvelle infrastructure des échanges? *Internetactu.net*, Paris, 17 févr. 2016. Disponible sur: http://www.internetactu.net/2016/02/17/blockchain-la-nouvelle-infrastructure-des-echanges/. Accès le 15 déc. 2018.

GUILLAUD, Hubert. De l'automatisation des inégalités. *Internetactu.net*, Paris, 15 janv. 2018. Disponible sur: http://www.internetactu.net/2018/01/15/de-lautomatisation-des-inegalites/. Accès le 15 déc. 2018.

HAMAÏDE, Amélie. *La méthode Decroly*. Paris: Delachaux et Niestlé, 1966.

HARARI, Yuval Noah. *Sapiens*: uma breve história da humanidade. 18. ed. Porto Alegre: L&PM Editores, 2016.

HEIDEGGER, Martin. A questão da técnica. *Scientiæ Zudia*, São Paulo, v. 5, n. 3, p. 375-98. 2007. Disponível em: http://www.scientiaestudia.org.br/revista/PDF/05_03_05.pdf. Acesso em: 12 jul. 2020.

HEIDEGGER, Martin. *Carta sobre o humanismo*. São Paulo: Centauro, 2005. Disponível em: https://www.passeidireto.com/arquivo/42911595/cartas-sobre-o-humanismo-heidegger. Acesso em: 12 jul. 2020.

HOBBES, Thomas. *Léviathan, ou, matière, forme et puissance de l'État chrétien et civil*. Paris: Gallimard, 2000.

HOMBERT, Jean-Marie; LENCLUD, Gérard. *Comment le langage est venu à l'homme*. Paris: Fayard, 2014.

HOUSSAYE, Jean (dir.). *Pédagogues contemporains*. Paris: Armand Colin, 1996.

HOUSSAYE, Jean (dir.) *Quinze pédagogues*. Textes choisis. Paris: Armand Colin, 1995.

HUBLIN, Jean-Jacques; SEYTRE, Bernard. *Quand d'autres hommes peuplaient la Terre*: nouveaux regards sur nos origines. Paris: Flammarion, 2011.

ISTVAN, Zoltan. La promesse de la vie sans fin. *Libération*, Paris, 10 janvier 2018. Disponible sur: https://www.liberation.fr/debats/2018/01/10/la-promesse-de-la-vie-sans-fin_1621534. Accès en: 22 janv. 2019.

JAVEAU, Alain. *L'homme revu et corrigé*. Paris: L'Harmattan, 2018.

JUFFÉ, Michel. *À la recherche d'une humanité durable*. Paris: L'Harmattan, 2018.

KANT, Emmanuel. *Sobre a pedagogia*. 2. ed. Piracicaba: Ed. da Unimep, 1999.

LACAN, Jacques. Conférence de Louvain (13 octobre 1972). Texte établi par Jacques-Alain Miller et Jacques Lacan. *La Cause Du Désir*, Paris, 2017/2, n. 96, p. 7-30. Disponible sur: https://www.cairn.info/revue-la-cause-du-desir-2017-2-page-7.htm. Accès le 9 févr. 2019.

LACAN, Jacques. Écrits. Paris: Seuil, 1966.

LESSIG, Lawrence. Code is law: on liberty in cyberspace. *Harvard Magazine*, Harvard, 1.1.2000. Available in: https://harvardmagazine.com/2000/01/code-is-law-html. Access in: 2 Jan. 2019.

LESTIENNE, Cécile. Quand nous serons tous des cyborgs, il sera trop tard. Entretien avec Daniela Cerqui. *Rue 89*, Paris, 13 juill. 2014. Disponible sur: https://www.nouvelobs.com/rue89/rue89-le-grand-entretien/20140713.RUE4934/quand-nous-serons-tous-des-cyborgs-il-sera-trop-tard.html. Accès le 9 févr. 2019.

LÉVY, Pierre. *Cibercultura*. São Paulo: Editora 34, 1999.

LLEDO, Pierre-Marie. *Le cerveau, la machine et l'humain*. Paris: Odile Jacob, 2017.

LOCKE, John. *Traité du gouvernement civil*. Paris: Flammarion, 1999.

MAGNIN, Thierry. *Penser l'humain au temps de l'homme augmenté*. Paris: Albin Michel, 2017.

MARANGONI, Pedro Henrique Santos Decanini; VERISSIMO, Danilo Saretta. O problema da diferença antropológica na fenomenologia de Etienne Bimbenet. *Revista de Ciências Humanas*, Santa Catarina, v. 52, p. 1-17, 2018. Disponível em: https://periodicos.ufsc.br/index.php/revistacfh/issue/view/2752. Acesso em: 18 jul. 2019.

MARQUES, Isabel A. *Dançando na escola*. São Paulo: Cortez Editora, 2003.

MARX, Karl; ENGELS, Friedrich. *A ideologia alemã*. São Paulo: Martin Claret, 2006.

MCLUHAN, Marshall; FIORE, Quentin. *The medium is the massage*: an inventory of effects. New York: Random House, 1967.

MÉNDEZ SANDOVAL, Carlos Andrés. Peter Sloterdijk: pensar al hombre en una época posthumanista. *Revista Guillermo de Ockham*, Cali, v. 11, n. 2, dic., p. 173-185, 2013. Disponible en: https://revistas.usb.edu.co/index.php/GuillermoOckham/article/view/2347/2064. Acceso en: 26 mayo /2019.

MONTESSORI, Maria. *L'enfant*. Paris: Gonthier, 1968.

MONTESSORI, Maria. *L'esprit absorbant de l'enfant*. Paris: Desclée de Brouwer, 1959.

MONTESSORI, Maria. *Pédagogie scientifique*: la découverte de l'enfant. Paris: Desclée de Brouwer, 1958.

MOSCATELLI, Laura. *La parole de Protagoras*. Paris: L'Harmattan, 2017.

OCDE. *La qualité de l'enseignement*. Paris: OCDE, 1994.

OLIVENNES, Denis; CHICHPORTICH, Mathias. *Mortelle transparence*. Paris: Albin Michel, 2018.

OVIDE. *Les métamorphoses*. Paris: Flammarion, 1993.

PATOČKA, Jan. *Essais hérétiques sur la philosophie de l'histoire*. Paris: Verdier, 1999.

PATOU-MATHIS, Marylène. *Neanderthal*: une autre humanité. Paris: Perrin, 2010.

PEDRO, Waldir. *Guia Prático de Neuroeducação*: neuropsicopedagogia, neuropsicologia e neurociência. Rio de Janeiro: WAK, 2017.

PERES, Clarice; SCHLINDWEIN-ZANINI, Rachel. *Neuropsicologia em ação*: entendendo a prática. Rio de Janeiro: WAK, 2016.

PICQ, Pascal. *Au commencement était l'homme*. Paris: Odile Jacob, 2013.

PICQ, Pascal. *Premiers hommes*. Paris: Flammarion, 2016.

PICQ, Pascal; COPPENS, Yves (sous la dir. de). *Aux origines de l'humanité*: le propre de l'homme. Paris: Fayard, 2001. v. 2.

PICQ, Pascal; SAGART, Laurent; DEHAENE, Ghislaine; LESTIENNE, Cécile. *La plus belle histoire du langage*. Paris: Seuil, 2008.

PLATÃO. *A República*. São Paulo: Martin Claret, 2011.

PLATÃO. *Fédon*: diálogos. São Paulo: Vitor Civita, 1972a.

PLATÃO. *O Político*: diálogos. São Paulo: Vitor Civita, 1972b.

PLATÃO. *Protágoras*. Tradução de Carlos Alberto Nunes. Belém: Editora da Universidade Federal do Pará, 2002.

POPPER, Karl R. *Conjectures et réfutations*: la croissance du savoir scientifique. Paris: Payot, 1985.

POSADA, Adolfo R. Didáctica y posthumanismo: la enseñanza de ELE y literatura en la era digital. *Doblele: Revista de Lengua y Literatura*, Barcelona, n. 3, dic., p. 69-82, 2017. Disponible en: https://ddd.uab.cat/pub/doblele/doblele_a2017v3/doblele_a2017v3p69.pdf. Acceso en: 27 mayo 2019.

ROBION, Jacques. *Le Sujet sans cerveau ou le Cerveau sans sujet?* Paris: L'Harmattan, 2016.

ROUBINE, Jean-Jacques. *Introduction aux grandes théories du théâtre*. Paris: Armand Colin, 2004.

RYNGAERT, Jean-Pierre. *Lire le théâtre contemporain*. Paris: Dunod, 1993.

SAHLINS, Marshall. *La nature humaine, une illusion occidentale*. Paris: Éditions de l'Eclat, 2009.

SANTOS, Elissandra Silva. *A relação com o saber na Educação a distância*: a condição de ser estudante e o sentido de aprender a distância via internet. 296 f. Sergipe. Tese [Doutorado] – Universidade Federal de Sergipe, Sergipe, 2018.

SARAMAGO, José. *As intermitências da morte*. São Paulo: Companhia das Letras, 2005.

SARTRE, Jean-Paul. *L'existentialisme est un humanisme*. Paris: Nagel, 1946. Disponible sur: http://prepagrandnoumea.net/hec2015/TEXTES/SARTRE%20L%20existentialisme%20est%20un%20humanisme.pdf. Accès le 4 mai 2019.

SCHAEFFER, Jean-Marie. *La fin de l'exception humaine*. Paris: Gallimard, 2007.

SCHLEICHER, Andreas. *Primeira Classe:* como construir uma escola de qualidade para o século XXI. São Paulo: Fundação Santillana, 2018.

SCHWARTZ, Yves. *Expérience et connaissance du travail*. Paris: Messidor; Éditions Sociales, 1988.

SÈVE, Lucien. *Marxisme et théorie de la personnalité*. Paris: Éditions Sociales, 1969.

SÈVE, Lucien. *Penser avec Marx aujourd'hui*. "L'homme»? Paris: La Dispute, 2008. t II.

SHELLEY, Mary W. *Frankenstein*. Paris: Le Livre de Poche, 2009.

SLOTERDIJK, Peter. El post-humanismo: sus fuentes teológicas, sus medios técnicos. Informe por Adolfo Vásquez Rocca de una conferencia pronunciada en la Universidad Internacional de Andalucia el 9 de maio de 2003. *Revista Observaciones Filosóficas*, Madrid, 2005. Disponible en: http://www.observacionesfilosoficas.net/posthumanismo.html. Acceso en: 27 mayo 2019.

SLOTERDIJK, Peter. *La Domestication de l'Être*. Paris: Mille et Une Nuits, 2010.

SLOTERDIJK, Peter. *Regras para o parque humano*. São Paulo: Estação Liberdade, 2000.

SMITH, Adam. *Recherches sur la nature et les causes de la richesse des nations*. Paris: Gallimard, 1990.

SNYDERS, Georges. *La pédagogie en France aux XVIIe et XVIIIe siècles*. Paris: P.U.F., 1975.

TANURO, Daniel. La plongée des" collapsologues» dans la régression archaïque. *Contretemps. Revue de critique communiste*, 6 mars 2019. (Repris dans *Respublica, Le journal du réseau de la Gauche Républicaine, laïque, écologique et sociale*, n. 897). Disponible sur: https://www.contretemps.eu/critique-collapsologie-regression-archaique; http://www.gaucherepublicaine.org/lutter-contre-le-neo-liberalisme/la-plongee-des-collapsologues-dans-la-regression-archaique/7403195. Accès le 25 mars 2019.

TECHNOPROG, Alexandre. *Pourquoi le transhumanisme?* H+, French Edition, Édition du Kindle, 2018.

TESTART, Jacques. Le transhumanisme est une idéologie infantile. Entrevista por Erwan Cario, *Libération*, Paris, 16 août 2018. Disponible sur: https://www.liberation.fr/auteur/3331-erwan-cario. Accès le 5 févr. 2019.

TESTART, Jacques; ROUSSEAUX, Agnès. *Au péril de l'humain:* les promesses suicidaires des transhumanistes. Paris: Seuil, 2018.

THOMAS, William Isaac; THOMAS, Dorothy Swain. *The child in America:* behavior problems and programs. New York: Knopf, 1928.

VÁSQUEZ ROCCA, Adolfo. Sloterdijk y Heidegger: humanismo, deshumanización y posthumanismo en el parque humano. *Nómadas: Revista Crítica de Ciencias Sociales y Jurídicas*, Madrid, v. 23, 2009. Disponible en: https://webs.ucm.es/info/nomadas/23/avrocca2.pdf. Acceso en: 26 mayo 2019.

WARWICK, Kevin. The Cyborg Revolution. *Nanoethics. Studies of New and Emerging Technologies*, Switzerland, v. 8, n, 3, dec., p. 263-273, 4 nov. 2014. Available in: https://www.researchgate.net/profile/Kevin_Warwick/publication/268989282_The_Cyborg_Revolution/links/57f360c708ae886b897c0538/The-Cyborg-Revolution.pdf. Access in: 27 Jan. 2019.

WEBER, Max. *A ética protestante e o "espírito" do capitalismo*. São Paulo: Companhia das Letras, 2004.

WULF, Christoph. *Anthropologie de l'éducation*. Paris: L'Harmattan, 1999.

WULF, Christoph. Antropologia: um desafio para a educação e o desenvolvimento humano. *Revista Brasileira de Estudos Pedagógicos* [on-line], Brasília, DF, v. 97, n. 246, p. 241-254, maio-ago. 2016. Disponível em: http://www.scielo.br/scielo.php?pid=S2176-66812016000200241&script=sci_abstract&tlng=pt. Acesso em: 9 abr. 2019.

WULF, Christoph (dir.). *Traité d'anthropologie historique*. Paris: L'Harmattan, 2002.

ZANINOTTO, François. The blockchain explained to web developers, part 3: the truth. *Marmelab*, France, June 14, 2016. Available in: https://marmelab.com/blog/2016/06/14/blockchain-for-web-developers-the-truth.html . Access in: 15 dec. 2018.